जाग्रत् भारत
श्रेष्ठ भारत

जाग्रत् भारत
श्रेष्ठ भारत

डॉ. ए.पी.जे. अब्दुल कलाम
अरुण तिवारी

प्रभात
पेपरबैक्स
www.prabhatbooks.com

प्रकाशक

प्रभात पेपरबैक्स

4/19 आसफ अली रोड, नई दिल्ली–110002

फोन : 23289555 • 23289666 • 23289777 ❖ फैक्स : 23253233

इ–मेल : prabhatbooks@gmail.com ❖ वेब ठिकाना : www.prabhatbooks.com

संस्करण

2016

मूल्य

एक सौ पचहत्तर रुपए

अ.मा.पु.स. 978-93-5048-490-6

मुद्रक

नरुला प्रिंटर्स, दिल्ली

JAGRAT BHARAT, SHRESHTHA BHARAT

by Dr. A.P.J. Abdul Kalam & Prof. Arun Tiwari

Published by **PRABHAT PAPERBACKS**

4/19 Asaf Ali Road, New Delhi-110002

by arrangement with Universities Press (India) Private Limited

ISBN 978-93-5048-490-6

₹ 175.00

आपकी दृष्टि तभी स्पष्ट होगी, जब आप अपने हृदय में झाँकेंगे। जो बाहर देखते हैं, वे स्वप्न देखते हैं; जो अंदर झाँकते हैं, वे जाग्रत् रहते हैं।

—कार्ल जंग

(1875–1961)

प्रस्तावना

वर्ष 2007 में भारत के राष्ट्रपति की हैसियत से ग्रीस की राजकीय यात्रा के समापन के बाद मैं एथेंस के एक्रोपोलिस गया और वहाँ 5,000 वर्ष पुरानी महान् सभ्यता के शानदार ध्वंसावशेषों को देखा। फिर मैंने सुकरात की उस गुफा को देखने के लिए फिलोपापोस की पहाड़ी तक का रास्ता पैदल तय किया, जहाँ उस महान् आत्मा को कैद किया गया था और जहाँ उन्होंने स्वयं का बलिदान दिया था। वह गुफा अँधेरी थी। उसने अपने अंदर वैभवशाली इतिहास की एक बड़ी विडंबना को छुपा रखा था।

यह मेरे जीवनकाल का एक आश्चर्यचकित करनेवाला पल था। उस गुफा में मुझे एक असहज शांति का अहसास हुआ। मैंने आग्रह किया कि कुछ पलों के लिए मुझे एकदम अकेला छोड़ दिया जाए। मेरे आग्रह का सम्मान करते हुए साथ आए अधिकारियों ने मुझे अकेला छोड़ दिया। एकदम हलकी रोशनीवाली गुफा में मैं उस जगह खड़ा था, जहाँ सुकरात ने भाग निकलने की अपने दोस्तों की सलाह को ठुकरा दिया था। उन्होंने जहर के उस प्याले को पी लिया था, जो उन्हें युवाओं के बीच अनुचित विचारों के प्रचार के लिए सजा के तौर पर दिया गया था और इस प्रकार उन्होंने अपने जीवन का बलिदान कर दिया था।

मेरे मन में कई सवाल घूम रहे थे। मैं आत्ममंथन में डूब चुका था। अचानक, मैंने अपनी कल्पना में एक शक्तिशाली बिजली को कड़कते देखा और फिर मैंने देखा कि उस अँधेरी गुफा के कोने से सफेद लबादे में चार आकृतियाँ मेरी ओर आ रही हैं। सबसे आगे चल रहे थे सुकरात, जिन्होंने मधुर स्वर में कहा, "सोच ही स्वतंत्रता है।" उनके बाद थे अब्राहम लिंकन, जिन्होंने कहा, "इस धरती पर एक मनुष्य किसी दूसरे मनुष्य का गुलाम नहीं हो सकता है।" फिर मैंने महात्मा गांधी को देखा, जिन्होंने कहा, "हे धरती के निवासियो, सभी मानवीय मिशनों से हिंसा को समाप्त कर दो, शांति को प्रबल करो।" आखिर में मैंने विज्ञान की उस आत्मा को यानी गैलीलियो गैलिली को देखा, जो कह रहे थे, "सत्य मानवीय कानूनों से परे है।" इन चार महान् विचारकों के सामने मैं विनम्रता से खड़ा था।

मैं स्तब्ध लेकिन प्रेरित था। उन चार आत्माओं ने पिता के समान मुझे अपने गले से लगा लिया।

सुकरात बोले, ''कलाम, 2,500 वर्ष बीत चुके हैं, तुम ही अकेले ऐसे नेता हो जिसने मुझसे मेरी गुफा में आकर मुलाकात की। आज वास्तव में एक महान् दिव्य घटना हुई है। हम चारों ने मानव स्वतंत्रता के गौरव और धर्मी जीवन के प्रताप के लिए अपने प्राणों को न्योछावर कर दिया। हम चारों जानते हैं कि तुम मानव के भविष्य के लिए चिंतित हो और 21वीं सदी की धरती के लिए ज्ञान माँग रहे हो। हम तुम्हें निराश नहीं करेंगे।'' उन चारों ने इस प्रकार अपनी बात कही—

सुकरात ने कहा, ''मानवता के विकास के लिए सोच की स्वतंत्रता और विचारों के नए तरीके को न शर्तों और सीमाओं में बाँधा जाना चाहिए, न रोका जाना चाहिए। सोच सार्वभौमिक होनी चाहिए।''

अब्राहम लिंकन ने कहा, ''धरती को लोगों के बीच असमानता का नुकसान उठाना पड़ रहा है। असंख्य रूपों में गुलामी आज भी बरकरार है। वह वक्त आ गया है, जब सारे राष्ट्र विश्व के आधे से अधिक नागरिकों के लिए सतत विकास का काम करें—जो गरीब हैं और हाशिए पर हैं।''

गैलीलियो ने कहा, ''मेरी दूरबीन ने इस रहस्य से परदा उठाया कि पृथ्वी सूर्य की परिक्रमा करती है तथा कई अन्य ब्रह्मांडीय सत्यों को भी बताया। वैज्ञानिक खोजों ने मानव जीवन को सशक्त बनाया है। मानवमात्र के लिए विज्ञान ही सबसे सच्चा क्षेत्र है।''

महात्मा गांधी ने कहा, ''अहिंसा धर्म, यानी अहिंसा, हमारी पृथ्वी पर शांति के लिए सबसे महत्त्वपूर्ण सकारात्मक बल है। यह मानवता को पीड़ा देनेवाली किसी भी बुरी ताकत पर काबू पा सकता है।''

जब मैं सुकरात की गुफा से बाहर आया, तब मुझे यह अहसास हुआ कि मेरे ऊपर उन चार महान् आत्माओं के दिए संदेश को लोगों तक पहुँचाने की जिम्मेदारी है। ये चारों इस धरती पर अलग-अलग युगों में आए और अपने प्राणों का बलिदान देकर भी अपने ज्ञान से इस धरती को रोशन कर दिया।

सभी संघर्षों को त्यागकर प्रत्येक मनुष्य की शांति और समृद्धि के समान
लक्ष्य को पाने के लिए मानवता को एक महान् दृष्टि की आवश्यकता है।
हमें उम्मीद है कि एक वैश्विक दृष्टि का जन्म होगा, जिसकी सहायता से

'रहने योग्य धरती' का लक्ष्य प्राप्त होगा। यह दृष्टि उन सभी लक्ष्यों से महान् है, जिसकी इच्छा अब तक मानवता ने जताई है।

'जाग्रत् भारत, श्रेष्ठ भारत' नाम की इस पुस्तक में यही संदेश दिया गया है। यह पूरी तरह से विकसित नहीं हो सका है, क्योंकि यह हमारी क्षमता से परे है। मैंने एक शुरुआत की है, जिसे आपको आगे बढ़ाना होगा। हे मेरे पाठको! अब यह आपके हवाले है।

—डॉ. ए.पी.जे. अब्दुल कलाम

परिचय

यह पुस्तक इस विश्वास पर आधारित है कि भारत की किस्मत में एक विकसित देश होना लिखा है और यह विश्वास हमारे गणतंत्र की समाजवादी, धर्मनिरपेक्ष और लोकतांत्रिक प्रकृति पर टिका है, जहाँ सारे नागरिकों को न्याय, समानता और स्वच्छंदता की गारंटी है। लेकिन यह वर्तमान माहौल में व्याप्त उस असंतोष को कहीं छिपाता नहीं है, जो सामाजिक-आर्थिक असमानता, सामाजिक बुराइयों जैसे भाई-भतीजावाद, भ्रष्टाचार और कन्या भ्रूण-हत्या तथा गरीबों के प्रति संविधान के नीति-निर्देशक सिद्धांतों द्वारा तय की गई सरकार की जिम्मेदारी से बेशर्मी से किए गए पलायन की वजह से पनपा है।

राष्ट्रपिता ने स्वतंत्र भारत के लिए कुछ सुझाव और एक दृष्टि दी थी। गांधीवादी समाजवाद पर आधारित उसी दृष्टि को पं. दीन दयाल उपाध्याय ने 'एकात्म मानववाद' के रूप में आगे बढ़ाया। इस पुस्तक में उस सुझाव या उस दृष्टि से परे कोई नया सिद्धांत, सुझाव या दृष्टि नहीं है। डॉ. कलाम ने अपने जमाने के कुछ महान् नेताओं से मुलाकात की। उन नेताओं में राष्ट्रपति नेल्सन मंडेला, राष्ट्रपति लूला डासिल्वा और राष्ट्रपति वाकलेव हैवेल का खास तौर पर जिक्र किया जा सकता है। उनसे मुलाकात के बाद डॉ. कलाम को गरीबों को समाज में स्थापित करने का अंतर्ज्ञान मिला। यह पुस्तक अपने पाठकों से उसी अंतर्ज्ञान को साझा करती है। यह पुस्तक भारत के महान् संस्थान निर्माताओं को भी एक श्रद्धांजलि है। उन महान् हस्तियों में शामिल हैं—जे.आर.डी. टाटा, होमी जहाँगीर भाभा और प्रो. विक्रम साराभाई। यह पुस्तक वर्गीज कुरियन और उन युवा औद्योगिक नेतृत्व प्रदान करनेवालों की भी प्रशंसा करती है, जिन्होंने विश्व स्तर का कारोबार खड़ा किया और अपने शेयरधारकों, कर्मचारियों के लिए धन का निर्माण किया।

यह पुस्तक उन तमाम लोगों को एक श्रद्धांजलि है, जो इस राष्ट्र के निर्माता हैं तथा

जो वर्तमान में राष्ट्र–निर्माण कर रहे हैं और उन लोगों को भी, जो भविष्य में इस कार्य को आगे बढ़ाएँगे। राष्ट्रपिता महात्मा गांधी के अलावा यह पुस्तक सुकरात, गैलीलियो गैलिली और अब्राहम लिंकन के विचारों से प्रेरित है। इन चारों महान् आत्माओं ने अपने जमाने में प्रचलित राजनीतिक विचारधारा का विरोध किया और 'यह सही है' की सामूहिक अवधारणा पर सवाल उठाया।

यह पुस्तक भारतीय पुनर्जागरण का आह्वान करती है और कहती है कि स्वार्थी शासक वर्ग की दासता से निकलो, एक निष्क्रिय लोकतंत्र की नींद से जागो और विकसित राष्ट्र के निश्चित लक्ष्य की प्राप्ति के लिए आगे बढ़ो। इस प्रकार के पुनर्जागरण के लिए यह सात कदमों का वर्णन करती है, जिसमें आम लोगों और खास तौर पर युवाओं की भागीदारी होनी चाहिए। यह दार्शनिक आदर्शों की, कलात्मक उत्कृष्टता या एक क्रांतिकारी आंदोलन की बात नहीं करती। यह अपने अंदर झाँकने की बात करती है और कहती है कि अपनी अंतरात्मा की आवाज सुनो, धार्मिक जीवन बिताओ, उन व्यक्तियों के हाथों में सत्ता मत सौंपो, जो बस नाम के लिए खोखली विचारधाराओं का बखान करते हैं या किसी परिवार, जाति या धर्म का प्रतिनिधित्व करते हैं। यह सतत विकास प्रणालियों के माध्यम से लघु उद्योगों के लिए ऊर्जा की सुरक्षा हासिल करने तथा गरीबों और हाशिए पर खड़े लोगों को भोजन की सुरक्षा देने की बात करती है, जिससे भारत शक्तिशाली बने और देश में शांति व खुशहाली बहाल हो सके।

असंभव के लिए यत्न के रूप को इस पुस्तक के शीर्षक के तौर पर इस वजह से चुना गया है, ताकि भारत को एक विकसित राष्ट्र बनाने की समस्या का एक अच्छा समाधान ढूँढ़ा जा सके। यह एक ऐसी समस्या है, जो वर्तमान में नामुमकिन नजर आ रही है, खास तौर इस वजह से, क्योंकि जो लोग इस काम में जुटे हैं, उनकी जरूरतें या विचार एक–दूसरे से काफी अलग हैं। फिर भी, यह ऐसा लक्ष्य है, जिसे हर हाल में हासिल करना है। ज्यामिति में एक वृत्त के समान आकारवाले वर्ग को बनाना भी एक कठिन प्रश्न होता है। इसे हल करना भी इस बात पर निर्भर करता है कि आप इसके लिए किन उपायों का प्रयोग करते हैं।

हम सभी एक ही ब्रह्मांड का हिस्सा हैं और इस वजह से हम सब एक समान हैं। भगवान् सभी को एक समान रूप से स्पर्श करते हैं और चले जाते हैं, सभी को समान रूप से चेतावनी देते हैं और चाहते भी हैं तथा वे एक को जितना प्यार देते हैं उतना ही प्यार दूसरे को भी देते हैं। असमानता इसमें है कि उनका स्पर्श कैसा होता है, उनकी चेतावनी और उनके उपहार किस प्रकार मिलते हैं। चलिए, हम सब मिलकर इस

समानता का जश्न मनाएँ और अपने जीने के तरीके से अपनी धरती को आनेवाली पीढ़ियों के लिए और रहने लायक बनाएँ। इस पुस्तक को पढ़नेवालों से होनेवाली बातचीत आगे भी जारी रहेगी और विचार बढ़ते जाएँगे। नए विचारों का प्रवाह और उनका आपस में मिलना हमारे जीवन के बाद भी जारी रहेगा।

—डॉ. ए.पी.जे. अब्दुल कलाम

अरुण तिवारी

आभार

मैं डॉ. ए.पी.जे. अब्दुल कलाम का बहुत आभारी हूँ, जिन्होंने अपने अंतर्ज्ञान में तथा अपनी दृष्टि को स्पष्ट करने की प्रक्रिया के दौरान मुझे अपना साथी बनाया। मैं इसे अपने जीवन की सबसे बड़ी उपलब्धि के रूप में देखता हूँ। इस पुस्तक के लिए हमारी मुलाकात कुल 56 बार हुई और इस दौरान हमने 200 से भी ज्यादा घंटे तक बातचीत की। इस पुस्तक में उद्धृत अधिकांश संदर्भ डॉ. कलाम की निजी लाइब्रेरी से लिये गए हैं।

मैं ससम्मान आर. स्वामीनाथन को धन्यवाद देता हूँ। मैं उनसे सन् 1984 में मिला और तब से ही उन्होंने मुझे आध्यात्मिक सहयोग दिया है। मुझे दुःख है कि उन्होंने 15 फरवरी, 2013 को इस दुनिया को अलविदा कह दिया। ईश्वर उनकी आत्मा को शांति दे।

मैं उस टीम का सदस्य हूँ, जिसमें एच. शेरिडन, आर.के. प्रसाद, वी. पोनराज और घनश्याम शर्मा शामिल हैं। हम सभी छोटे क्षुद्र ग्रह हैं, जिन्हें डॉ. कलाम जैसे विशाल ग्रह की परिक्रमा करने की वजह से महत्त्व दिया जाता है। मालिक के लिए मिल-जुलकर हमने एक और कार्य पूरा किया। उनका शुक्रिया मैं किन शब्दों में अदा करूँ! मेरे मन में ही उनके लिए धन्यवाद के शब्द छिपे हैं।

हैदराबाद के अंग्रेजी और विदेशी भाषा विश्वविद्यालय (दि इंग्लिश ऐंड फॉरिन लैंग्वेज यूनिवर्सिटी) के प्रो.सैयद अब्दुल सईद से कई वर्षों से मेरी मित्रता है। मैं उनका आभारी हूँ कि उन्होंने पांडुलिपि की समीक्षा की और दार्शनिक मुद्दों को स्पष्ट किया।

मधु रेड्डी के नेतृत्व में यूनिवर्सिटी प्रेस की टीम ने हमेशा की तरह इस पुस्तक के प्रकाशन में भी पूरी मेहनत से काम किया। मैं अपनी संपादक जावंथी सिंगाराम का खास तौर पर शुक्रिया अदा करना चाहूँगा, जिन्होंने पांडुलिपि का पूरी सतर्कता से संपादन किया और धैर्य के साथ उसे कई बार पढ़ा। सभी चित्र सोमेश ने बनाए हैं। मैं उनका शुक्रगुजार हूँ।

मैं तीन दयालु और धार्मिक महिलाओं के प्रति अपना आभार प्रकट करता हूँ, जिन्होंने मेरी संवेदनशीलता को पाला-पोसा—मेरी माँ श्रीमती उपासना तिवारी, बहन

श्रीमती सीमा शर्मा और पत्नी डॉ. अंजना तिवारी। जीवन में उनके बिना मैं उस अंतर्ज्ञान को प्राप्त नहीं कर पाता, जो इस प्रकार की पुस्तक को लिखने के लिए आवश्यक होता है। इस प्रोजेक्ट पर काम करने के दौरान ही मेरे पौत्र का जन्म हुआ। मैंने उसका नाम 'अगस्त्य' रखा है और मुझे उम्मीद है कि वह एक बेहतर धरती पर रहेगा तथा बड़ा होकर एक वैश्विक योजना पर काम करनेवाले बहुराष्ट्रीय दल का नेतृत्व करेगा।

अंत में, मैं ऐसी किसी भी गलती के लिए पूरी जिम्मेदारी लेता हूँ, जो शायद इस पुस्तक में किसी भी प्रकार से आ गई हो। कथनों की संरचना इस प्रकार की है कि सभी प्रकार के विचारों और धारणाओं को शामिल किया जा सके, जो या तो पहले से ही मौजूद हैं या जो कुछ अन्य स्रोतों से सामने आए हैं। चूँकि हम उन बातों की चर्चा कर रहे हैं, जिन पर पहले भी चर्चा हो चुकी है और कई सक्षम व्यक्तियों ने उनपर टिप्पणी की है, इसलिए कई बातों में समानता हो सकती है।

मुझ में और डॉ. कलाम में उन व्यक्तियों के प्रति अगाध सम्मान है, जिनसे हमारी मुलाकात व्यक्तिगत रूप से हुई या विचारों के आदान-प्रदान के माध्यम से हुई। हम सब एक ही माटी के बने हैं और हमारे अंदर संक्षिप्तता की वही कल्पना है, बस हमारी अज्ञानता ही हमारे बीच भेद करती है। मैं प्रत्याशा में अपने सभी पाठकों तथा भविष्य में अपने साथ जुड़नेवाले सहयोगियों को धन्यवाद देता हूँ, जो समय की रेत पर मेरे साथ चलेंगे, और मैं उन्हें न्योता देता हूँ कि वे इस बातचीत को हमारे इलेक्ट्रॉनिक पोर्टल www.sqaurethecircle.com, फेसबुक और ट्विटर पर आगे बढ़ाएँ।

—अरुण तिवारी
tiwariarun@gmail.com

अनुक्रम

1

सुकरात की कहानी

मनुष्यों का ब्रह्मांड में विशेष दर्जा उनकी कल्पनाशीलता के चलते है। कल्पना-शक्ति मनुष्यों को अपेक्षा के आगे सोचने की, जीवनधारा के विपरीत तैरने की, अपने जीवन की दिशा चुनने की और हुक्म-फरमानों के खिलाफ जाकर अपनी अंतरात्मा की आवाज के अनुसार जीने की शक्ति देती है।

समकालीन भारत में भ्रष्टाचार ने राष्ट्र, समाज, सरकार और व्यापार के तकरीबन हर अंग को प्रभावित किया है। औपनिवेशिक शासकों के भारत छोड़ने के बाद के छह दशकों से भी अधिक समय बीत जाने के बावजूद भारत एक विकासशील राष्ट्र है। हम सामाजिक, आर्थिक और राजनीतिक रूप से विभाजित हैं और इस स्थायी अव्यवस्था से बाहर निकलने के लिए हमारे पास कोई राष्ट्रीय कल्पना-दृष्टि नहीं है। विश्व की शक्ति-संपन्न ताकतें फिर से हमारे राष्ट्र की नियति पर काबिज होने के लिए तैयार खड़ी हैं। बिना सुधारवाली कोई भी गलती हमें प्रत्यक्ष रूप से घातक स्थिति में डाल देगी और हमें हमारे स्वत: कल्पित रोग विज्ञान द्वारा विनाश की तरफ ही ले जाएगी। यह पुस्तक भारत में पुनर्जागरण की आवश्यकता पर जोर देने और इसे किस तरह से प्राप्त करें, के उद्देश्य से लिखी गई है। इस पुस्तक को पढ़कर पाठकगण के मन में यह पता लगाने के लिए आध्यात्मिक खोज की इच्छा जाग्रत् होगी कि किस प्रकार से लोग मिल-जुलकर जीवन जी सकते हैं तथा प्रत्येक व्यक्ति के जीवन में गुणात्मक सुधार आ सकता है।

यूनान के दार्शनिक प्लेटो (427-347 ई.पू.) ने लिखा है—"यदि व्यक्ति खुश रहना चाहता है तो उसे संयम से जीना चाहिए और असंयम से उतनी ही तेजी से दूर भागना चाहिए, जितनी तेज उसके पाँव उसे ले जा सकें।...उसे अपनी शक्ति को इस प्रकार से

दिशाबद्ध करना चाहिए कि वह स्वयं में और समाज में संयम और न्यायप्रियता ला सके और रख सके। वह अपनी बेलगाम वासनाओं से बचकर रहे और कभी न खत्म होनेवाली इच्छाओं के चलते दूसरों का हक लूटकर जीनेवाला एक डाकू बनकर न रह जाए।[1] धर्मग्रंथ, दार्शनिक और वैज्ञानिक सिद्ध कर चुके हैं कि यह ब्रह्मांड परम बौद्धिक शक्ति से संचालित है, जो संतुलन और नियंत्रण बनाए रखती है। ऐसे कई आधारभूत और अकाट्य नियम हैं, जिनका एक सीमा से परे परिवर्तन, विषयांतर या उल्लंघन असंभव है। मानवता लगातार एक परिवर्तन के चक्र से होकर गुजरती रहती है और इन चक्रों को समझना अति आवश्यक है। हम जो भूल चुके हैं, उसे याद रखना बहुत जरूरी है। हम सभी अविभाज्य और सद्यः असीम, अखंड और शब्दातीत तत्क्षण शक्ति का हिस्सा हैं।

यह अध्याय सुकरात की कहानी से शुरू होता है, जिसने लोकतांत्रिक ढंग से चुने गए पर बाद में स्वच्छंद हो गए यूनानी शासकों का विरोध किया था और यह दावा किया था कि "मानव का सबसे बड़ा गुण रोजमर्रा के जीवन में नैतिक गुणों का पालन करना है और खुद की जाँच-परख से जीना है। और कही-सुनी बातों की बजाय, जिस जीवन का परीक्षण न हुआ हो, वह जीवन जीने लायक नहीं होता है।"[2] इस पुस्तक का पहला अध्याय पाठकों के लिए एक ऐसा मंच तैयार करता है, जो उन्हें मानव सभ्यता के विभिन्न पहलुओं, जैसे—ऐतिहासिक पुनर्रचना, आर्थिक एवं सामाजिक विकास, राजनीतिक एवं धार्मिक परिस्थितियों से होकर ले चलेगा और फिर एक ऐसा व्यवस्थित ऐक्य तैयार करेगा, जिसमें हम अपने राष्ट्र को पहले एक वैश्विक व्यवस्था के अंग और फिर प्रकृति एवं ब्रह्मांड के अंश की तरह देख-समझ सकें। यह पुस्तक शिष्य (अरुण तिवारी) और गुरु (ए.पी.जे. अब्दुल कलाम) के उपनिषद् की संवाद शैली में लिखी गई है।

अरुण तिवारी : भारतीय संसद् इस समय अवरुद्ध है। भारतीय गणतंत्र के ग्यारहवें राष्ट्रपति एवं सरकार के विभिन्न वैज्ञानिक संगठनों में अपने दीर्घ कार्यानुभवों के आधार पर हमें बताइए कि इस बारे में आप कैसा महसूस करते हैं?

ए.पी.जे. अब्दुल कलाम : हममें राष्ट्रीय दृष्टिकोण का अभाव है। हम ऐसे दौर से गुजर रहे हैं, जहाँ टकराव और पक्षपात की राजनीति सक्रिय है। अपने विदाई समारोह के भाषण में संसद् में मैंने कहा था कि हमारे सांसदों के सामने राष्ट्रीय दृष्टिकोण के लिए एक साथ मिलकर काम करने की आवश्यकता है। हमें 21वीं सदी की प्रौद्योगिकी, उद्योग, कृषि, व्यापार, शासन-तंत्र और नेतृत्व शैली की चुनौतियों व संघर्ष की दिशा में कदम मिलाकर चलना है। हमारे राष्ट्रीय नेतृत्व को लोगों में आत्मविश्वास भरना होगा और उन्हें यकीन दिलाना होगा कि "हम यह कर सकते हैं।" भ्रष्टाचार के खिलाफ

1. जॉर्जियस, द डायलाग्स ऑफ प्लेटो, वॉल्यूम 1, अनुवाद : बेंजामिन जॉवेट।
2. अपोलॉजी, द डायलाग्स ऑफ प्लेटो, वॉल्यूम 2, अनुवाद : बेंजामिन जॉवेट।

लोगों का आंदोलन जोर पकड़ता जा रहा है; क्योंकि सत्ता दल और विपक्षी दल दोनों ही भ्रष्टाचार मुक्त शासन व्यवस्था कायम करने में खरे नहीं उतरे हैं।

अ.ति. : सन् 1998 में आपने अपनी पुस्तक 'इंडिया 2020' में राष्ट्रीय विजन प्रस्तुत किया था।

ए.पी.जे. : इसमें हमने पाँच प्रमुख क्षेत्र दरशाए हैं, जिनमें एकीकृत कार्य के लिए भारत के पास कोर क्षमता है। वे एकीकृत क्षेत्र हैं—कृषि, खाद्य प्रसंस्करण, शिक्षा, स्वास्थ्य, विश्वसनीय एवं गुणवत्तापूर्ण विद्युत् शक्ति के रूप में आधारभूत संरचना एवं देश के सभी भागों के लिए परिवहन सुविधाएँ, सूचना व प्रसारण प्रौद्योगिकी तथा अति महत्त्वपूर्ण प्रौद्योगिकी में आत्मनिर्भरता। ये पाँचों क्षेत्र आपस में गुँथे हुए हैं और यदि इनमें समन्वय के साथ प्रगति की जाए तो मुझे पूरा विश्वास है कि यह हमें खाद्य, आर्थिक एवं राष्ट्रीय सुरक्षा की तरफ ही ले जाएगी।

अ.ति. : आपने आगे चलकर ग्रामीण क्षेत्रों में शहरी सुविधाओं के सुधार पर भी जोर दिया था?

ए.पी.जे. : इन पाँच क्षेत्रों में से प्रमुख मिशन ग्रामीण क्षेत्रों में शहरी सुविधाओं (पी.यू.आर.ए.) के द्वारा आर्थिक समृद्धि लाने के लिए आधारभूत संरचना का विकास है। त्रि-स्तरीय संयोजन—भौतिकी, इलेक्ट्रॉनिक और ज्ञान द्वारा इसका सृजन किया जाए, जिसके परिणामस्वरूप ग्रामीण क्षेत्रों की आर्थिक स्तर तक पहुँच हो। 'प्रोविजन ऑफ अर्बन एमिनिटीज इन रूरल एरिया' (PURA) के समूहों की अनुमानित संख्या 7,000 है। 'पुरा' परियोजना अब सरकार की राष्ट्रीय नीति बन गई है।

अ.ति. : अपने राष्ट्रपति कार्यकाल में आपने वर्ष 2030 तक 'ऊर्जा आत्मनिर्भरता' की आवश्यकता पर बल दिया था। यह किस प्रकार हासिल की जाएगी?

ए.पी.जे. : ऊर्जा आत्मनिर्भरता तीन विभिन्न स्रोतों से प्राप्त की जा सकती है, जैसे—नवीकरणीय या अक्षय ऊर्जा (सौर, वायु एवं जल-शक्ति), नाभिकीय ऊर्जा से विद्युत् शक्ति तथा परिवहन हेतु जैव ईंधन। देश के सामने ऊर्जा के क्षेत्र में आत्मनिर्भरता प्राप्त करना एक बड़ी प्रौद्योगिकीय चुनौती है।

अ.ति. : क्या आपकी त्रि-स्तरीय योजना को सरकार की स्वीकृति मिल चुकी है?

ए.पी.जे. : प्रधानमंत्री अटल बिहारी वाजपेयी ने संसद् में और स्वतंत्रता दिवस पर लाल किले से 'इंडिया विजन 2020' की घोषणा की थी और वर्ष 2002 में योजना आयोग ने 'इंडिया विजन 2020' रिपोर्ट जारी की थी। प्रधानमंत्री मनमोहन सिंह ने राज्यपालों की कॉन्फ्रेंस में घोषणा की थी कि उनकी सरकार 'इंडिया विजन 2020' को हकीकत में बदलने के लिए हर संभव कोशिश करेगी। कोई भी राजनीतिक व्यवस्था राष्ट्रीय विजन के बिना टिक नहीं सकती।

फिलोपापोस पहाड़ियों की गुफा में डॉ. कलाम; यहीं पर सुकरात को कारागार में रखा गया था।

अ.ति. : इसमें चूक कहाँ हो गई?

ए.पी.जे. : हमारा राष्ट्र बहुत ही शानदार तरीके से आगे बढ़ा। हर क्षेत्र में हमने विकास किया है। पर राष्ट्र के रूप में हम इस सफलता को पचा नहीं पाए।

अ.ति. : इसका अर्थ यह है कि इस विकास का लाभ सब तक नहीं पहुँच सका?

ए.पी.जे. : यह सिर्फ इसका एक पहलू है। देश में विभिन्न क्षेत्रों और तबकों के बीच विषम रूप से विकास हुआ है। इसे स्वीकार नहीं किया जा सकता। हालाँकि, ईमानदारी से प्रयास करके विषमता दूर की जा सकती है। मगर सबसे बड़ी चिंता उस तरीके को लेकर है, जिससे यह विकास किया जा रहा है। जिस तरह प्राकृतिक संसाधनों का छलपूर्ण ढंग से दोहन किया जा रहा है और संपदा को विदेशी एवं निजी तिजोरियों में भरे जाने की प्रक्रिया चलने दी जा रही है, इससे आम आदमी के मन में इस विकास की न्यायसंगतता पर ही संदेह उत्पन्न हो रहा है।

अ.ति. : अर्थात् लोगों के मन में यह निराशा घर करती जा रही है कि हमारे हालात नहीं बदल रहे हैं?

ए.पी.जे. : परिवर्तन अपरिहार्य है। आधुनिक दुनिया में हर चीज आपस में जुड़ी हुई है। प्रौद्योगिकी और समृद्धि—दोनों ही राजनीतिक सीमाओं को पार कर रही हैं। यथास्थिति जैसा कोई विकल्प अब बचा ही नहीं है। यदि कोई राष्ट्र विकास नहीं कर रहा है तो वह वस्तुतः अपनी प्रभुसत्ता को संकट में डालते हुए वैश्विक ताकतों के हस्तक्षेप को आमंत्रित कर रहा है।

अ.ति. : आपका आशय है कि यदि हम अपने घर को व्यवस्थित नहीं कर पाए तो हमारी स्वतंत्रता खतरे में पड़ जाएगी?

ए.पी.जे. : दुर्भाग्यवश, यह उतना ही बुरा है जितना सुनने में लग रहा है। ईंधन कीमत निर्धारण, मुद्रा परिवर्तन दर, पूँजी की कीमत, वस्तुओं का वैश्विक संचलन और व्यापार व पर्यावरणीय नियमन द्वारा दबाव बनाने की अंतरराष्ट्रीय व्यवस्था पर एक नजर डालिए, हमारी स्वतंत्रता पर इतना गंभीर संकट पहले कभी नहीं था।

अ.ति. : इससे बचने का क्या तरीका है?

ए.पी.जे. : इसका तरीका पुनर्जागरण है। हमारे चारों तरफ जो घट रहा है, उस पर एक ईमानदार चिंतन यानी हमारे परिवार, समाज, संगठन, अर्थव्यवस्था और विश्व में, यहाँ तक कि हमारे भीतर भी; जैसे—हमारा भय, हमारी प्रतिभा, हमारा स्वभाव, हमारी प्रेरणा, हमारी इच्छाएँ—इन सभी में जो कुछ भी घटित हो रहा है, उनके आपसी संबंधों का आकलन जरूरी है। जन माध्यम और सामाजिक मीडिया—दोनों द्वारा सृजित नए सिद्धांत हमारे युवाओं को अपने ढंग से प्रभावित कर रहे हैं। यदि यह सम्मोहक तंद्रा शीघ्र ही और प्रभावशाली ढंग से नहीं तोड़ी गई तो हम अपनी प्रभुसत्ता खोने एवं विदेशी व्यापारियों के बाजार बनने से बहुत दूर नहीं रह पाएँगे।

अ.ति. : 'रिनेसॅन्स' शब्द फ्रेंच शब्दावली से निकला है। भारतीय लोग अभी इस विचार से परिचित नहीं हैं।

ए.पी.जे. : 'रिनेसॅन्स' का अर्थ है—पुनः जाग जाना या पुनर्जागरण। उर्दू में इसे 'नशात-ए सानियान' कहते हैं। स्वामी विवेकानंद ने सौ साल पहले भारतीय युवाओं को आवाज दी थी, 'उठो, जागो।'

अ.ति. : आज के संदर्भ में 'पुनर्जागरण' का क्या अर्थ है?

ए.पी.जे. : भारत एक स्वतंत्र और विकासमान राष्ट्र है। इसने स्वामी विवेकानंद की पुकार सुनी है और आज भारत की विश्व में अपनी हैसियत है। मेरा कहना है कि यह समय प्रगति करने का है—आगे बढ़ो।

अ.ति. : पुनर्जागरण के दो अर्थ हैं—पुनर्जीवित होना और एक नई शुरुआत

करना। आप किसकी राय दे रहे हैं?

ए.पी.जे : मेरा आशय पुनर्जीवन से है : मैं भारत की विश्वव्यापी आत्मा के पुनर्जन्म की बात कर रहा हूँ; मैं आत्मनिर्भरता के पुनरुत्थान की अपनी लोकतांत्रिक संस्थाओं के सशक्तीकरण की और ग्रामीण अर्थव्यवस्था को नवजीवन प्रदान करने की बात कह रहा हूँ। मैं ऐसे संविधान संशोधनों का पक्षधर हूँ, जिनसे आम भारतीय नागरिक बराबरी से फलें-फूलें। मैं सदियों पुरानी दमनकारी मानसिकता एवं नियंत्रणकारी कानूनों के खिलाफ हूँ। मैं ऐसे सुधारों का हिमायती हूँ, जिनसे हर भारतीय सशक्त हो, हर क्षेत्र में विश्व स्तरीय प्रतिस्पर्धा में बराबरी का दर्जा पाकर जीत सके। मैं अविश्वास पर टिकी अवरुद्ध व्यवस्था को विश्वासपरक विश्व-व्यवस्था से बदलना चाहता हूँ। मैं ऐसी व्यवस्था को बदलना चाहता हूँ, जिसमें अमीर और अमीर तथा गरीब और गरीब बनें। वास्तव में, मैं 1 अरब से अधिक लोगों के अपने देश के हर नागरिक के मुख पर मुसकान देखना चाहता हूँ, न कि अरबपति व्यक्ति और धनाढ्य संस्थाओं की तरक्की चाहता हूँ।

अ.ति. : तब हमें कहाँ से शुरुआत करनी चाहिए?

ए.पी.जे. : चलो, कुछ आधारभूत बातों से शुरुआत करते हैं। हमारे लिए यह समझना जरूरी है कि यह ब्रह्मांड एक विशाल संपूर्ण इकाई है और इसमें प्रत्येक वस्तु यानी हम सब भी शामिल हैं। हमें यह भी समझना चाहिए कि हम सभी के भीतर एक विशाल ब्रह्मांड स्थित है और ये दोनों ब्रह्मांड आपस में एक-दूसरे से जुड़े हुए हैं।

अ.ति. : यह समझ भला हमारे किस काम की?

ए.पी.जे. : यह समझ हमें एक विराट् वास्तविकता के धरातल पर ले आती है, जिसमें हममें से हर एक मानव जाति और हमारे चारों तरफ की सभी चीजें अस्तित्व, कार्य और संचालन की दृष्टि से परस्पर अंतर्संबंधित हैं।

अ.ति. : ठीक है, हम सभी इस विशाल ब्रह्मांड में स्थित हैं और प्रकृति की शक्तियों से जुड़े हुए हैं। हम जीवन के बड़े से जाल में और कार्य-व्यवहार के जटिल नेटवर्क से जुड़े हैं।

ए.पी.जे. : मानव इस ब्रह्मांड की अद्भुत रचना या जीव है। हमें विचार करने के लिए मस्तिष्क मिला है। इस मस्तिष्क से हम असंख्य संभावनाओं से इस नेटवर्क को ऊर्जा प्रदान करते हैं। जिस प्रकार से हममें से प्रत्येक व्यक्ति असंख्य ताकतों और प्रभावों के वशीभूत कार्य करता है, उसी प्रकार हममें से हर कोई ब्रह्मांड के किसी भी हिस्से में बदलाव ला सकता है। जब मार्स रोवर क्युरोसिटी ने 6 अगस्त, 2012 को मंगल ग्रह को स्पर्श किया, तब छोटी सी लहर उत्पन्न हुई। यह छोटी सी लहर कालांतर में प्रकाश वर्षों दूर आकाश गंगा से होकर आगे बढ़ जाएगी।

अ.ति. : क्या अतीत में कोई घटना हुई है, जिसे ऐसी लहर के रूप में अभी भी महसूस किया जाता है?

ए.पी.जे. : मुझे सुकरात की कहानी याद है।[3]

अ.ति. : आप सन् 2007 में यूनान गए थे।

ए.पी.जे. : हाँ, जब मैं एथेंस में था, तब मैं पुरातात्त्विक स्थल एक्रोपोलिस घूमने गया था। सबकी रक्षक देवी एथेना को समर्पित 2,500 साल पुराने पार्थेनन के मंदिर से होकर जब मैं गुजर रहा था, तब मुझे बताया गया कि वहीं युवाओं के दिमाग को बरगलाने के आरोप में सुकरात को बंदी बनाकर रखा गया था। जब मैंने इस बारे में और जानकारी लेनी चाही तो मेरे मेजबान मुझे एक्रोपोलिस के पास फिलोपापोस की पहाड़ियों की एक गुफा में ले गए। देवदार और सरू के पेड़ों से ढकी पहाड़ी पर यह एक लंबी पदयात्रा रही। उस गुफा में कुछ देर तक के लिए मैंने कुछ क्षण अकेले बिताने की इच्छा जताई। गुफा के भीतर गहरा अँधेरा था, पर पत्थर की खुरदरी दीवार पर बने एक आले में से मद्धिम प्रकाश की किरण आ रही थी।

अ.ति. : आपने कैसा महसूस किया?

ए.पी.जे. : मैंने एक गहरी निस्तब्धता महसूस की। तभी कुछ विचार मेरे मस्तिष्क में आए, जैसे कि बहुत दूर अँधेरे आकाश में बिजली की एक चमक कौंधी हो! मैंने अपने स्नायु तंत्रों में एक तीव्र आवेश महसूस किया और स्वयं से पूछती हुई एक आवाज सुनी, ''कलाम, तुम जानते हो, मैंने अपने जीवन की कुर्बानी क्यों दी थी?''

अ.ति. : 71 वर्षीय सुकरात पर युवाओं को गलत सिद्धांत सिखाकर शासन के खिलाफ भड़काने का आरोप लगाया गया था। इसके लिए उन्हें मृत्युदंड दिया गया था। सुकरात ने निर्णय के खिलाफ अपील भी नहीं की थी।

ए.पी.जे. : हाँ, सुकरात को एक प्याले में धतूरे का रस पीने के लिए दिया गया था। उन दिनों खतरनाक जहर से मृत्युदंड देने का रिवाज था। सुकरात को जब मृत्युदंड दिया गया था, तब उस शाम उनके बहुत से नजदीकी दोस्तों ने, जो कि वहाँ की सरकार में काफी प्रभावशाली पदों पर थे, उनसे बचकर निकल जाने का आग्रह किया था; पर सुकरात ने इस तरह भागकर जाने से मना कर दिया और मृत्यु का वरण किया।

अ.ति. : सुकरात एक विश्वमूर्ति बन गए। उनकी चिरस्थायी विरासत दुनिया भर के लोगों को अभी भी दार्शनिक विचारों और वैयक्तिक विकास के लिए प्रेरणा दे रही है।

ए.पी.जे. : मैंने एक अंतर्वाणी सुनी—'बिना त्याग के कोई भी महान् विचार कार्य

---

3. यूनानी दार्शनिक सुकरात (469-399 ई.पू.) को पश्चिमी दर्शनशास्त्र के एक जनक के रूप में जाना जाता है।

में परिवर्तित नहीं किया जा सकता है। मुझे अपने जीवन का त्याग इस दुनिया में विचारों की स्वतंत्रता के लिए करना ही होगा। कलाम, जाओ और भारत के युवाओं को बताओ कि वे अपने विचारों पर ध्यान दें, अपने विचारों को परिष्कृत करें, उन परिष्कृत विचारों के अनुसार जिएँ और उन्हें उजागर करने के लिए संघर्ष करें।'

अ.ति. : इसका अर्थ है, 2,500 साल पहले उठी एक लहर उस क्षण आपसे होकर गुजरी?

ए.पी.जे. : ऐसा कह सकते हैं। वास्तव में वह एक अनुभूति थी।

अ.ति. : आपके मत में, सुकरात की शिक्षाओं का सार क्या है?

ए.पी.जे. : सुकरात का मानना था कि मानव अस्तित्व में विचार सर्वाधिक महत्त्वपूर्ण तत्त्व है। सुकरात ने विचारों को आलोचनात्मक प्रश्नों और संवादों के माध्यम से समझाना चाहा था। सुकरात को विश्वास था कि यह विचार उन तक एक ईश्वरीय मिशन के तहत भेजे गए थे और वे स्वयं उन्हें समर्थन देने के लिए कटिबद्ध थे।

अ.ति. : किसी व्यक्ति की चेतना में विचार क्या निरंतर क्रियाशील नहीं रहते हैं? हमारे स्नायु तंत्र में एक कोशिका आवेशित होती है और फिर वैद्युत्-रासायनिक संकेतों की प्रक्रिया द्वारा सूचनाओं को आगे प्रसारित करती है।

ए.पी.जे. : यह वैज्ञानिक समझ की वर्तमान स्थिति है; पर कोई यह नहीं बता सकता है कि ऐसा क्यों होता है? सुकरात ने अपने विचारों को शायद ईश्वर से अपनी तरफ आते हुए संकेत के रूप में देखा था और इसीलिए इसे सद्गुण की अभिलाषा समझा, जो कि किसी भी व्यक्ति के लिए उसका सर्वोच्च लक्ष्य हो सकती है। भौतिक संपदा के प्रति अरुचि सुकरात में हमेशा नजर आती थी। वे हमेशा नंगे पाँव रहते हुए सारे साल, यहाँ तक कि कड़ाके की ठंड में भी, एक पुरानी चादर ओढ़े रहते थे।

अ.ति. : सुकरात ने खुद को अपने समय की ताकतों के साथ जोड़ा नहीं और न ही वे एथेंस की भीड़ की चाहतों से प्रभावित हुए। सुकरात अपने विलक्षण आत्मज्ञान के साथ दृढ़तापूर्वक जिए।

ए.पी.जे. : अपने अद्भुत विचारों के साथ हठपूर्वक जीना महत्त्वपूर्ण नहीं है। जब हम शक्तिशाली के साथ सामंजस्य स्थापित करते हैं, तब हम अपनी परिस्थिति में अंतर लाने के लिए अपनी इस विलक्षण क्षमता का त्याग करते हैं। ठीक इसी प्रकार मौजूदा हालात के बीच डोलते हुए हम अपने वास्तविक 'स्व' से कट जाते हैं। हमेशा स्मरण रहे कि साफ-सुथरा निकाला गया कोई हल नहीं होता है। कभी-कभी बिजनेस मीडिया द्वारा स्टॉक मार्केट में बताए जानेवाले उतार-चढ़ाव के कारण मुझे हास्यास्पद लगते हैं। जब-तब साफ-सुथरे ढंग से निकाले गए हल प्रस्तुत किए जाते हैं, खोखले सिद्धांत बघारे जाते हैं और हकीकत छिपाई जा रही होती है।

अ.ति. : मीडिया में जो कुछ भी परोसा जाता है, क्या हमें उस पर यकीन नहीं करना चाहिए?

ए.पी.जे. : ऐसा करने में जोखिम रहता है। हमारे सामने हकीकत का बनावटी चेहरा प्रस्तुत किया जाता है और ज्यादातर रिपोर्टिंग दुराग्रहपूर्ण और अनुमान पर आधारित होती है।

अ.ति. : क्या सुकरात के किसी सिद्धांत द्वारा आलोचनात्मक विचार-शक्ति तथा विचारों को उद्दीप्त किया जा सकता है?

ए.पी.जे. : सुकरात ने सत्य की खोज का नया तरीका निकाला था। व्यक्ति को अपनी धारणा पर तब तक प्रश्नचिह्न लगाते रहना चाहिए, जब तक वह स्वयं को झुठला न दे या यह न दिखा दे कि वह स्वयंसिद्ध है।

अ.ति. : इसका मतलब है, प्रश्न को जवाब की दरकार नहीं है, बल्कि प्रश्न जिस दिशा की तरफ इंगित करता है, वह अधिक महत्त्वपूर्ण है?

ए.पी.जे. : इसीलिए, मेरे दोस्त! भ्रष्टाचार पर साफ-सुथरे ढंग से निकाले गए हल की तलाश मत करो। सही प्रश्न तैयार करो और मैं तुम्हें संभावित उत्तरों की तरफ ले जाने का प्रयास करूँगा। यदि हम सौभाग्यशाली हुए, तब हमारे कुछ पाठक इस प्रश्नोत्तरी से सत्य तक पहुँच जाएँगे।

अ.ति. : भ्रष्टाचार का मूल क्या है?

ए.पी.जे. : यह असंबद्ध होने का विषय है। भ्रष्टाचार की शुरुआत उस व्यक्ति से होती है, जो ऐसा कुछ पाना चाहता है, जो न्यायोचित ढंग से उसका नहीं है। शुरुआती बिंदु उस व्यक्ति के हित का उस व्यवस्था से असंबद्ध होना है, जो उस व्यक्ति को उसके चारों तरफ के अन्य लोगों से जोड़ती है। जब एक चिकित्सक बिना यह जाने कि उसका मरीज उसे फीस दे भी सकता है या नहीं, उससे फीस माँगता है, तब वह न सिर्फ चिकित्सक बनने की उस प्रक्रिया से ही अलग हो रहा होता है, जिसमें अनेक लोगों ने उसकी सहायता की है, बल्कि वह उस ईश्वर से भी स्वयं को दूर कर रहा होता है, जो उसमें और उसके असहाय मरीज में कोई अंतर नहीं करता है।

अ.ति. : कोई व्यक्ति इस तरह असंबद्ध क्यों हो जाता है?

ए.पी.जे. : यहाँ दो तरह के बल हर पल हम पर अपना असर डालते हैं। वे बल हैं—इच्छा का बल और विचार का बल। हम सभी विशेष अनुकूल परिणामों को प्राप्त करने की इच्छा से प्रेरित होते हैं। विचार की प्रक्रिया में हम कार्य विशेष करने का निश्चय करते हैं और उसके लिए प्रतिबद्ध होते हैं। जब इच्छा-शक्ति विचार-शक्ति पर हावी हो जाती है या विचार-शक्ति कमजोर पड़ जाती है अथवा बाह्य प्रभावों से नष्ट हो जाती है, तब इसका अंजाम यह निकलता है कि व्यक्ति व्यवस्था से कट जाता है।

अ.ति. : क्या विचार तीव्र इच्छा को रोक पाने में असमर्थ होता है? ठीक वैसे ही जैसे शरीर की प्रतिरोधात्मक शक्ति रोगों के सामने कभी-कभी हार जाती है?

ए.पी.जे. : यह एक अच्छा उदाहरण है। लेकिन कभी-कभी स्थिति स्वतः-प्रतिरोध विकार की भाँति जटिल हो जाती है। रोगों से लड़ने की क्षमता की गलत अनुक्रिया कभी-कभी शरीर के अपने ही किसी हिस्से के तत्त्व या टिश्यू पर आक्रमण करने लगती है। दूसरे शब्दों में, हमारे शरीर के रोगों से लड़ने के सिस्टम में होनेवाली चूक रोग के रूप में अपनी ही कोशिकाओं को नुकसान पहुँचाने लगती है। बुरे विचारों से वासनाएँ या अनुचित रूप में इच्छाएँ पनपने लगती हैं और भ्रष्टाचार हमारी आत्मा का हनन करने लगता है। भ्रष्टाचार हमारी आत्मा का हंता है।

अ.ति. : 'भ्रष्ट' शब्द मूल रूप से 'नष्ट या दुरुपयोग करने' से व्युत्पन्न है। जब इस शब्द का प्रयोग एक विशेषण के रूप में किया जाता है तब भ्रष्ट यानी 'करप्ट' शब्द का शाब्दिक अर्थ है—'पूरी तरह से नष्ट हो चुका'। यह ठीक उसी तरह से है, जैसे हम कंप्यूटर की हार्ड डिस्क को 'करप्ट' या 'पूरी तरह से नष्ट हो गई' कहते हैं।

ए.पी.जे. : नैतिक रूप में भ्रष्ट से हमारा तात्पर्य निजी आराम और विलास में लिप्त होना है। ऑस्कर वाइल्ड के अनुसार, व्यष्टि के प्रति समष्टि की अधीनता ही व्यक्ति का पतन है।[4]

अ.ति. : व्यष्टि के प्रति समष्टि की अधीनता?

ए.पी.जे. : समष्टि के अंतर्गत सभी अंश समग्र उद्देश्य के लिए कार्य करते हैं, न कि किसी अन्य रूप में। भ्रष्टाचार तभी उत्पन्न होता है जब एक संगठन में काम करनेवाले व्यक्ति संगठन की कीमत पर अपनी स्थिति का निजी स्वार्थ के लिए फायदा उठाते हैं। जैसे—शिक्षक कक्षा में पढ़ाने के बजाय ट्यूशन पढ़ाता है; एक टिकट चेकर बिना टिकट यात्रा करने की अनुमति देता है; एक राजनीतिज्ञ अपने निर्वाचन क्षेत्र में संसाधनों और योजनाओं को निजी उद्यमों के हित में इस्तेमाल करता है; नेता अपने वंश के राज के लिए राष्ट्र की नियति को दाँव पर लगा देता है।

अ.ति. : यह 'समष्टि' है क्या?

ए.पी.जे. : हम सभी समष्टिगत व्यवस्था के विभिन्न अंग हैं।

अ.ति. : क्या आपका आशय समाज, मानव जाति और हमारे ग्रह पृथ्वी से है?

ए.पी.जे. : केवल इतना ही नहीं, बल्कि मेरा आशय ब्रह्मांड से है। इसमें हम सब विद्यमान हैं। यह विराट् तंत्र या व्यवस्था हमारी तमाम क्रियाओं की नियंता है। सर्वव्यापी बुद्धि या प्रज्ञा तत्त्व है, जो हमें हमारे माध्यम से चला रहा है। यह अखंड शक्ति, समष्टि

4. ऑस्कर वाइल्ड (1854-1900) आयरिश लेखक और कवि थे। उनके नाटक 'दि इंपॉर्टेंस ऑफ बीइंग अर्नेस्ट' (1895) को श्रेष्ठ नाटक का दर्जा दिया गया है।

हमारी बोध-शक्ति से परे है, अज्ञेय है।

अ.ति. : यह वाकई बहुत ही रोचक है। हम अकसर घरों में और व्यापारिक प्रतिष्ठानों में अनिष्ट को दूर भगाने और समृद्धि को आमंत्रित करनेवाले ज्यामितीय चित्र देखते हैं। इन्हें 'यंत्र' कहते हैं और ऐसा माना जाता है कि वे बाह्य संसार की ऊर्जा को हमारे आंतरिक संसार—परिवार, व्यापार, स्वास्थ्य आदि में लाने के माध्यम हैं। जो लोग यंत्र में विश्वास करते हैं, वे इसे बहुत ही वास्तविक तथा प्रभावशाली मानते हैं। अति सावधानीपूर्वक बनाए गए यंत्र भौतिक ब्रह्मांड और इसके अव्यक्त स्रोत के संगमस्थल हैं। आंतरिक असंतुलन और अपर्याप्तता को ब्रह्मांड से आमंत्रित सकारात्मक ऊर्जा के द्वारा न सिर्फ विपुलता और पर्याप्तता से दूर किया जा सकता है, अपितु इससे आंतरिक तंत्र की नकारात्मक ऊर्जा का शुद्धीकरण भी किया जा सकता है।

ए.पी.जे. : मैंने अपने मित्र चंद्रु शहानी के घर में श्री यंत्र देखा था। उसे आपस में जुड़े हुए नौ त्रिभुजों से बनाया गया था, जो एक केंद्र बिंदु से उभर रहे थे। अरुणाचल प्रदेश में तवांग बौद्ध मठ की अपनी यात्रा के दौरान वहाँ के मठाधीश ने मुझे 'मंडल' का अर्थ समझाया था। यह एक खूबसूरत ज्यामितीय आकृति होती है, जिसे ध्यान लगाने में इस्तेमाल किया जाता है। बौद्ध इसे 'पवित्र स्थान', 'विशुद्ध बौद्ध परिमंडल' के रूप में देखते हैं।

अ.ति. : तो क्या बाह्य ब्रह्मांड एवं आंतरिक ब्रह्मांड में संबंध एवं मानव मस्तिष्क में पवित्र स्थान की विद्यमानता हमारे पुनर्जागरण की चर्चा की दो आधारशिलाएँ हो सकती हैं?

ए.पी.जे. : इस चर्चा को आगे बढ़ाते हुए आइए, एक 'वृत्त' की रचना करते हैं। यह 'समष्टि' को दरशाता है! अब अपने चारों तरफ के जीवन को बेहतर ढंग से समझने के लिए इस वृत्त के भीतर एक 'वर्ग' को बनाते हैं। अब मंडल बनाने की कोशिश करते हैं, जो प्रतीकात्मक चित्र है और अनंत से हमारे संबंध को दिखाता है, यानी उस दुनिया को दरशाता है, जो हमारे मस्तिष्क और शरीर के अंदर तथा बाहर तक फैली हुई है। आइए, बैठें और इस ब्रह्मांड की अखंडता को समझने का प्रयास करें तथा विभिन्न विचारों से बने अलग-अलग वर्गाकारों में स्वयं को फिट करें।

अ.ति. : आपकी लाइब्रेरी में लियोनार्दो दा विंसी द्वारा बनाया गया एक चित्र टँगा है, जिसमें मानव शरीर द्वारा समान क्षेत्र में बना एक वृत्त और वर्ग दरशाया गया है।

ए.पी.जे. : इस चित्र को 'वित्रुवियन मैन'[5] के नाम से जाना जाता है। इसे लियोनार्दो दा विंसी ने मानवतावादी आदर्श के पुनर्जागरण सार के रूप में प्रस्तुत किया है। मैं

---

5. लियोनार्दो दा विंसी (1452–1519) इटली के निवासी थे। उनकी बहुआयामी विद्वत्ता ने मानवतावादी आदर्श के पुनर्जागरण के सार को प्रस्तुत किया है। उनकी गिनती विश्व के प्रख्यात चित्रकारों और शायद अब तक के सबसे बहुआयामी प्रतिभा-संपन्न व्यक्ति के रूप में की जाती है।

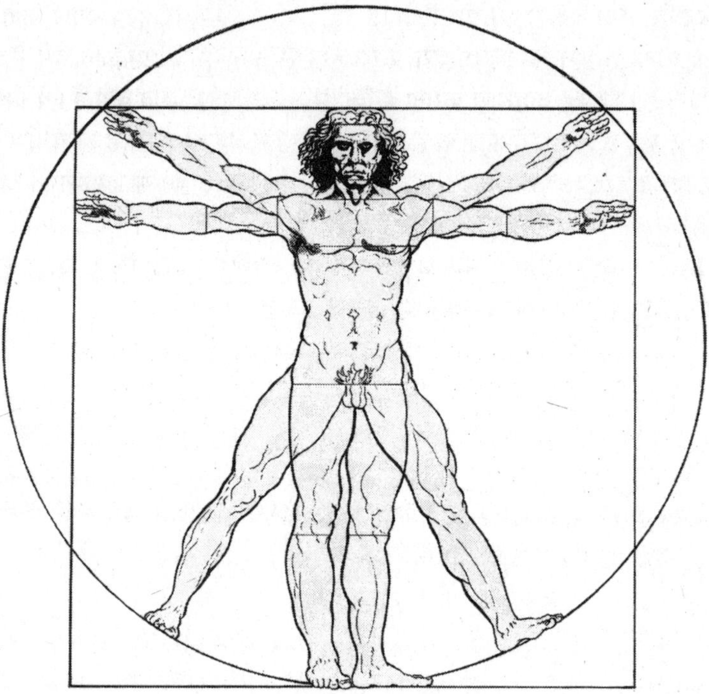

वित्रुवियन मैन।

उनकी प्रौद्योगिकीय प्रवीणता से आश्चर्यचकित हूँ। उन्होंने हेलीकॉप्टर, टैंक, सांद्रित सौर शक्ति और कैलकुलेटर की कल्पना इनके अस्तित्व में आने से काफी पहले ही कर ली थी। कहा जाता है कि उनके बनाए शेष पंद्रह चित्रों में मानवता के लिए दिव्य शक्ति के कोड छिपे हैं।

अ.ति. : 'वित्रुवियन' मैन में ऐसा क्या छिपा हुआ संकेत हो सकता है?

ए.पी.जे. : यह मैं नहीं जानता, पर इस चित्र ने मुझे ब्रह्मांडीय मानचित्र तथा तारों व माटी के पुतले मानव के बीच एक शाश्वत संबंध के रूप में सम्मोहित किया है।

अ.ति. : आइए, पुनर्जागरण की तरफ पहला कदम उठाते हैं। आपका विश्वास है कि मानव को ईश्वर ने विलक्षण रूप से बनाया है। संयोगवश मानव की उत्पत्ति नहीं हुई है?

ए.पी.जे. : हाँ, मैं मनुष्य को ईश्वर की विलक्षण कृति मानता हूँ। पवित्र 'बाइबल' इस बारे में सशक्त प्रतीक प्रस्तुत करती है—ईश्वर ने मनुष्य की रचना जमीन की धूल से की और फिर उसके नथनों में प्राण की वायु फूँक दी। इस तरह मानव का जन्म हुआ।[6]

---

6. होली बाइबल, जेनिसिस 2:7

अ.ति. : अधिकतर धर्मग्रंथ लिखित नहीं, बल्कि श्रुति साहित्य बताए जाते हैं?

ए.पी.जे. : धर्मग्रंथ ईश्वर द्वारा प्रेरित होते हैं और उनका प्रयोजन हमें सत्य की शिक्षा देना है तथा यह अहसास कराना है कि हमारे जीवन में गलत क्या है। ये ग्रंथ, जब हम गलत होते हैं, तब हमें सुधारते हैं तथा हमारा मार्ग प्रशस्त करते हैं। हम कह सकते हैं कि 'अनुप्राणित या ईश्वर से प्रेरित' व्यक्ति वाकई दिव्य शक्ति से प्रकाशमान रहता है, जिससे उसकी मनीषा या आत्मिक ऊर्जा बढ़ती है।

अ.ति. : क्या धर्मग्रंथों का अनुसरण बिना जोखिम उठाए किया जा सकता है, क्योंकि इनके चलते अनेक धर्मयुद्ध या जिहाद हुए हैं?

ए.पी.जे. : धर्मग्रंथ अलग-थलग छंदों के केवल सार संग्रह भर नहीं हैं। हमें उन्हें सुसंगत, सजातीय तथा एकरूप इकाई के रूप में ही लेना चाहिए। चुने गए या अलग-थलग पड़े छंदों के आधार पर की गई व्याख्या में हमेशा त्रुटि की संभावना बनी रहती है। शेक्सपियर ने इसे बहुत ही अच्छे ढंग से कहा है, "शैतान अपने उद्‌देश्य के लिए धर्मग्रंथ का हवाला दे सकता है। एक बुरी आत्मा पवित्र साक्ष्यों को मुसकराते खलनायक की तरह बड़ी चतुराई से प्रस्तुत करती है।"[7]

अ.ति. : अंत:प्रेरणा किस तरह उत्पन्न होती है?

ए.पी.जे. : अंत:प्रेरणा अनैच्छिक रूप से बिना किसी पूर्व विचार अथवा सोच के उत्पन्न होती है। जब एक बच्चा डॉक्टर बनना चाहता है, तब क्या वह दवाइयों के बारे में जानता है? यह ब्रह्मांड की प्रज्ञा द्वारा मस्तिष्क का सामंजस्य बिठाने जैसी एक प्रक्रिया है।

अ.ति. : 'हमारे पथ प्रदर्शक' पुस्तक में आपने उन पंद्रह लोगों के नाम लिये थे, जिनसे आपको प्रेरणा मिली थी।

ए.पी.जे. : इनमें से अधिकतर लोगों से कभी मेरी मुलाकात नहीं हुई तो चलिए, इसे ऐसे कहते हैं—अंत:प्रेरणा ईश्वर की एक देन है।

अ.ति. : ईश्वर की यह देन सबके लिए है या कुछ चुने हुए लोगों को ही नसीब होती है?

ए.पी.जे. : ईश्वर की प्रेरणा हर किसी को मिलती है; पर इसमें प्रयास भी शामिल होता है। जिस दर्पण पर धूल की परत जमी हो, उस पर चंद्रमा का प्रतिबिंब धुँधला नजर आता है या फिर जब तालाब का पानी हिलता है तब भी चंद्रमा की परछाईं हिलती-डुलती दिखती है। अपने पूर्वग्रहों, पहले से लिये जा चुके फैसलों तथा पूर्व धारणाओं से मस्तिष्क को साफ करके और इसे शांत करके ही हम इस सर्वव्यापी प्रज्ञा के प्रतिबिंब रूप में अंत:प्रेरणा प्राप्त कर सकते हैं। जब हमें अपनी अंत:दृष्टि पर यकीन होता है, तब हमारा इस स्रोत के साथ तालमेल बैठता है। हमारे भय और आशंकाएँ दूर हो जाती

7. मर्चेंट ऑफ वेनिस

हैं तथा हम उसी तरह से जीने लगते हैं, जैसे हमें जीना चाहिए।

अ.ति. : अभिव्यक्ति मन-मस्तिष्क को शुद्ध करने का एक माध्यम हो सकती है। विनसेंट वान गॉग[8] के विभिन्न चटकीले रंगों और अतिशयोक्ति से भरी उनकी अद्‍भुत पेंटिंग में उनकी बीमारी से उत्पन्न असंबद्धता और तीक्ष्णता की अभिव्यक्ति प्रदर्शित होती है।

ए.पी.जे. : मेरे मित्र आर.एम. लाला ने अपनी पुस्तक 'सेलिब्रेशन ऑफ द सेल्स'[9] में जीने के लिए प्रेरणा के रूप में कैंसर से उपजी पीड़ा व्यक्त की। मेरे अपने अनुभवों में ऐसे बहुत से मानसिक रूप हैं, जिन्हें मैं अपने किसी भी संस्मरण से नहीं जोड़ सकता। एक तरह से ये मानसिक रूप पूर्व में विद्यमान आध्यात्मिक रूप हैं। फिलोपापोस की पहाड़ियों की गुफा में हुए मेरे अनुभव से ऐसा ही कुछ प्रमाणित होता है।

अ.ति. : आपने कहा था कि यह एक ऐसी लहर थी, जो 2,500 वर्ष पहले उमड़ी थी। सुकरात ने उस समय के लोकतंत्र की आलोचना की थी। क्या सुकरात के काल तथा आज संसद् की काररवाई में आनेवाली रुकावट और राजनेताओं के प्रति लोगों की असंतुष्टि में आपको वाकई कोई समानता नजर आती है?

ए.पी.जे. : सुकरात के समय का एथेंस समाज पेलोपोनेशियन युद्ध के घावों से उबर रहा था। यहाँ उसके कमतर माने गए पड़ोसी स्पार्टा ने उसे पराजित किया था। एथेंस के लोगों को यकीन नहीं था कि उनके द्वारा चुने गए लोकतांत्रिक नेताओं में उनके जीवन की रक्षा करने की क्षमता है, इसलिए इस उपमा में समानता पाई जाती है। भारत के लोगों को भी इस बात का यकीन नहीं है कि उनके लोकतांत्रिक ढंग से चुने गए नेताओं में इस वैश्विक दुनिया में उनकी आजीविका को सुरक्षित कर पाने की क्षमता है। एथेंस के निवासियों की आत्मसंतुष्टि से भरी अकर्मण्यता क्या न्यायोचित है, और क्या नहीं के कारण सुकरात बहुत दुःखी थे। किंतु मुझे खुशी है कि भारतीय नागरिक अपने नेताओं के गलत कामों पर सवाल उठा रहे हैं।

अ.ति. : सुकरात के ही शब्दों में, उन्होंने महसूस किया था कि लोग अपना जीवन बिना आत्म-परीक्षण के ही जी रहे थे और इस तरह का जीवन किसी काम का नहीं होता है। क्या आप भी ऐसा ही कह रहे हैं?

ए.पी.जे. : जब मैं उस गुफा में खड़ा था, तब मैंने महसूस किया था कि सुकरात मुझसे

---

8. विनसेंट वान गॉग (1853-1890) एक डच पेंटर थे। वे अपने आड़े-तिरछे चित्रों की सुंदरता, भावनात्मक ईमानदारी और रंगों के इस्तेमाल में बीसवीं सदी की कला से काफी आगे थे। उनकी मृत्यु कई वर्षों की पीड़ादायी तकलीफों और मानसिक बीमारियों के बारंबार दौरों के कारण 37 वर्ष की अल्पायु में ही हो गई थी।
9. आर.एम. लाला 'सेलिब्रेशन ऑफ द सेल्सः लेटर्स फ्रॉम ए कैंसर सर्वाइवर', साउथ एशिया बुक्स, 1999।

कह रहे थे कि यथास्थिति को बनाए रखने और अपने क्षेत्र में जिन चीजों को मैंने अनैतिक या गलत महसूस किया है, उनके विस्तार को मौन स्वीकृति देने के बजाय मुझे आगे आना चाहिए और सत्ता या बहुमत जिसे उचित ठहराता है, उस पर सवाल उठाने चाहिए।

अ.ति. : सुकरात ने कई एथेंसवासियों को राजनीतिक रूप से नाराज किया था और सरकार को चुनौती दी थी। मगर श्रीमन्, आप तो सत्ता में लोगों की ऐसी आलोचनाओं से दूर रहे, यहाँ तक कि गाहे-बगाहे आपसे अनुरोध किए गए, आपको आमंत्रित किया गया, यहाँ तक कि आपको उकसाया भी गया था?

ए.पी.जे. : मैंने राष्ट्रपति पद की दूसरी पारी के लिए मना कर दिया था और तंत्र, जो अपना आधार मूल्य खो चुका है, उसकी अध्यक्षता करने तथा अपना बाकी जीवन आडंबरपूर्ण जीने के बजाय मैंने एक आम आदमी की तरह रहना तय किया।

अ.ति. : क्या सुकरात समकालीन विश्व में प्रासंगिक हैं?

ए.पी.जे. : सुकरात का मानना था कि आत्म-विकास पर ध्यान केंद्रित करना ही लोगों के जीवन जीने का सर्वश्रेष्ठ तरीका है। उन्होंने सांसारिक सुखों को ठुकराते हुए एक कठोर जीवन जिया। वास्तव में, मेरी पुनर्जागरण विभूति लियोनार्दो दा विंसी नहीं, बल्कि सुकरात हैं। मैं मानव व्यवहार, खासतौर से निजी व्यवहार, में पारदर्शिता में यकीन रखता हूँ। जब बच्चे अपने माँ-बाप, रिश्तेदारों, शिक्षकों और अन्य बड़े लोगों को छोटी बातों पर एक-दूसरे को धोखा देते देखते हैं तो उनका भोलापन खो जाता है तथा जीवन की शुरुआत में ही वे भ्रष्ट आचरण से रू-बरू हो जाते हैं। यह सिर्फ एक मुद्दा है। दूसरा मुद्दा जन-संचार माध्यमों द्वारा प्रचारित अनियंत्रित सांसारिक इच्छाओं द्वारा अभिभूत होना है। जब अल्लाह ने आदम को जन्नत में सजाया तो उसे स्वतंत्र इच्छा का उपहार भी प्रदान किया। इबलीस[10] ने तभी समझ लिया था कि इस स्वतंत्र इच्छा-शक्ति के चलते आदम अपना विवेक खो सकता है और इसलिए उसने अपने बुरे विचारों की शक्ति के खिलाफ खुदा में आदमी के विश्वास को परखने का बीड़ा उठा लिया। उपभोक्तावाद वाकई प्रलोभन का पिटारा और इबलीस का अस्त्र ही है।

अ.ति. : एडवर्ड शेवर्दनात्जे[11] ने कहा था कि "भ्रष्टाचार के पास अपनी अभिप्रेरणा होती है और व्यक्ति को इसके घटनाक्रमों का पूरी तरह से अध्ययन करना होगा तथा उन बुनियादों को गिराना होगा, जो भ्रष्टाचार को बने रहने देती हैं।" तो फिर पुनर्जागरण के आह्वान के बजाय राजनीतिक परिवर्तन का आंदोलन क्यों न शुरू हो? एक क्रांति क्यों नहीं लाई जाए?

---

10. इसलाम में शैतान को इबलीस कहा गया है। इसके पास मानव मन में बुरे विचारों को पैदा करने की ताकत होती है।
11. एडवर्ड शेवर्दनात्जे (जन्म 1928) सोवियत रूस की सरकार में मंत्री और जॉर्जिया के प्रथम राष्ट्रपति (1995-2003) थे।

ए.पी.जे. : यदि किसी देश को भ्रष्टाचार से मुक्त होना है, तब उसके निवासियों का हृदय निर्मल और मन सुंदर होना चाहिए। इसके साथ साहस और स्वाभिमान भी होना चाहिए। रवींद्रनाथ टैगोर के शब्दों में, "हमें स्वयं को इस तरह से बनाना चाहिए कि मन में भय न हो और सिर हमेशा ऊँचा उठा रहे।"[12]

अ.ति. : आपने अपनी पुस्तक 'इग्नाइटेड माइंड'[13] (तेजस्वी मन) में उस रात के सपने की चर्चा की है, जब आप हेलीकॉप्टर की दुर्घटना में बाल-बाल बचे थे। आपने देखा था कि आप मीलों तक फैले रेगिस्तान में खड़े हैं, जहाँ चारों तरफ रेत-ही-रेत है और ऊपर चंद्रमा चमक रहा था। वहाँ पाँच आदमी खड़े थे—सम्राट् अशोक, महात्मा गांधी, अल्बर्ट आइंस्टीन, अब्राहम लिंकन और खलीफा उमर। आपने इन महान् विभूतियों के शब्दों का वर्णन किया था कि किस तरह से उन्होंने बच्चों से मिलने और उन्हें प्रेरित करने के लिए आपको प्रेरणा दी थी। यदि आप सुकरात से ऐसे कभी मिलें तो आपकी उनसे क्या बात होगी?

ए.पी.जे. : मैं उनसे कहूँगा कि श्रीमन्, हमारे यहाँ अलग-अलग मतों और जातियोंवाले 1 अरब से ज्यादा लोगों का लोकतंत्र है। हमारे देश में करीब 1 लाख लोग संसद् और विधायिका में चुने जाने के तरीके में पारंगत हो चुके हैं। इन्होंने चुनाव के बाद सत्ता में बने रहने का एक तंत्र भी विकसित कर लिया है। ये लोगों के जीवन में किसी वास्तविक अंतर को लाने की बजाय सत्ता की पुन: प्राप्ति की इच्छा से प्रेरित होते हैं। साधारण लोगों के पास इस समूह में घुसने या इस दायरे को तोड़ने का कोई विकल्प नहीं है। वे अपने परिवारों के लिए दो वक्त का भोजन जुटाने में मशरूफ हैं। वे बगावत का झंडा उठाने के लिए कमजोर और दब्बू हैं। निराशावाद ने उनके दिमाग को कुंठित कर दिया है। मुझे क्या करना चाहिए?

अ.ति. : फिर सुकरात क्या कहेंगे?

ए.पी.जे. : सन् 2007 में फिलोपापोस की पहाड़ियों की गुफा में उन्होंने जो मुझसे कहा था, उस पर अमल न करने के लिए वे मुझपर नाराज होंगे। वे मुझसे कहेंगे कि जाओ और भारत के युवाओं को बताओ कि सामाजिक सामंजस्य के साथ विकसित देश में रहने के लिए विजन पैदा करें तथा दुनिया के सबसे युवा राष्ट्र के प्रबुद्ध नागरिक के रूप में खड़े हों। उनसे कहो कि 'उठो, जागो और आगे बढ़ो'। इसलिए आइए, इस पुस्तक के साथ इस काम की शुरुआत करें। स्वार्थी शासक वर्ग की दासता से बाहर निकलें, निष्क्रिय लोकतंत्र की नींद से जागें; विकसित राष्ट्र के रूप में भारत की नियति के आविर्भाव की दिशा में अग्रसर हों और विकसित राष्ट्र के सौभाग्य को मूर्त रूप देने के लिए आगे बढ़ें।

□

12. रवींद्रनाथ टैगोर, गीतांजलि : ए कलेक्शन ऑफ इंडियन पोयम्स बाई नोबल लॉरेट, स्क्रिबनर, 1997।
13. ए.पी.जे. अब्दुल कलाम, इग्नाटेड माइंड्स-अनलीजिंग द पावर विदिन इंडिया, पेंगुइन बुक्स 2002।

2

कण-कण में है भगवान्

आविष्कार एवं अन्वेषण ऐसे सृजनात्मक मन-मस्तिष्क की उपज हैं, जो सक्रिय रहती हैं और मन भावी परिणामों की कल्पना करता रहता है। कल्पना और सतत प्रयत्न करनेवाले प्रेरक मन का संपूर्ण ब्रह्मांड साथ देता है।

पुनर्जागरण सांस्कृतिक आंदोलन है, जो विशेष स्रोतों से सीखने पर आधारित होता है। यह शब्द मूल रूप से यूरोप के सबसे बुरे अंध युग में हुए बौद्धिक परिवर्तन को दरशाता है, जो कि 14वीं शताब्दी से शुरू होकर 17वीं शताब्दी तक लगातार जारी रहा। पुनर्जागरण ने लोगों की सामान्य स्थिति को पुराने समय के विचारों के पुनर्जीवन एवं नवीन दृष्टिकोण, दोनों से ही समुन्नत किया था। विभिन्न संस्कृतियों, धर्मों और हमलों के चलते हमारी सोच कुंद हो चली है। इस जंजाल से कैसे निकलें और मुक्त चिंतन कैसे वापस पाएँ?

पिछले अध्याय में सुकरात के समय के 'रूल ऑफ थर्टी' के अन्यायपूर्ण शासन से तुलना करते हुए भारतीय पुनर्जागरण की बात उठाई गई तथा सदाचारी नागरिक वर्ग द्वारा भले लोगों को शासन के लिए चुनने की आवश्यकता पर बल दिया गया। ब्रह्मांडीय दृष्टिकोण और संपूर्ण अस्तित्व को एक व्यवस्था के रूप में समझाते हुए कहा गया कि जैसा-जैसा कुछ बाहर जाएगा, वह अंततः वापस वैसा ही कुछ लौटेगा।

इस अध्याय में समस्त प्राणी जगत् में एक तत्त्व की प्रधानता का विचार पहले ब्रह्मांड के विराट् रूप में प्रतिपादित किया है, फिर यह दरशाया गया है कि इस विराट् रूप की तुलना में हम कितने लघु या सूक्ष्म हैं। प्रत्येक पदार्थ व क्रिया भली प्रकार से व्यवस्थित ढंग से सक्रिय है। सभी तरह के व्यवहार और कार्यों में कारण व प्रभाव के अकाट्य नियम के बोध को पुनर्जागरण की तरफ पहला कदम बताया गया है। इतिहास ऐसे उदाहरणों से भरा पड़ा है, जिसमें बड़े-बड़े, शक्तिशाली और तानाशाह शासकों का

पतन हुआ तथा उनके साम्राज्य मिट गए। ऐसे नश्वर समाज के लक्षणों पर रोशनी डालते हुए यह अध्याय कुछ धनी एवं शक्तिशाली लोगों के हाथों में पूँजी के केंद्रित होने पर चेतावनी भी देता है।

अ.ति. : पिछले अध्याय में आपने पुनर्जागरण की आवश्यकता बताई है। यह ब्रह्मांड एक विराट् समष्टिगत इकाई है और इसकी हर चीज, जिसमें हम सब भी शामिल हैं, इस महान् संरचना का अंश है। इस आधारभूत तथ्य की समझ एक नए बोध का परिणाम है।

ए.पी.जे. : हम अपने चारों तरफ जो कुछ भी देखते हैं, वह इस विराट् यथार्थ का अंश मात्र है। इस ब्रह्मांड में हमारा स्थान थार के रेगिस्तान में रेत के एक कण की भाँति है। इस महान् रचना पर विचार करने से पहले जरा इस ब्रह्मांड की विराटता को समझें, अनुभव करें। इस पृथ्वी का चक्कर काटने में प्रकाश को एक सेकंड के दसवें हिस्से से भी कम समय लगता है। इसकी तुलना में, इस ब्रह्मांड का व्यास करीब 500 अरब प्रकाश वर्ष है।

अ.ति. : इसे समझना वाकई मुश्किल है। क्या किसी ऐसी चीज का उल्लेख किया जा सकता है, जिसे हम देख सकते हैं, जैसे—सूर्य?

ए.पी.जे. : सूर्य अपेक्षाकृत एक छोटा तारा है, फिर भी इसमें 1.3 लाख पृथ्वी ग्रह समा सकते हैं। बीटलजूज एक विशाल लाल तारा है। यह पृथ्वी से 640 प्रकाश वर्ष दूर है। इसमें तकरीबन 1,000 सूर्य समा सकते हैं।

अ.ति. : इसे भी समझ पाना काफी कठिन है।

ए.पी.जे. : यदि सूर्य एक संतरे के बराबर है, तब इस अनुपात में पृथ्वी रेत के एक कण के समान है और 10 मीटर की दूरी पर अपनी कक्षा में सूर्य का चक्कर लगा रही है। इसी पैमाने के आधार पर सूर्य के सबसे नजदीक का तारा, जिसे 'अल्फा सेंचुरी' कहते हैं 2,000 किलोमीटर दूर स्थित है।

अ.ति. : और इसके बीच में क्या है?

ए.पी.जे. : ब्रह्मांड निश्चित रूप से खाली नहीं है। यद्यपि जितना भर ब्रह्मांड हम देख पाते हैं, खाली प्रतीत होता है, पर वस्तुतः वह न्यूट्रीनो कणों का समुद्र है। न्यूट्रीनो उप-परमाणु (subatomic) होते हैं, जो सप्ताह में एक बार परस्पर कणों के साथ क्रियाशील होते हैं और पृथ्वी एवं सूर्य के द्रव्यमान (mass) में से गुजरते रहते हैं तथा अपने इस सफर में मूल मार्ग से किंचित् मात्र भी भटकते नहीं।

अ.ति. : क्या आकाशगंगा के लिए भी कोई सादृश्यता है?

ए.पी.जे. : आकाशगंगा को संतरे के एक ऐसे गुच्छे के रूप में समझा जा सकता है, जिसका व्यास 1 करोड़ किलोमीटर है और इसमें हर संतरे के बीच की दूरी करीब

3,000 किलोमीटर है। यहाँ 1 किलोमीटर पृथ्वी का 1,000 मीटर नहीं है, बल्कि यह दूरी ऐसे पैमाने पर है, जहाँ हमारा सूर्य एक संतरे के बराबर है।

अ.ति. : खगोल-शास्त्रियों ने हाल ही में पृथ्वी की तरह का एक ग्रह ढूँढ़ निकालने की बात कही है। इसे 'कैप्लर 22बी' का नाम दिया गया है। यह अपने तारे की परिक्रमा कर रहा है, जो करीब 600 प्रकाश वर्ष दूर है। यह 'कैप्लर 22बी' ग्रह पृथ्वी से 2.4 गुना बड़ा है।

ए.पी.जे. : कैप्लर 22बी का आकार और अपने तारे से इसकी दूरी इसका धरातलीय तापमान तकरीबन 25 डिग्री सेल्सियस बताती है। इस संयोग के चलते जीवन के जिस रूप को हम जानते हैं, वहाँ वैसा ही जीवन होने की प्रबल संभावना है।

अ.ति. : मान लें, कैप्लर 22बी पर या ब्रह्मांड में कहीं और भी जीवन मिलता है, तब बौद्धिक जीवन होने की क्या संभावना है?

ए.पी.जे. : ब्रह्मांड में मौजूद इन सौर मंडलों की इस विशाल संख्या को देखते हुए इस बात की अधिक संभावना है कि यहाँ किसी में भी जीवन मिल सकता है। यदि ऐसा है तो इसकी भी संभावना है कि इनमें से किसी में बौद्धिक जीवन भी हो।

अ.ति. : क्या वहाँ हमारी तरह के लोग भी हो सकते हैं?

ए.पी.जे. : किस मामले में हमारी तरह? हमारी और उनकी समानता किस स्तर पर? हम मानव एक खास तरह के जीव हैं। हमारे पास ज्ञान-अर्जन और उसे व्यवहार में लाने की क्षमता है। हम सोचने, तर्क करने और समझने की क्षमता रखते हैं। मानव स्वत: सजग होता है। इसमें दूरदृष्टि और पश्चदृष्टि—दोनों गुण होते हैं, अर्थात् इसके पास भविष्य का अनुमान लगाने और अतीत में झाँकने की शक्ति होती है।

अ.ति. : ब्रह्मांड में अन्यत्र कहीं भी बौद्धिक जीवन होने का प्रश्न अभी भी अनबूझ पहेली ही है?

ए.पी.जे. : स्टीफन हॉकिंग कहते हैं कि ब्रह्मांड में अन्यत्र कहीं बौद्धिक जीवन भी हो सकता है; परंतु बौद्धिकता की ठीक-ठीक परिभाषा देना वाकई मुश्किल काम है।[14] यदि हमारा सामना अलग तरह की बौद्धिकता से होता है, तब क्या हम उसे समझ या पहचान पाएँगे? ये ऐसे अद्‍भुत सवाल हैं, जिनका अभी तक कोई निश्चित जवाब नहीं मिला है। ढूँढ़ते रहने के अलावा कोई चारा भी नहीं है। सत्य तो सर्वत्र है।

अ.ति. : पृथ्वी पर बौद्धिक क्षमता को विकसित होने में करोड़ों वर्ष लगे। पृथ्वी की अरबों प्रजातियों में से केवल एक मानव जाति ही अस्तित्व में आ सकी। इसाक एसीमोव[15]

---

14. स्टीफन विलियम हॉकिंग (जन्म 1942) ब्रिटिश मीमांसक भौतिक विज्ञानी, ब्रह्मांड विज्ञानी और लेखक हैं।
15. इसाक एसीमोव (1920-1992) बॉस्टन विश्वविद्यालय, अमेरिका में जैव रसायन के प्रोफेसर थे। इन्हें अपनी विज्ञान-गल्प के लिए जाना जाता है।

ने भी कहा है कि बौद्धिक क्षमता या बुद्धि का लाभ हो, जरूरी नहीं। यह विकास प्रक्रिया की एक दुर्घटना भी हो सकती है।

ए.पी.जे. : आइए, बुद्धि या बौद्धिक क्षमता का अर्थ समझते हैं। यह ऐसी अंतर्निहित व्यवस्था है, जिस पर हमारा समूचा अस्तित्व घूमता है या यह इस व्यवस्था को चलाने का कौशल है। चिकित्सा विज्ञान को यह समझने में सैकड़ों वर्ष लग गए कि मानव शरीर के स्वस्थ रहने के बुद्धिपरक तरीके कौन से हैं तथा वर्तमान में चिकित्सा शोध कार्य इस पर टिका है कि रोगों से लड़ने के लिए मानव शरीर की कार्य-प्रणाली को कैसे व्यवस्थित किया जाए। प्राकृतिक घटनाक्रम को बरकरार रखने के लिए सहज या अंतर्जात बुद्धि विषयक बेतुके विचारों को महत्त्व देना मूर्खता है तथा इसके घातक परिणाम सामने आ सकते हैं।

अ.ति. : यदि हम बुद्धि को एक ऐसी छतरी के रूप में समझें, जिसमें तर्क करने, योजना बनाने, समस्याओं का समाधान करने, अमूर्त रूप में सोचने, विचारों और भाषा को समझने की योग्यता शामिल हो, तब क्या, जैसे कि इसाक एसीमोव ने आशंका जताई थी, इससे हमें वास्तव में कोई लाभ नहीं होगा?

ए.पी.जे. : बात ऐसी है कि इस ग्रह पर इस समय 7 अरब लोग रहते हैं। अब इतने लोग होने चाहिए थे कि नहीं, इस संख्या पर बहस की आवश्यकता नहीं है। अब, पर्याप्त भोजन, आश्रय या आवास तथा आजीविका से शुरू करते हुए प्रत्येक मनुष्य के लिए जीवन का निश्चित स्तर प्राप्त करना कोई आसान कार्य नहीं, बल्कि बहुत बड़ी चुनौती है, जिसे प्रकृति के भरोसे नहीं छोड़ा जा सकता। इस संभावना को नकारा नहीं जा सकता है कि प्रकृति मानव अतिभार को भूख, रोग और आपदाओं से नियंत्रित कर बैठे। बेहतर यही होगा कि मानव बुद्धि को प्रकृति को नाराज करने में नहीं, बल्कि इसके साथ सामंजस्य बिठाने में लगाया जाए।

अ.ति. : इस समय दुनिया में गॉड-पार्टिकिल ढूँढ़ने का शोर मचा हुआ है?

ए.पी.जे. : सी.ई.आर.एन. में हुए प्रयोगों से यह पता चला है कि कणों में द्रव्यमान क्यों होता है और इसके चलते हमारा अस्तित्व क्यों है। बिना बोसोन ब्रह्मांड में ऊर्जा के अलावा कोई अन्य भौतिक तत्त्व ही नहीं होगा।

अ.ति. : मई 2005 में आप स्विट्जरलैंड में सी.ई.आर.एन. की प्रयोगशाला देखने गए थे और आपने सीमा पार करके फ्रांस में उस प्रयोगशाला का भी दौरा किया था, जहाँ अंतरराष्ट्रीय वैज्ञानिक समुदाय के भाग रूप में भारतीय वैज्ञानिक लार्ज हाड्रोन कोलाइडर (एल.एच.सी.) में अनुसंधान कर रहे थे।

ए.पी.जे. : लगभग 10,000 भारतीय स्विट्जरलैंड में रहते हैं, जिनमें से अधिकांश पेशेवर और अकादमिक हैं। इन लोगों ने भारत का मान बढ़ाया है। स्विट्जरलैंड एक

भारत के आणविक ऊर्जा आयोग के चेयरमैन अनिल काकोदकर, सर्न के महानिदेशक, रॉबर्ट अयमार तथा फिलिपी लेब्रन के साथ सर्न (सी.ई.आर.एन.) में।

छोटे आकार का देश है, परंतु वैश्विक अर्थव्यवस्था में इसकी बड़ी भूमिका रही है। खास तौर पर वित्तीय सेवा तथा यहाँ की बनी जटिल मशीनरी, सटीक यंत्र, जैसे घड़ियाँ, उच्च शिक्षा के स्विस केंद्र, जैसे ज्यूरिख में लॉसाने और सेंट गैलेन अपनी उत्कृष्टता के लिए दूर-दूर से छात्रों और शोधकर्मियों को आकर्षित करते हैं। भारत और स्विस वैज्ञानिक संस्थानों में काफी साझा काम चल रहा है। हमने भारतीय परमाणु ऊर्जा विभाग और सी.ई.आर.एन. के बीच एक करार पर दस्तखत किए हैं।

अ.ति. : स्विस राष्ट्रपति सैमुअल शिमड ने आपके आगमन के दिन (26 मई) को 'स्विस विज्ञान दिवस' के रूप में मनाए जाने की घोषणा कर डाली थी?

ए.पी.जे. : यह सम्मान वस्तुतः भारतीय वैज्ञानिकों को दिया गया है। राष्ट्रपति शिमड मुझे ब्रींज झील के दक्षिणी किनारे पर आल्प्स पर्वतों की गोद में बसे मछुआरों के एक गाँव इजेल्ट में ले गए। वहाँ कुछ छात्रों ने मुझसे ऑटोग्राफ माँगे। जब मैं दस्तखत करने के लिए सहारा ढूँढ़ रहा था तो राष्ट्रपति शिमड ने मुड़कर अपना कंधा मेरे सामने कर दिया, ताकि मैं उस पर कागज रखकर लिख सकूँ। राष्ट्रपति शिमड की विनम्रता मेरे मन को गहरे तक छू गई।

भारतीय लोग हमेशा से ही भौतिकी की मुख्य धारा में रहे हैं। हमारे युवाओं के लिए यह जानना बहुत ही जरूरी है कि भौतिकी में हमारे दो वैज्ञानिकों को नोबेल पुरस्कार प्राप्त हो चुका है, जिनमें सी.वी. रमन को वर्ष 1930 में और सुब्रमण्यम चंद्रशेखर को 1983 में

स्विट्जरलैंड के राष्ट्रपति सैमुअल स्किमड के साथ स्विट्जरलैंड सरकार ने मेरी यात्रा के दिन को (26 मई) स्विस विज्ञान दिन के रूप में घोषित कर मुझे सम्मानित किया।

यह सम्मान मिला। मेघनाद साहा, सत्येंद्र नाथ बोस, होमी जे. भाभा, राजा रमन्ना, बी.डी. नागचौधरी, पी.एस. गिल और पी. रमैया नायडू बीसवीं सदी के भौतिक विज्ञान के प्रकाश पुंज थे। रमैया नायडू ने अपनी पी-एच.डी. मैडम क्यूरी के निर्देशन में की थी और वे तदनंतर न्यूक्लियर मेडिसिन के पथ-प्रदर्शक बने। बोस-आइंस्टीन समीकरण में जिन कणों के वर्ग का नाम 'बोसोन' दिया गया है, वह सत्येंद्र नाथ बोस के नाम पर है।

अ.ति. : क्या अब हम जान पाए हैं कि ब्रह्मांड की शुरुआत कैसे हुई?

ए.पी.जे. : आमतौर पर यह मान लिया गया है कि अब प्रमाणित हो चुका है कि ब्रह्मांड का आरंभ 14 अरब साल पहले एक महाविस्फोट के बाद हुआ था, जिसे 'बिग बैंग थ्योरी' कहा जाता है। तार्किक रूप से इस महाविस्फोट की तीन संभावनाएँ हैं—इसके आरंभ होने का कोई कारण था; इसका कोई कारण नहीं था, पर यह हो गया; और ब्रह्मांड कभी आरंभ हुआ ही नहीं, क्योंकि यह हमेशा से ही रहा है।

अ.ति. : आपका क्या मानना है?

ए.पी.जे. : मैं अमूमन 'बिग बैंग के सिद्धांत' को मानता हूँ। ईश्वर अद्भुत शक्ति है, जिसने किसी खास उद्देश्य के लिए 'बिग बैंग' द्वारा ब्रह्मांड की रचना की है।

अ.ति. : ब्रह्मांड का सर्वमान्य मॉडल क्या है? पिछले 14 अरब वर्षों से यहाँ क्या चल रहा है और यह कहानी कहाँ खत्म होगी?

ए.पी.जे. : ब्रह्मांड का कोई एकमात्र निश्चित मॉडल नहीं है। मुझे अल्बर्ट आइंस्टीन के सिद्धांत पर यकीन है कि ब्रह्मांड में परिवर्तन की एक शाश्वत शृंखला चलती रहती है तथा प्रत्येक की शुरुआत एक बड़े विस्फोट से होती है और व्यापक स्तर पर चरमराहट से इसका अंत हो जाता है। ऐसा होने तक इस बारे में सामंजस्य बना रहता है। इस सिद्धांत के अनुसार, यह ब्रह्मांड उस समय तक फैलता रहेगा, जब तक कि पदार्थ के गुरुत्वाकर्षण के कारण भीतर से ब्रह्मांड या पदार्थ समाप्त न होने लगे; और फिर यह पुन: अचानक रूप धारण कर लेता है।

अ.ति. : आजकल डार्क एनर्जी और डार्क मैटर पर काफी चर्चा चल रही है।

ए.पी.जे. : सन् 1998 में, हब्बल स्पेस टेलीस्कोप (एच.एस.टी.) द्वारा यह देखा गया कि ब्रह्मांड का तीव्र गति से विस्तार हो रहा है तथा इसकी गति उतनी धीमी नहीं हो रही, जितनी होनी चाहिए। इस विस्तार के पीछे कोई-न-कोई कारण अवश्य होगा। तब सभी का ध्यान 'अज्ञात' तथ्य की ओर गया। इस ब्रह्मांड में दृश्यमान प्रत्येक वस्तु से ब्रह्मांड में 5 प्रतिशत से भी कम वृद्धि होती है। शेष 95 प्रतिशत क्या है? इस प्रश्न के समाधान रूप में 'डार्क एनर्जी' तथा 'डार्क मैटर' शब्द शून्य या रिक्त अंतरिक्ष के गुणधर्म के रूप में उभरे।

अ.ति. : इस बचे हुए 95 प्रतिशत अँधेरे में कितना पदार्थ और कितनी ऊर्जा है?

ए.पी.जे. : आज की तारीख में जो ज्ञात है, उससे कहीं अधिक अज्ञात है। फिलहाल यह मान लें कि रिक्त अंतरिक्ष में केवल शून्य ही नहीं है बल्कि इसमें गुण भी हैं, जिनमें से बहुत के बारे में तो समझने की अभी शुरुआत भर हुई है। नासा के अनुसार, ब्रह्मांड की तकरीबन 70 प्रतिशत से भी अधिक माँग डार्क एनर्जी है।

अ.ति. : तो जब हम इस ब्रह्मांड में अकेले नहीं हैं, तब हमने शताब्दियों से क्या किसी अन्य ग्रह के जीव से संपर्क नहीं किया होगा?

ए.पी.जे. : सन् 1584 में ब्रूनो[16] ने असीम ब्रह्मांड पर इस प्रकार से विचार किया— "इसमें असंख्य सूर्य विद्यमान हैं। जिस तरह हमारे सूर्य के चारों तरफ आठ ग्रह चक्कर लगाते हैं, उसी प्रकार इन सूर्यों के चारों तरफ असंख्य पृथ्वियाँ चक्कर लगाती हैं। इन अनगिनत लोकों में जीव निवास करते हैं।" इसमें कोई शक नहीं है कि किसी-न-किसी दिन इनसे संबंध स्थापित होगा। मंगल ग्रह पर क्युरोसिटी रोवर के उतरने से जो लहर उठी थी, वह आगे बढ़ेगी और वापस लौटेगी। आज के दिन जो स्थिति है, ब्रह्मांड के बारे में हमारी समझ कुछ सिद्धांतों और परिकल्पनाओं तक ही सीमित है। इससे ज्यादा और निश्चित रूप से नहीं कहा जा सकता कि ईश्वर ने किसी कारण के चलते ब्रह्मांड रचा!

---

16. जिओरडानो ब्रूनो (1548-1600) इटली के संन्यासी, दार्शनिक, गणितज्ञ और खगोल शास्त्री थे। उनका कहना था कि सूर्य एक तारा है और ब्रह्मांड में अनेक लोक हैं, जहाँ अन्य बौद्धिक जीव भी हैं।

अ.ति. : क्या यह विश्वास विज्ञान का विरोधी नहीं है?

ए.पी.जे. : जब हम एक बिंदु से आगे जानते ही नहीं हैं तब ऐसा कैसे हो सकता है? यह समझ लें कि ईश्वर कोई धार्मिक विचार नहीं, बल्कि सबसे परे एक सर्वोच्च सत्ता है। भारतीय पुनर्जागरण की प्रथम आधारशिला हमारा अस्तित्व अलग-थलग नहीं है, बल्कि गत्यात्मक ब्रह्मांड का हिस्सा है, जिसे हम पूरी तरह अभी तक नहीं समझ पाए हैं और इस ब्रह्मांड से परे ईश्वर भी विद्यमान है।

अ.ति. : 'ऋग्वेद' में सृष्टि के प्रारंभ का नासदीय मंत्र है—

हिरण्यगर्भः समवर्तताग्रे भूतस्य जातरु पतिरेकासीत।
स दाधार पृथ्वीं ध्यामुतेमां कस्मै देवायहविषा विधेम॥

सृष्टि डूबी सम जल निधि में,
रचित जीवन गर्भाग्नि में;
अरुण रविमंडल सा ये ब्रह्म
न हर्षित यज्ञ की अग्नि से
उस ईश्वर की क्या पूजा करें हम यज्ञ कर?[17]

ए.पी.जे. : कितने गूढ़ विचार हैं! अबू धार[18] की एक हदीस[19] है, जिसमें उन्होंने पैगंबर मुहम्मद से पूछा है, ''क्या आपने ईश्वर को देखा है?'' इस पर पैगंबर मुहम्मद ने जवाब दिया, ''ईश्वर तो स्वयं प्रकाश हैं; मैं उन्हें कैसे देख सकता हूँ!''

अ.ति. : भारत धार्मिक बहुलवाद का एक चमकता हुआ उदाहरण है। भारतीय दर्शन 'सर्वधर्म समभाव' पर टिका है। इसका अर्थ है—सभी धर्म समान रूप से आदर के पात्र हैं।

ए.पी.जे. : प्राचीन भारतीय मन आध्यात्मिक अनुभूति चाहता था। भारत की धरती पर हिंदू, बौद्ध और जैन तीन महान् धर्म फले-फूले तथा भारत की इस नैसर्गिक आध्यात्मिक पृष्ठभूमि के चलते उनमें एक तालमेल स्थापित हो गया था। तीनों धर्मों के ज्ञानियों और अनुयायियों को यह अहसास था कि न तो उनका ज्ञान और न ही उनका सत्य की अनुभूति का तरीका अकेला या पूर्ण था।

---

17. वेंडी डोनिजर ओफ्लेहर्टी (अनुवादक), द ऋग्वेद : एन एंथोलॉजी ऑफ वन हंड्रेड एट हायमन्स, पेंगुइन क्लासिक्स, प्रथम संस्करण, 1982।
18. अबू धार अल-गिफारी पैगंबर मुहम्मद के शुरुआती मुसलमान समर्थकों में से थे। उन्हें मक्का से मदीना के लिए निकाला गया (हिजरा) था। शिया मुसलमानों द्वारा धार का सम्मान उन चार साथियों में से एक के रूप में किया जाता है, जो कि अली समर्थक थे।
19. पैगंबर मोहम्मद की परंपरा।

अ.ति. : बहु-मतानुयायी समाज के निर्माण में भक्ति आंदोलनों की भी विशेष भूमिका रही।

ए.पी.जे. : ईश्वर के भक्तों ने ईश्वर के एकत्व की बात कही है, "सभी धर्मों के मार्ग भिन्न हैं, पर वे एक ही लक्ष्य की तरफ जाते हैं।" भक्ति आंदोलनों ने हिंदुओं और मुसलमानों के बीच मौजूद कड़वाहट दूर करने में सहायता की थी। दोनों में ही एक-दूसरे के प्रति सहिष्णुता बढ़ी थी। समय के साथ-साथ इसलाम को भारतीय समाज में स्वीकृति ही नहीं मिली, बल्कि यह भारत की संस्कृति में घुल-मिल भी गया। न सिर्फ एक-दूसरे के धार्मिक व्यवहारों में हस्तक्षेप न करने का शिष्टाचार स्थापित हो गया, बल्कि अलग-अलग धर्मों के लोग एक-दूसरे के त्योहारों में हँसी-खुशी शामिल होने लगे।

अ.ति. : गांधीजी ने ब्रिटिश शासकों की 'फूट डालो और राज करो' की नीति को जल्दी ही समझ लिया था और स्वतंत्रता की लड़ाई में सभी धर्मों को एक साथ लाकर उन्हें मुँहतोड़ जवाब दिया।

ए.पी.जे. : गांधीजी धार्मिक विश्वास के मूर्त रूप थे। वे अपने परिवार के वैष्णव धर्म को मानते थे, जिसके मूल में परंपरा और अंधविश्वास के बजाय रहस्य-भक्तिवाद था। उन्होंने संयम और अहिंसा का गुण अपने जैन गुरु रायचंद भाई से प्राप्त किया था। स्कूल में उनके मुसलमान मित्र भी थे और दक्षिण अफ्रीका में प्रवास के दौरान उनके यहूदी व पारसी मित्र भी थे। एक ईसाई पादरी चार्ल्स फ्रीअर एंड्रूज जीवनपर्यंत उनके मित्र बने रहे।

अ.ति. : भारतीय बहुलवाद में आपको क्या विलक्षण तत्त्व नजर आता है?

ए.पी.जे. : भारत में कुछ खास बात है। सामी* धर्मावलंबियों को विश्वास है कि उनके धर्मग्रंथ जैसे—तोरा, बाइबल और कुरान परम और अंतिम सत्य के ज्ञान-भंडार हैं। हिंदू धर्म में सहिष्णुता पर बल दिया जाता है और भारत ने खुशी-खुशी इब्राहिमी धर्मों को स्वीकार किया है। हमारी धर्मनिरपेक्षता का अर्थ धर्म की गैर-मौजूदगी या धार्मिकता का न होना नहीं है, बल्कि यह प्रत्येक विश्वास के श्रेष्ठ गुणों का संगम है। भारतीय संस्कृति बहुत से विश्वासों और व्यवहारों का अद्‌भुत मिश्रण है। 1 अरब से अधिक लोगोंवाले भारत देश का बहुधर्मी समाज विश्व में अद्वितीय है और विविधता की ऐसी कोई दूसरी मिसाल नहीं है।

अ.ति. : ईश्वर को मानव-बोध से परे सर्वोच्च सत्ता मानते हुए और इसे धर्म से अलग रखने के बाद अब अगला कदम कौन सा होगा?

ए.पी.जे. : सत्य की सर्वव्यापकता को समझना ही अगला कदम है। ईश्वर सर्वव्याप्त है और हम उसी में रहते व संचालित होते हैं।

अ.ति. : ईश्वर की सर्वव्यापकता से तात्पर्य यह है कि जो कुछ भी विद्यमान है,

वह किसी नियम या सिद्धांत से ही संचालित होता है।

ए.पी.जे. : बिलकुल सही। इन नियमों और सिद्धांतों को समझना ही पुनर्जागरण का सिद्धांत होना चाहिए, न कि धार्मिक और दार्शनिक मतों की पुन:प्रस्तुति, जो कि एक व्यवस्थित विचार की एक और मन:स्थिति की तरफ ही ले जाएगी। हमें यथार्थ को घटना नहीं, बल्कि प्रक्रिया के रूप में समझना शुरू करना होगा।

अ.ति. : व्यवस्थित प्रक्रिया अपने स्वयं के अंशों के परस्पर तालमेल पर निर्भर करती है।

ए.पी.जे. : किसी व्यवस्था की मूल विशेषता इसके अपने अंशों के बीच उनकी पारस्परिक क्रिया ही है। व्यवस्था के प्रत्येक हिस्से का अपना एक निश्चित कार्य होता है और एक व्यवस्था तब तक पूरी तरह से संचालित नहीं हो सकती, जब तक कि उसका हर हिस्सा संचालित न हो।

अ.ति. : वस्तुत: यह स्पष्ट है कि पृथ्वी एक संचालित सत्ता के रूप में विद्यमान है और इसका मूल ब्रह्मांड है तथा उसी पर इसका अस्तित्व निर्भर करता है। किंतु यह स्पष्ट नहीं है कि पृथ्वी ब्रह्मांड के लिए क्या काम करती है!

ए.पी.जे. : यहाँ केवल एक ही व्यवस्था है और वह ब्रह्मांड है। सभी अन्य व्यवस्थाएँ इस विराट् व्यवस्था की उप-व्यवस्थाएँ हैं। हमारे पास ब्रह्मांड में हमारी एक आकाशगंगा है और इस आकाशगंगा में हमारा सौरमंडल है। यह पृथ्वी इस सौरमंडल के अंतर्गत आती है। यहाँ पृथ्वी का चक्कर लगाता हुआ चंद्रमा भी है। रामेश्वरम के तट पर रहते हुए बचपन में भी मुझे पता था कि चंद्रमा का असर ज्वार-भाटे पर पड़ता है और किस तरह मछुआरों का जीवन इन ज्वार-भाटों से जुड़ा रहता है।

अ.ति. : जब बच्चा पैदा होता है, तब उस वक्त ग्रहों की स्थिति के अनुसार जन्मपत्री बनाने की एक परंपरा रही है।

ए.पी.जे. : ब्रह्मांड से जुड़े रहने की अवधारणा भारतीय लोगों के मानस में काफी भीतर तक पैठी हुई है। कोणार्क, ओडिशा में एक सूर्य मंदिर है और गुवाहाटी, असम में चित्रसाल पहाड़ी पर एक नवग्रह मंदिर है।

अ.ति. : मानव जीवन पर ग्रहों के प्रभाव का कोई वैज्ञानिक आधार नहीं है। इसलाम में तो ज्योतिष निषिद्ध है।

ए.पी.जे. : सूर्य, चंद्रमा, तारे और मानव जीवन के बीच के संबंध को लेकर कई रीति-रिवाज और त्योहार मनाए जाते हैं; पर मात्र इस दृष्टि से इन्हें न्यायसंगत ठहराना बिलकुल जरूरी नहीं है। खास बात यह है कि भारतीयों की ब्रह्मांड की विराट् व्यवस्था में अपने अस्तित्व को लेकर एक सहज समझ है और इसमें कुछ गुह्य लेख तथा कर्मकांड भी हैं, जो विज्ञान से पहले के हैं। ईसा से 500 वर्ष पूर्व आर्यभट ने अपने

'आर्यभटीया' ग्रंथ में लिखा था कि पृथ्वी ब्रह्मांड का एक हिस्सा है। आर्यभट ने रेखागणित से दरशाया, विशेष तौर पर खगोल को त्रिकोणमिति के माध्यम से; ग्रहण संबंधी कारण, खगोलीय भूमध्य रेखा, पृथ्वी का आकार, दिन और रात होने के कारण, क्षितिज पर राशियों का नजर आना आदि बातों की विवेचना की। कुछ सैकड़ों वर्ष पहले यूरोपवासी पृथ्वी को ब्रह्मांड का केंद्र मानते थे। निकोलस कॉपरनिकस तथा बाद में इतालवी खगोल-शास्त्रियों ने जब कहा कि पृथ्वी और अन्य ग्रह सूर्य के चारों तरफ चक्कर लगाते हैं, तब उनपर ईश-निंदा का अभियोग लगा; जबकि भारतीयों ने आर्यभट के नए विचार सहर्ष स्वीकार किए।

अ.ति. : इस सहज ज्ञान का क्या उपयोग है?

ए.पी.जे. : इस समझ ने हमें एक दिशा प्रदान की। उदाहरणस्वरूप जब हम एक कुतुबनुमा में चुंबकीय उत्तर दिशा की तरफ देखते हैं, ठीक वैसे ही इससे हमें दिशा का भान होता है। भारतीय चाहे किसी भी धर्म के हों, खगोल एवं विभिन्न चक्रों में उनकी जड़ें बहुत गहरी हैं तथा इस संबंध में वे जन्मजात हैं। चंद्रमा पर आधारित कैलेंडर हिंदू और मुसलमान दोनों के ही तीज-त्योहार निर्धारित करता है।

अ.ति. : चलिए, माना कि ब्रह्मांड के अवलोकन के आधार पर हम नियमन व समय का बोध प्राप्त करते हैं, लेकिन यह ज्ञान हमें बहुत आगे तक नहीं ले जाता है?

ए.पी.जे. : यकीनन, इस ज्ञान से हम 'हिरण्यगर्भ' की गहराई तक पहुँच जाते हैं, यहाँ इसका शाब्दिक अर्थ 'स्वर्णिम गर्भ' है। इसे ब्रह्मांड की रचना का स्रोत या भारतीय दर्शन में व्यक्त 'सृष्टि' का स्रोत माना जाता है। वह 'देवों का देव' है तथा इसके अतिरिक्त और कुछ नहीं। हदीस में कहा गया है—इसलाम के हिजरी कैलेंडर के आठवें माह, शआबान की 15वीं रात के समय नमाज पढ़ें तथा दिन में रोजा रखें; जब सूर्य ढलता है तब अल्लाह ताला जन्नत से इस जमीन पर उतरते हैं और पूछते हैं, 'क्या कोई है, जो माफी माँगना चाहता है, ताकि मैं उसके गुनाह माफ कर दूँ? क्या कोई सहारा चाहता है, जिसका सहारा बन सकूँ? क्या कोई मुसीबत में है, जिसे राहत दे सकूँ?' जब तक सुबह नहीं हो जाती, तब तक यह सिलसिला चलता रहता है। मैं मजहब की दीवारों से परे, सरहदों से परे पुनर्जागरण का आह्वान करता हूँ।

अ.ति. : आपने कहा था कि एक व्यवस्था की मूल विशेषता इसके हिस्सों के बीच की पारस्परिक क्रिया है। इसके चलते इन पारस्परिक क्रियाओं के होने के भी कुछ नियम-कायदे होते होंगे?

ए.पी.जे. : इस विषय पर रहस्य-ज्ञान का व्यापक क्षेत्र है और मैं युवा मन पर अस्पष्ट शैली व विचित्र बोध का बोझ नहीं डालना चाहता हूँ। हालाँकि यह समझना भी बहुत जरूरी है कि कुछ ऐसे भी सिद्धांत हैं, जो ब्रह्मांड की गतिविधियों को संचालित करते हैं

और मानव यदि उन मौलिक सिद्धांतों से परिचित है, तब वह बेहतर स्थिति में रहता है। मैं इस सजगता को भारतीय पुनर्जागरण का एक महत्त्वपूर्ण तत्त्व मानता हूँ। हमारे बच्चों और युवाओं को इतना तो जानना ही चाहिए कि यह ब्रह्मांड विराट् है और फैल रहा है। जीवन शाश्वत है। सभी चीजें आपस में जुड़ी हुई हैं और हम सब एक ही हैं।

अ.ति. : यहाँ इसी तरह के कुछ सिद्धांतों की चर्चा उपयोगी होगी।

ए.पी.जे. : इससे कोई फर्क नहीं पड़ता है कि हम क्या सोचते या करते हैं और कहाँ हैं। सच यह है कि हम एक व्यवस्था के तहत जी रहे हैं। हमारा अपना अलग-थलग या बिना किसी अन्य प्रभाव को उत्पन्न किए या अपने आसपास से बिना प्रभावित हुए कोई वजूद नहीं है। ईश्वर की मौजूदगी से कुछ भी बच नहीं सकता है। कण-कण में भगवान् है। यही सजगता हमें छल, कपट, आडंबर और धोखे की व्यर्थता दिखाएगी।

अ.ति. : किंतु हम धोखेबाजी, छिपाना और चुराना आखिरकार चाहते ही क्यों हैं?

ए.पी.जे. : अज्ञानता के कारण। मानव केवल उन्हीं पैमानों में वास्तविकता को समझ सकता है, जिनके होने या न होने का उसे यकीन होता है। हमारा अवचेतन मस्तिष्क ऐसी ही परिस्थितियों की तरफ हमें प्रेरित करता है। हमें जिन चीजों के होने का यकीन नहीं होता, उन्हें यह हमारी चेतना से बाहर निकाल देता है।

अ.ति. : पुनर्जागरण ज्ञान के साथ आरंभ होता है।

ए.पी.जे. : हम सभी एक ही व्यवस्था के हिस्से हैं—इस वास्तविकता की अज्ञानता ही सबसे बड़ी त्रुटि तथा सभी बुराइयों की जड़ है। इस परस्पर जुड़ाव का ज्ञान न होने से अलग-थलग पड़ने की अनुभूति होती है। अकेले पड़ जाने का भय सूरज तले के हर डर का मूल कारण है। स्रोत से कुछ भी छिपाया नहीं जा सकता और बिना परिणाम कुछ भी कर गुजरना संभव नहीं है। यदि हम यह समझ लें तो हमारे तथा अपने चारों तरफ रहनेवाले लोगों के जीवन से पीड़ादायक परिस्थितियों को दूर कर सकते हैं।

अ.ति. : श्रीमन, कृपया यह बताइए कि इस ब्रह्मांड से जुड़े रहने का बोध वाकई क्या दरशाता है?

ए.पी.जे. : इससे यह पता चलता है कि हमारे जीवन पर किसी निश्चित प्रक्रिया का नियंत्रण होता है और इस व्यवस्था के बल के नियमों का कोई भी उल्लंघन नहीं कर सकता। सभी धर्म मानव मस्तिष्क की रचना हैं तथा इनकी उत्पत्ति एक हिरण्यगर्भ से ही हुई है। प्रत्येक वस्तु की एकात्मकता तथा वह प्रक्रिया, जिसके अंतर्गत प्रत्येक वस्तु संचालित हो रही है, समझना अति आवश्यक है। इस वास्तविकता को हमें समझना ही होगा कि हम सब एक हैं।

अ.ति. : क्या इन प्रक्रियाओं को समझना संभव है?

ए.पी.जे. : ये प्रक्रियाएँ शाश्वत हैं तथा इन्हें सभ्यताओं और विभिन्न संस्कृतियों

के पैगंबर, संत व विद्वान् भी समझते आ रहे हैं।

अ.ति. : हिंदू धर्म में सात ऋषियों को 'सप्तर्षि' कहते हैं। इन्हें वैदिक धर्म के कुलाधिपति के रूप में जाना जाता है। इनका गुणगान ईश्वर की सृजनात्मक मेधा के अनुसार नियंत्रण करने की श्रृंखला तथा ईश्वरीय कानून के संरक्षकों के रूप में किया जाता है।

ए.पी.जे. : यहूदी, ईसाई और इसलाम धर्मों में पैगंबरों की एक वंश परंपरा है, जिसमें पैगंबर मुहम्मद भी शामिल हैं। मानव जाति को ईश्वरीय आदेश देने के लिए पैगंबर ईश्वर के संपर्क में रहते हैं।

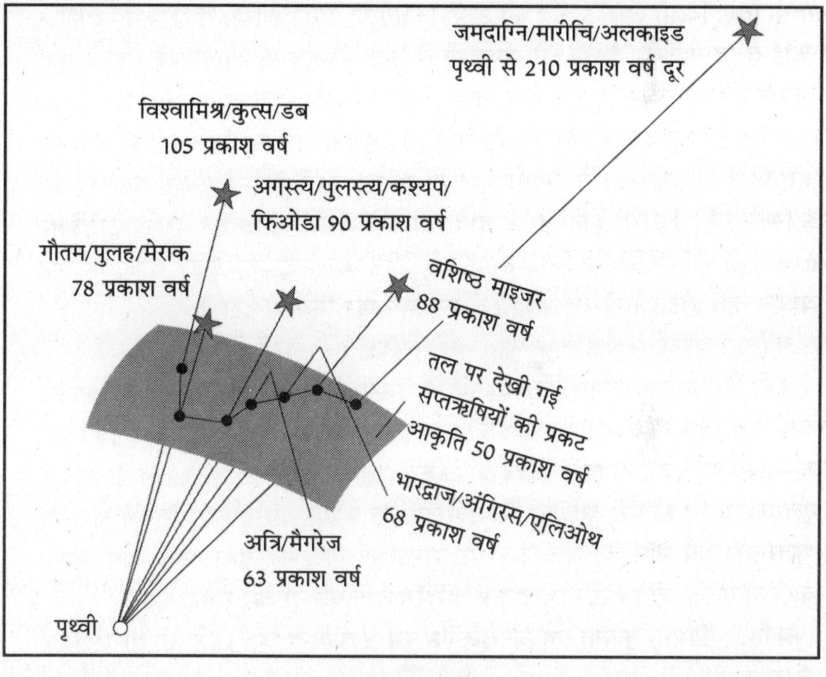

चित्र : सप्तऋषि

अ.ति. : ऋषियों को भी सर्वोच्च सत्ता का प्रतिनिधित्व करनेवाले 'मानसपुत्र' कहा गया है। सात ऋषि यानी वसिष्ठ, भरद्वाज/अंगिरा, जमदग्नि/भृगु/मरीचि, गौतम/पुलह, अत्रि, विश्वामित्र/कुत्स/क्रतु और अगस्त्य/पुलस्त्य/कश्यप सभी ब्राह्मणों (ज्ञानकर्मियों) के पूर्वज माने गए हैं। इनकी महिमा तारामंडल में तारों के रूप में की गई है।

ए.पी.जे. : सामी धर्म में मानव जाति को पवित्र ग्रंथों का ज्ञान देने के लिए चार पैगंबर भेजे गए हैं। पैगंबर मूसा ने तोरा; पैगंबर दाऊद ने ज़बर; पैगंबर ईसा ने इंजिल और पैगंबर मुहम्मद ने कुरान द्वारा मानव जाति का मार्गदर्शन किया। ये चारों पैगंबर

'दूत' या 'अल-रसूल' बताए गए हैं। इन्होंने मानव जाति को ईश्वर के बारे में बताया।

अ.ति. : सर्वोच्च ईश्वरीय कानून क्या हो सकता है?

ए.पी.जे. : मेरे अनुसार 'कारण और प्रभाव' का सिद्धांत ही सर्वोच्च ईश्वरीय नियम है और प्रत्येक वस्तु इसके अंतर्गत ही संचालित होती है। वाकई कारण के कई स्तर होते हैं तथा इसमें कई तरह के समय के पैमाने भी काम करते हैं, जिनके चलते कारण और प्रभाव की शृंखला को समझना बहुत आसान नहीं होता; लेकिन इस नियम से कोई बच नहीं सकता।

अ.ति. : फिलहाल तो हम अपनी दुनिया के मसलों, अपने परिवार के निजी मामलों, कार्यों एवं सामान्य जीवन में कारण-तत्व के नियम तक ही अपनी चर्चा सीमित रखते हैं।

ए.पी.जे. : विश्व स्तर पर, जीवाश्म ईंधन को अंधाधुंध जलाने से उत्पन्न जलवायु परिवर्तन की वजह से हमें पहले से ही तकलीफें मिलनी शुरू हो चुकी हैं। सामाजिक-आर्थिक असमानता से जीवन में पीड़ा व तनाव तथा नए तरह के रोग उत्पन्न हुए हैं। इस अपरिवर्तनीय नियम से बचने का कोई रास्ता नहीं है। व्यक्तियों, संगठनों और सरकारों के पथभ्रष्ट तरीकों से ही समस्याएँ और दुःख उत्पन्न होते हैं। हम त्रुटिपूर्ण चयन के परिणामों को भुगत रहे हैं। हम जो कुछ भी सोचते, करते या महसूस करते हैं, अपने इर्द-गिर्द और इस संपूर्ण ब्रह्मांड में अपने कोशिकीय क्षेत्र द्वारा ऊर्जा की गति से जुड़ जाते हैं। यह ऊर्जा पेंडुलम की तरह हमारे पास वापस आ जाती है। ऐसा भी हो सकता है कि यह पलक झपकते वापस आ जाए या पीढ़ियों के बाद लौटे। वस्तुतः 'कारण और प्रभाव' या 'क्रिया-प्रतिक्रिया' का नियम ही समस्त जीवों के भाग्य का नियंता है।

अ.ति. : कर्म के तीन हिस्से होते हैं। यह विचार से आरंभ होता है और फिर कर्ता द्वारा कर्म किया जाता है। किंतु ज्यादातर विचार और भावनाएँ अतीत के गर्भ में निहित किन्हीं कारणों से उत्पन्न होती हैं, जिनके बारे में हम अनजान होते हैं तथा उनपर हमारा सचेतन नियंत्रण नहीं होता। विचार की उत्पत्ति मनोभावों के अचेतन भंडार या बाहरी उद्दीपन से होती है। कभी-कभी पुरानी स्मृतियों के नए संयोजन से भी विचार उत्पन्न हो जाते हैं।

ए.पी.जे. : यहीं पर भारतीय पुनर्जागरण का महत्त्व निहित है। मैं सबकी विचार प्रक्रिया में एक परिवर्तन करने की कोशिश कर रहा हूँ—यह समझ लिया जाए कि हम सब एक हैं। हमारे बच्चों को विचारों की स्वतंत्रता नसीब नहीं है और मैं महसूस करता हूँ कि उन्हें सोचने के लिए स्वतंत्र होना चाहिए। बच्चों में एक गहरी संस्कारबद्धता होती है, चाहे वह शिक्षा की हो या माता-पिता के पालन-पोषण की। सभी जगह सृजनात्मक

के बजाय समानुरूपता को महत्त्व दिया जाता है। स्वतंत्र राष्ट्र के रूप में हमने खास तरह से कार्य करने का निर्णय किया था और फिर हम अपने शुरुआती दौर में ही प्रतिक्रियाओं में फँसकर रह गए। आज हम पहले की अपेक्षा अधिक कट्टर, अधिक विषम और ज्यादा नाखुश हैं। मैं इलेक्ट्रॉनिक मीडिया पर चौबीस घंटे लगातार चलनेवाली चर्चाओं को और नहीं बढ़ाना चाहता। मैं जानकारी को एक विराम देकर विचारों के धरातल पर यह परिवर्तन देना चाहता हूँ कि हम सब एक हैं। हमारे राष्ट्र का भविष्य हमारे नागरिकों के अच्छे और बुरे कार्यों से बनता है। इस राष्ट्र को भविष्य में जो कुछ भी प्राप्त होगा, चाहे वह फसलों की बहुतायत पैदावार, एक मजबूत अर्थव्यवस्था, अकाल और सूखे की मार, दुश्मनों पर विजय या युद्ध से विनाश—कल की ये सब संभावनाएँ हमारी आज की जीवन-पद्धति पर निर्भर करेंगी।

अ.ति. : मैं रोम के साम्राज्य के पतन की विवेचना पढ़ रहा था।[20] इतिहासकारों ने इस महान् साम्राज्य के पतन के पाँच कारण गिनाए हैं। इस पतन की शुरुआत समृद्धि के प्रतीक के रूप में लोगों की भौतिक चीजों को बटोरने की लालसा से हुई थी। इसी वजह से अति धनी और अति निर्धन के बीच का अंतर बहुत अधिक बढ़ गया था। धनी ऐंद्रिक सुखों में लिप्त हो चुके थे। अनुशासन और मौलिकता छोड़कर कलाएँ विलास का साधन बन चुकी थीं। अंततः लोग सरकार से अधिक-से-अधिक पाने की आशा करने लगे थे। हमें इन बातों का ध्यानपूर्वक अध्ययन करना चाहिए।

ए.पी.जे. : भारत को इसके समानांतर देखना मुश्किल नहीं है। धार्मिक जनसांख्यिकी के आधार पर 1.25 करोड़ लोगों के विस्थापन के साथ हमारी शुरुआत हुई थी, जिसमें 10 लाख से अधिक लोगों को अपने जीवन से हाथ धोना पड़ा था। हमारे राष्ट्रपिता की हत्या कर दी गई थी। नए शासकों ने योजनाबद्ध अर्थव्यवस्था का नमूना अपनाया था, जो अपनी मौलिकता और भारतीय अनुकरण—दोनों ही दृष्टि से असफल रहा। जनवरी 2012 तक हम अपने संविधान में 97 बार संशोधन कर चुके हैं और इन संशोधनों की वजहें हमारे राष्ट्रीय विजन की प्रकृति को व्यक्त करती हैं। ऐसा लगता है कि हमने शुरुआत ही गलत की है और राष्ट्र-निर्माण के मार्ग से कमोबेश भटक गए हैं।

अ.ति. : अर्थात् कारण और प्रभाव का नियम एक विश्वास न होकर एक विज्ञान है?

ए.पी.जे. : जब एक देश में लोगों का एक बड़ा समूह विदेशी धन का दास तथा उपभोक्तावाद का अभ्यस्त बन जाता है, चुनाव-दर-चुनाव भ्रष्ट नेताओं को चुनता जाता है, भ्रष्ट अधिकारियों का अनुपालन करना जन मान्य हो जाता है, कन्या भ्रूण-हत्या पर समाज में प्रतिक्रिया नहीं होती है, तब भविष्य में निश्चित ही देश को इन क्रियाओं की

---

20. एडवर्ड गिबॉन, 'द डिक्लाइन ऐंड फाल ऑफ द रोमन एंपायर', एवरीमैंस लाइब्रेरी, 1993

प्रतिक्रिया सहनी ही पड़ेंगी। यह सार्वभौम नियम है। किसी भी तरह की आर्थिक योजना, रक्षा रणनीति, कृषि विकास या मौसम का पूर्वानुमान प्रकृति की प्रतिक्रिया से शायद ही हमें बचा पाए।

अ.ति. : हमें कहाँ से शुरू करना चाहिए?

ए.पी.जे. : हमें अपने आप से शुरुआत करनी होगी। भ्रष्ट राजनीतिज्ञों और प्रशासकीय शक्तियों के निंदाजनक संरक्षकों के शोरगुल को खामोश करना होगा और अपने स्वयं के आचरण पर सवाल उठाने होंगे। अपने इर्द-गिर्द रहनेवाले लोगों की तकलीफों को महसूस करना होगा और जानना होगा कि आप इसे कैसे कम कर सकते हैं; साथ ही इसके लिए आप जो कर सकते हैं, उसे करना होगा। इसके एवज में ब्रह्मांड तुरंत ही अनुक्रिया करेगा और आपको शांति मिलेगी। यदि हममें से प्रत्येक व्यक्ति अपने परिवार और आस-पास के लोगों का खयाल रखे, तब हमारा राष्ट्र तुरंत ही परिवर्तित हो जाएगा। 2020 तक भारत का 'विकसित व समृद्ध भारत' दूर का सपना नहीं है, बल्कि यह एक वास्तविक संभावना है। राजनेताओं, प्रशासकों, आर्थिक परामर्शदाताओं, न्यायाधीशों और सामाजिक कार्यकर्ताओं से परे हममें से प्रत्येक व्यक्ति के दृढ़ निश्चय व सक्रियता का यह सूक्ष्म पहलू है। इसलिए जो लोग इस ब्रह्मांड के एकत्व को समझ लेते हैं और 'जो कुछ भी भेजा जाता है, वह लौटकर वापस आता है' के नियम का पालन करते हैं तो वे केवल अपने भविष्य के लिए ही नहीं, बल्कि भारत देश, उपमहाद्वीप एवं विश्व के कल्याण के लिए भी काम करते हैं।

□

3

बीती ताहि बिसार दे

जो पीछे छूट गया और जो अब आगे आएगा, वह जो हमारे भीतर भरा है, उसके मुकाबले कुछ भी नहीं है।[21]

कारण और प्रभाव का नियम राष्ट्रों को भी नहीं बख्शता। अतीत की शक्तियाँ, जो हमारी वर्तमान परिस्थितियों के रूप में हम पर अपना प्रभाव डालती हैं और हमें उन्हें सहना ही पड़ता है। हमें वर्तमान में सतर्क होकर कार्य करना होगा, क्योंकि हमारा भविष्य 'आज' पर टिका है।

यह अध्याय 'हम सब एक हैं' के बोध तथा पर्यावरण के महत्त्व एवं गरीबों की आजीविका का सहारा—लघु उद्योगों पर बल देता है। 'थ्योरी ऑफ बायोकॉस्म' या व्यक्ति के स्व-केंद्रित बौद्धिक विकास का सिद्धांत इस बात पर जोर देता है कि एक विकल्प नहीं बल्कि जिम्मेदारी भरा कर्तव्य है। यदि उस परम सत्ता के नियंत्रण में कोई वस्तु तालमेल नहीं रखती है, तब वह अंततः नष्ट हो जाती है। इसके विपरीत हर आवश्यक चीज पहले से प्रदान की जा चुकी है।

अ.ति. : भारतीय पुनर्जागरण का रास्ता बनाने की शुरुआत हम कर चुके हैं। आपने ईश्वर की अनुभूति को एक वैज्ञानिक तथ्य माना है तथा 'कारण और प्रभाव' को एक सार्वभौम नियम के रूप में समझने को पुनर्जागरण का आधार कहा है। इसका निहितार्थ है कि हम सब वाकई एक हैं और हम अपने वैयक्तिक विचारों एवं कर्मों से जो कुछ भी बाहर भेजते हैं वह लौटकर हमारे ही पास आता है। अतीत की ताकतें हमारी वर्तमान परिस्थितियों पर अपना प्रभाव डालती हैं और हमें उन्हें सहना ही पड़ता है। अतएव, हमें भ्रष्ट व्यवहार के बीजों को नहीं बोना चाहिए, क्योंकि यह भविष्य में घातक फसल को पैदा करेंगे। बोया पेड़ बबूल का तो आम कहाँ से होय!

---

21. ओलिवर वेंडेल होम्स (1809-1894), अमेरिकी चिकित्सक एवं लेखक।

ए.पी.जे. : कारण और प्रभाव का सार्वभौम नियम अकाट्य है। बहुत से धार्मिक ग्रंथों में और कई कहानियों में इसे बार-बार दोहराया गया है। पैगंबर जॉब (अयूब) के मित्रों में से एक मित्र ने कहा था कि "जो लोग अधर्म की जुताई करते हैं और परेशानी बोते हैं, वे वैसी ही फसल काटते हैं।"[22] आठवीं सदी के हिब्रु पैगंबर होजिया की एक कहानी है। ईश्वर ने उन्हें बताया कि इजरायल, जहाँ उन दिनों हिंसा और अनैतिकता आम बात थी, वहाँ के राज्य की बुरी आध्यात्मिक स्थिति का दुष्परिणाम उसे कहाँ ले जाएगा। कुछ ही वर्षों में ताकतवर सीरिया का साम्राज्य पूर्व दिशा की तरफ से आया और आक्रमणकारियों ने उस राज्य के हजारों निवासियों को काट डाला तथा बचे हुए लोगों को दास बना लिया। "उन्होंने हवा की बुवाई की और बवंडर की फसल काटी।"[23] मैं नहीं चाहता कि कोई ऐसा काम हो, जिसकी वजह से हमारी आनेवाली पीढ़ियों को दुष्परिणाम झेलने पड़ें तथा हमारे लोगों के साथ ऐसा कुछ घटित हो, जिस पर उनका बस न चले। मुझे यकीन है कि हम एक राष्ट्र के रूप में अपने लोगों को एक ऐसा जीवन दे सकते हैं, जैसा कि वे चाहते हैं। हम काबिल हैं और इसका 'कारण' बन सकते हैं।

अ.ति. : हम ऐसे समाज में रहते हैं जहाँ खासतौर से युवा वर्ग में भौतिक वस्तुओं को हासिल करने की होड़-सी लगी हुई है। ब्रांडेड कपड़े, जूते, घड़ियाँ, स्मार्ट फोन, क्रेडिट कार्ड, गाड़ियाँ अब एक सामाजिक प्रतिष्ठा के मानदंड बन चुके हैं। आपने सादगी और सज्जनता का जीवन जिया है। इस नई हवा में आप कैसा महसूस करते हैं?

ए.पी.जे. : युवा मस्तिष्क को बनाने और ढालने में वातावरण एक महत्त्वपूर्ण भूमिका अदा करता है। जिस तरह से रामेश्वरम में मेरे माता-पिता और समुदाय के बाकी लोग रहते थे, मैंने भी उन्हीं का अनुसरण किया। मेरे शिक्षक बड़े अच्छे थे। इलेक्ट्रॉनिक मीडिया का अभ्युदय युगांतरकारी दौर रहा है। इसकी शुरुआत टी.वी. से हुई और इसको इंटरनेट ने गति प्रदान की। इस समय विश्व भर में सूचनाओं का निरंतर प्रवाह हो रहा है। बड़े व्यावसायिक समूह मीडिया का इस्तेमाल अपने व्यापारिक हितों के लिए लोगों की चाहतों को हवा देने के लिए करते हैं और अपने लिए इसे मुनाफे का सौदा बताते हैं। चारों तरफ फैले उनके विज्ञापनों से प्रचार होता है। राजनीति का उपभोक्ताकरण इसका सबसे दु:खद रूप है। चतुर टी.वी. एंकरों द्वारा मीडिया पर सीधी चर्चा में राजनीतिज्ञों का इस्तेमाल कठपुतलियों के रूप में किया जा रहा है और हमारे नेता व राजनीतिक दल एक बड़ी बिसात पर बिछाए जा रहे हैं। ईश्वर होजिया की आत्मा को शांति दें, पर विकास का यह रूप हमारे देश को जिस तरफ ले जा सकता है, मैं उसके प्रति आशंकित हूँ।

---

22. पवित्र बाइबल, जॉब 4.8
23. पवित्र बाइबल, किंग जेम्स संस्करण, होजिया 8:7

बौद्धगुरु दलाई लामा के साथ मेरी अनेक वर्षों से आध्यात्मिक मित्रता है और मुझे उनका सत्संग खूब भाता है।

अ.ति. : क्या आप सांसारिक विषयों से प्रभावित नहीं होते?

ए.पी.जे. : जरूर होता हूँ, मगर कुछ चीजें हैं, जो यह दुनिया न मुझे दे सकती है और न ही मुझसे ले सकती है। मैं इस दुनिया के जाल से शुरू से ही दूर रहा हूँ। बाद में मैंने अपने मित्र दलाई लामा[24] से अहंकार और उसके आठ सांसारिक बंधनों के बारे में जाना, जो कि इस दुनिया के हर दु:ख-दर्द का मूल कारण है।

अ.ति. : ये आठ सांसारिक बंधन कौन-कौन से हैं?

ए.पी.जे. : अहंकार मानव जाति का सबसे बड़ा भ्रम है। हममें से प्रत्येक को यह विश्वास है कि हममें इस दुनिया को नियंत्रित करने की शक्ति है। प्रत्येक मनुष्य अलग-अलग स्तरों पर इच्छाओं के चार प्रमुख उद्देश्यों को पाने के पीछे पड़ा रहता है। ये चार चीजें हैं—धन एवं भौतिक वस्तुएँ, आत्म-छवि, प्रतिष्ठा और सुख। अधिकांश ऊर्जा इन चार चीजों को पाने में लगाई जाती है।

अ.ति. : तो हम अपनी अधिकांश ऊर्जा धन-प्राप्ति, भौतिक संपदा इकट्ठा करने में, आत्म-छवि सँवारने, प्रतिष्ठा और सुख पाने में खर्च करते रहते हैं। हममें से हरेक वाकई यही करता रहता है। पर बाकी बचे हुए चार अन्य बंधन कौन से हैं?

ए.पी.जे. : जब हमें धन-संपदा, आत्म-छवि, प्रतिष्ठा और सुख प्राप्त हो जाता है,

---

24. तेन जिन ग्यात्सो (जन्म 1935) चौदहवें दलाई लामा हैं। इन्हें वर्ष 1989 में शांति के लिए नोबेल पुरस्कार मिल चुका है।

तब हम उन्हें रखना, सुरक्षित करना तथा उन्हें सँजोकर रखना चाहने लगते हैं। इस प्रकार हमारा प्रयास दुगुना हो जाता है और हमारे चार काम बढ़कर आठ काम हो जाते हैं। चार मन के उद्‌देश्यों को प्राप्त करने के और चार उनको बचाने व बनाए रखने के।

अ.ति. : यह ठीक उसी तरह है, जब हमें धन मिलता है तब हम खुश होते हैं और जब संपदा खोते हैं या उसे हासिल करने में असफल रहते हैं, तब हम हताश, व्यग्र और क्रुद्ध होते हैं।

ए.पी.जे. : स्टीवेन कोवी ने हमारे जीवन के चारों तरफ दो वृत्तों की कल्पना प्रस्तुत की है। इनमें एक वृत्त प्रभाव का है, जिसमे 'मैं क्या करता हूँ' के मसले आते हैं और दूसरा वृत्त सरोकार का है। इसमें वे सब चीजें शामिल हैं, जो मुझे परेशान करती हैं। **यह स्वाभाविक ही है कि हम अपने काम और जिम्मेदारियों से बाहर की बातों से प्रभावित हों; पर यह बहुत जरूरी है कि हम अपनी क्षमता और प्रभाव का विन्यास करने पर ज्यादा जोर दें।**

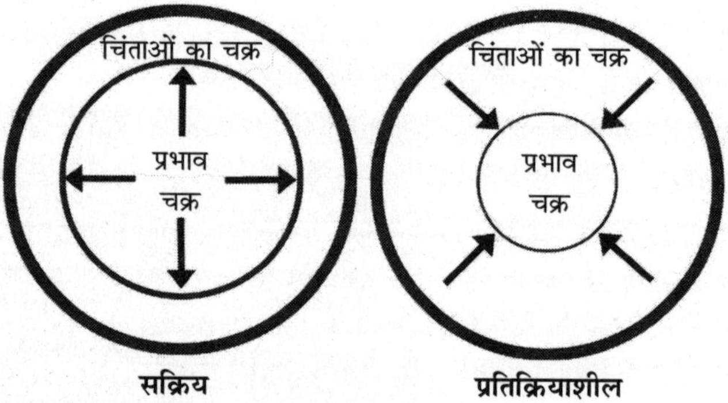

हमारे जीवन के आस-पास के दो वृत्त।

अ.ति. : जब कोई हमारी आलोचना करता है तथा हमारे दृष्टिकोण को नकार देता है तब हम व्यग्र और उदास हो जाते हैं। इसके मूल में हमारा अहंकार और अतृप्त इच्छाएँ हैं, जो हर परिस्थिति पर अपना नियंत्रण और दूसरों को अपनी तरह से सोचते हुए देखना चाहती हैं।

ए.पी.जे. : 'मैं' का विचार ही अहं का स्रोत है। शुरुआत 'मैं' की उत्पत्ति से होती है, फिर बाकी प्रभाव इसका अनुसरण करते हैं। उचित होगा कि हम अपने सरोकारों को दो भागों में बाँटें—दीर्घकालीन सरोकार और अल्पकालीन सरोकार। दीर्घकालीन सरोकार हमें उन कामों को करने के लिए प्रेरित करते हैं, जो हमारे लिए लंबे समय में हितकर होते हैं। यह व्यक्ति के अपने कल्याण या रुचि के लिए होता है। हम ज्ञान को ज्ञान के

लिए प्राप्त करना चाहते हैं, न कि सुख के लिए। अल्पकालीन सरोकार हमें उन कार्यों की तरफ ले जाते हैं, जिन्हें हम पसंद करते हैं और जिस वक्त पसंद करते हैं, अल्पकालीन सरोकारों में लिप्त होकर प्राय: हम दीर्घकालीन सरोकारों को खो देते हैं।

अ.ति. : अपने अहं के कारण सबसे महत्त्वपूर्ण चीज जो हम खोते हैं, वह है आपसी संबंध। किसी भी वजह से ऐसे नुकसान की अनदेखी कर दी जाती है, क्योंकि संबंधों का महत्त्व तब तक समझ में नहीं आता है जब तक कि वे खो न जाएँ।

ए.पी.जे. : बिलकुल सही बात है। हम अपने संबंधों का ही सकल योग हैं। इनकी शुरुआत हमारे माता-पिता से होती है, जिनके द्वारा हम इस दुनिया में आते हैं और फिर संबंध परिवारों, समुदायों व अन्य लोगों के जरिए फैलते जाते हैं। हमारा प्रभाव-क्षेत्र हमारे संबंधों के विस्तार से ही फैलता है।

अ.ति. : तो नेता मूलत: एक प्रभावशाली व्यक्ति होता है।

ए.पी.जे. : नेतृत्व शक्ति के मूल में लोगों को प्रभावित करने की योग्यता ही होती है।

अ.ति. : आप नेल्सन मंडेला से मिल चुके हैं, जो कि संभवत: आज के दौर के सबसे महान् नेता हैं। आपको उनमें क्या खास बात दिखी?

ए.पी.जे. : मैं सितंबर 2004 में दक्षिण अफ्रीका गया था। जैसे ही मैं नेल्सन मंडेला के घर में घुसा, मुझे अपार प्रसन्नता हुई। मैं उस क्षण उस लंबे व्यक्ति को देखकर भौचक्का रह गया। मुझे विश्वास ही नहीं हुआ कि इस व्यक्ति ने रंगभेद की तानाशाही के खिलाफ उम्र भर लड़ाई लड़ी और दक्षिण अफ्रीका को आजादी दिलाई। जब मैं उनके घर से बाहर निकल रहा था तब वे अपने पोर्टिको तक मुझे विदा करने भी आए। चलते समय उन्होंने अपनी छड़ी छोड़कर मेरा सहारा ले लिया। मैंने उनसे पूछा, "डॉ. मंडेला, क्या आप मुझे दक्षिण अफ्रीका में रंगभेद के खिलाफ

मुझे बाहर तक छोड़ने आते हुए नेल्सन मंडेला।

आंदोलन के अग्रणी लोगों के बारे में बता सकते हैं?'' उन्होंने छूटते ही कहा, ''हाँ, बिलकुल। दक्षिण अफ्रीका के स्वतंत्रता आंदोलन के शुरुआती महान् लोगों में से एक एम.के. गांधी थे। भारत ने हमारे पास एक नेक बैरिस्टर एम.के. गांधी भेजा था और हमने उसे 'महात्मा गांधी' बनाकर आपको वापस कर दिया।''

अ.ति. : महात्मा गांधी से हमारे राष्ट्र को जो प्रेरणा मिली, वह इतिहास में और किसी भी व्यक्ति से नहीं प्राप्त हुई। हिंदी के प्रसिद्ध कवि रामधारी सिंह 'दिनकर' ने महात्मा गांधी के प्रभाव को निम्नांकित शब्दों में व्यक्त किया है—

अंगार हार उनका जिनकी
सुन हाँक समय रुक जाता है।
आदेश जिधर का देते हैं,
इतिहास उधर झुक जाता है॥

ए.पी.जे. : भारत को जब आजादी मिली थी, उस समय मैं 16 वर्ष का था। अखबार में छपी दो तसवीरें हमेशा के लिए मेरी स्मृति में बनी रहीं; पहली तसवीर शांति मिशन पर गांधीजी की थी और दूसरी तसवीर जवाहरलाल नेहरू की स्वतंत्रता दिवस पर नई दिल्ली में राष्ट्रीय ध्वज फहराते हुए थी। राष्ट्र-निर्माण और राष्ट्र पर शासन दो अलग-अलग काम हैं। विरोधाभास हमेशा से मेरी विचार प्रक्रिया में स्पष्ट रहे हैं।

अ.ति. : क्या अपने बाहर से संतुष्टि प्राप्त करना व्यक्तित्व का एक विशेष गुण है?

ए.पी.जे. : प्राचीन चिकित्सा-पद्धति में चार तरह के स्वभावों की चर्चा की गई है। इनके बीच में बुनियादी बाह्य व्यवहारों से पित्त प्रकृति (गुस्सैल) एवं रक्तिम प्रकृति को (आशावादी) जोड़ा गया है, विषादग्रस्त एवं कफपूर्ण (निरुत्साही) प्रकृति अंतर्मुखी कही गई है। फारसी चिकित्सक इब्न सिना[25] ने स्वभाव के सिद्धांत को भावनात्मक पहलू, मानसिक क्षमता और नैतिक व्यवहार के रूप में निरूपित किया है।

अ.ति. : अतः स्वभावगत रूप से हम पहले से ही तैयार किए जा चुके हैं। मादक पदार्थों का इस्तेमाल कुछ समय के लिए मानसिक संतुलन को उत्तेजित कर नई चाहतें पैदा कर सकता है। यह उपभोक्तावाद की लहर पैदा करने की नई तरकीब बन गई है।

ए.पी.जे. : युवाओं में शराब का बढ़ता चलन बहुत बुरी बात है। सबसे अधिक चिंताजनक यह है कि इसे सामाजिक स्वीकृति मिल रही है। मादक पदार्थ हमारी अप्रसन्नता और दुःखों के वास्तविक स्रोत को कुछ पलों के लिए ढक भर लेते हैं, पर

---

25. इब्न सिना (980-1037), जिन्हें एक अन्य लैटिन नाम 'एविसिना' के नाम से भी जाना जाता है, एक ईरानी चिकित्सक थे। इनकी प्रमुख पुस्तक 'द बुक ऑफ हीलिंग' एक दार्शनिक व वैज्ञानिक विश्वकोश है तथा इनकी लिखी 'द कैनन ऑफ मेडिसिन' मध्यकालीन विश्वविद्यालयों में एक मानक चिकित्सा पुस्तक का स्थान रखती थी।

हमें बाहरी चीजों और लोगों पर सदा के लिए निर्भर बना देते हैं।

अ.ति. : क्या यह नाटकीय सामाजिक परिवर्तन के प्रति व्यक्ति की प्रतिक्रिया है या पुरानी सामाजिक-नागरिक व्यवस्था की समय के अनुरूप ढल जाने में असमर्थता है?

ए.पी.जे. : यह दोनों ही है। सूचना प्रौद्योगिकी ने काफी पैसा पैदा किया है और इस नई दौलत का अभी समाज के साथ समन्वय नहीं हो पाया है। युवा पेशेवरों के हाथों में अभूतपूर्व रूप से धन आया है और वे उपभोक्तावाद के आकर्षण के ठीक वैसे ही शिकार बन चुके हैं जैसे लपट को देखकर पतंगा बन जाता है।

अ.ति. : हमारा समाज वाकई एक सामाजिक परिवर्तन के दौर से गुजर रहा है। इस समय इसके परिणामों की भविष्यवाणी करना तो जल्दबाजी होगी, परंतु शुरुआती लक्षण एक नई सामाजिक व्यवस्था के आने का इशारा कर रहे हैं।

ए.पी.जे. : इसीलिए मेरे विचार में भारतीय पुनर्जागरण की जरूरत है। धातु-विज्ञान में अवस्था परिवर्तन नाजुक एवं खास कार्य होता है। तापमान परिवर्तन के संकीर्ण क्षेत्र में जरा सी भी गलती मिश्र धातु की भावी संरचनात्मक विशेषताओं को नष्ट कर सकती है। भारत के लिए 3 प्रतिशत की सुस्त आर्थिक विकास दर से बाहर निकलना बहुत ही जरूरी था; परंतु इसे प्राप्त करते हुए हमें तीव्र विकास को सँभालने के लिए सिस्टम तैयार करना भी जरूरी है। नए दौर में प्राप्त संपदा और संपत्ति से हर किसी को बेहतर जीवन, नागरिक सुविधाएँ, सरंचना और रोजगार मिलना चाहिए। इसकी गैर-मौजूदगी में हम युवा मस्तिष्क में खतरनाक विचारों के पनपने का खतरा उठा रहे हैं और अनचाहे एक ऐसा वातावरण बना रहे हैं, जो कुछ वर्षों बाद आत्मघाती साबित होगा।

अ.ति. : शहरीकरण ने दु:स्वप्न की तरह संयुक्त परिवारों की संकल्पना खत्म कर डाली है और एकाकी किशोर वर्ग भावनात्मक सहारे के लिए तरस रहा है। इसके चलते बड़ी संख्या में युवा सोशल मीडिया की तरफ आकर्षित हो रहे हैं, अर्थात् सोशल मीडिया इस खाई को पाट रहा है। इस समय फेसबुक छात्रों के संवाद का प्राथमिक माध्यम बन चुका है।

ए.पी.जे. : आनेवाले दिनों में सोशल मीडिया एक महत्त्वपूर्ण भूमिका अदा करने जा रहा है। ऑनलाइन प्रणाली के आगमन ने नया रूप प्रस्तुत किया है। हालाँकि विचारों की भरमार इस समय बहुत ज्यादा नहीं लग रही है, पर संपूर्णता के रूप में यह रुझान मानव भावनाओं की अभिव्यक्ति को एक बेशकीमती और प्रभावशाली दिशा की तरफ ही ले जा रहा है। आपसी बातचीत के क्षेत्र में भी काफी गतिशीलता आ चुकी है।

अ.ति. : कुछ लोगों का मानना है कि सोशल मीडिया एक सनक बन चुका है और समाज पर इसका नकारात्मक प्रभाव पड़ने लग गया है?

ए.पी.जे. : हर सिक्के के दो पहलू होते हैं। अति शोर और हठधर्मिता युवा मन को

नियंत्रण में ले रहे हैं। यह वास्तव में खतरनाक स्थिति है। मिल्टन के 'पैराडाइज लॉस्ट' में शैतान मानव मस्तिष्क पर अपने प्रभाव की शेखी बघारता हुआ कहता है—

मन के आगे कैसी दुनिया, कैसा स्वर्ग, कैसा नरक,
मन चाहे तो नरक बना दे, हर स्वर्ग बस एक पल में।[26]

अर्थात् मन के हारे हार है, मन के जीते जीत। अपने मन की बागडोर किसी बाहरी ताकत के बाहरी नियंत्रण में देने से अधिक खतरनाक और कुछ भी नहीं हो सकता। इंटरनेट सर्च इंजनों, जैसे गूगल के पास सामाजिक, व्यापारिक व धार्मिक रुझानों और जो कुछ भी लोग सोचते रहते हैं, उनको समझने के लिए तकनीकी क्षमता एवं व्यवस्थाएँ हैं। वे नए उभरते समाज की जरूरतों के नमूने जुटाने के लिए सुपर कंप्यूटर का इस्तेमाल कर रहे हैं।

अ.ति. : इस उभरते भारतीय समाज से आपकी क्या उम्मीदें हैं?

ए.पी.जे. : मैं अगले आम चुनावों में अधिक-से-अधिक युवाओं व महिलाओं के संसद् में आने और हमारे प्रजातंत्र को व्यक्तिवाद के चंगुल से मुक्त कराते देखने की उम्मीद करता हूँ। हमारे सार्वजनिक जीवन में धन की शक्ति के प्रवेश को केवल युवा पीढ़ी के हाथों में सत्ता की बागडोर सौंपकर ही नियंत्रित किया जा सकता है। धन प्राकृतिक संसाधनों के बेहिसाब दोहन, विदेशी धन व स्टॉक मार्केट के जोड़-तोड़ एवं बनावटी व्यापारिक लेन-देनों से न होकर केवल श्रम एवं बुद्धि के मानव प्रयासों द्वारा ही जुटाया जाना चाहिए। राजनीति और व्यापार दो अलग-अलग रक्त समूह की तरह हैं। इनके आपस में मिलने पर मृत्यु अवश्यंभावी है।

अ.ति. : आज एकमात्र सर्वाधिक महत्त्वपूर्ण सामाजिक कारक के रूप में आप किसे देखते हैं?

ए.पी.जे. : प्रत्येक युवा को सार्थक रूप से व्यस्त रहना चाहिए। बेरोजगारी व्यक्ति के वजूद पर चोट पहुँचाती है। परिवार, सहयोगियों, मित्रों और पड़ोसियों के बीच मधुर संबंध सुव्यवस्थित समाज की सबसे बड़ी गारंटी होती है; परंतु यदि व्यक्ति बेरोजगार है, तब ये सब समाप्त हो जाते हैं। हमारी आज की व्यवस्था में लाखों युवाओं को विश्वविद्यालय उत्तीर्ण करने के बाद भी उचित आजीविका नहीं मिल पाती। मैं देखता हूँ कि यह उन्हें कुंठा, हताशा, गुस्से और हिंसा की तरफ ले जा रही है।

अ.ति. : भारत में बेरोजगार या कम रोजगार प्राप्त लोगों की अनुमानित संख्या करीब 7 करोड़ से लेकर 10 करोड़ के बीच है।

ए.पी.जे. : हमें इस वास्तविकता का सामना करना ही होगा। किसी देश का भविष्य उसके युवा वर्ग की क्रियाशीलता और योग्यता पर निर्भर करता है। यदि हमारा

---

26. जॉन मिल्टन (1608-1674) एक अंग्रेज कवि थे। ये पंक्तियाँ 'पैराडाइज लॉस्ट' से ली गई हैं।

युवा वर्ग असुरक्षा और कुंठा की गिरफ्त में आ जाता है, तब आधुनिकता के लिए हमारी कोशिश और प्रगति अवरुद्ध होगी तथा युवा शक्ति पंगु हो जाएगी। जब वैश्विक ताकतें ऐसा ही घटित होने का इंतजार कर रही हों, तब स्थिति और भी भयावह हो जाती है। वे भारत को 1 अरब उपभोक्ताओं के बाजार के रूप में देखती हैं और वे भारत की युवा शक्ति को विश्व बाजार में एक प्रतिस्पर्धी के रूप में कभी नहीं देखना चाहेंगी।

अ.ति. : हमें कहाँ से शुरुआत करनी चाहिए?

ए.पी.जे. : हमारे शिक्षा तंत्र में सुधार जरूरी है। हमारे कॉलेजों को सामान्य डिग्री बाँटने के बजाय इस तरह की शिक्षा प्रदान करनी चाहिए, जो विद्यार्थियों को रोजगारोन्मुखी तकनीकी विशेषज्ञ या टेक्नोक्रेट के रूप में तैयार कर सके तथा वे अपने स्वयं के उद्यम शुरू करने में सक्षम बन सकें। यही समय है, जब हमें शिक्षा को उद्योग और कृषि तंत्र के साथ समाकलित कर देना चाहिए। भारतीय कृषि तंत्र इसमें परिवर्तन का इंतजार कर रहा है और आगामी दो-तीन पीढ़ियाँ इसमें लग सकती हैं। शिक्षा और रोजगार का एकीकरण ही भारतीय पुनर्जागरण का तीसरा चरण होना चाहिए। भारत विनिर्माण और सेवा-क्षेत्र को शक्ति संपन्न बनाकर 'वैश्विक मानव संसाधन संगठन' तैयार कर सकता है, जिससे देश तथा विश्व स्तर पर आवश्यकताओं की पूर्ति होगी।

अ.ति. : ऐसा कैसे हो सकता है?

ए.पी.जे. : विश्वविद्यालयों से शिक्षा प्राप्त करनेवाले स्नातकों के पास ऐसी विशेषज्ञता होनी चाहिए, जो रोजगार से जुड़ी हो। शैक्षणिक विषयों के साथ-साथ उन्हें कम-से-कम एक कौशल या हुनर सिखाया जाए। ऐसी नीति से खाद्य प्रसंस्करण, कंप्यूटर, इंजीनियरिंग, इलेक्ट्रिकल, मेकैनिकल, ऑटोमोबाइल तथा इलेक्ट्रॉनिक सिस्टम जैसे क्षेत्रों में विश्व स्तर के कौशल-युक्त लोग तैयार होंगे। निर्माण उद्योग में 3.10 करोड़ लोग काम कर रहे हैं। हमें निर्माण के समूचे कार्यक्षेत्र में मानव संसाधन के विकास की जरूरत है।

अ.ति. : क्या आपके पास इसका कोई उदाहरण है?

ए.पी.जे. : हाल ही में मैंने जनमेजय जगत् के सिद्धांत (सेल्फिश बायोकॉस्म थ्योरी)[27] के बारे में पढ़ा है। इसके अनुसार, ब्रह्मांड जीवन के अनुकूल है। इसमें केवल ब्लेक होल्स, निर्जन ग्रह और महाशून्य की स्थिति नहीं है, न ही धरती पर अचानक यादृच्छिक रूप से बुद्धिपरक जीवन का प्रादुर्भाव हुआ है। मैं ऐसे भारत की कल्पना करता हूँ, जो इसी दिशा में अग्रसर है। हमारी अर्थव्यवस्था आम आदमी के अनुकूल हो, न कि यह विदेशी निवेशकों के लिए मुनाफा कमानेवाला शोषणपरक मेकैनिज्म हो प्रत्येक उद्यम से भारतीयों को लाभ पहुँचना चाहिए। हमें अपनी वन संपदा, नदियों तथा

27. सेथ शोस्तक एवं जेम्स एन.गार्डनर, 'बायोकॉस्म: द न्यू साइंटिफिक थ्योरी ऑफ इवोल्युशन : इंटेलीजेंट लाइफ इज दि आर्किटेक्ट ऑफ द यूनिवर्स', इनर ओशियन पब्लिशिंग, 2003।

खानों को कॉरपोरेट के मुनाफे की खातिर लुटाना नहीं है। हमें आनेवाली पीढ़ियों की खातिर इस संपदा को सँजोकर रखना है, ताकि वे समृद्ध हों, विकसित हों। ऐसा न हो कि विश्व-अर्थव्यवस्था में उनका वजूद अर्थहीन हो जाए और वे दाने-दाने के लिए मोहताज हो जाएँ।

अ.ति. : जनमेजय जगत् का सिद्धांत क्या सिखाता है?

ए.पी.जे. : जनमेजय जगत् का सिद्धांत बताता है कि एक शाश्वत चेतना का संचालन हमेशा होता रहता है। जेम्स गार्डनर, जिन्होंने यह सिद्धांत प्रतिपादित किया है, बताते हैं कि 'बिग बैंग' ने ब्रह्मांड के विस्तार हेतु उपयुक्त बल उत्पन्न किया था, जो कि जीवन के विकास के लिए पूर्णतया उपयुक्त था। यदि बिग बैंग में थोड़ा भी अधिक बल उत्पन्न होता, तब अंतरिक्ष अब तक खाली हो गया होता। यदि इसमें थोड़ा भी कम बल होता, तब ब्रह्मांड सिकुड़कर नष्ट हो चुका होता। ब्रह्मांड का केवल 1 प्रतिशत ही पदार्थ है तथा 99 प्रतिशत शून्य है और यह पदार्थ से पृथक् रहते हुए भी इसे मजबूती से बाँधे रहता है। यहाँ मौजूद जंगलों, जल-स्रोतों और जैव विविधताओं के पीछे एक बड़ा कारण है। जब जंगल की भूमि खनन, उद्योगों के निर्माण या शहरीकरण द्वारा अपरिवर्तनीय रूप से नष्ट कर दी जाती है, तब मानवता को इसकी बड़ी कीमत चुकानी पड़ती है। हम अपने गाँवों को एक विकसित समूह के रूप में अपनी आजीविका के पारंपरिक तरीकों का पालन करते हुए तथा वैज्ञानिक पद्धतियों व प्रबंध कुशलताओं की सहायता से जमीन से अधिक लाभ उठाने दें। ग्रामीण भारत के अदूरदर्शी विकास की वेदी पर बलिदान होने देने के बजाय इसे विकसित भारत को जोड़नेवाला बनाएँ।

अ.ति. : जनमेजय जगत् के सिद्धांत के अनुसार ब्रह्मांड जीवन के विकास के अनुकूल है। हम अपनी व्यवस्था को ग्रामीण अर्थव्यवस्था के विकास के अनुकूल किस तरह से बना सकते हैं?

ए.पी.जे. : 'पुरा' (PURA) की संकल्पना को 'कुशलता आधारित आर्थिक' क्षेत्र की संस्थागत रूपरेखा की तरह स्थापित करके इसे विकसित किया जा सकता है। ऐसे क्षेत्रों को स्थानीय कुशलता और सामुदायिक स्तर पर योग्यताओं के आधार पर, स्वामित्व के अनुकूल क्षेत्र आधार एवं वित्तीय निवेश को लाभ कमाने के सामूहिक ढाँचे के रूप में संपूर्णता से परिभाषित किया जा सकता है। मैं इस विचार का प्रस्ताव 'उत्तर प्रदेश डेवलपमेंट कॉन्क्लेव' में दे चुका हूँ।[28]

अ.ति. : आपने राज्य भर में 20 करोड़ लोगों की सहायता के लिए 1,00,000 सामाजिक उद्यम स्थापित करने की आवश्यकता पर बल दिया है। आपने कहा था कि

---

28. हिंदुस्तान टाइम्स, लखनऊ, 27 मई, 2012।

उत्तर प्रदेश के सबसे युवा मुख्यमंत्री श्री अखिलेश यादव के साथ एक समारोह में।

इन सामाजिक उद्यमों में से प्रत्येक उद्यम करीब 50 सामाजिक उद्यमियों को रोजगार देगा, जो ऐसे शिक्षित बेरोजगार युवक हो सकते हैं, जिनमें उत्तर प्रदेश को विकसित और शक्ति संपन्न बनाने में भागीदार बनने की इच्छा होगी। क्या आपको यह संभव होता नजर आ रहा है?

ए.पी.जे. : यह तब तक नहीं होगा जब तक कि हम अपनी सोच को नहीं बदलेंगे। पुनर्जागरण का सीधा अर्थ भी यही है। ग्रामीण लोगों को आर्थिक अनुदानों, अधिकतम मजदूरी एवं उनके विकास में आनेवाली बाधाओं को दूर करने के लिए अन्य सहायता द्वारा यह सोच बदली जा सकती है। मैं कुछ नया नहीं कह रहा हूँ, बल्कि वही कह रहा हूँ जिसपर महात्मा गांधी 100 साल पहले विचार कर चुके थे। आदर्श भारतीय गाँव की छवि गांधीजी की आँखों में एक ऐसे गणतंत्र के गाँव की थी, जो अपनी अति आवश्यक जरूरतों के लिए अपने पड़ोसियों पर निर्भर न रहकर आत्मनिर्भर बनें और जिन जरूरतों में निर्भरता की आवश्यकता हो, उनके लिए वे अन्योन्याश्रित बनें।

अ.ति. : गांधीजी एक व्यावहारिक व्यक्ति थे। उनके विचार उनके चारों तरफ के आर्थिक और सामाजिक वातावरण के प्रत्युत्तर में उत्पन्न होते थे।

ए.पी.जे. : गांधीजी के विचार दुनिया में आज भी प्रासंगिक हैं। वर्गीज कुरियन ने दिखा दिया है कि तकनीकों के उपयोग से कृषि से इतर ग्रामीण अवसरों से भी भारत में बेरोजगारी की समस्या और असमानता का समाधान किया जा सकता है। वर्गीज कुरियन

'श्वेत क्रांति के जनक' वर्गीज कुरियन के साथ।

ने देखा कि दूध की कमीवाला एक देश दुनिया के एक बड़े दूध उत्पादक के रूप में उभर गया। 2.5 अरब डॉलर की सालाना बिक्रीवाला 'अमूल' एशिया का सर्वोच्च दुग्ध उत्पादक ब्रांड बन गया और इसकी गिनती विश्व के किसी भी क्षेत्र के प्रमुख ब्रांडों में श्रेष्ठ उत्पाद के रूप में की जाती है। मैं इस कहानी पर फिर वापस लौटूँगा।

अ.ति. : इसके विपरीत हमारे पास अलीगढ़ की एक दुःखद कहानी है। 'तालों के शहर' के नाम से जाना जानेवाला अलीगढ़ अब अपनी स्थानीय दुकानों में चीन के बने ताले बेच रहा है।

ए.पी.जे. : मैं चाहता हूँ कि अलीगढ़ में कैड-कैम पर आधारित मशीनी केंद्र और धातु-विज्ञान की प्रयोगशालाएँ स्थापित की जाएँ। इस वैश्विक दुनिया में कोई भी उद्योग बिना श्रेष्ठ तकनीक का इस्तेमाल किए बचा नहीं रह सकता है। यह एक ऐसी वास्तविकता है, जिसका सामना हमें करना ही होगा—या तो उन्नत बनो या नष्ट हो जाओ। छोटे उद्योग बुनियादी सुविधाओं के अभाव, जैसे—बिजली, जल-मल निकासी, सड़कें, कच्चा माल और बाजार की वजह से काफी कठिनाई में रहते हैं। विद्युत् आपूर्ति की कमी किसी भी उद्योग के उत्पादन की गुणवत्ता व मात्रा को प्रभावित करती है, जिसकी वजह से उसकी क्षमता का पूरा उपयोग नहीं हो पाता, साथ ही वह माल के ऑर्डर से भी चूक जाता है। मुख्य धारा के संस्थानों के साथ सूचनाओं का आदान-प्रदान लघु उद्योगों में

उत्पादन योजना, प्रबंधकीय कमी पर विजय, पुराने पड़ चुके पारंपरिक ढाँचों का निपटान तथा बेमानी हो गई तकनीकों से छुटकारा पाने में सहायता कर सकता है। इसकी बजाय हमारे लघु उद्योग स्थानीय मसलों के मकड़जाल में फँसकर रह गए हैं।

अ.ति. : इसे कैसे बदला जाए?

ए.पी.जे. : जब हम अपने लोगों की गरीबी और उद्योगों की ऊर्जा की कमी को महसूस करने लगेंगे, तब समाधान अपने आप आगे आने लगेगा। हमें धर्म पर आधारित बँटवारा और जाति पर आधारित समाज विरासत में मिला है। हमारे यहाँ अधिकतर लोग धार्मिक अल्पसंख्यक और पिछड़े वर्ग की जातियों से आते हैं। विकास के अभाव में हमें आरक्षण का सहारा लेना पड़ा; पर समाज के निचले वर्ग में जकड़े लोगों के जीवन में कोई खास परिवर्तन नहीं हुआ। हमें सुनिश्चित करना होगा कि भारत के सभी लोग नए आर्थिक अवसरों का बेहतर ढंग से लाभ प्राप्त करने के लिए तैयार हों और कोई भी आगे बढ़ने के अवसर से वंचित न रहे। पहला कदम यह है कि उनके स्वास्थ्य, रोजगार और शिक्षा की व्यवस्था हो। कई अच्छे उदाहरण और सफलता की कहानियाँ हैं, पर बहुत कुछ किया जाना शेष है।

अ.ति. : पुनर्जागरण का यह कदम इस वास्तविकता की स्वीकृति पर आधारित है कि भारत के विकास की कहानी से भारतीय गाँव बाहर हैं और इस असमानता का समाधान नए आर्थिक अवसरों से लाभ लेने के लिए ज्यादातर कमजोर वर्गों द्वारा चलाए जानेवाले लघु उद्योगों से ही संभव है। आपके अनुसार, क्या समाज के हर वर्ग को साथ जोड़ने का संभावित माध्यम उनके स्वास्थ्य और शिक्षा में सुधार ही है?

ए.पी.जे. : यह कदम वाकई हमारे अस्तित्व के सबसे बड़े रहस्य पर आधारित है। एक व्यक्ति की संरचना में उसका भविष्य निहित होता है, जो नजर नहीं आता है। वर्तमान में भविष्य वस्तुतः सर्वशक्तिमान ईश्वर का प्रमाण-चिह्न है, जिनका उद्देश्य जीवन की निरंतरता तथा सभी घटनाक्रमों को पूर्णता की तरफ विकसित करना है। रूमी ने इसे बहुत ही खूबसूरत ढंग से व्यक्त किया है—

बेजान पत्थरों को
चीरकर
उगता मैं
गुलाब-सा;
सूखे गुलाब से
जनमा हूँ
तितली,
कभी मछली

और कभी
अश्व-सा;
और फिर
जनमा
फरिश्तों के
पंखों पर
इनसान बनकर;
डरता
क्यों बार-बार
मृत्यु की पदचाप से;
जिंदगी की
आखिरी
साँस पर;
सबकुछ
डूब जाएगा
उमड़ते सैलाब में;
काश,
मिट जाएगा
झूठा
वजूद मेरा;
मिल जाऊँगा
आखिर में,
उमड़ती
उस 'आब' में![29]

अ.ति. : मैं क्यों डरूँ? मैं मरने से कम कब हुआ? ये शब्द वाकई बहुत ही ताकतवर हैं। डर ही हमारी सबसे बड़ी व्याधि है।

ए.पी.जे. : मैंने नेपोलियन हिल[30] की एक पुस्तक में पढ़ा था कि पृथ्वी पर प्रत्येक जीवित व्यक्ति के शरीर में दो तरह की सत्ताएँ निवास करती हैं। उनमें से एक भय के आवेश की प्रतिक्रिया से प्रेरित होती है और दूसरी विश्वास के आवेश के प्रत्युत्तर से प्रेरित

---

29. जलालुद्दीन रूमी, 'दि एसेंशियल रूमी', न्यू एक्सपेंडेड एडीशन, हार्पर वन, 2004
30. नैपोलियन हिल, शैरॉन एल. लेस्टर (संपादक), 'आउटविइटिंग द डेविल : द सीक्रेट टू फ्रीडम ऐंड सक्सेस', स्टर्लिंग, 2011

होती है। मैं एक ऐसा पुनर्जागरण चाहता हूँ, जिसमें विश्वास शरीर और मन का मालिक बने और सकारात्मक विचारों से हमारे युवाओं का मार्गदर्शन करे। अब हमें अतीत के गट्ठरों, जैसे—धार्मिक आधार पर बँटवारा और घटित हो चुके सामाजिक अन्याय आदि के बोझ से मन को मुक्त कर देना चाहिए और विश्वास के साथ आगे बढ़ना चाहिए। मैं मरने से कम कब हुआ?

अ.ति. : किसने हमें गरीबी और सामाजिक द्वंद्व में जकड़ रखा है?

ए.पी.जे. : दो बड़े खतरे हैं—एक आंतरिक है और दूसरा बाहरी। आंतरिक खतरा हमारे नागरिकों द्वारा अपने मानवाधिकार का प्रयोग विकास के लिए न करने के बजाय उन प्रभावशाली लोगों के परिवारों के सदस्यों को चुनकर विधायिका में भेजते रहने की वजह से है। भारत का संविधान दरशाता है कि विधायिका का सदस्य बनने के लिए किसी भी शैक्षणिक योग्यता का होना जरूरी नहीं है; मगर इसका अर्थ यह नहीं है कि अशिक्षित, बिना स्वच्छ छवि या संदिग्ध लोग कानून बनाने की संस्था में प्रवेश पा जाएँ। आधुनिक भारत शिक्षित युवाओं का देश है और इसे अपने मताधिकार द्वारा अगले दस वर्षों में एक विकसित राष्ट्र के रूप में बदलने के लिए युवा संसद् का चुनाव करना चाहिए। बाहरी खतरा विदेशी पूँजी से है, जो कि करीब 1 अरब लोगों के भारतीय बाजार, जो अभी ग्रामीण अर्थव्यवस्था के अपने उत्पादों से रोजी-रोटी चला रहे हैं, के स्वामित्व पर नजरें गड़ाए बैठा है। इसमें एक बड़ा खतरा है कि विदेशी पूँजी का निवेश ग्रामीण अर्थव्यवस्था के पुनर्जीवन की तकदीर को हमेशा के लिए बंद कर सकता है। ईस्ट इंडिया कंपनी भारत में व्यापार करने के लिए आई थी। उन्होंने भारत को ताकत के बजाय व्यापार से अधिक नुकसान पहुँचाया था। एक राष्ट्र को अपने इतिहास से सबक लेना ही चाहिए।

अ.ति. : एक विकसित राष्ट्र बनने के लिए कौन से दो अति महत्त्वपूर्ण कार्य किए जाने चाहिए?

ए.पी.जे. : हमारे लघु उद्योगों के लिए पर्याप्त ऊर्जा उत्पन्न करना और 'पुरा' (PURA) द्वारा आत्मनिर्भर ग्रामीण अर्थव्यवस्था की रचना ही हमारे प्राथमिक कार्य हैं। देश में कौन सा दल शासन कर रहा है, यह महत्त्वपूर्ण नहीं है; सरकार को इन दोनों ही अनिवार्य सुविधाओं को देने में सक्षम होना चाहिए। भारतीय पुनर्जागरण की तरफ वाकई यही अगले कदम हैं, पर यह कदम केवल ईश्वर पर विश्वास तथा कारण और परिणाम को एक वैज्ञानिक घटनाक्रम के रूप में समझने के बाद ही लिये जा सकते हैं। बिना सामाजिक व आर्थिक असमानता की वास्तविकता का सामना किए और आर्थिक विकास द्वारा बीते कल को बिसारे सफलता अगर मिल भी गई तो वह किसी काम की नहीं होगी। हवाओं के बीज बवंडर की फसल बन जाएँगे।

□

4

सँकरी आंतरिक दीवारों से परे

लोग प्रायः गलतियाँ माफ कर देते हैं, क्योंकि गलतियाँ दिमाग से होती हैं, समझ का फेर होती हैं। पर लोग बेवफाई, खयानत, गरूर और पहली गलतियों की परदा नशीनी कभी नहीं भुला पाते।[31]

पुनर्जागरण का विचार कल्पना-शक्ति और साहस पर टिका है। इसके लिए व्यक्ति को बेहतर दुनिया एवं बेहतर जीवन की कल्पना करनेवाला तथा विपरीत परिस्थितियों के सामने समर्पण न करनेवाला बनना होगा। विभिन्न धर्मों, मतों, रिवाजों, परंपराओं, भाषाओं, समारोहों, कलाओं, मूल्यों को सँभालकर और लोकतांत्रिक ढाँचे में साथ मिलकर रहने की जीवन-पद्धति को सुरक्षित रखना होगा, आदिकालीन पहचानों पर आधारित सामाजिक विभाजन से बचना होगा। हमारे पास एक कल्पना-दृष्टि होनी चाहिए कि हमें अपने लोकतंत्र को मजबूत बनाते हुए चुनावी राजनीति से ऊपर उठकर भारत को एक विकसित राष्ट्र बनाना है।

अ.ति. : पिछले अध्याय में आपने सामाजिक-आर्थिक असमानता की वास्तविकता और धर्म पर आधारित बँटवारे के इतिहास का सामना करने और अल्पसंख्यकों व हाशिए पर रह रहे गरीबों के विकास की समस्या का विशेष प्रयासों द्वारा समाधान करने की बात कही है। पर यह तो तभी हो पाएगा, जब हम इस वास्तविकता को स्वीकार करें।

ए.पी.जे. : जॉन हे एलीसन ने कहा है, "सच्चाई संन्यासी का अनुशासन, रहस्य की तलाश, सरल हृदय का विश्वास, निर्बल को सबल बनाने की युक्ति, धर्मपरायण का आदर्श, दब्बू का सिद्धांत और प्रकृति की चुनौती है।"[32] एक सामाजिक कार्यकर्ता समाज के कमजोर वर्ग के लिए काम करेगा, क्योंकि उनकी परिस्थितियाँ उसके लिए वास्तविकता हैं और वह

---

31. स्टीफन आर. कोवे (1932-2012) इन : 'द सेवन हैबिट्स ऑफ हाइली इफेक्टिव पीपुल'।
32. जॉन मार्क्स टेंपलटन, 'वर्ल्डवाइड लॉज ऑफ लाइफ : 200 इंटर्नल स्प्रिचुअल प्रिंसिपल्स', मंजुल पब्लिशिंग हाउस, 2004

उनकी तरह जीवन जीते हुए तथा उनके कल्याण के लिए काम करते हुए खुश है। ऐसे बहुत से बुद्धिमान और सफल लोग हैं, जिन्हें जब यह अहसास हुआ कि यह सांसारिक दुनिया उनका सत्य नहीं है तब उन्होंने उसका परित्याग कर दिया। उन्हें जीवन की इस पहेली ने आकर्षित किया, क्योंकि उन्हें वहीं अपना सत्य नजर आया। साधारण लोग अपने सीमित साधनों के साथ अपने बच्चों को पालते-पोसते तथा अपने माता-पिता की देखभाल करते हुए एक संघर्षपूर्ण जीवन जीते हैं और उनके साधारण कार्यों में ही उनकी सच्चाई व विश्वास रहता है। अनगिनत लोग वास्तविकता से दूर भाग जाते हैं और अपनी परिस्थिति के लिए दूसरों पर दोष मढ़ते रहते हैं। धर्मपरायण लोग अपने साधनों के भीतर अपने कार्यों को ही अपना कर्तव्य समझते हैं। वे अपने साथ किसी किस्म का समझौता नहीं करते। गरीब और हाशिए पर रह रहे लोग अपनी विषम परिस्थितियों को अपने अस्तित्व की सच्चाई के रूप में ले लेते हैं और अपने जीवन को निरर्थक श्रम में बरबाद करते रहते हैं। यह तो केवल कल्पनाशील और साहसी व्यक्ति ही होता है, जो कि इस परिस्थिति में डटा रहता है और उन्हें बदलता है, क्योंकि उसके लिए यह परिवर्तन ही सच्चाई है।

अ.ति. : अब इसमें पुनर्जागरण कहाँ आता है?

ए.पी.जे. : पुनर्जागरण का विचार कल्पना और साहस पर टिका है। व्यक्ति को एक बेहतर दुनिया और बेहतर स्तर के जीवन की कल्पना करनी चाहिए तथा परिस्थितियों के सामने समझौता नहीं करना चाहिए। यह कार्य बिना साहस के नहीं हो सकता है।

अ.ति. : लंबे समय तक संक्रमण काल, निरंतर युद्ध, भयंकर महामारी और रुका हुआ सांस्कृतिक विकास ही यूरोप में पुनर्जागरण की भूमिका बना था। 410 ईस्वी में रोमन साम्राज्य के पतन के बाद इस महाद्वीप को इस संकट से बाहर आने में करीब 700 वर्ष लगे। तब यह महाद्वीप पुनर्जागरण की स्थिति में आया।

ए.पी.जे. : मैंने इटली के एक विद्वान् और कवि पेट्रार्क (1304-1374) के बारे में पढ़ा है। उन्हें लुप्त हो चुकी पांडुलिपियों की खोज करने की दीवानगी थी तथा प्राचीन विचारों की सभ्य बनाने की ताकत पर पूरा यकीन था। वे पहले व्यक्ति थे, जिन्होंने इस काल को 'अंधा युग' का नाम दिया था। पेट्रार्क ने प्राचीन यूनान और प्राचीन रोम की मिली-जुली सभ्यता को 'प्रकाश' की संज्ञा देते हुए इस सदी के बाद के काल को 'अंधकार' का नाम दिया था। उसने लिखा—"नित बदलते और भ्रमित झंझावातों के बीच रहना ही मेरी नियति है। लेकिन जैसा कि मैं उम्मीद करता हूँ और चाहता हूँ, तुम शायद मेरे बाद भी जीवन जिओगे और वह एक बेहतर काल होगा। यह विस्मृति की निद्रा हमेशा नहीं रहेगी। जब यह अँधेरा छँटेगा, तब हमारे वंशज फिर से अपना पुराना कांतिमय जीवन जिएँगे।"[33]

33. एल्डो एस. बर्नार्डो, 'पेट्रार्क, स्किपियो ऐंड द 'अफ्रीका' : द बर्थ ऑफ ह्युमैनिज्म्स ड्रीम', ग्रीनवुड प्रेस, 1978

अ.ति. : यह वाक्य कितनी खूबसूरती से लिखा गया है—''यह विस्मृति की निद्रा हमेशा नहीं रहेगी।''

ए.पी.जे. : अब मैं अपने पाठकों का ध्यान अपने राष्ट्र की उत्पत्ति की तरफ आकर्षित करता हूँ। सबसे पहला संदर्भ हमें सिंधु घाटी की सभ्यता से मिलता है, जो कि ई.पू. 14वीं सदी तक मौजूद रही। इसके बाद मध्य एशिया की एक प्रमुख नदी अमू की नदी घाटी से आर्य आए थे। आर्य अपने रथ की तकनीक के साथ काफी विस्तारवादी भी थे। उन्होंने स्थानीय लोगों पर विजय प्राप्त की और उन्हें अपने अधीन किया, उन पर अपनी भाषाएँ और धार्मिक सिद्धांत थोपे। सदियों तक भारत यूनानी, फारसी, मंगोल, हूण और चीनी लोगों तथा मध्य एशिया, तुर्की, यहाँ तक कि इथोपिया के धन-लोलुप पेशेवर लड़ाकू लोगों की लूट-मार का साक्षी रहा। धीरे-धीरे ये लोग स्थानीय लोगों के साथ विवाह कर यहाँ बसते गए और इस तरह भारत में कई तरह के रंगोंवाली चमड़ी और आकृति व आकारवाले लोगों की अद्‌भुत विविधता का विकास हुआ।

अ.ति. : मशहूर शायर फिराक़ गोरखपुरी ने बहुत ही खूबसूरती से लिखा है—

सरजमीने हिंद पर अक़वाम-ए-आलम फिराक़,
कारवाँ आते गए, हिंदोस्ताँ बनता गया।

ए.पी.जे. : जवाहरलाल नेहरू ने अपनी पुस्तक 'भारत एक खोज' (डिस्कवरी ऑफ इंडिया) में भारत की सभ्यता का विशद वर्णन किया है—''प्राचीन भोजपत्रों पर विचारों और दिवास्वप्नों की परत-दर-परत अंकित की गई थी। बाद में आनेवाली कोई भी परत इन पुरानी परतों पर लिखी इबारत को न तो छिपा पाई, न ही मिटा पाई।''[34]

मैं महसूस करता हूँ कि बहुत ब्रह्मांड या सृष्टि संबंधी विचार यहाँ परस्पर घुलते-मिलते रहे और इस आमेलन से भारतीय सभ्यता इस दृष्टि से सशक्त होती गई कि लंबे दौर तक विद्यमान प्रतिकूल परिस्थितियों में भी इसका अस्तित्व बना रहा, जबकि अन्य सभ्यताएँ मिट गईं।

अ.ति. : अतः हमारी विविधता और सामाजिक विषमता ही हमारी वास्तविक अस्मिता है।

ए.पी.जे. : हम भारत के विभिन्न धर्मों, मतों, रिवाजों, भाषाओं, समारोहों, कलाओं और मूल्योंवाले लोग वस्तुतः संयुक्त राष्ट्र संघ का एक छोटा स्वरूप हैं, जिसमें एक लोकतांत्रिक व्यवस्था के तहत भिन्न-भिन्न जीवन-पद्धतियों को अपनाकर सब साथ-साथ रहते हैं।

अ.ति. : नोबेल पुरस्कार प्राप्त अमर्त्य सेन ने आधुनिक भारत की संस्कृति को इस रूप

---

34. जवाहरलाल नेहरू, 'द डिस्कवरी ऑफ इंडिया', ऑक्सफोर्ड यूनिवर्सिटी प्रेस, 22वाँ संस्करण, 2002

में विवेचित किया है—"यह ऐतिहासिक परंपराओं, उपनिवेशवाद के प्रभावों और वर्तमान पश्चिमी संस्कृति का बड़ा पेचीदा सम्मिश्रण है—कथनी में भी और करनी में भी।"[35]

ए.पी.जे. : इसीलिए कई सदियों से चले आ रहे इस महासंगम को बनाए रखना बहुत जरूरी है और मूल अस्मिता या पहचान के आधार पर लोगों को बाँटने के प्रयास का विरोध होना चाहिए।

अ.ति. : विश्व का कोई भी और देश इस तरह के मानव समूहों के असाधारण मिश्रण का अपने में समावेश नहीं करता है, जिसमें आपस में न समझी जानेवाली भाषाएँ, विभिन्न स्थलाकृति व जलवायु, धर्मों की विविधता, सांस्कृतिक परंपराओं और आर्थिक विकास के कई स्तर मौजूद हों। किंतु भारत में ऐसा ही है। ऐसी कौन सी कड़ी है, जिसने इस बहुआयामी विविधता को हमेशा के लिए एक सूत्र में पिरो रखा है?

ए.पी.जे. : उच्च स्तरीय कल्पना-दृष्टि या विजन ही राष्ट्र-निर्माण का सबसे महत्त्वपूर्ण बल होता है। अशोक (304-232 ई.पू.) ने सर्वप्रथम भारत को एक राष्ट्र के रूप में देखने की कल्पना की थी। अशोक ने धर्म के प्रमुख सिद्धांत अहिंसा, सभी धर्मों व मतों के प्रति उदारता, माता-पिता का आदर, शिक्षकों और विद्वानों व अन्य धर्मों के संतों का सम्मान, मित्रों के प्रति उदारता, सेवकों के प्रति मानवता और सभी लोगों के साथ सज्जनता आदि श्रेष्ठ सिद्धांतों का प्रतिपादन किया था। इन सिद्धांतों ने अच्छे व्यवहार के ऐसे मानदंड पेश किए, जिनका कोई भी सामाजिक व राजनीतिक समूह विरोध नहीं कर पाया। अकबर (1542-1605) ने भी भारत को एक राष्ट्र के रूप में देखने की कल्पना की थी। अकबर ने भारत में विभिन्न धर्मों के बीच भेदभाव नहीं किया और अपनी नीति को शांति, एकता व धार्मिक सहिष्णुता पर केंद्रित किया। अकबर ने सांस्कृतिक मेल पर बल देते हुए एक धर्मनिरपेक्ष और उदार राज्य की स्थापना की। बस, यहाँ के बाद इतिहास का रुख बदल गया। मुगल साम्राज्य के अंतिम दिनों में जब ब्रिटिश ईस्ट इंडिया कंपनी ने बंगाल को अपने अधीन किया था, उस समय भारत एक घायल, खंडित, अस्त-व्यस्त और सामाजिक कुरीतियों के गर्त में डूबी हुई सभ्यता के रूप में था। उस समय भारत को एक राष्ट्र के रूप में देखनेवाला तीसरा विजन राजा राममोहन राय और ईश्वरचंद्र विद्यासागर का था। यह बाहरी दुनिया पश्चिमी विचार और अंग्रेजी भाषा के प्रयोग पर आधारित थी। भारत में और भारत के बाहर की विस्तृत यात्राओं द्वारा विवेकानंद ने आधुनिक भारत का विचार सँवारा। नोबेल पुरस्कार प्राप्तकर्ता रवींद्रनाथ टैगोर ने भारत की कल्पना-दृष्टि को बहुत ही खूबसूरत ढंग से व्यक्त किया है—

---

35. अमर्त्य सेन, द आर्ग्यूमेंटेटिव इंडियन; राइटिंग्स ऑन इंडियन हिस्ट्री, कल्चर ऐंड आइडेंटिटी, पेंग्विन बुक्स 2005

मन हो निर्भय जहाँ,
ज्ञान मुक्त हो जहाँ,
ऊँचा हो शीश जहाँ,
भारत को उसी स्वर्ग से तुम जाग्रत् करो
जहाँ नहीं सिमटती धरती
आँगन घर की दीवारों में
जहाँ वाक्य फूट-फूट पड़ते हों
हृदय के उछाह भरे झरनों से।

इस कविता के लिखे जाने के 100 साल बाद मैं भारतीय पुनर्जागरण के अगले कदम के रूप में धरती को आँगन और धरती की दीवारों के बंधन से छुड़ाने की बात कर रहा हूँ।

अ.ति. : मैं अपनी चर्चा पर फिर से वापस लौटता हूँ कि हम सब एक हैं और जो कुछ भी विद्यमान है, परम चेतना ही उसे बचाए रखती है।

ए.पी.जे. : आइजक न्यूटन ने कहा है—"सूर्य, ग्रहों और धूमकेतुओं की यह खूबसूरत व्यवस्था केवल एक चेतना और सर्वशक्तिमान के प्रभुत्व एवं विचार से ही गतिशील है। जब मैं इस सौरमंडल को देखता हूँ, तब पृथ्वी को सूर्य से एक उचित दूरी पर, उचित मात्रा की ऊष्मा और प्रकाश प्राप्त करते देखता हूँ। तब मुझे समझ आता है कि यह सब अनायास ही नहीं हो गया है।"[36]

अ.ति. : दूरस्थ पदार्थ के बीच क्रिया के बारे में न्यूटन का सिद्धांत बताता है कि जिन तत्त्वों के बीच क्रिया की जा रही है, उनके बीच बिना किसी माध्यम के यह संभव नहीं है; मगर इस तरह का कोई भी माध्यम ग्रहों और सूर्य के बीच नहीं है। अल्बर्ट आइंस्टीन ने बताया था कि इन ब्रह्मांडीय पिंडों को गुरुत्वाकर्षण बल आपस में सँभाले रहता है। उन्होंने यह भी कहा कि मैं जानना चाहता हूँ कि ईश्वर ने ब्रह्मांड को किस मकसद से बनाया है। एक बार मैं ईश्वर के विचार जान जाऊँ, बाकी सब तो मात्र विवेचना है।[37]

ए.पी.जे. : सन् 1929 में राबी हर्बर्ट गोल्डस्टेन ने आइंस्टीन से टेलीग्राम करके पूछा था कि क्या उन्हें ईश्वर में यकीन है?[38] आइंस्टीन ने उत्तर में कहा था, "मुझे स्पिनोजा के ईश्वर में विश्वास है, जो विद्यमान समस्त पदार्थों के बीच मौजूद सामंजस्य में व्यक्त हो रहा

---

36. आइजक न्यूटन, 'द प्रिंसिपिया : मैथमैटिकल प्रिंसिपल्स ऑफ नेचुरल फिलॉसफी', यूनिवर्सिटी ऑफ कैलीफोर्निया प्रेस, 1999
37. रोनाल्ड डब्ल्यू. क्लार्क, 'आइंस्टीन : द लाइफ ऐंड टाइम्स', एवन, 2001
38. राबी, तोरा का गुरु है। यहूदी परंपरा में सभी धार्मिक नियम तोरा में लिखित और मौखिक दोनों ही रूपों में ईश्वर द्वारा मूसा को दिए गए थे।

है,[39] न कि उस ईश्वर में, जो नियति और मानव की क्रियाओं से कर्मों द्वारा जुड़ा है।''

अ.ति. : आइंस्टीन ने ईश्वर को विद्यमान सभी पदार्थों में व्यवस्थित सामंजस्य के रूप में देखा।

ए.पी.जे. : आइंस्टीन ने ब्रह्मांड को अद्भुत ढंग से व्यवस्थित और निश्चित नियमों के अनुसार चलता पाया, यद्यपि इन नियमों को आइंस्टीन पूरी तौर पर नहीं समझ पाए। उन्होंने कहा, ''हमारा सीमित मस्तिष्क रहस्यमय शक्ति, जो तारामंडल को घुमा रही है, समझ तो लेता है, पर यह नहीं जान पाता कि यह वस्तुतः है क्या?''[40] वाल्टर आइजक्सन ने उनकी जीवनी लिखी है। आइंस्टीन को उद्धृत करते हुए वे लिखते हैं—''हमारी स्थिति उस छोटे से बच्चे की तरह है, जो कि किसी बड़ी सी लाइब्रेरी में घुस जाता है, जिसमें कई भाषाओं में लिखी बहुत सी किताबें रखी हैं। वह बच्चा समझता है कि इन किताबों में कुछ लिखा होगा; पर वह यह नहीं समझता कि क्या और किस भाषा में लिखा है? वह बच्चा उन किताबों के रहस्यमय व्यवस्था-क्रम को महसूस तो करता है, पर वह यह नहीं जानता है कि वह असलियत में क्या है!''[41]

अ.ति. : ईश्वर के एकत्व का सिद्धांत (तौहीद) इसलाम की मूल अवधारणा है। इसके अनुसार ईश्वर एक (वाहिद) है और विलक्षण (अहद) है।

ए.पी.जे. : भगवान् कृष्ण अर्जुन से कहते हैं, ''मैं अपनी ईश्वरीय शक्ति के बहुत ही छोटे से अंश से इस संपूर्ण ब्रह्मांड को थाम रहा हूँ और सर्वव्याप्त हूँ।''[42]

अ.ति. : हम ईश्वर को कैसे जान सकते हैं?

ए.पी.जे. : इब्न अरबी ने 'वहादत उल वजूद' (सभी चीजों की एकात्मकता)[43] का सिद्धांत बताया है। उन्होंने कहा है, ''ईश्वर को जानना उसके एकत्व या वाहिद को समझना है। वह आदि और अंत है तथा बाहर और भीतर है; वह सभी चीजों का ज्ञाता है।''[44]

अ.ति. : हम धार्मिक मतभेदों और सांप्रदायिक तनाव को किस तरह से समझ सकते हैं? मेरे दादाजी (रामनाथ तिवारी) की उनके मुसलमान पड़ोसियों ने सन् 1947

---

39. बरूश स्पिनोजा (1632–1677) एक डच दार्शनिक था। स्पिनोजा का यह दृढ़ विश्वास था कि इस ब्रह्मांड में जो कुछ भी विद्यमान है वह एक वास्तविकता है। जिसे उसने ईश्वर कहा है और समग्र यथार्थ का नियंत्रण नियमों के एक ही सार संग्रह से किया जाता है, वह यथार्थ हमारे इर्द-गिर्द है, जिसका हम हिस्सा हैं।
40. मैक्स जैमर, 'आइंस्टीन ऐंड रिलीजन : फिजिक्स ऐंड थियोलॉजी', प्रिंस्टन यूनिवर्सिटी प्रेस, 2002
41. वाल्टर आइजक्सन, 'आइंस्टीन : हिज लाइफ ऐंड यूनिवर्स', साइमन ऐंड शूस्टर, 2007
42. भगवद्गीता, अध्याय 10, श्लोक 42
43. इब्न अरबी (1165–1240) एक सूफी रहस्यवादी और दार्शनिक थे, जो मध्यकालीन मुसलिम राज्य अंडालुशिया में रहते थे, जो आज का स्पेन है।
44. कुरान सूराअल-हदीद 57:3

में उस समय चाकू मारकर हत्या कर दी थी, जब वे अपने पड़ोस में ट्यूशन पढ़ाने जा रहे थे।

ए.पी.जे. : ईश्वर उनकी आत्मा को शांति प्रदान करे। धर्मों का जन्म किस प्रकार हुआ, उस पर एक निगाह डालना बहुत ही जरूरी है। मानव को सभी जीवों से बड़ा दिमाग मिला है। यह अधिकता मुख्य रूप से सेरेब्रल हेमिस्फियर की बाहरी परत के रूप में होती है, जिसे 'नियोकोर्टेक्स' कहते हैं। यह मानव मस्तिष्क का 80 प्रतिशत भाग होता है। मस्तिष्क के आंतरिक स्नायु-तंत्र और भीतरी मस्तिष्क के ऊपर करीब छह परतें होती हैं। ब्रिटिश मानव-शास्त्री रोबिन डनबर ने भी यह विवेचना की है कि जीवों के सामाजिक व्यवहार का संबंध नियोकोर्टेक्स आकार के अनुपात से है। इसीलिए बड़े स्तर के मस्तिष्क ने मानव को अधिक बुद्धि, संकेतों में संवाद की क्षमता, सामाजिक व्यवस्था की समझ एवं 'स्व' का विचार तथा निरंतरता की अवधारणा दी।

अ.ति. : धर्म की उत्पत्ति कैसे हुई?

ए.पी.जे. : बड़े मस्तिष्क ने निजी नश्वरता की अपरिहार्यता पर चिंतन किया। मेरे खयाल से, यही धर्म की शुरुआत थी। मैं यहाँ क्यों आया हूँ और मेरी मृत्यु के उपरांत मेरे साथ क्या होगा? यही सवाल सभी धर्मों की धुरी है। नश्वरता की यह सजगता वस्तुतः एक विलक्षण मानवीय विशेषता है और 50,000 साल पहले हमारे पूर्वज जब मानव जाति की जन्मभूमि अफ्रीका से निकलकर चारों तरफ फैले होंगे, तब यह विशेषता उनमें रही होगी; क्योंकि वास्तविक घटनाक्रम की विवेचना कर उसे समझना उनके लिए मुश्किल रहा होगा। इसलिए तब के मनुष्यों ने अनुमानों और अलौकिकता पर विश्वास किया।

अ.ति. : किंतु इतने अधिक अलग-अलग धर्म क्यों हैं?

ए.पी.जे. : धार्मिक विचारों और नैतिक बोध के लिए एक विचार-युक्त प्रक्रिया का आधार तथा भाषायी माध्यम की आवश्यकता होती है। अलग-अलग मानव मस्तिष्क को इस घटनाक्रम को समझने एवं इससे जुड़ने के लिए इसे व्यवस्थित रूप से विवेचन करना पड़ता है। भिन्न-भिन्न भाषाओं ने अलग-अलग देवकथाएँ, परंपराएँ और नैतिक मानकों के समूहों की रचनाएँ की थीं। धर्म और भाषा को कभी अलग नहीं किया जा सकता।

अ.ति. : लेकिन हिंदू धर्म का विस्तार सारे भारत में हुआ और हमारे पास दक्षिण भारत में द्रविड़ भाषाओं में विलक्षण हिंदू साहित्य मौजूद है।

ए.पी.जे. : हिंदू धर्म आर्यों के आने से पहले भी मौजूद था। 2500 से 800 ई.पू. सिंधु घाटी की सभ्यता में इसके चिह्न मिलते हैं। आर्य करीब 1,500 ई.पू. भारत में आए थे और उन्होंने वेदों की स्थापना की थी, जिन्हें बाद में हिंदू धर्म की पहचान मान लिया गया। हिंदू धर्म का मूल नाम सनातन धर्म है—यानी शाश्वत धर्म। तमिल प्राचीन गौरवशाली

भाषा है। यह लैटिन, ग्रीक और मिस्र की भाषाओं से भी पहले की है। इसका व्याकरण 5,000 साल पुराना है।

अ.ति. : शिव की आराधना यहाँ आर्यों के आने से पहले से होती थी। तमिलनाडु में 2,500 अति महत्त्वपूर्ण शिव मंदिर मौजूद हैं।

ए.पी.जे. : मैं भी रामेश्वरम में शिव मंदिर के क्षेत्र में ही पला-बढ़ा हूँ।

अ.ति. : इसलाम में भी अलग-अलग वर्ग हैं?

ए.पी.जे. : पैगंबर मुहम्मद ने अपनी मृत्यु के 72 दिन पहले अपना आखिरी उपदेश (खुतबतू ए-वादा) दिया था—"मैं अपने बाद दो चीजें छोड़कर जा रहा हूँ— कुरान और मेरा आदर्श सुन्नाह। यदि तुम इनका पालन करोगे, तब तुम कभी नहीं भटकोगे।" हदीस साहित्य में अंतिम उपदेश के कम-से-कम तीन पाठ मौजूद हैं—"मैं तुम्हारे लिए कुरान और सुन्नाह छोड़ रहा हूँ।" "मैं तुम्हारे लिए कुरान और 'अहल अल-बायत' (मुहम्मद का परिवार) छोड़ रहा हूँ। मैं तुम्हारे लिए कुरान छोड़ रहा हूँ। तुम इस पर कायम रहना।" सुन्नियों ने सुन्नाह को और उनके साथियों के अनुसार मुहम्मद साहब की विरासत को माना। शिया मत के अनुयायी मुहम्मद साहब के चचेरे भाई और दामाद अली (599-661) की वंश परंपरा में ही केवल पैगंबर का न्यायोचित नेतृत्व देखते हैं। कुछ लोगों ने पूरे हदीस को ही नकार दिया है और वे सिर्फ कुरान को ही मानते हैं।

अ.ति. : यहाँ तक कि ईसाई धर्म भी बँटा हुआ है।

ए.पी.जे. : ईसाई धर्म मुख्य रूप से तीन वर्गों में बँटा हुआ है—सन् 1054 में ईस्टर्न आर्थोडॉक्स और रोमन कैथोलिक दो भागों में बँट गए थे। सोलहवीं सदी की शुरुआत में रोमन कैथोलिक चर्च से प्रोटेस्टेंट चर्च अलग हो गया। प्रोटेस्टेंट चर्च से कालांतर में सैकड़ों शाखाओं की उत्पत्ति हुई है।

अ.ति. : बौद्ध धर्म की भी दो प्रमुख शाखाएँ जानी जाती हैं—थेरवाद (प्रबुद्ध शिक्षा) और महायान (महान् साधन)। जैन धर्म में भी दो प्रमुख विभाजन दिगंबर और श्वेतांबर हो गए।

ए.पी.जे. : ये विभाजन मानव रचना के रूप में सिर्फ धर्म की वास्तविकता ही साबित करते हैं। मैं विज्ञान को मानव द्वारा अपनाए जानेवाले परिष्कृत धर्म के रूप में देखता हूँ। विज्ञान वास्तव में एक नैतिक और ईमानदार क्षेत्र है। विज्ञान जीवन और ब्रह्मांड का एक दृष्टिकोण प्रस्तुत करता है, जो कि किसी भी तरह से परस्पर विरोधी धार्मिक परंपराओं से बढ़कर होता है। क्या हमें किसी विशेष मत, विश्वास या दृष्टिकोण को दूसरों से अधिक महत्त्व देना चाहिए? क्या हमें अपने धर्म के चारों तरफ एक मजबूत दीवार खड़ी कर देनी चाहिए या हमें यह कहना चाहिए कि ऐसे भी धर्म हैं, जिनका अनुसरण मानव बिलकुल हम लोगों की तरह ही करता है, जिसमें एक ही

ईश्वर ने इस ब्रह्मांड और इसमें विद्यमान सभी चीजों की रचना की है। इस सवाल का जवाब हमारी समझदारी को प्रमाणित करेगा।

अ.ति. : व्यक्ति का सच्चा स्वरूप कौन सा है? वह स्व-प्रमाणिक कब होता है?

ए.पी.जे. : आप अपना सच्चा स्वरूप तभी होते हैं, जब आप बिना किसी शोक या शिकायत के अपने अनुभवों को स्वीकार करने के लिए तैयार रहते हैं या जब आप अपनी अंतर्दृष्टि पर आधारित विकल्पों के लिए तैयार हैं, न कि किसी बाध्यता या स्वयं को आँके जाने की वजह से। साथ ही आप अपने स्वयं के दृढ़ विश्वास के अनुसार अपने चुने मार्ग पर चलने का साहस रखते हैं। राष्ट्रपति भवन की भव्यता में अकेले रहना और उन छवियों से घिरे रहना, जिन पर लोग चाहते थे कि मैं यकीन करूँ—मैंने अपनी स्व-प्रामाणिकता के लिए एक कठिन लड़ाई लड़ी है।

अ.ति. : मैं इस बात का साक्षी हूँ कि आपने किस तरह राष्ट्रपति पद की दूसरी पारी को अस्वीकार कर दिया था। कुछेक समझौतों से आप अगले पाँच सालों के लिए राष्ट्रपति भवन में फिर से स्थापित हो जाते।

ए.पी.जे. : मैंने अपने राष्ट्रपतित्व का इस्तेमाल भारत के सभी वर्गों से जुड़ने के लिए किया था। मैंने डाक कर्मियों, नर्सों, आग बुझानेवालों और समाज के बहुत से काम करनेवाले अनाम अंगों को राष्ट्रपति भवन आने का आमंत्रण दिया था। लाखों लोग मुगल गार्डन के खिले हुए फूलों को देखने आए थे; हजारों बच्चों ने संगीतमय फव्वारे के चारों तरफ नृत्य भी किया था। मैंने बहुत से दृष्टिहीन लोगों को फूलों एवं बगीचे को छूकर खुश होते देखा। इससे अधिक पाने के लिए और था ही क्या?

अ.ति. : लेकिन आप वहाँ और भी बहुत कुछ कर सकते थे?

ए.पी.जे. : 'ऑफिस ऑफ प्रॉफिट' वाले विधेयक के बाद मुझे ऐसा लगा कि मेरा काम यहाँ अब खत्म हो गया है।

अ.ति. : आपके शब्दों में कितनी शांति है!

ए.पी.जे. : एरिक गुटकाइंड[45] ने कहा है, "बिना दृढ़ मन के शांति नहीं मिल सकती।"

अ.ति. : आपने अपने मन को किस प्रकार मजबूत बनाया?

ए.पी.जे. : मन के संयम के लिए तीन चीजों की आवश्यकता होती है—व्यक्ति को सद्गुणी होना चाहिए, उसे अपने काम को अच्छे ढंग से करना चाहिए और जो कुछ वह कर रहा है, उस पर उसे एकाग्र रहना चाहिए। अपने व्यवहार पर विवेकपूर्ण चिंतन होना भी जरूरी है।

अ.ति. : आपके अनुसार क्या सद्गुण, एकाग्रता और व्यवहार में विवेकपूर्ण चिंतन

---

45. एरिक बी. गुटकाइंड (1877-1965), दार्शनिक एवं लेखक, 'चूज लाइफ : द बिब्लिकल कॉल टू रिवोल्ट', 1952

ही मन को संतुलित बनाता है?

ए.पी.जे. : इसे पाने के लिए सद्गुणी और नैतिक गुणोंवाला होना अति आवश्यक है। किंतु यह किस तरह से आता है? स्वस्थ और मैत्रीपूर्ण जीवन जीने के लिए कन्फ्यूशियस ने व्यक्ति को रोजाना पाँच गुणों का अभ्यास करने की शिक्षा दी थी—परोपकार, दान और दया का गुण; ईमानदारी और सच्चाई; ज्ञान, विश्वसनीयता और न्यायनिष्ठा; सदाचार और मर्यादा; अच्छा व्यवहार, विनम्रता, शिष्टाचार व उपासना।

अ.ति. : मैं इन गुणों को किस तरह से समझ सकता हूँ?

ए.पी.जे. : यह वाकई बहुत ही सरल है। सभी मानव जन्म से सद्गुणी होते हैं। बुरे वातावरण और सही देखभाल के अभाव में बच्चे जब पलते-बढ़ते हैं, तब उनमें ये गुण गायब होते जाते हैं। मैं सद्गुण को मानव जीवन के गौरव का एक बोध कहूँगा। आप में दूसरों के लिए दया की भावना और अपने लिए स्वाभिमान होना चाहिए। एक सद्गुणी मन पश्चात्ताप से मुक्त होता है।

अ.ति. : बहुत से व्यवधान के बीच व्यक्ति किस तरह से स्वयं को एकाग्र कर सकता है?

ए.पी.जे. : आप जिस भी दिशा में जाना चाहते हैं, उस दिशा की तरफ आपके विचारों को ले जाने की योग्यता ही एकाग्रता है। वाकई ऐसी बहुत सी चीजें होती हैं, जिनसे ध्यान भंग होता है। एकाग्रता में व्यवधान की बाहरी स्थितियों से तो आप बचाव कर सकते हैं, पर सबसे बड़ा और मजबूत अवरोध तो आपका अपना आंतरिक व्यवधान है। यदि आप अपनी आँखें बंद करके अपनी साँसों पर ध्यान दें, तब कुछ ही पलों में आप घबराकर अपनी आँखें खोल लेंगे। हम सबके अंदर अपनी दबी भावनाओं से तीव्र आवेश उत्पन्न होता है। जब तक हम अपने अंतर्मन को इस आवेश से मुक्त नहीं करेंगे, तब तक कोई भी उच्च स्तर का कार्य हमसे नहीं हो सकेगा।

अ.ति. : कृपया हमारे अपने व्यवहार से संबंधित को स्पष्ट करें?

ए.पी.जे. : विवेक का अर्थ है—उचित दृष्टिकोण रखना, लोगों को और चीजों को वास्तविक स्थिति में देखना, उचित समाधान करना एवं उचित दृष्टिकोण के अनुरूप व्यवहार करना।

अ.ति. : हमें यह किस प्रकार पता चलेगा कि हमारा मन कमजोर है?

ए.पी.जे. : रूमी ने इसके लिए एक बेहतरीन वर्णन किया है—

भूखे पेट हैरान-परेशान हो,
गुस्से से भन्नाए और बदमिजाज,
पेट भरने के बाद निढाल तुम बन जाते हो लाश;
दीवार की टेक लेकर बेहोश तुम;

कभी तुम हैरान हो-परेशान हो,
और कभी जिंदा लाश;
क्या खाक दौड़ोगे शेरों के साथ,
खाक चल पाओगे पीरों की राह पर?

अ.ति. : इसका मतलब है, कमजोर मनवाले लोग ही भावनात्मक दीवारें खड़ी करते हैं?

ए.पी.जे. : वास्तव में, मानसिक व्यवधान ही ऐसी दीवारें हैं, जो भय और असुरक्षा की भावना से खड़ी हुई हैं। सन् 1937 में लिखी अपनी पुस्तक 'थिंक ऐंड ग्रो रिच' में नेपोलियन हिल ने भय के छह प्रकार बताए हैं।

अ.ति. : वे कौन से भय हैं?

ए.पी.जे. : वे भय हैं—गरीबी का भय, निंदा का भय, बीमारी का भय, प्रेमी से वियोग का भय, बुढ़ापे का भय और मृत्यु का भय।

अ.ति. : क्या गरीबी का भय सहज नहीं है?

ए.पी.जे. : बिलकुल, यह नैसर्गिक है। हर व्यक्ति भोजन, सुविधाएँ और घर चाहता है। लेकिन गरीबी का भय ऐसी भावना है, जो गरीबी दूर हो जाने के बाद भी नहीं जाती है। यह धनी लोगों को तो सबसे ज्यादा सताती है।

अ.ति. : इस भय की वजह से क्या नुकसान होता है?

ए.पी.जे. : भय मनुष्य को जड़ बना देता है। जब कभी आप आलस्य करते हैं या प्रयास, कल्पना और उत्साह का अभाव महसूस करते हैं, तब आप अपने आस-पास के लोगों की सफलता की आलोचना या उनसे ईर्ष्या करते हैं, अपनी आय से अधिक खर्च करते हैं, अपने काम को खत्म करने के बजाय बहाने बनाते हैं तथा अत्यंत आवश्यक चीजों के साथ भी समझौते करने लगते हैं। इस स्थिति का अर्थ है—आप वाकई गरीबी के भय से ग्रस्त हैं।

अ.ति. : निंदा का भय तो निश्चय ही नैसर्गिक होता है। भला कौन अपनी निंदा पसंद करेगा?

ए.पी.जे. : लेकिन यह आपके विकास में एक बहुत बड़ी बाधा है। निंदा का भय हमसे पहल करने की ताकत छीन लेता है, हमारी कल्पना-शक्ति को नष्ट कर देता है, हमें निजता की सीमाओं में बाँध देता है और स्वावलंबन की भावना मिट जाती है।

अ.ति. : हमारी संस्कृति में सामान्यतया लोग शरमीले और भावुक होते हैं। वे अपरिचितों के सामने घबरा जाते हैं और अपने से वरिष्ठ लोगों से बात करते समय डरे रहते हैं तथा हाथ-पैरों व अंगों पर उनका नियंत्रण नहीं रहता।

ए.पी.जे. : ये सभी आलोचना के भय के लक्षण हैं। इस भय की स्थिति में लोग प्रश्नों

का सीधा जवाब न देकर इधर-उधर की बातें बनाते हैं; अपनी धारणाओं को दृढ़ता से मानने के बावजूद उन्हें व्यक्त नहीं करते; दूसरों को प्रभावित करने के लिए आडंबर युक्त शब्दों का प्रयोग करते हैं और परिधान तथा बोली व व्यवहार में भी दूसरों की ही नकल करते हैं। सबसे बुरा तो यह है कि वे दूसरों से होड़ लगाते हुए अपनी आमदनी से अधिक खर्च करते हैं। शादियों के मौसम में किसी शहर में जाइए, आपको इस भय की निरंकुशता नजर आ जाएगी। ज्यादातर यह फिजूल खर्च मानसिक दबाव में ही किया जाता है।

अ.ति. : किंतु मैं खराब स्वास्थ्य, बुढ़ापे और मृत्यु के भय को किस तरह कम कर सकता हूँ?

ए.पी.जे. : यह भलीभाँति जानी-मानी मेडिकल हकीकत है कि रोग का भय रोग के शारीरिक लक्षण उत्पन्न कर सकता है। बीमारी का भय एक ऐसा मुखौटा है, जिसे लोग अपने आलस्य और महत्त्वाकांक्षा की कमी को छिपाने के लिए पहनते हैं। हमें स्वस्थ रहना चाहिए और जब हम बीमार हों तब हमें बीमारी के बारे में सोचते रहने के बजाय पेशेवर लोगों की सहायता लेनी चाहिए, न कि एक जगह बैठे रहनेवाले जीवन और कई तरह के व्यसनों को न्यायोचित ठहराना चाहिए। ठीक इसी तरह प्रेम को खो देने का भय हमें बिना किसी तार्किक प्रभाव के ही मित्रों और प्रेम किए जानेवाले व्यक्ति के प्रति सशंकित बना देता है। बुढ़ापे का भय लोगों में जीवित रहने के लिए सौभाग्यशाली महसूस कराने के बजाय दुःख महसूस कराता है। मौत का भय वाकई कुछ लोगों के लिए बहुत ही भयानक होता है। क्या मृत्यु के बाद जीवन है? मृत्यु के बाद क्या होगा, यह प्रश्न उन्हें जीवन में कुछ बेहतर करने से रोक देता है।

अ.ति. : इसीलिए हम अपने भय के कैदी हैं?

ए.पी.जे. : यह सच है। भय को दूर करने की एक सिद्ध औषधि विश्वास है; परंतु विरोधाभास यह है कि कट्टर धार्मिक लोग सामान्य धार्मिक लोगों की तुलना में अधिक भयग्रस्त रहते हैं। हमारे बहुत से भय हमारे चारों तरफ सुरक्षा के लिए मोटी व ऊँची अभेद्य दीवार खड़ी कर देते हैं और हम स्वयं द्वारा बनाई गई कैद में सड़-गलकर नष्ट हो जाते हैं।

अ.ति. : इन दीवारों के बारे में भी बताइए?

ए.पी.जे. : सुरक्षात्मक दीवार एक मानसिक संरचना है। इसकी रचना अवचेतन मस्तिष्क, अप्रिय स्थिति को टालने, नकारने, तोड़ने-मरोड़ने या वास्तविकता को तोड़-मरोड़कर देखने के लिए की जाती है। इस आश्रय की रचना उस परिस्थिति से पलायन है, जिससे अन्यथा व्यक्ति बच नहीं पा रहा है।

अ.ति. : कभी-कभी आकस्मिक परिस्थिति से बाहर निकलने के लिए हास्य का उपयोग भी एक समझदारी भरा कदम होता है।

ए.पी.जे. : हास्य एक बहुत ही न्यायोचित सुरक्षात्मक उपाय है और साथ ही यह स्वास्थ्यप्रद भी है। वे लोग सौभाग्यशाली होते हैं, जो स्वयं पर हँस लेते हैं और मुसीबतों के साथ आगे बढ़ते रहते हैं; किंतु बौद्धिकीकरण से और प्रतिक्रियात्मक स्वभाव से समस्याएँ भी हो सकती हैं। वे भावनाओं को दूसरों पर थोपने और कोरी कल्पनाओं की तरफ प्रेरित करती हैं। ऐसी स्थिति को यदि समय रहते सँभाला नहीं जाता तो मनोरोगों का खतरा उत्पन्न हो जाता है।

अ.ति. : कृपया इसके कुछ उदाहरण दीजिए।

ए.पी.जे. : नाभिकीय ऊर्जा के खिलाफ हो रहे प्रदर्शनों पर एक नजर डालिए। ये प्रदर्शन 40 साल पुराने एक परमाणु बिजलीघर में सुनामी से हुई दुर्घटना पर आधारित हैं। आधुनिक तकनीक और सुरक्षा मानकों पर ध्यान न देते हुए लोगों के मन में इसका डर बैठा दिया गया है। भोपाल के रासायनिक प्लांट में हुई दुर्घटना से तो इसका दूर-दूर तक लेना-देना नहीं है। हम इस विषय पर इस पुस्तक में आगे चलकर चर्चा करेंगे।

अ.ति. : बौद्धिकीकरण और प्रतिक्रिया हमारी राष्ट्रीय विशेषताएँ हैं। नोबेल पुरस्कार प्राप्त अमर्त्य सेन ने अपनी पुस्तक 'दि आर्गूमेंटेटिव इंडियन'[46] में इसे बहुत ही खूबसूरती से व्यक्त किया है—"चाहे पूर्व हो या पश्चिम, इस दुनिया में ऐसा कोई विचार नहीं है, जो किसी भारतीय मस्तिष्क में न उत्पन्न हुआ हो।"

ए.पी.जे. : सहज उत्सुक होने और सशंकित होने में अंतर होता है। जब तक हमारे युवाओं के मस्तिष्क भय-मुक्त नहीं होते, वे एक विकासशील देश के आम आदमियों की तरह जीते रहेंगे। हम नाभिकीय ऊर्जा, आनुवंशिक रूप से संशोधित बीजों, नदियों के संयोजन, स्टेम सेल अनुसंधान, शिक्षा के क्षेत्र में सुधार से अब और बहुत दिनों तक कन्नी नहीं काट सकते हैं। हमारे पास वैज्ञानिक अनुसंधान, तकनीक, शिक्षा के विश्वसनीय राष्ट्रीय संस्थान हैं। इन्हें विज्ञान के मसलों पर निर्णय लेने दीजिए। इन्हें हम राजनीतिक जीत-हार के मुद्दों से नहीं जोड़ सकते।

अ.ति. : तब फंतासी और प्रोजेक्शन क्या हैं?

ए.पी.जे. : पंचशील, गरीबी हटाओ, अंत्योदय और शाइनिंग इंडिया जैसी फंतासी ने हमें कहीं भी नहीं पहुँचाया। सांप्रदायिक ताकतें, नक्सलवाद और काला धन प्रोजेक्शन के उदाहरण हैं। हाल ही में हमने भ्रष्टाचार विरोधी आंदोलन को अनेक प्रोजेक्शन की वजह से असफल होते देखा है। जिस कमरे में छहों तरफ दर्पण लगे हों, उसमें मूल और प्रतिबिंब को कैसे पहचाना जा सकता है?

---

46. अमर्त्य सेन, 'दि आर्गूमेंटेटिव इंडियन : राइटिंग्स ऑन इंडियन हिस्ट्री, कल्चर ऐंड आइडेंटिटी', फरार, स्ट्रॉस ऐंड जिरॉक्स, 2005

इन्फोसिस के संस्थापक एन.आर. नारायण मूर्ति तथा नोबेल पुरस्कार विजेता अमर्त्य सेन के साथ।

अ.ति. : आज मनोविश्लेषक प्रतिवाद और भ्रामक प्रोजेक्शन राजनीतिक व्यवस्था में मौजूद हैं।

ए.पी.जे. : सदियों-दर-सदियों बहुत से लोग भारतभूमि पर आकर बसते रहे। भारतीय इतिहास की इस वास्तविकता को नकारना वाकई एक मनोवैश्लेषिक प्रतिवाद ही है। अपने पुरखों से अनजान या अनुभवहीन वर्तमान पीढ़ी में महात्मा गांधी और पं. नेहरू को ढूँढ़ना भ्रमजाल ही है। बिना मनोरोगी प्रतिवाद में शामिल हुए कोई पिछले दस वर्षों में गुजरात के विकास को किस ढंग से नकार सकता है? कन्या-भ्रूण हत्या मनोरोगी प्रतिवाद का एक और दु:खद उदाहरण है। आरक्षण, आर्थिक सहायता, जन वितरण प्रणाली, राष्ट्रीय स्वास्थ्य मिशन आदि चतुर नीतियों और सतही कार्यक्रमों द्वारा आर्थिक, सामाजिक असमानता की वास्तविकता से पलायन के बहुत से उदाहरण हैं। नकार की स्थिति में प्रशासन कोई प्रशासन नहीं है और अपने विरोधी को भ्रम-युक्त कल्पनाओं की तरफ मोड़ना राजनीति नहीं है। एक युवा राष्ट्र को विकास की जरूरत है और इसके लिए हमें साथ मिलकर वास्तविकता का सामना करना है।

अ.ति. : हमारी गठबंधनवाली राजनीति की वजह क्या यही है?

ए.पी.जे. : गठबंधन की राजनीति का प्रमुख कारण भ्रमजाल ही है। कांग्रेस स्वयं ही कई बार विभाजित हो चुकी है। समाजवादी, डी.एम.के. कई बार विभाजित हो चुके हैं। इसी प्रकार अन्य राजनीतिक दल भी कई बार बँट चुके हैं। प्रमुख दलों के रूप में जो खड़े हैं, उनमें स्वयं भी छोटे-छोटे कई गठबंधन हैं। गठबंधन की राजनीति का यह

वाणिज्यीकरण वाकई बहुत ही दु:खद है। एक विकसित राष्ट्र इस तरह का लोकतंत्र बरदाश्त नहीं कर सकता है, जहाँ राजनीतिक दल अपने बीच चुनावी विजय सुरक्षित कर लेते हैं और विधायिका की टिकट विक्रय की वस्तु बनकर रह गए हैं। इसी की सुकरात ने आलोचना की थी और इसे स्वीकार करने के बजाय उन्होंने अपना जीवन बलिदान कर दिया था।

अ.ति. : क्या आपको लगता है कि हमें द्वि-दलीय व्यवस्था अपनानी चाहिए?

ए.पी.जे. : हमारे देश के विकास के लिए द्वि-दलीय व्यवस्था का होना बहुत जरूरी है; मगर यह एक बहुत ही बड़ा काम है। अवसर रहते ही हमें उचित निर्णय लेने और आगे बढ़ने की आवश्यकता है। कार्य-निष्पादन से पहले लक्ष्य-निर्धारण होना चाहिए; जैसे—कितनी ऊर्जा का उत्पादन होना चाहिए, कितना खाद्य उत्पादन हो, कितने हजार किलोमीटर सड़क बननी चाहिए और कितनी रेलगाड़ियाँ होनी चाहिए आदि-आदि। ऐसा नहीं है कि इनके लक्ष्य नहीं हैं, परंतु संशोधित संख्याओं तक उन्हें कम कर दिया जाता है। हमारे राजनेता पेंसिल और रबर साथ लेकर चलते हैं और जब एक मंत्रालय अपना लक्ष्य पूरा नहीं कर पाता है, बिना किसी जवाबदेही के लक्ष्य बदलकर ही आँकड़े संशोधित कर देता है। यहाँ तक कि जब वैधानिक लेखा परीक्षक इसकी समय-सीमा समाप्त होने का इशारा करते हैं, तब संसदीय समिति पुन: आपस में विभाजित हो जाती है और अंतत: हर गलती अनुमोदित हो जाती है और 'दो दिन चले अढ़ाई कोस' का सफर जारी रहता है। वास्तव में कुछ भी परिवर्तित नहीं होता।

अ.ति. : क्या हमारी सरकारें इसके लिए जिम्मेदार नहीं हैं?

ए.पी.जे. : हमारी सरकारें विधायिका के प्रति जिम्मेदार हैं; परंतु इसमें गुणवत्ता की समस्या है। जब तक हम सरकार की प्रक्रिया को चुनावी राजनीति से मुक्त नहीं करते और विकास की राजनीति नहीं लाते, तब तक हम चिरस्थायी रूप में विकासशील ही बने रहेंगे और विकसित देश बनने का ध्येय मृग-मरीचिका बना रहेगा।

अ.ति. : इस बदलाव को कौन लाएगा और यह कैसे आएगा?

ए.पी.जे. : राष्ट्रीय विजन अशोक की कल्पना-दृष्टि से अहिंसा पर आधारित हमारी सामाजिक व्यवस्था बनी। अकबर के धार्मिक बहुलवाद के दृष्टिकोण ने हमें राष्ट्र का आकार दिया। उन्नीसवीं सदी के बंगाल का शिक्षित समाज दुनिया से जुड़ा और अंतरराष्ट्रीय समुदाय में उन्होंने भारत की पहचान बनाई। यह गांधीजी का औपनिवेशिक शासकों से असहयोग और उनसे प्रतिरोध का विजन ही था, जिसने हमें स्वतंत्रता दिलाई। भारत को विकसित देश बनाने के लिए एक और विजन की जरूरत है, लेकिन ऐसा होना बिना पुनर्जागरण के संभव नहीं दिखता है।

अ.ति. : ऐसा विजन किसका हो सकता है?

ए.पी.जे. : विजन कोई प्रोजेक्ट रिपोर्ट या योजना का लक्ष्य नहीं है। यह व्यापक शब्दों में वांछित परिणामों की अभिव्यक्ति है। हमारी संसद् को पक्षपातपूर्ण राजनीति से ऊपर उठकर यह सुनिश्चित करना होगा कि अब से 20 वर्ष बाद भारत कैसा होगा। किसी भी विकासोन्मुखी प्रयास को फलीभूत होने में 15-20 वर्ष का समय लग जाता है। किसी भी राजनीतिक दल को राष्ट्रीय परियोजनाओं को बदलने या समेटने की इजाजत नहीं होनी चाहिए। हमें अपने मिजाज, मनोवृत्ति बदलने तथा नव चेतना/जागरूकता लाने की जरूरत है, जिसमें सत्तारूढ़ वर्ग के निहित स्वार्थों से प्रेरित तात्कालिक ध्येयों तथा लक्ष्यों से परे देखना होगा। राष्ट्र का स्थान किसी राजनीतिक प्रणाली या व्यवस्था से ऊपर है।

अ.ति. : हमारी मनोवृत्ति कैसे बदलेगी?

ए.पी.जे. : यह आवश्यक है कि हम लोग भय से मुक्त होकर अपने मन की दीवारें गिरा दें, जो हमने अस्वीकार्य यथार्थ से बचने के लिए बनाई हैं। जब हमारा मन धार्मिक भेदभाव से मुक्त होकर अपने वातावरण से सामाजिक, आर्थिक असमानता दूर कर लेगा, तभी अलग-अलग लोगों के बीच समरसता आएगी। इस प्रक्रिया में शिक्षा खास भूमिका अदा करेगी। सही शिक्षा वास्तव में महत्त्वपूर्ण बौद्धिक मेकैनिज्म है, जिससे मानव-मन सही दिशा की ओर बढ़ने में सशक्त होगा।

□

5

चश्मा उतारो, फिर देखो यारो

सही सिद्धांत कुतुबनुमा की तरह हैं। वे हमेशा काम करने के सही ढंग और उचित निर्णयों की तरफ इशारा करते हैं। उनकी बताई दिशा पकड़ हम कभी खो नहीं सकते और भ्रामक बातों व गलत उसूलों से ठगे नहीं जा सकते।

पुनर्जागरण के तीसरे चरण में हमें अपनी शिक्षा-प्रणाली में सुधार करके अपने अनुचित वैश्विक दृष्टिकोण को सही करना है। चार प्रमुख प्रश्न हैं, जिनके उत्तर जानने के लिए हममें से प्रत्येक को अपने जीवन भर संघर्ष करना पड़ता है। वे प्रश्न हैं—मैं कौन हूँ? मैं यहाँ क्यों हूँ? मुझे जाना कहाँ है? क्या मेरे जीवन का कोई उद्देश्य है? शिक्षा को इन सवालों के सही जवाब ढूँढ़ने में बच्चों की सहायता करनी चाहिए। उनके सर्जनात्मक क्रियाशील मानसिक विकास, स्व-समाकलन में उनकी मदद करें और समाज का उपयोगी हिस्सा बनने की योग्यता प्रदान करें। प्रत्येक बच्चा महसूस करे कि दूसरों को उसकी जरूरत है।

अ.ति. : हमारे जीवन में विश्वास की ताकत अद्भुत है।

ए.पी.जे. : विश्वास एक ऐसी मन:स्थिति है, जिसमें व्यक्ति किसी चीज को सत्य मानता है। हमारा जीवन, जिसे हम सच मानते हैं, उस पर आधारित होकर आगे बढ़ता है और कुछ समय के बाद हम इन्हीं विश्वासों को आपस में बुनकर दुनिया के बारे में एक छवि बना लेते हैं। इस निजी चित्र को प्रत्येक मनुष्य का अपना एक निजी और अनोखा वैश्विक दृष्टिकोण कहा जा सकता है।

अ.ति. : आँखों पर पट्टी बाँधे या छह अंधे लोगों की एक मशहूर कहानी है, जिसमें वे एक हाथी को छूकर पहचानने की कोशिश करते हैं। इनमें से हर व्यक्ति हाथी के अलग-अलग हिस्से को छूकर अलग नतीजे पर पहुँचता है।

चित्र-4 : आँखों पर पट्टी बाँधे छह लोग हाथी को पहचानते हुए।

ए.पी.जे. : जब मैं ताइवान गया था तब मैंने इस नीतिकथा को कविता के रूप में सुना था—

अपनी ही
धुन में
चलते रहे;
अपनी ही
धुरी पर
सरकते रहे!
किसी ने
खुद को

गुरु कहा;
किसी ने
खुद को
संन्यासी;
झुठलाते रहे
एक-दूजे को
ये नादान क्यों?
क्योंकि
देखते हैं
सिक्के का
एक ही तो
पहलू!

अ.ति. : इसी तरह की एक और मशहूर कहानी है, जिसमें लोग अपनी ही छाया को गुफा में देखते हैं।

ए.पी.जे. : इस कहानी का इस्तेमाल यूनानी दार्शनिक अफलातून ने 'द रिपब्लिक' में 'स्वभाव में शिक्षा और शिक्षा की चाहत' की भावना व्यक्त करने के लिए किया है। एक कथा वार्त्ता के रूप में सुकरात बताते हैं कि कुछ लोग एक गुफा में कैद थे। वे उस गुफा के बाहर कुछ भी नहीं देख सकते थे, पर गुफा से बाहर चलते-फिरते जीवों की छाया गुफा के भीतर पड़ती रहती थी। वे लोग यह नहीं समझते थे कि यह सिर्फ परछाईं है। उनके लिए वह एक हकीकत थी। वे गुफा के बाहर से आती आवाजों की प्रतिध्वनि भी सुनते थे। सुकरात कहते हैं कि वे कैदी उन परछाइयों को वास्तविक प्राणी समझते थे और उन प्रतिध्वनियों को परछाइयों द्वारा बोली जानेवाली बातें समझते थे। चूँकि उन लोगों ने न तो गुफा के बाहर कभी देखा था और न ही कुछ और सुना था, इसलिए छाया का यह खेल ही उनकी वास्तविकता थी। केवल इतना ही नहीं, वे उसे ही चतुर विद्वान् समझते थे, जो यह सही अनुमान लगा लेता था कि अगली छाया कौन सी होगी। ऐसा व्यक्ति महाज्ञानी और पूजनीय माना जाता था। उनका पूरा सम्मान दीवार पर पड़ती छाया पर निर्भर था।

अ.ति. : हममें से अधिकतर लोग जिस अज्ञानता में घिरे हुए हैं, उसके विवेचन का यह एक रोचक और आकर्षक तरीका है।

ए.पी.जे. : इस कहानी का बेहतर भाग तो अभी शुरू ही नहीं हुआ है। एक बार एक आदमी किसी तरह से उस गुफा से बाहर निकल आया। धीरे-धीरे वह रोशनी और अपने चारों तरफ के विस्तार और उसमें फैली नाना प्रकार की चीजों का भी अभ्यस्त हो

गया। फिर उसने समझा कि सूर्य ही इस प्रकाश, मौसम और कालचक्र का स्रोत है और दृश्यमान जगत् में सभी चीजों का रखवाला है। दूसरे शब्दों में, दृश्यमान हर वस्तु पदार्थ का कारण है।

अ.ति. : कहानी का यह हिस्सा शिक्षा का अर्थ बताता है।

ए.पी.जे. : यह कहानी अभी खत्म नहीं हुई है। अपनी इस नई खोज से उत्साहित होकर वह आदमी वापस गुफा में अपने मित्रों को इस आश्चर्यजनक खोज के बारे में बताने पहुँचा। कहानी अपनी ऊँचाई पर अब पहुँचती है। बजाय खुश होने के उस गुफा के लोगों ने उस आदमी के साथ बहुत ही बुरा बरताव किया। उन लोगों ने उससे कहा कि वह बाहर गया ही क्यों और फिर अपनी आँखों को बरबाद करके वापस क्यों लौटा है। उन कैदियों को वह मुक्त व्यक्ति अपनी नजरों की वर्तमान स्थिति, जिसमें वह परछाइयों को उतना अच्छा अब नहीं देख पाता था, के कारण मूर्ख लगा; क्योंकि वे परछाइयाँ ही उन कैदियों की दुनिया थी और उससे हटकर हर चीज बेमानी व बेकार थी।

अ.ति. : मैं अब इसे बेहतर ढंग से समझ सकता हूँ कि आपने सुकरात की कहानी से क्यों शुरुआत की थी?

ए.पी.जे. : सुकरात ने अपनी तुलना स्वतंत्र मनुष्य से तथा अपने साथियों को गुफा में जाकर वास्तविकता बतानेवाले के रूप में की थी। मानवीय बुराइयों द्वारा ईश्वरीय कृपा पर ध्यान देते हुए हरेक व्यक्ति के साथ बुरा बरताव किया जाता है और उपहास उड़ाया जाता है। जब अच्छे व्यक्ति की नजर अपने चारों तरफ फैले अँधेरे को स्वीकार करने के बजाय इसे नकार देती है तो उस व्यक्ति को न्यायालयों में परछाइयों के खिलाफ आवाज उठाने के लिए खड़ा कर दिया जाता है। विडंबना यह है कि ये सभी न्यायालय न्याय की परछाइयों के अनुसार चलते हैं, जिन्हें कानून कहा जाता है। न्याय और कानून अकसर साथ नहीं चलते।[47]

अ.ति. : 'हमारे पथ-प्रदर्शक' पुस्तक में हमने ए.एच. अल्मास की 'इनर जर्नी होम' पुस्तक की प्रतीक कथा की चर्चा की है। मुझे लगता है कि हमें उसे फिर से प्रस्तुत करना चाहिए।

ए.पी.जे. : अवश्य।

अ.ति. : अलमास हमसे कहते हैं कि हम कल्पना करें कि हम एक अँधेरे कमरे में हैं और यह कमरा कई तरह की चीजों से भरा हुआ है। इस कमरे में रोशनी की भी व्यवस्था है, जिसमें एक स्विच लगा है, जिससे इसके प्रकाश को बढ़ाया या घटाया जा सकता है। हमने कई रंगों के फिल्टरवाले चश्मे भी पहन रखे हैं। प्रत्येक फिल्टर के

---

47. 'द रिपब्लिक' पैरा 517।

रंगीन शीशे पर कुछ पारदर्शी चित्र भी उकेरे गए हैं। अब हम पूर्ण अंधकार से प्रकाश की हलकी सी झलक पाने के लिए स्विच को घुमाते हुए धीरे-धीरे रोशनी बढ़ाते हैं। हमें कमरे में मौजूद कुछ चीजों का धुँधला सा बाहरी आकार नजर आने लगता है। यह मौलिक ज्ञान की शुरुआत है। वहाँ जो कुछ वास्तविक रूप से मौजूद है, हम उसे देखते हैं; परंतु हम उन वास्तविक वस्तुओं से उनकी छायाओं को अलग किए बिना केवल उनकी बाहरी रूपरेखा ही देख पाते हैं। कई तरह के फिल्टरवाले शीशों की वजह से हमारी मुश्किल काफी जटिल हो जाती है। यहाँ हमारी जानकारी अधूरी रहती है, क्योंकि हमारे चश्मे के शीशे के रंगों और ऊपर बनी आकृति की वजह से प्रकाश कम और आकार विकृत हो जाते हैं। किंतु हम जो कुछ भी देखते हैं, वह केवल हमारी जानकारी ही होती है। हम धीरे-धीरे प्रकाश बढ़ाते जाते हैं और अपने चश्मे से एक-एक करके सारे फिल्टर हटा देते हैं। इसी तरह हमारी जानकारी बढ़ती और सही होती जाती है। हर बार जब हम एक फिल्टर हटाते हैं, तब हम अपनी मान्यताओं की त्रुटियों और अपनी अंत:प्रेरणा की सटीकता पर आश्चर्यचकित होते जाते हैं। इस तरह शनै:-शनै: हमारी जानकारी और उद्‌देश्य पूर्ण एवं वास्तविक हो जाते हैं।

ए.पी.जे. : ए.एच. अल्मास गुरु हमीद अली का ही उपनाम है। वे कहते हैं, हमारी निजी अनुभूति और आत्मज्ञान ही मुक्ति है। जब हम इस दुनिया में सच्चाई के साथ जीते हैं तब यह एक निरंतर चलनेवाली प्रक्रिया है। हममें से ज्यादातर लोग उसी स्थिति में रहते हैं, जिसमें थोड़ा सा प्रकाश आता है और हमारी आँखें रंगीन शीशेवाले चश्मे से ढँकी रहती हैं। हमारी शिक्षा का उद्‌देश्य केवल प्रकाश बढ़ाना नहीं है, बल्कि शीशों के फिल्टरों को उतारना भी है। शिक्षा का परम उद्‌देश्य 'जो कुछ भीतर है, उसे सामने लाना है।' लेकिन वास्तविक रूप में हमारी शिक्षा-पद्धति एक ऐसा उपकरण बन चुकी है जिसके द्वारा समाज जान-बूझकर अपनी संचित जानकारियों, कुशलताओं और मूल्यों को दूसरी पीढ़ी तक पहुँचा रहा है।

अ.ति. : युवा मन को बड़े योजनाबद्ध तरीके से प्रभावित किया जा रहा है।

ए.पी.जे. : हमें इस पर बहस नहीं करनी है; शिक्षा को मानव की सभी शक्तियों का सुव्यवस्थित विकास सुनिश्चित करना चाहिए। मैं यहाँ शिक्षा के विभिन्न आयामों का उल्लेख करूँगा—शारीरिक, सामाजिक, बौद्धिक, सौंदर्यात्मक और आध्यात्मिक।

अ.ति. : आपके अनुसार, पुनर्जागरण के लिए ऐसा कौन सा अनिवार्य तत्त्व है, जिसे शिक्षा में शामिल करना चाहिए?

ए.पी.जे. : शिक्षा-प्रणाली में शामिल होनेवाले आवश्यक तत्त्व हैं—रचनात्मक सोच, अन्वेषक मस्तिष्क, संपूर्ण व्यक्तित्व, सामाजिक रूप से उपयोगी उद्‌देश्य तथा एक सामाजिक समूह के रूप में व्यक्ति की रुचि, आवश्यकता एवं योग्यताएँ।

अ.ति. : जानकारी के प्रसार के रूप में शिक्षा बनाम जिज्ञासा और तार्किक कुशलता का प्रोत्साहन ही क्या वह मुद्दा है, जिस ओर आप इशारा कर रहे हैं?

ए.पी.जे. : नौकरी के लिए नहीं, बल्कि व्यक्तिगत विकास हेतु शिक्षा की प्राथमिकता ही मुख्य बिंदु है। यह अर्थव्यवस्था मुख्य रूप से अन्वेषकों और उद्यमियों द्वारा अपने जिज्ञासु स्वभाव से काम करने से विकसित हुई है। मेरे कथन का आधार अमेरिका व जापान की उन्नति और हाल ही का विकसित देश दक्षिण कोरिया है। माइक्रोसॉफ्ट, एपल, सिस्को, सोनी और सैमसंग तथा हमारी अपनी टाटा कंसल्टेंसी सर्विसेज, विप्रो, हिंदुस्तान कंप्यूटर्स लिमिटेड और इन्फोसिस सितारों की तरह चमक रहे हैं। आज की दुनिया में धन और बुद्धि, लक्ष्मी और सरस्वती साथ-साथ चल रहे हैं।

अ.ति. : इसका अर्थ यह हुआ कि शिक्षा से छात्र लकीर के फकीर न बनें, बल्कि इसे उनमें विशेष क्षमता विकसित करनेवाली विधा होनी चाहिए।

ए.पी.जे. : हमारी शिक्षा-पद्धति को एक अन्वेषणपरक संस्कृति के रूप में आगे बढ़ाने के लिए पुनर्जागरण की आवश्यकता है। मुझे पूरा यकीन है कि हमारे युवाओं में तेजी से विकास के लिए एक अनछुई क्षमता भरी हुई है। उदाहरण के लिए, हमें अपने देश में पर्याप्त ऊर्जा उत्पन्न करने के लिए अपनी बौद्धिक क्षमता का इस्तेमाल करना चाहिए।

अ.ति. : यह किस तरह से हो सकता है?

ए.पी.जे. : शिक्षा-प्रणाली का विकास दो अलग-अलग तरह की परस्पर जुड़ी हुई क्षमताओं पर प्रभाव डालता है। एक तरफ शिक्षा भविष्य के उद्यमियों एवं अन्य लोगों, जो कि अनुसंधान और विकास के क्षेत्र में लगे हैं, को वर्तमान में उपलब्ध विश्लेषणात्मक उपकरणों की दक्षता और तकनीकी योग्यता प्रदान करती है, दूसरी तरफ शिक्षा सृजनात्मकता और कल्पना-शक्ति को बढ़ाती है, जिससे दक्षता और योग्यता का उपयोग सुलभ हो जाता है।

अ.ति. : हमारे आई.आई.टी. संस्थान तकनीकी क्षमता और वर्तमान उपलब्ध विश्लेषणात्मक उपकरणों की दक्षता बहुत ही बेहतर ढंग से प्रदान करते हैं। आई.आई.टी. स्नातकों की दुनिया भर में बहुत माँग है; लेकिन भारतीय उद्यम बहुत अधिक विकसित नहीं हो पाए हैं?

ए.पी.जे. : आई.आई.टी., कानपुर से शिक्षा प्राप्त एन.आर. नारायणमूर्ति ने एक विश्व स्तरीय आई.टी. कंपनी (इन्फोसिस) का निर्माण किया, अलबत्ता हमारे पास इस तरह की बहुत सी सफल कहानियाँ नहीं हैं। एक तर्कसंगत परिकल्पना यह है कि इन लाभों में से किसी एक को प्रभावशाली ढंग से प्रदान करनेवाली शिक्षा-प्रणालियाँ अन्य लाभों को प्राप्त करने में बाधा बन सकती हैं। उदाहरण के लिए, एक विद्यार्थी गणित के क्षेत्र में दक्षता हासिल करता है, जिसमें प्रमेय, प्रमाण और कैलकुलस की पद्धतियाँ शामिल हैं। वह

विद्यार्थी पारंपरिक रूप से विचार करने के लिए प्रेरित होता है। यह पद्धति उसे गैर-पारंपरिक ढंग से सोचने यानी सर्जनात्मकता के मार्ग में एक बाधा बन सकती है। सौ वर्ष बीत चुके हैं और हमारे यहाँ अभी तक कोई दूसरा श्रीनिवास रामानुजन नहीं पैदा हुआ।

अ.ति. : हमारा सकल पंजीयन अनुपात (ग्रास एनरोलमेंट रेशियो, जी.ई.आर.) केवल 40 प्रतिशत ही है। यहाँ तक कि वियतनाम और बँगलादेश जैसे कम प्रति व्यक्ति आयवाले देशों में भी जी.ई.आर. का स्तर भारत से ऊपर है।

ए.पी.जे. : हमारा केंद्र-बिंदु प्राथमिक और उच्चतर शिक्षा पर ही रहा है। माध्यमिक शिक्षा पर हमने ध्यान नहीं दिया है। इसके संचालन में कई प्रणालियाँ हैं। इसमें विशेषज्ञों को साथ मिलकर समरूपता लानी चाहिए। हम विभिन्न स्तरों के समूह को पहले से निर्धारित करके समान अवसरों की बात नहीं कर सकते हैं। यह एक कठिन कार्य है, पर इसे किया जाना चाहिए।

अ.ति. : शिक्षा एक बच्चे को दृष्टिकोण प्रदान करती है; उसकी आँखों के सामने एक ऐसा लेंस रखती है, जिससे वह अपने पूरे जीवन हर चीज को इसी की सहायता से देखता है।

ए.पी.जे. : शिक्षा ही केवल एक ऐसा प्रक्षेपण यान है, जिससे हम मूढ़ता, बेहूदगी और फूहड़पन से ऊपर उठ सकते हैं। यह कथन कुछ बड़बोला-सा लगता है, पर मुख्य रूप से यह शिक्षा की अपर्याप्तता ही है, न कि उसका त्रुटिपूर्ण होना। जब मैंने नेल्सन मंडेला से पूछा था कि नस्ल-विरोधी संग्राम में उनका प्रमुख हथियार क्या था, तो उन्होंने तुरंत जवाब दिया, ''शिक्षा ही वह सबसे शक्तिशाली हथियार है, जिसका आप दुनिया को बदलने में इस्तेमाल कर सकते हैं।''

अ.ति. : पुनर्जागरण की शिक्षा से आपका क्या तात्पर्य है?

ए.पी.जे. : हममें से प्रत्येक व्यक्ति चार बुनियादी सवालों के जवाब ढूँढ़ने में जीवन भर संघर्ष करता रहता है। वे सवाल हैं—मैं कौन हूँ? मैं यहाँ क्यों हूँ? मुझे जाना कहाँ है? क्या मेरे जीवन का कोई उद्‌देश्य है? शिक्षा को एक बच्चे को इन सवालों के सही जवाब पाने में सहायता करनी चाहिए।

अ.ति. : चलिए, 'मैं कौन हूँ?' के सवाल से शुरुआत करते हैं।

ए.पी.जे. : सबसे पहला पाठ है—हम सभी मानव समान हैं; लेकिन अफसोस यह है कि हममें से अधिकतर लोग यहीं चूक जाते हैं।

अ.ति. : हम इसे किस तरह से सुधार सकते हैं?

ए.पी.जे. : हम सभी चीजों को एक अलग नजरिए से देखकर इसे सुधार सकते हैं। दुनिया को एक गतिमान प्रणाली की तरह समझें। आइए, देखें कि हममें से प्रत्येक व्यक्ति शरीर, मस्तिष्क और आत्मा की एक जीवित प्रक्रिया है। इस जीवन में भिन्न-

भिन्न स्वभाव और भिन्न-भिन्न स्थितियाँ हैं, जिनमें हरेक व्यक्ति पैदा हुआ है और मौजूद है; परंतु इसमें कुछ भी पूर्व नियोजित, स्थायी और हमेशा के लिए एक समान नहीं रहता है। मेरा आंतरिक स्वभाव क्या है और मैं इस समय कहाँ स्थित हूँ, यह जानना ही ज्ञान का प्रथम चरण है।

अ.ति. : किंतु एक बच्चा अपना स्वभाव कैसे जान सकता है?

ए.पी.जे. : यह उस बच्चे के माता-पिता और प्राथमिक शिक्षकों का कर्तव्य है।

अ.ति. : लेकिन माता-पिता अकसर अपने बच्चों में उनकी आंतरिक प्रकृति को पोषित करने के स्थान पर उस पर अपनी महत्त्वाकांक्षाएँ ही थोप देते हैं।

ए.पी.जे. : हम अपने कार्यों में इतने तल्लीन रहते हैं कि बिना विचार किए ही बच्चों को भी इसी में शामिल कर लेते हैं। मैंने अपनी पुस्तक 'अग्नि की उड़ान' में खलील जिब्रान (1883-1931) का एक उद्धरण दिया है। मैं उसे यहाँ फिर से दोहराना चाहूँगा—

"आपके बच्चे आपके बच्चे नहीं हैं,
वे अपनी तलाश कर रही जिंदगी के बेटे-बेटियाँ हैं।
वे आपके द्वारा आए हैं, पर वे आपसे नहीं हैं,
हालाँकि वे आपके साथ हैं, पर आपके नहीं हैं।"

अ.ति. : आप जिस साल पैदा हुए थे, उसी साल खलील जिब्रान का देहांत हुआ था।

ए.पी.जे. : हर दिन लोग मरते और पैदा होते रहते हैं। जीवन चलता रहता है। खलील जिब्रान के विश्वव्यापी प्रेम-बोध ने मुझपर एक गहरा असर डाला। उनका रहस्यवाद कई तरह के प्रभावों, जैसे—ईसाई, इसलाम, सूफीवाद, हिंदू और थियोसॉफी का एक मेल था। उन्होंने लिखा—"तुम मेरे भाई हो और मैं तुम्हें प्यार करता हूँ—जब तुम मसजिद में सजदा करते हो, चर्च में झुकते हो और यहूदी सभागार में प्रार्थना करते हो। तुम और मैं एक विश्वास की संतान हैं, एक आत्मा हैं।" निश्चय ही यह एक बड़ा सच है और पूजा के हर स्थान पर लागू होता है, जैसे मंदिर और गुरुद्वारों में।

अ.ति. : यही वह पहली शिक्षा है, जो हर बच्चे को मिलनी चाहिए?

ए.पी.जे. : बच्चे ही क्यों, वयस्क और बुजुर्ग भी इसे पढ़कर सुधर सकते हैं। यह वाकई एक मौलिक बोध और आपके पथ का प्रक्षेपण केंद्र है। यहाँ की गई एक भी गलती बाद के जीवन में आसानी से सुधारी नहीं जा सकती है। कमान से निकला तीर फिर वापस नहीं आता।

अ.ति. : जब हम 'अग्नि की उड़ान' पर काम कर रहे थे, तब आपने खलील जिब्रान की कविता 'सैंड ऐंड फोम' (1926) की पंक्तियों का उद्धरण दिया था—"मैंने

जो कुछ कहा, वह आधा सच है; पर मैं इसे इसलिए कहता हूँ, ताकि यह हिस्सा तुम तक पहुँच सके।'' 'अग्नि की उड़ान' की लाखों प्रतियाँ बिक चुकी हैं और इसका 30वाँ मुद्रण फिलहाल चल रहा है। कम-से-कम इस पुस्तक से तो यह आधा भाग भी पाठकों तक पहुँच ही गया!

ए.पी.जे. : जब ममताजी ने मुझे राष्ट्रपति पद के लिए चुनाव लड़ने के लिए कहा—जिसका संकेत था कि मैं राजनीतिक प्रतिस्पर्धा में पड़ जाऊँ—तब जिब्रान के शब्द मेरे मस्तिष्क में गूँज उठे, ''मैं एक राजनीतिज्ञ नहीं हूँ और मेरी चाहत भी यह बनने की नहीं है।'' और ''इन राजनीतिक घटनाओं और सत्ता-संघर्ष से मुझे अलग रखें, क्योंकि पूरी धरती ही मेरा घर है और सभी लोग मेरे परिजन हैं।''

अ.ति. : खलील जिब्रान का देश घोर संकट से गुजर रहा है।

ए.पी.जे. : न्यूयॉर्क शहर में अपनी मौत से पहले जिब्रान ने अपनी इच्छा व्यक्त की थी कि उन्हें लेबनान में दफनाया जाए। उनकी यह इच्छा पूरी की गई थी। जिब्रान ने अरबी पुनर्जागरण के महत्त्वपूर्ण व्यक्ति बुतरुस अलबुस्तानी का अनुसरण किया था, जिन्होंने 'हब अल-वतन मिन अल-ईमान' (पितृ-भूमि का प्रेम एक विश्वास है) का आह्वान किया था। ईश्वर करे, सीरिया और लेबनान में जल्द शांति लौटे!

अ.ति. : विचारों में सचमुच बड़ी शक्ति है। बच्चों की आंतरिक प्रतिभा को उनके माता-पिता और प्राथमिक स्कूल के शिक्षकों द्वारा पहचाना और पोषित किया जाना चाहिए।

ए.पी.जे. : हाँ, मुझे रामेश्वरम पंचायत के अपने प्रारंभिक स्कूल की याद है, जब मैं पाँच साल की उम्र में वहाँ पढ़ता था। मेरे एक शिक्षक थे, जिनका नाम मुत्थू अय्यर था। चूँकि मैं कक्षा में पढ़ने में अच्छा था, इसलिए वे मुझपर विशेष ध्यान देते थे। जब उन्होंने देखा कि मेरी लिखावट खराब है, तब उन्होंने मुझे तीन पेज लिखने के लिए दिए और मेरे पिता से कहा कि उन्हें यह विश्वास होना चाहिए कि मैं यह अभ्यास रोजाना कर रहा हूँ। एक दिन मुझे बुखार था और मैं स्कूल नहीं गया। मुत्थू अय्यर ने मेरी गैर-हाजिरी पर ध्यान दिया और शाम को मेरे पिता के पास आकर उनसे मेरे स्कूल न जा पाने की वजह पूछी और कहा कि क्या वे इस मामले में मेरी मदद कर सकते थे। उनके इस व्यवहार से मुझे महसूस हुआ कि मेरी भी कहीं जरूरत महसूस की जाती है।

अ.ति. : उड़ान भरने की प्रेरणा आपको अपने शुरुआती स्कूल में ही मिली थी?

ए.पी.जे. : जब मैं पाँचवीं कक्षा में पढ़ता था, तब मेरे एक शिक्षक थे—शिव सुब्रमण्य अय्यर। एक दिन वे हम लोगों को चिड़ियों के उड़ने के बारे में पढ़ा रहे थे। उन्होंने ब्लैक बोर्ड पर एक चिड़िया का चित्र बनाया, जिसमें उसकी शारीरिक संरचना, जैसे—पंख, पूँछ और सिर भी बनाए। उन्होंने यह भी समझाया कि किस तरह से

चिड़िया अपने पंख फड़फड़ाकर अपने हलके शरीर को हवा में ऊपर उठाती है। कक्षा समाप्त होने पर वे जानना चाहते थे कि 'चिड़िया किस तरह से उड़ती है। समझ आया कि नहीं?' मैंने कहा कि मैं नहीं समझ सका। मेरे ऐसा कहने पर उन्होंने दूसरे विद्यार्थियों से पूछा कि उन्हें यह समझ में आया कि नहीं? बहुत से विद्यार्थियों ने कहा कि उन्हें भी यह नहीं समझ में आया। शिक्षक हमारे जवाब सुनकर जरा भी परेशान नहीं हुए। शाम को वे पूरी कक्षा को लेकर समुद्र-तट पर जा पहुँचे। वहाँ मीठे सुर में चहचहाती हुई चिड़ियाँ उड़ान भर रही थीं। शिक्षक ने हमें उन चिड़ियों को दिखाते हुए कहा कि जब चिड़िया उड़ती है, तब उसकी स्थिति को ध्यान से देखो। हमने उसे पंख फड़फड़ाते हुए देखा। उन्होंने बताया कि चिड़िया किस तरह से ऊपर उठने के लिए अपने पंख फड़फड़ाती है। उन्होंने हमें चिड़िया की पूँछ की स्थिति और उसके पंखों के फड़फड़ाने के संयोजन पर ध्यान देने के लिए कहा। हमने ध्यान से देखा कि उड़ान भरने की स्थिति में चिड़िया उस दिशा में झुक जाती है, जिस दिशा में वह उड़ना चाहती है। तब मेरे शिक्षक ने मुझसे सवाल पूछा, ''कलाम, इसमें इंजन कहाँ है? इसे उड़ने की ताकत कैसे मिलती है?'' मैं इस प्रश्न का जवाब न दे सका। हमारे शिक्षक ने हमें बताया कि चिड़िया को ताकत उसके अपने जीवन और उसके उड़ने की प्रेरणा से मिलती है। उसकी उड़ने की चाहत ही उसका इंजन है। उनके इस जवाब ने मेरे जीवन को बदल दिया। मेरे लिए केवल यह समझना नहीं था कि एक चिड़िया किस तरह से उड़ती है। चिड़िया की उड़ान मेरे भीतर प्रवेश कर गई थी और इसने रामेश्वरम के समुद्र तट पर उस शाम मुझे एक प्रेरणा का अनुभव करा दिया था। उसी शाम मैंने महसूस किया कि मेरी पढ़ाई-लिखाई मुझे उड़ान से ले जाकर जोड़ देगी।

अ.ति. : इसके बाद आपने तिरुचिरापल्ली में कॉलेज की पढ़ाई पूरी की थी।

ए.पी.जे. : मैंने सेंट जोसेफ कॉलेज, तिरुचिरापल्ली से बी.एस.सी. किया। सन् 1952 में तोतात्रि अयंगार हमारे गणित के अध्यापक थे। उन्होंने हमें प्राचीन गणित और भारतीय खगोल-शास्त्रियों के बारे में बताया तथा आर्यभट, ब्रह्मगुप्त, भास्कराचार्य और श्रीनिवास रामानुजन के बारे में भी बताया। उन महान् शिक्षक ने अपने विज्ञान के ज्ञान को अपनी गहरी अंतर्दृष्टि द्वारा हमारी सभ्यता और विरासत के साथ जोड़कर छात्रों के सामने प्रस्तुत किया था।

अ.ति. : आपको अपने 'मद्रास इंस्टीट्यूट ऑफ टेक्नोलॉजी' में बिताए सालों से बहुत प्यार है। क्या वहाँ के किसी खास शिक्षक ने आपको प्रेरित किया था?

ए.पी.जे. : जब मैं एरोनॉटिकल इंजीनियरिंग के अंतिम वर्ष (1954-57) में पढ़ाई कर रहा था, तब मुझे अपने छह अन्य साथियों के साथ कम ऊँचाई पर आक्रमण करनेवाले हवाई जहाज का प्रारूप तैयार करने का एक प्रोजेक्ट सौंपा गया था। मेरी टीम

के अन्य पाँच लोगों ने नोदन (प्रोपल्शन), नियंत्रण, मार्गदर्शन, एयरक्राफ्ट के इलेक्ट्रॉनिक उपकरण और सहायक उपकरण की रूपरेखा बनाने का जिम्मा ले लिया था। प्रो. के. श्रीनिवासन हमारे गाइड थे। जब उन्होंने हमारे पूरे प्रोजेक्ट की समीक्षा की तो उन्होंने हमारे काम को खराब और निराशाजनक पाया। कई डिजाइनरों से प्राप्त आँकड़ों के संग्रह को एक साथ मिलाने की मेरी कठिनाई को उन्होंने अनसुना कर दिया। मैंने उनसे इस काम को पूरा करने के लिए एक महीने का समय माँगा। परंतु प्रो. श्रीनिवासन ने मुझसे कहा, ''देखो नौजवान, आज शुक्रवार की दोपहर है और मैं तुम्हें तीन दिन का समय दे रहा हूँ। यदि सोमवार की सुबह तक मुझे डिजाइन तैयार नहीं मिला तो तुम्हारी छात्रवृत्ति रोक दी जाएगी।'' मुझे यह सुनकर एक धक्का-सा लगा, क्योंकि मेरी छात्रवृत्ति मेरी जीवनधारा थी और इसके बिना मैं अपनी पढ़ाई जारी नहीं रख सकता था। अब इस काम को पूरा करने के अलावा मेरे पास कोई और रास्ता नहीं था। हम उस रात सोए नहीं और बिना खाना खाए सारी रात ड्राइंगबोर्ड पर काम करते रहे। शनिवार को भी हमने सिर्फ एक घंटे ही आराम किया। इतवार की सुबह प्रो. श्रीनिवासन हमारा काम देखने आए, जबकि उस दिन छुट्टी का दिन था। मेरा काम देखने के बाद उन्होंने मेरी पीठ थपथपाई और कहा, ''मुझे पता था, पर मैंने तुमको छात्रवृत्ति रोकने की धमकी देकर तनाव में डाल दिया था; मगर यह जरूरी था।'' उस दिन मैंने महसूस किया कि जब कोई बहुत ही कीमती चीज दाँव पर लगी होती है, तब मानव का मस्तिष्क बहुत तेजी से काम करता है और उसकी काम करने की क्षमता कई गुना बढ़ जाती है।

अ.ति. : इस तरह लोगों को आपकी जरूरत है, इसका बोध, एक स्वप्न-दृष्टि और तनाव की आवश्यकता के गुर आपने अपने शिक्षकों से सीखे?

ए.पी.जे. : ये तीनों गुण—पसंद किए जाने का बोध, स्वप्न-दृष्टि और तनाव की आवश्यकता वाकई बहुत ही महत्त्वपूर्ण हैं। मैं एक शिक्षाविद् नहीं हूँ, परंतु यदि हम ये चीजें बच्चों के मन में नहीं बैठाते हैं, तब हम उन्हें जीवन की चुनौतियों का सामना करने में अक्षम छोड़ देते हैं। यदि हम इन चीजों को उन्हें देते हैं, तब उन्हें जीवन की चुनौतियों के लिए तैयार करते हैं। फिर वहाँ से उनका भाग्य उन्हें आगे ले जाता है।

अ.ति. : यदि ऐसा नहीं हो पाता है तब क्या होगा? क्या यह भाग्य का हिस्सा नहीं है?

ए.पी.जे. : किसी भी रॉकेट को अंतरिक्ष में यात्रा करने के लिए पृथ्वी के वातावरण से बाहर धकेलना पड़ता है। अच्छी शिक्षा वातावरण की परत से आपको बाहर निकालने जैसी चीज है। एक बार जब आप अंतरिक्ष में आ जाते हैं तब अपने निर्धारित प्रक्षेपित मार्ग पर तेजी से आगे बढ़ते जाते हैं। आपका भाग्य आपको सितारों से पार ले जाने के लिए इतना प्रयास तो अवश्य ही चाहता है।

अ.ति. : आप इतने यकीन के साथ ऐसा कैसे कह रहे हैं?

ए.पी.जे. : श्वाट्र्ज हाई स्कूल, रामनाथपुरम के मेरे शिक्षक अन्नादुरई सोलोमन ने रोमन सम्राट् मारकस ऑरेलिअस (161 से 180 ई.पू.) द्वारा लिखित एक पुस्तक 'मेडीटेशन' की एक फटी-पुरानी प्रति मुझे दी थी। वह पुस्तक वर्षों तक मेरे साथ रही। उस पुस्तक में एक लाइन थी—"स्वयं को उन चीजों के लिए अनुकूल बनाओ, जिनमें तुम्हारी तकदीर ने तुम्हें डाल दिया है और उन जीवों को ईमानदारी से प्यार करो, जिनके साथ रहने के लिए तुम्हारे भाग्य ने तुम्हें आदेश दिया है।" मुझे जिस भी परिस्थिति में डाला गया है, मैंने उसे स्वीकार किया और जो लोग मेरे चारों तरफ थे, मैंने उनसे कभी लड़ाई नहीं की। अपनी वर्तमान परिस्थिति को कृतज्ञता और शांति से स्वीकार करना तथा अपने चारों तरफ मौजूद लोगों के साथ आदर के साथ व्यवहार करना एक बहुत ही साधारण शिक्षा है; परंतु इसका पालन अत्यंत कठिन है।

अ.ति. : इसका मतलब है कि हम जिन लोगों के साथ रहते हैं, जैसे—हमारे पड़ोसी, स्कूल के साथी, शिक्षक आदि—ये सभी उस महान् संरचना के ही एक हिस्से हैं, जिनके साथ हमारे भाग्य ने हमें रहने का आदेश दिया है।

ए.पी.जे. : प्रत्येक चीज के पीछे वाकई एक उद्देश्य होता है। हम सभी एक हैं। हमारे शरीर में अंग, इंद्रियाँ, हड्डी और रक्त है। हम इन सभी से परिचित हैं, लेकिन इस शरीर में हार्मोन, अंतःस्रावी ग्रंथियाँ, न्यूरॉन, अस्थिमज्जा, स्टेम कोशिकाएँ, जींस भी मौजूद हैं, जिनके बारे में हम बहुत अच्छी तरह से नहीं जानते हैं, पर वे अपना काम करते रहते हैं। यदि उनमें कहीं भी परिवर्तन या असंतुलन हो जाता है, तब हम बीमार पड़कर तकलीफ में आ जाते हैं।

अ.ति. : मैंने मनोचिकित्सक ब्रायन वीज की बहुत सी पुस्तकें पढ़ी हैं। वे कहते हैं कि इस पृथ्वी पर नर और मादा के रूप में हमारी चेतना अलग-अलग स्थानों पर भौतिक रूप में सैकड़ों बार रह चुकी है।

ए.पी.जे. : पुनर्जन्म में मुझे यकीन नहीं है, मगर मैं शेक्सपियर की इस बात से जरूर सहमत हूँ, जो कि उन्होंने 'हैमलेट' नाटक में लिखी है—"तुम्हारे दर्शनशास्त्र में जितनी भी कल्पनाएँ हैं, स्वर्ग और नरक उन सबसे कहीं बढ़कर है।"[48]

अ.ति. : कुछ ऐसे भी मत हैं, जिन्हें विश्वास है कि हम मानव जाति के विकास क्रम की अंतिम कड़ी हैं और इस दुनिया को बेहतर बनाने के लिए उसका प्रादुर्भाव हुआ है। ठीक यही चीज इस तरह से भी कही जा सकती है कि हम सभी को ईश्वर ने किसी एक खास उद्देश्य के लिए बनाया है और उस कार्य को पूरा करने में सहायता के लिए

---

48. एक्ट 1- दृश्य 5।

हमें खास स्थिति और परिस्थितियों में डाला है। अलबत्ता कुछ लोग ऐसा भी कहते पाए गए हैं कि वे स्वयं में परम सत्ता हैं और यह संसार उनकी आत्मसंतुष्टि के लिए है।

ए.पी.जे. : किया गया हरेक दावा वस्तुतः दुनिया के बारे में एक नजरिया है। जिस तरह एक लेंस दृश्य का अपवर्तन ही परिवर्तित करता है, दृश्य की वास्तविकता को नहीं बदल सकता, उसी प्रकार बहुल दृष्टिकोण में परिवर्तन नहीं हो सकता। दरअसल, मानव जाति समग्र दुनिया नहीं जानती है। विभिन्न दृष्टिकोण अंधे व्यक्तियों द्वारा किए गए हाथी का वर्णन भर होते हैं या फिर गुफा में कैदियों द्वारा परछाइयों की विवेचना होते हैं। पवित्र 'कुरान' में यह बताया गया है कि आदम को बनाने के बाद अल्लाह ताला ने फरिश्तों से कहा, "मैं धरती पर एक बादशाह भेज रहा हूँ", तब उन्होंने पूछा, "क्या आप सचमुच इनसान पर इतना भरोसा करते हैं? हमें तो लगता है कि इनसान सृष्टि को भ्रष्ट करेगा और यहाँ खून-खराबा करेगा। वह हमारी तरह तो है नहीं, जो हर वक्त प्रार्थना करते हैं और इसलिए पाप-मुक्त रहते हैं?" तब अल्लाह ने जवाब दिया, "मैं वो जानता हूँ, जिसका तुम लोग गुमान भी नहीं कर सकते।"[49]

अ.ति. : ब्रायन वीज के अनुसार, "हमारा काम है सीखना, ज्ञान की सहायता से हरि-इच्छा के अनुसार बनना। ज्ञान द्वारा हम ईश्वर की देहरी तक पहुँच सकते हैं और सद्गति प्राप्त करते हैं, लोक-कल्याण करते हैं।...प्रत्येक व्यक्ति का मार्ग मुख्य रूप से यही है। जब हम भौतिक अवस्था में रहते हैं तब हमें कुछ खास व्यवहार सीखने चाहिए, जैसे—दान, आशा, विश्वास, प्रेम। हमें इन सभी को अच्छे ढंग से जानना चाहिए।"[50]

ए.पी.जे. : यह एक तार्किक दृष्टिकोण है। मृत्यु के बाद मानव की आत्मा जीवित रहती है, यह प्रश्न अभी भी मानव की खोज का विषय है। जैसा कि हमने पहले चर्चा की है कि मानव मस्तिष्क के बड़े हिस्से नियोकोर्टेक्स और सेरेब्रल कोर्टेक्स के बाहरी भाग में स्थिति को समझने की तार्किकता, कल्पना-शक्ति, चेतन विचार और आत्मबोध की क्षमता मौजूद रहती है। ब्रायन वीज कहते हैं कि जीवन-चक्रों की शृंखला द्वारा एक आत्मा विभिन्न अनुभवों से होकर गुजरती है। वे मानव की परिस्थितियों एवं अनुभवों की समझवाले स्वाभाविक धर्म की बात कहते हैं।

अ.ति. : तो फिर 'मैं कौन हूँ?' के सवाल के जवाब में हम कहाँ खड़े होते हैं?

ए.पी.जे. : हम मूलतः शरीर के भीतर विद्यमान चेतना हैं। इस चेतन मन के जटिल संयोग द्वारा हम महसूस करते, सोचते और व्यवहार करते हैं। हम सभी एक हैं

---

49. सूरा अल-बक्र, 2:30, अनु. टी.जे. इरविंग
50. ब्रायन वीज, 'मेनी लाइव्स, मेनी मास्टर्स', लिटिल ब्राउन बुक ग्रुप, 1994

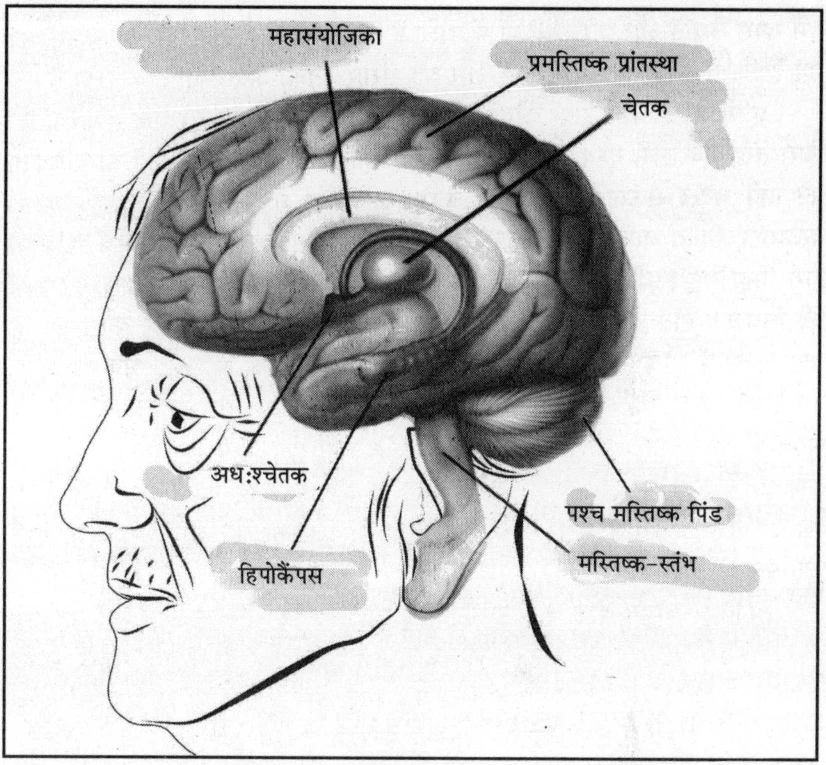

हमारा मस्तिष्क।

और समान हैं तथा जीवन में हमारी भिन्न स्थितियों के पीछे एक महत् उद्देश्य होता है, जिसे समझना इनसानी अक्ल से बाहर की बात है। धैर्य व कृतज्ञता के साथ अपनी स्थिति को स्वीकार करना और प्राप्त परिस्थितियों में सर्वश्रेष्ठ व्यवहार ही एक रास्ता है, जो हमें चेतना के विकास की तरफ ले जाएगा।

अ.ति. : चेतना के विकास से आपका क्या तात्पर्य है?

ए.पी.जे. : इसलाम में इसे 'ताजलिया-ए-रूह' या आत्मा का प्रदीप्त होना कहते हैं। मानव के चारों तरफ परिस्थितियाँ बनाई जाती हैं, ताकि वह अपनी चेतना से जुड़े क्रोध और क्रोधोन्माद को जलाकर तेजस्विता प्राप्त कर सके। यह ठीक वैसे ही है, जैसे लालटेन की चिमनी पर से धुएँ और धूल को साफ कर देते हैं, ताकि लौ की रोशनी हर तरफ फैल सके।

अ.ति. : क्या इसे कोई भी कर सकता है या यह पहले से ही नियत है?

ए.पी.जे. : होनी दो तरह की होती है। एक है तकदीर-ए-अजल, जो कि शाश्वत

है और दूसरी है तकदीर-ए-मुलिक, जो कि स्थगित है या टाली जा सकती है। तकदीर-ए-अजल मानव के नियंत्रण से बाहर है तथा तकदीर-ए-मुलिक मानव क्षमता के भीतर है। हर व्यक्ति वाकई इसके लिए जवाबदेह होता है। ताजालिया-ए-रूह, तकदीर-ए-मुलिक है। हजरत अली ने इसे इन शब्दों में बताया है—

دواء ک منک وما تبصر *وداء ک فیک و ماتشعر

وتزعم انک جرم صغیر *وفیک انطوی العالم الا اکبر

‘‘तुम अपना इलाज स्वयं हो, पर तुम यह नहीं समझ पाते हो कि तुम्हारी बीमारी भी तुम्हारे भीतर ही है। तुम इससे अनजान हो। तुम सोचते हो कि तुम्हारा शरीर एक छोटी सी चीज है या पदार्थ है। मगर इस शरीर में एक बड़ा संसार छिपा हुआ है।’’

अ.ति. : आपने दूसरी महत्त्वपूर्ण बात यह बताई कि शिक्षा को हमें यह समझाने लायक बनाना चाहिए कि ‘हम यहाँ क्यों हैं?’ दूसरे शब्दों में, जब हम सबको 70 या 80 साल बाद मर ही जाना है, तब हम पैदा ही क्यों हुए हैं? क्या ‘‘खाने-पीने और मौज-मस्ती करने के अलावा भी जीवन का कोई और बेहतर अर्थ हो सकता है?’’

ए.पी.जे. : समझदारी की बुनियाद यही है कि हम सब एक हैं। हमारी दुनिया में दोहरापन भरा हुआ है। इसमें एक तरफ प्रेम तो दूसरी तरफ घृणा है। इस दोहरेपन के बीच हम मानव के रूप में अनुभव प्राप्त करते रहते हैं, जैसे—युद्ध और शांति, सुख-दुःख, आशा और निराशा, प्रसन्नता और नाराजगी, प्रचुरता और निर्धनता, धोखा और ईमानदारी, सुंदरता और कुरूपता आदि। यह दोहरापन एक ऐसा गतिमान क्षेत्र है, जिसमें हम स्वयं द्वारा निर्णीत सबक सीखते हैं। शिक्षा को इस दोहरेपन की जानकारी देनी चाहिए, जो हमें यह अनुभव करा सके कि हम सब एक हैं।

अ.ति. : यदि हम सब एक हैं, तब हमें सामूहिक रूप से प्रत्येक व्यक्ति की शारीरिक, मानसिक, भावनात्मक और आध्यात्मिक अनुभूतियों का अनुभव होना चाहिए। क्या यह बोध अभिभूत करानेवाला नहीं है?

ए.पी.जे. : यह वाकई बहुत ही सरल है। खुशहाल जीवन के लिए मैंने तय किया कि मैं अपने भीतर के दोहरेपन यानी संपन्नता-निर्धनता, आशा-निराशा, द्वंद्व-शांति के बीच एक संतुलन बनाए रखूँगा। दोहरेपन के नकारात्मक पहलू जैसे—निराशा पर काबू पाते हुए मैं अपने जीवन में आशा का संचार करूँगा। हममें से अधिकतर लोग बचपन से ही अपने अवचेतन मस्तिष्क से इसी तरह सक्रिय प्रणाली को जारी रखते हैं, जिसमें सबसे पहले माता-पिता से मुलाकात, लोगों को आकर्षित करना, संबंधों एवं परिस्थितियों की चुनौती हमें इस दोहरेपन के भ्रम से बाहर निकलने में सहायता करती है। जीवन की

सबसे बड़ी शिक्षा प्रेम एवं घृणा का दोहरापन है। हमें इस आध्यात्मिक विकास को अवश्य हासिल करना चाहिए। जब तक हम अपने चारों तरफ के लोगों से स्वयं को अलग नहीं करेंगे और स्वयं को बिना शर्त स्नेह करेंगे, तब दूसरे लोग भी स्वतः ही इस प्रेम को महसूस करने लगेंगे।

अ.ति. : आमतौर पर ऐसा क्यों नहीं होता है?

ए.पी.जे. : हम हमेशा स्वयं को सही मानते हैं और अपने चारों तरफ के लोगों एवं परिस्थितियों को ही दोषी ठहराते हैं। हम मुद्दों पर चर्चा करने के बजाय चुपचाप दोष और शर्मिंदगी महसूस करते हैं। हम यह भी कहते हैं कि हम अपने भाग्य की वजह से कष्ट सह रहे हैं। इससे हम आगे नहीं बढ़ पाते। बच्चों को यह मालूम होना चाहिए कि वे विलक्षण हैं और उनमें क्षमताओं की असीम संभावनाएँ हैं तथा ईश्वर द्वारा मानव को दी गई प्रत्येक संभव शक्ति उनके लिए हाजिर है।

अ.ति. : किंतु गरीब बच्चों को बहुत अच्छी तरह से पता होता है कि उनके माता-पिता धनी नहीं हैं।

ए.पी.जे. : गरीबी और अमीरी एक ही स्पेक्ट्रम के दो सिरे होते हैं। गरीब माता-पिता और अन्य तरह की तकलीफें हमारे जीवन में हमें इस प्रतिबिंब के पार हमारी चेतना ले जाने में सहायता के लिए दिए गए हैं। हममें से प्रत्येक व्यक्ति के पास इस जीवन काल को समझने के लिए कुछ खास स्थितियाँ रहती हैं। जिन लोगों द्वारा हमारे अपने विचारों की प्रतिक्रिया हम पर होती है, हमारी परीक्षा भी उसी से की जाती है। हमारा अवचेतन मस्तिष्क उसी तरह की ऊर्जा के पैटर्न की तलाश करता है, जिसे हम अपने जीवन में हासिल करना चाहते हैं और उसे अपनी तरफ एक चुंबक की तरह आकर्षित करते हैं। हम स्वयं में जो कुछ देखना चाहते हैं, हमारे सामने खड़ा व्यक्ति मानो उसी का एक प्रतिबिंब होता है।

अ.ति. : इस मामले में शिक्षा हमारी किस तरह से सहायता कर सकती है?

ए.पी.जे. : शिक्षा हमें अपनी और हमारे आस-पास के लोगों की धारणाओं पर पुनर्विचार करने में सहायता कर सकती है। इससे हमें अपनी परिस्थितियों को शालीनतापूर्वक स्वीकार करने में मदद मिलती है। हमारे पास जो कुछ भी है, इसके लिए शिक्षा हमें कृतज्ञ होना सिखाती है। शिक्षा की मदद से हम अपनी समस्याओं पर निश्चित योजनाओं और निरंतर प्रयासों से विजय प्राप्त कर सकते हैं।

अ.ति. : ऐसा किस तरह से किया जा सकता है?

ए.पी.जे. : हर इनसान कहानियों का शौकीन होता है। हममें से हर एक अपने बारे में एक कहानी गढ़ता है, जिससे हम अपने कार्यों को तार्किक रूप से सही और न्यायोचित ठहराते हैं। माता-पिता विरासत में मिली अपनी कहानियों को अपने बच्चों पर थोप देते

हैं। इनमें से ज्यादातर कहानियाँ भय, निराशा और असफलताओं की ही होती हैं। शिक्षा को इन कहानियों को साहस, आशा और सफलता की कहानियों में परिवर्तित करना चाहिए। किसी भी व्यक्ति के लिए लोगों की सफलता प्राप्त करने की प्रेरणादायी कहानियाँ काफी शक्तिशाली और प्रेरक उदाहरण होती हैं। मानव के प्रयास और कठिनाइयों पर विजय प्राप्त करने के इरादों में इतनी ताकत होती है कि वे देर-सबेर व्यक्ति को उपलब्धियों के उन्नत शिखर पर पहुँचा ही देते हैं।

अ.ति. : हमारे पास ऐसी कहानियों के खजाने हैं, जैसे—रामायण, महाभारत, धम्मपद, पंचतंत्र और बाइबल की कहानियाँ एवं अन्य।

ए.पी.जे. : इन कहानियों को इलेक्ट्रॉनिक गपोड़ी (मीडिया) में रूपांतरित करना एक कठिन कार्य है। मैं नहीं चाहता कि हमारे युवा हैरी पॉटर जैसी कहानियों को पढ़कर बड़े हों। हमारी कहानियाँ बहुत ही अच्छे ढंग से लिखी गई हैं; परंतु हमें यह ध्यान रखना होगा कि इन कहानियों के प्रतीक, अलंकार, मिथक और किंवदंतियाँ युवा पीढ़ी में उचित रूप से पहुँचें। 'महाभारत' के चरित्र विदुर और रामायण के भरत का कोई सानी नहीं है। मुसलमानों के दूसरे खलीफा उमर बिन अल-खताब की सादगी और सत्ता-संचालन की उनकी कुशलता अनुकरणीय है।

अ.ति. : आप बिलकुल सही कह रहे हैं। जटिल और कठिन परिस्थितियों के लिए हमारे पास वाकई आदर्श प्रतिमान मौजूद हैं; परंतु वह समय और था। हमारे वर्तमान समय में लोग कैसे सोचते हैं, इसे हम किस तरह से महसूस कर सकते हैं?

ए.पी.जे. : इस काम में पुस्तकें बहुत बड़ी सहायक हैं। भारत में आज बहुत से समकालीन अच्छे लेखक मौजूद हैं, जो कि भारत को अतीत की भावनाओं द्वारा ही नहीं बल्कि अपने वैश्विक अनुभवों के साथ अभिलाषाओं द्वारा भी समझते हैं। इन पुस्तकों को पढ़ना बहुत महत्त्वपूर्ण है, क्योंकि इनसे हमारा नजरिया व्यापक होता है।

अ.ति. : आपने मुझे पंकज मिश्र की लिखी पुस्तक 'टेंपटेशंस ऑफ द वेस्ट' पढ़ने के लिए दी थी।

ए.पी.जे. : मैंने इस पुस्तक को अमेरिका की एक लंबी हवाई यात्रा के दौरान पढ़ा था। इसमें उन्होंने शीत युद्ध के बाद की बदलती वैश्विक स्थिति की चर्चा की है।

अ.ति. : सांस्कृतिक सीमाओं की अस्थिरता पंकज मिश्र की पुस्तकों का मुख्य विचार रहा है। अलग-अलग समय में आम लोग अपने आध्यात्मिक तनाव को दूर करने के उपाय तलाशते रहते हैं। पंकज अफगानिस्तान का उदाहरण देते हैं, जहाँ यूनानी-बौद्ध सभ्यता का विकास राजवंशों द्वारा हुआ और यह तब तक रहा जब तक कि तालिबान ने उन्हें खत्म नहीं कर दिया। यह चक्र आधुनिक पश्चिम में बौद्ध दर्शन की अनुगूँज के साथ घूम रहा है, जो प्राचीन यूनान में बौद्ध-प्रभाव से भी बढ़कर है।

ए.पी.जे. : ऐसे बहुत से प्रतिभाशाली लेखक हैं, जो कि अपना कुछ समय भारत में, कुछ अमेरिका या इंग्लैंड में बिताते हैं। अलबत्ता दोनों ही समाजों के उनके दृष्टिकोण बाहर के व्यक्ति के ही रहते हैं। उनकी पुस्तकों से हमें राजनीतिज्ञों, अफसरों, व्यापारियों और मीडिया के लोगों के तौर-तरीकों का पता चलता है, जो कि तेजी से हो रहे परिवर्तन के बोध को व्यक्त करने के लिए संघर्षरत हैं। इनसे हमें जर्जर होते जा रहे समाज की जानकारी भी प्राप्त होती है। इन क्षेत्रों के इतिहास में गहराई से डुबकी लगाकर ये लेखक पाठकों को आज के समय की वास्तविक स्थिति से परिचित कराते हैं।

अ.ति. : विक्रम सेठ ने 'ए सुटेबल ब्वॉय'[51] के पात्रों द्वारा राष्ट्रीय राजनीति के मुद्दों की विवेचना की है तथा हमारे समय की प्रामाणिक छवि भी प्रस्तुत की। उन्होंने 'एरियन ऐंड द डॉल्फिन' में लिखा है—

असुरों-देवों से नहीं,
बल्कि अपने हृदय से
हमें डरना चाहिए,
हर हाल में बुराई शुरू होती है,
वहाँ नहीं बल्कि यहाँ।

ए.पी.जे. : बेहतरीन ढंग से कहा गया है। बुराई बाहर नहीं, बल्कि यहाँ हमारे हृदय में शुरू होती है।

अ.ति. : अमिताभ घोष ने अपने निबंध 'द घोस्ट ऑफ मिसेज गांधी' में प्रधानमंत्री इंदिरा गांधी की हत्या के बाद नई दिल्ली में हुई हिंसा की घटनाओं का उल्लेख किया है। वे लिखते हैं—"अपनी पीढ़ी के बहुत से लोगों की तरह मैं भी इसी विश्वास के साथ बड़ा हुआ था कि सन् 1947 में भारत-पाकिस्तान के बँटवारे के समय हुई सामूहिक मार-काट अब दुबारा कभी नहीं होगी; परंतु दिल्ली शहर में उस सुबह हुई हिंसा वहशीपन के उसी स्तर पर पहुँच चुकी थी।"[52]

ए.पी.जे. : उन दुर्भाग्यशाली दिनों में मैं दिल्ली में डी.आर.डी.ओ. के गेस्ट हाउस में ठहरा हुआ था। हथियारों से लैस लोगों के समूह खुलेआम सड़कों पर घूम रहे थे और लोगों की हत्याएँ कर रहे थे। ऐसी स्थिति को सँभालने के बेहतर इंतजाम में सामान्यतया कर्फ्यू लगा दिया जाता है और फौज को तैनात कर दिया जाता है। नई दिल्ली में सुरक्षा के बहुत ही अधिक इंतजाम हैं; परंतु न जाने किन आश्चर्यजनक कारणों से इस पागलपन को रोकने का कोई इंतजाम नहीं किया गया था! इसमें करीब 3,000 से अधिक लोगों को मार डाला गया।

---

51. विक्रम सेठ, 'ए सुटेबल ब्वॉय', हार्पर पेरेनियल, 1994।

52. www. amitavghosh.com/essays/ghost.html

अ.ति. : दिल्लीवासी इन गिरोहों से लोगों की जिंदगियाँ बचाने के लिए सड़कों पर निकल आए थे। यह हत्यारी भीड़ फिर दुबारा दिल्ली की सड़कों पर नजर नहीं आई।

ए.पी.जे. : मैं ऐसे बहुत से लोगों को जानता हूँ, जो मेरे साथ एशियाड विलेज में सुबह टहलते थे और इन लोगों ने दिल्ली के घाव भरने में अपने कई सालों का समय दिया था। यह एक जोखिम है, जिसे आम आदमी एक-दूसरे का खयाल रखने के लिए उठा रहा है और यही भारतीय समाज की सबसे बड़ी ताकत है। काश, आँखों के सामने से सारे लेंस हट जाएँ और आँखें सिर्फ देखने के बजाय महसूस भी करना सीख जाएँ!

□

6

तेजस्वी मन

प्रत्येक मनुष्य को संज्ञान के चार वरदान प्राप्त हैं– स्व की अनुभूति, विवेक, स्वतंत्र इच्छा-शक्ति और रचनात्मक कल्पना। चुनने की क्षमता और बदलाव की अनुक्रिया की क्षमता–एक तेजस्वी मन से यही मेरा अभिप्राय है।

भारतीय पुनर्जागरण विचारकों और कलाकारों से नहीं आएगा, जो दुर्भाग्यवश नैतिक पतन तथा वैश्विक ताकतों द्वारा आर्थिक शोषण को चुपचाप देखते रहे हैं। हमारा युवा वर्ग पुनर्जागरण लाएगा। हमारे युवा को यह जानना चाहिए कि भारतीय धन का एक बड़ा भाग उत्पादन, अनुसंधान, निर्माण या कल-कारखानों में नहीं लगा, बल्कि वह राष्ट्रीय अर्थव्यवस्था से बाहर कहीं लुप्त है। हमारे नेता इस स्थिति को ठीक करने में अक्षम दिखते हैं। अब हमें लोगों को खोखले सिद्धांतों के नाम पर, एक परिवार के प्रतिनिधि के रूप में, जाति या धर्म के नाम पर सत्ता में भेजना बंद करना होगा। विकसित भारत उन्हीं नेताओं को चुनकर बनाया जा सकता है, जिनमें राजनीति और व्यापार में व्याप्त भ्रष्टाचार से निपटने का साहस हो।

अ.ति. : मानव के सोचने, महसूस करने और व्यवहार करने के पीछे क्या कोई स्पष्ट स्वाभाविक क्रम व्यवस्था है? क्या व्यक्ति संस्कृति के प्रभाव से मुक्त रह सकता है? क्या बिना लेंसों के यथार्थ को देखा जा सकता है?

ए.पी.जे. : यह एक महत्त्वपूर्ण प्रश्न है। इस प्रश्न का उत्तर वस्तुतः नीतिशास्त्र, राजनीति और धर्म का मूल आधार है। मानव का स्वभाव वाकई मानव व्यवहार के पैमानों या जीवन-पद्धति का स्रोत है; किंतु मानव स्वभाव एक अच्छा जीवन जीने में आनेवाली सबसे बड़ी रुकावट या बाधा भी है।

अ.ति. : 'महाभारत' में यक्ष के प्रश्नों की एक कहानी है। बारह वर्ष वनवास के

अंतिम चरण में वन के देवता यक्ष ने पांडव राजकुमारों की परीक्षा ली थी। यक्ष ने पांडवों के सबसे बड़े भाई युधिष्ठिर से कुछ महत्त्वपूर्ण प्रश्न पूछे।

ए.पी.जे. : मैंने इस कहानी को पढ़ा है। कवि ने हिंदू धर्म के संपूर्ण दर्शन को करीब 100 प्रश्नों में बखूबी समाहित किया है। माता-पिता की अटल सर्वोच्च स्थिति को बखूबी दरशाया है।

पृथ्वी से भारी कौन है?…माता।

आकाश से ऊँचा कौन है?…पिता।

अ.ति. : मानव स्वभाव को वायु और घास की उपमा से बहुत ही सुंदर ढंग से विवेचित किया गया है।

ए.पी.जे. : वायु से भी अधिक वेगवान् क्या है?…मन।

घास से अधिक संख्या में क्या है?…विचार।

'पातंजलि योगसूत्र' में द्वितीय श्लोक यही बताता है—योगश्चित्त वृत्ति निरोधः।

विचारों को स्थिर करना ही योग है।

अ.ति. : यक्ष ने पूछा है, "इस संसार में तुम्हें सबसे आश्चर्यजनक चीज क्या महसूस होती है? युधिष्ठिर ने जवाब दिया, "दिन-प्रतिदिन अनगिनत लोग मर रहे हैं, फिर भी बचे हुए लोग इस तरह जीते हैं, जैसे कि वे हमेशा ही जीवित रहेंगे। इससे अधिक आश्चर्यजनक और क्या हो सकता है?

ए.पी.जे. : यह सत्य है। एक बूढ़े, अपंग, एक बीमार, एक शव और बिना घर के एक संन्यासी के दृश्य ने युवा बुद्ध को अपना वैभवशाली जीवन त्याग देने के लिए प्रेरित किया था। हम सभी एक दिन मर जाएँगे तथा हर व्यक्ति जानता है कि हमें बूढ़ा होने, बीमार पड़ने और मरने से कोई बचा नहीं सकता है, फिर भी हम अपने स्थायी सुख और मान-महिमा के पीछे भागते रहते हैं।

अ.ति. : मृत्यु के बाद जीवन का प्रश्न अभी सुलझा नहीं है।

ए.पी.जे. : दीपक चोपड़ा ने वैज्ञानिक अनुसंधानों और पारंपरिक बौद्धिकता का मिलान करते हुए मृत्यु के बाद के जीवन का नक्शा प्रस्तुत किया है। वे लिखते हैं—"पानी की एक बूँद वाष्प बन जाती है, जो कि नजर नहीं आती है। फिर यह वाष्प ऊपर उठकर लहराते बादलों में बदल जाती है और फिर इन बादलों से बारिश के रूप में धरती पर गिरकर नदी बनते हुए सागर में समा जाती है। क्या इस संपूर्ण प्रक्रिया में वह पानी की बूँद कभी मरती है? नहीं, हर स्थिति में बूँद एक नए रूप में जीवित रहती है। अंतरिक्ष और काल में सिमटा मानव-जीवन का विचार वस्तुतः एक खाम-ख्याली और मृग-मरीचिका है।"[53]

---

53. दीपक चोपड़ा, 'लाइफ आफ्टर डेथ : द बर्डन ऑफ प्रूफ', हारमनी, 2006

अ.ति. : मृत्यु के बाद के जीवन के बारे में इसलामी दृष्टिकोण क्या है?

ए.पी.जे. : इस दुनिया से हमारा जाना निश्चित है। मृत्यु के बाद इस शरीर को जलाकर या दफनाकर नष्ट कर दिया जाता है। मैं दफन के बारे में चर्चा करूँगा। कयामत के दिन तक कब्र में मनुष्य की आत्मा जीवित रहती है। ''ईश्वर के सामने हाजिर होने के दिन तक का एक बंधन हमेशा बना रहता है।''[54]

अ.ति. : दाह-संस्कार में शरीर उन्हीं पाँच तत्त्वों में मिल जाता है, जिनसे बनकर यह बना होता है; परंतु आत्मा बनी रहती है। स्थूल शरीर तो नहीं रहता है, परंतु चेतना के रूप में आत्मा नहीं मरती। मृत्यु के समय मन की जो स्थिति रहती है, व्यक्ति अपने पुनर्जन्म में वही वातावरण प्राप्त कर लेता है। उदाहरण के लिए, यदि मृत्यु के समय मन में क्रूरता का भाव है, तब नया जीवन क्रूर परिवार में शुरू होता है।

ए.पी.जे. : मुझे सावित्री की कथा के बारे में बताओ। अपने युवा पति की अकाल मृत्यु हो जाने पर सावित्री ने यमराज के साथ तर्क किया था।

अ.ति. : श्री अरविंद ने अपने महाकाव्य 'सावित्री' में एक प्रतीक रूप में विवेचित किया है। सावित्री अपनी सच्चाई की शक्ति का प्रदर्शन करते हुए यमराज के सामने यह साबित कर देती है कि सत्यवान् को मृत्यु की अब और जरूरत नहीं है। मृत्यु क्रमशः लुप्त होते हुए अंततः प्रकाश से हार जाती है। सावित्री को ईश्वरीय शक्ति और सत्यवान् को आत्मा के रूप में पृथ्वी पर सांसारिक जीवन को ईश्वरीय जीवन में परिवर्तित करने के उद्देश्य से वापस भेज दिया गया था।

ए.पी.जे. : यह बहुत ही सुंदर संदेश है! मैं फरवरी 2003 में अरविंद आश्रम गया था और मैंने उस कमरे में कुछ पल अकेले बिताए थे, जिसमें अरविंद ने अपने एकांतवास के लंबे 24 वर्ष व्यतीत किए थे। मानव जीवन को ईश्वरीय जीवन में ले जाने का अरविंद का दृष्टिकोण वाकई आनंदित कर देनेवाला है।

अ.ति. : श्री अरविंद के अनुसार, ''मनुष्य एक परिवर्तनशील जीव है। वह अंतिम सत्य या पूर्ण रचना नहीं है। यह आंतरिक आत्मा का आशय और प्रकृति की तार्किकता का मिलन-बिंदु है।''[55] पृथ्वी पर जीवन के दौरान मानव शरीर के भीतर आत्मा का विकास कैसे होता है?

ए.पी.जे. : अरस्तू लिखते हैं—''आत्मा एक शरीर नहीं है, पर इसे एक शरीर की आवश्यकता पड़ती है; इसी वजह से यह शरीर में रहती है।[56] उन्होंने इसकी उपमा मोम

---

54. पवित्र कुरान, सूरा अल मुमिबून, 23:100।

55. श्रीअरविंद, 'द ऑवर ऑफ गॉड', श्रीअरविंदो आश्रम पब्लिकेशंस डिपार्टमेंट, 2006।

56. रिचर्ड मेकन (संपादक), 'द बेसिक वर्क्स ऑफ एरिस्टोटल', मॉडर्न लाइब्रेरी, 2001।

और मुहर के साथ की है। मोम और मुहर में मोम पर मुहर की छाप बन जाती है। मुहर और मोम दोनों अलग-अलग चीजें हैं, पर छाप बनने पर दोनों एक साथ नजर आती हैं।

अ.ति. : जिस प्रकार एक मुहर मोम पर अपनी छाप छोड़ जाती है, इसी प्रकार हमारे अच्छे और बुरे कर्म आत्मा पर अपनी छाप छोड़ देते हैं। यदि हम आत्मा को प्रार्थना और नेक एवं अच्छे कर्मों से पोषित करते हैं, तब यह आत्मा भली प्रकार विकसित होगी, किंतु यदि बुरे कर्म किए जाते हैं, तब यह आत्मा इसके दुष्परिणाम भोगेगी।

ए.पी.जे. : आत्मा वास्तव में एक ईश्वरीय तत्त्व है। इसका निजी पहचान और व्यक्तिगत रूप से कुछ भी लेना-देना नहीं है। हम अलग-अलग मानव हैं, क्योंकि हम अलग-अलग तरह के रूपों और पदार्थों के यौगिक हैं। हमारा शरीर समान क्षमताओंवाले समूह और समान आत्मा द्वारा ही चलता है। "भगवान् ने मनुष्य को मिट्टी से बनाया है और इसमें जीवन के प्राण फूँके हैं, जिसके चलते मानव एक जीवित प्राणी बन गया है।"[57] इस वाक्य में 'जीवन के प्राण' मानव के लिए एक आध्यात्मिक और प्रमुख तत्त्व है। प्राण अलग से नहीं बनाए गए हैं, बल्कि इसे ईश्वर ने मानव शरीर में फूँका है।

अ.ति. : इसी तरह की एक अन्य उपमा भी है, जिसमें मानव शरीर को कुम्हार के चाक पर घूमता एक मुलायम मिट्टी का लोंदा बताया गया है। बुरे व अच्छे व्यवहार कुम्हार के स्पर्श की तरह व्यक्ति को सुंदर अथवा भद्दा आकार प्रदान करते हैं।

ए.पी.जे. : अच्छे कर्म आत्मा को लाभ पहुँचाते हैं और बुरे कर्मों से आत्मा को हानि पहुँचती है। शरीर की मृत्यु के बाद व्यक्ति द्वारा उसके जीवन पर किए गए कर्मों की छाप शरीर से मुक्त हुई आत्मा पर बनी रहती है। जब एक व्यक्ति को कब्रिस्तान में दफनाया जाता है तब उसकी आत्मा को उस व्यक्ति द्वारा किए गए अच्छे या बुरे कर्मों की छाप के आधार पर या तो 'वादी-उस-सलाम' (शांति की घाटी) या 'वादी-ए-बरहूत' (दंड की घाटी) ले जाया जाता है। पैगंबर आदम के दोनों बेटों की आत्माएँ अपने स्वभाव के अनुरूप घाटियों में रहती हैं। शापित कबील, जिसने अपने अच्छे भाई हबील की हत्या कर दी थी, वह 'वादी-ए-बरहूत' में और हबील 'वादी-उस-सलाम' में रहता है।

अ.ति. : स्वर्ग और नरक क्या हैं?

ए.पी.जे. : इसके कई प्रासंगिक उदाहरण हैं। जाहिद अजीज लिखते हैं—"स्वर्ग और नरक वास्तविक रूप में ब्रह्मांड में कहीं स्थित नहीं हैं। यह हमारे कर्मों के परिणामस्वरूप हमारी आत्मा की स्थिति और एक आंतरिक अनुभूति है। स्वर्ग और नरक व्यक्ति के हृदय में बसते हैं। नेक कर्म करते हुए संतोष और सुख की अनुभूति ही व्यक्ति के हृदय में स्वर्ग है तथा बुरे काम करनेवाले मनुष्य द्वारा अपराध, शर्म और लालच का अहसास ही उसके

---

57. 'पवित्र बाइबल', जेनिसिस 2.7, न्यू इंटरनेशनल संस्करण, 1984

हृदय में मौजूद नरक है। मृत्यु के बाद इस हृदय में विकसित स्वर्ग और नरक हमारे सामने खुलते हैं और वे ऐसी दुनिया बन जाते हैं, जिसमें हम रहते हैं। हम इस दुनिया में भौतिक शरीर के साथ नहीं बल्कि अपने कर्मों द्वारा आत्मा के शरीर के रूप में रहते हैं।''[58]

अ.ति. : धर्मग्रंथों में विस्तार से स्वर्ग के आनंद और सुखों तथा नरक की पीड़ा और दंड के बारे में बताया गया है। इसका क्या अभिप्राय है?

ए.पी.जे. : इसलाम के आधुनिक विद्वान् एन. साबिर के अनुसार, ''जो धर्म मृत्यु के बाद के जीवन में यकीन रखते हैं, उन्हें दो वर्गों में बाँट सकते हैं—एक वे, जो मृतक की आत्मा का किसी अन्य मानव या पशु के शरीर में पुनर्जन्म मानते हैं तथा दूसरे वे, जो मृत्यु के बाद किसी बाहरी दुनिया में आत्मा के निवास में यकीन करते हैं।''[59]

अ.ति. : कर्मवाद के अनुसार विभिन्न शरीरों में आत्मा का जीवन भली प्रकार समझ में आता है, पर कयामत के दिन तक फैसले का इंतजार करती आत्मा का अनुभव करना थोड़ा अस्पष्ट-सा लगता है।

ए.पी.जे. : साबिर लिखते हैं—स्वर्ग में प्रतीक रूप में 'बगीचे और नदियाँ' तथा नरक की 'आग' वस्तुतः दो भाव हैं। हालाँकि उस दुनिया की ये अब अच्छी-बुरी वास्तविकताएँ इस दुनिया में आदमी के मन में भाव हैं। उदाहरण के लिए, स्वर्ग के फल वास्तव में व्यक्ति के उन नेक कर्मों के फल हैं, जो उसने अपने जीवन में अपने हृदय में जाँच-परखकर किए थे और नरक की आग भी उसी तरह वासनाओं और लालच की आग है, जो कि व्यक्ति के हृदय में जलती रहती है। ये सभी तरह की भावनाएँ अगली दुनिया में स्वर्ग के आनंद या नरक की पीड़ा के रूप में खुलती और व्यक्त होती हैं।''[60]

अ.ति. : बौद्ध धर्म में भी यह मान्यता है कि जब शरीर से आत्मा अलग हो जाती है, तब वह कई तरह के घटनाक्रमों का अनुभव करती है। शरीर को छोड़कर आत्मा के जाने और दूसरा शरीर प्राप्त करने के बीच के समय को 'बारदो' कहते हैं। जब हमारी सामान्य जीवन-पद्धति अवरुद्ध हो जाती है—जैसे बीमारी के समय या ध्यान की प्रक्रिया के दौरान—तब समय को दरशाने के लिए भी इस शब्द का इस्तेमाल किया जाता है।

ए.पी.जे. : यदि अगले जन्म की बात हटा दी जाए तो हम सब एक ही विचार पर चल रहे हैं—व्यक्ति जीवन के बाद कई स्तरों के अनुभव प्राप्त करता है। फिलहाल मुझे 'बारदो' के बारे में और बताओ।

अ.ति. : बौद्ध दर्शन आत्मा के अस्तित्व को नहीं मानता है, क्योंकि ब्रह्मांड से

---

58. जाहिद अजीज, 'इंट्रोडक्शन टू इसलाम', अहमदिया अंजुमन इशाहत इसलाम लाहौर, यू.एस.ए- 2011।
59. एन. साबिर, 'हेवन हेल या क्विजलब्रिस' कार्पो. 2010।
60. वही।

अलग हटकर चेतना की कोई प्रकृति नहीं होती है। यह एक अलग सत्ता के बजाय निरंतर प्रवाह के रूप में ही देखी जाती है। बरतन में रखा पानी भी वही पानी है, जो कि नदी में मौजूद है। 'बारदो' का अर्थ है—बीच की स्थिति। इस जीवन-चक्र में कई बारदो होते हैं। उदाहरण के लिए, सोने और जागने के बीच की स्थिति बारदो है, जिसमें हम न तो सोते हैं और न ही जगे रहते हैं। अगले जीवन और इस जीवन के बीच की स्थिति 'बारदो' कहलाती है।

ए.पी.जे. : इसका अर्थ हुआ कि चेतना के प्रवाह की एक खास स्थिति बारदो है?

अ.ति. : बिलकुल सही। 'द तिब्बतन बुक ऑफ द डेड'[61] में बारदो थोडराल की विवेचना में मृत्यु की प्रक्रिया को इसके अवयवों में विभाजन के रूप में दरशाया गया है, जैसे—पृथ्वी जल में, जल अग्नि में, अग्नि वायु में और वायु चेतना में। इसके बाद चेतना को सफेद प्रकाश की अनुभूति होती है। यही हमारा वास्तविक सार है। यह सिर्फ उतनी ही देर रहती है जितनी देर खाना खाने में समय लगता है। जब चेतना उस विशुद्ध उज्ज्वल प्रकाश को पहचानने में असफल हो जाती है, तब यह उन दोनों स्थितियों के मध्य विचरण करने लगती है, जिसे 'बारदो' कहते हैं। इसमें समझ होती है और यह दुनिया में प्रेत के रूप में विचरण करती है। मृत्यु के बादवाली प्रक्रिया को पूर्ण होने में इस लोक के 49 दिन लगते हैं। इन दिनों शांतिप्रिय और कुपित दोनों ही तरह के प्रेत होते हैं। तत्पश्चात् चेतना एक नया शरीर धारण करती है। मृत्यु के बाद परिजनों द्वारा किए जानेवाले विभिन्न अनुष्ठानों का यही सार है।

ए.पी.जे. : बिना शरीर की स्थिति में चेतना को किस तरह की अनुभूतियों से होकर गुजरना पड़ता है।

अ.ति. : इसमें छह तरह के अनुभव बताए गए हैं—ईश्वरीय परिमंडल (आनंद), ईर्ष्याग्रस्त दिव्य परिमंडल (ईर्ष्या एवं मनोरंजन हेतु वासना), मानव परिमंडल (दीवानगी एवं चाहत), पशु परिमंडल (आवेश और अज्ञानता), क्षुधा-पीड़ित प्रेत परिमंडल (निर्धनता एवं अति आत्मलिप्तता) और नरक परिमंडल (आक्रामकता एवं घृणा)।[62]

ए.पी.जे. : मानव की अंत:स्थिति का यह एक बहुत ही सुंदर चित्रण है।

अ.ति. : कार्ल जंग ने कहा है, ''जब अंत:स्थिति को सजग नहीं बनाया जाता है तब यह भाग्य के रूप में बाहर घटित होती है।''[63]

ए.पी.जे. : श्री परमहंस योगानंद ने 'भगवद्गीता' के प्रथम श्लोक को बहुत ही

---

61. डब्ल्यू.वाई. इवांस - वेंट्ज, 'द तिब्बतन बुक ऑफ द डेड', ऑक्सफोर्ड यूनिवर्सिटी प्रेस, यू.एस.ए., 1960।
62. चोग्याम त्रुंगपा, 'ट्रांसेडिंग मैडनेस : द एक्सपीरियंस ऑफ द सिक्स बार्डोस', शमभाला, 1992।
63. कार्ल गुस्ताव जंग, 'कलेक्टेड वर्क्स', बोलिंजेन सीरीज XX, वॉल्यूम 9, पार्ट 2, 1978, पृ. 71।

सुंदर ढंग से विवेचित किया है—"अंधा मन (महाराज धृतराष्ट्र) निष्पक्ष आत्म-निरीक्षण (संजय) से पूछते हैं—जब मेरे बेटे, दुष्ट आवेशग्रस्त मानसिक स्थिति एवं इंद्रिय प्रवृत्तियाँ (कौरव) तथा विशुद्ध विवेक-युक्त प्रवृत्तियाँ (सद्गुणी पांडव) क्रियाशीलता (धर्मक्षेत्र कुरुक्षेत्र) के पवित्र क्षेत्र में परम स्थिति के लिए युद्धक्षेत्र में आमने-सामने खड़े हैं, तब इसका क्या परिणाम होगा?"[64] हमें सच्चे आत्म विश्लेषण द्वारा अपने अचेतन को चेतन बनाने का प्रयास करना ही चाहिए।

अ.ति. : मस्तिष्क की तीन तरह की स्थितियों यानी चेतन, अवचेतन, अचेतन में काफी भ्रम है। हमारे यथार्थ से ये आपस में मिलकर किस तरह से सामंजस्य बनाती हैं और इस जानकारी को किस तरह हम अपनी आदतों, खुशी, शांति तथा आत्मविश्वास के लिए इस्तेमाल कर सकते हैं?

ए.पी.जे. : सिग्मंड फ्रायड ने इसकी उपमा एक तैरते हुए हिम शैल से की थी, जो एक सर्वोत्तम विवेचना है। मिशेल मैकिनी[65] द्वारा इसकी एक सरल व्याख्या की गई है। हमारी कुशलता और जानकारी के स्रोत हमारे अचेतन की स्थिति, आत्मछवि, विशेषताएँ, और हमारे विकल्पों को निर्धारित करनेवाली प्रेरणाएँ हैं। जब थॉमस फ्रीडमैन[66] कहते हैं कि आधी दुनिया जैतून के पेड़ों की मिल्कियत को लेकर लड़ रही है, तब वे मानव मन पर भीतर तक पड़ चुकी इतिहास की छाप दरशाते हैं। आदिम पहचान का आकर्षण सशक्त होता है तथा इससे बचकर निकलना और सरल व तर्कसंगत तरीके से सोचना मुश्किल ही नहीं, नामुमकिन है।

अ.ति. : इसलिए मन प्रोग्राम किए गए व्यवहार या क्रियाओं से युक्त सुपर कंप्यूटर की तरह अवचेतन मन में हमारी अनुक्रियाएँ और प्रतिक्रियाएँ उत्पन्न होती हैं। अधिकांश भंडार (repository) 6 वर्ष की उम्र होने से पहले ही तैयार हो जाते हैं।[67]

ए.पी.जे. : ब्रूस लिप्टन ने 'बायोलॉजी ऑफ बिलीफ' में लिखा है कि दो अलग-अलग तरह के मन-मस्तिष्क होते हैं, जो कि शरीर को नियंत्रित करते हैं। इनमें एक चेतन मस्तिष्क होता है, जो कि बाहरी दुनिया पर ध्यान देता है।

हर बच्चे में आनुवंशिक रूप से कुछ विलक्षण क्षमताएँ होती हैं। माता-पिता द्वारा बच्चे की सजग देखभाल और प्रारंभिक शिक्षा इसकी क्षमता को वास्तविकता में परिवर्तित

---

64. श्री श्री परमहंस योगानंद, 'गॉड टॉक्स विद अर्जुन : द भगवद्गीता', योगदा सत्संग सोसाइटी ऑफ इंडिया, 2002।
65. http.//www.leadershipnow.com/leadipblog/2006/2
66. थॉमस एल. फ्रीडमैन, दि लेक्सस ऐंड ऑलिव ट्री : अंडरस्टेंडिंग ग्लोबलाइजेशन, एंकर, 2000।
67. ब्रूस एच. लिप्टन, 'द बायोलोजी ऑफ बिलीफ : अनलेशिंग द पावर ऑफ कान्शसनेस, मैटर ऐंड मिराकल्स', माउंटेन ऑफ लव, 2005।

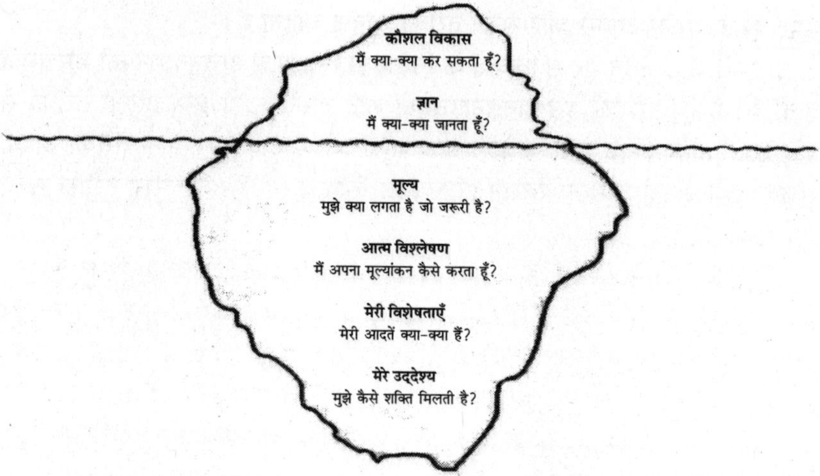

हमारा मन, एक अस्थायी हिम शैल के सादृश्य।

करने के लिए जरूरी हैं; मगर ज्यादातर ऐसा होता नहीं है। बच्चे अनुकूल रूप में तैयार किए जाते हैं, परंतु वे प्राय: विद्रोही वयस्क के रूप में विकसित हो जाते हैं। विद्रोह की प्रेरणा, अपने चारों ओर की व्यवस्था की अवहेलना की तीव्र इच्छा होती है और विध्वंसक प्रतिक्रिया का दृष्टिकोण उनमें वाकई उनके बचपन के अनुभवों के अचेतन मन में मौजूद भंडार की वजह से उत्पन्न होता है। कैसे हमारी अच्छी व बुरी मान्यताएँ और विश्वास हमारे स्वास्थ्य और जीवन के पहलुओं को प्रभावित करते हैं, यह समझाते हुए ब्रूस लिप्टन महात्मा गांधी के कथन को उद्धृत करते हैं—

विश्वास से उत्पन्न बनते विचार
विचारों से बनते शब्द
शब्दों से बनते कर्म
कर्म से बनती आदत
आदतों से बनते मूल्य
मूल्यों से बनती है नियति।

अ.ति. : क्या अचेतन मन के साथ सामंजस्य बनाकर रहना संभव है?

ए.पी.जे. : अचेतन मन एक तरह का बल है, जो कि हमारी आँखों से ओझल रहता है। हम सामान्यतया अपने व्यवहार के प्रति अनजान रहते हैं, जबकि यह हमें हर कदम पर बाध्य करता रहता है। हमें अपनी चेतना से जुड़ना चाहिए और इसमें छुपे भावों को सजगता के प्रकाश में खुले में लाकर खड़े कर देना चाहिए।

अ.ति. : ऐसा कैसे किया जा सकता है? इस विषय पर बड़े-बड़े साहित्यिक ग्रंथ

उपलब्ध हैं, पर मैं आपसे कोई सरल तरीका जानना चाहता हूँ।

ए.पी.जे. : चेतन मन में विचारों के निरंतर होते गुंजन से अचेतन मन की मोरचेबंदी होती है। मैं विचारों की इस झनझनाहट को शांत करने के दो प्रभावशाली तरीकों से परिचित हूँ और इसके द्वारा अचेतन तक पहुँचा जा सकता है। पहला तरीका अपनी सजगता को अपनी सामान्य श्वसन प्रक्रिया पर स्थिर करना है और दूसरा तरीका सच्चे मन से प्रार्थना है।

अ.ति. : लेकिन मेरे लिए अपनी साँस पर स्थिर हो पाना काफी मुश्किल है।

ए.पी.जे. : मोरचेबंदी से मेरा आशय यही है। चेतन बनने के लिए अचेतन में बहुत अधिक रुकावटें आती हैं; मगर यदि हम किसी प्रकार अपनी साँसों पर केंद्रित हो सकें, चाहे कुछ मिनटों के लिए ही सही, तब भी विचारों पर नियंत्रण हो जाता है। अचेतन मन की दूरस्थ स्मृतियाँ और अनुभूतियों के रूप में भावनात्मक आवेश की दबी हुई ऊर्जा इससे बाहर निकलने लगती है।

अ.ति. : प्रार्थना क्या है?

ए.पी.जे. : प्रार्थना ईश्वर के संपर्क में आने का एक सरल मार्ग है। ''मुझे पुकारो; मैं तुम्हारी प्रार्थना का जवाब दूँगा।''[68] प्रार्थना में ईमानदारी होनी चाहिए और इसके साथ कर्म भी होने चाहिए। पाखंडी की प्रार्थना अर्थहीन होती है। याचकों की अर्जियाँ भी यही होती हैं। प्रार्थना से मेरा आशय अपने स्रोत की तरफ जाग्रत् होना है।

अ.ति. : आप किस तरह प्रार्थना करते हैं?

ए.पी.जे. : मैं नमाज पढ़ता हूँ। इसमें शारीरिक और मानसिक दोनों ही क्रियाओं का सुंदर मेल है। नमाज अल्लाह के आदेश को मानने का एक व्यावहारिक चिह्न है। 'कुरान' में इसके महत्त्व को 500 बार जोर देकर बताया गया है।

अ.ति. : खालिद हुसैनी ने अपनी किताब 'द काइट रनर' में इसे बहुत ही खूबसूरती से लिखा है—''मैं नमाज पढ़ रहा हूँ, मेरी प्रार्थनावाली कालीन जमीन पर है और मैं अपने घुटनों पर बैठा हूँ'' मेरा माथा जमीन पर झुका है, मेरे आँसू चादर पर गिरकर सूख रहे हैं···ला इल्लाहा इला अल्लाह मुहम्मद उरसूल उल्लाह। अल्लाह के अलावा कोई ईश्वर नहीं है और मुहम्मद उसके पैगंबर हैं···ईश्वर है और हमेशा से रहा है। मैं उसे यहाँ इस बेचैनी के गलियारे में भटकते लोगों की आँखों में देखता हूँ। यह ईश्वर का वास्तविक घर है; जो लोग ईश्वर को तलाश रहे हैं, वह उन्हें यहाँ मिल जाएगा।''[69]

ए.पी.जे. : निराशा के इस गलियारे में भटकते लोगों की आँखों में हम ईश्वर को

---

68. कुरान, सूरा गाफिर, 40:60
69. खालिद हुसैनी, 'द काइट रनर', रिवरहेड ट्रेड, 2004

रामेश्वर स्थित मसजिद में अपने बड़े भाई ए.पी.जे. मुहम्मद मुथु मीरा लेबाई मरकायर एवं परिवार के अन्य सदस्यों के साथ।

पा सकते हैं। यह कितना वास्तविक है। 'दि एल्केमिस्ट' में पाउलो कोएलो की पंक्तियों में यह बहुत ही जोरदार ढंग से व्यक्त किया गया है—"अपने हृदय को बता दो कि पीड़ा का भय पीड़ा से अधिक बुरा होता है। जब कोई हृदय अपने सपनों की तलाश में निकलता है, उसे कभी पीड़ा नहीं होती। खोज के हर पल में ईश्वर और शाश्वतता के साथ मुलाकात होती ही रहती है।"[70]

अ.ति. : आपने किस सपने की तलाश की थी?

ए.पी.जे. : उड़ान के मेरे सपने ने मेरे जीवन को एक रूप दिया। मैं बचपन में रामेश्वरम के समुद्र-तट पर समुद्री पक्षियों को उड़ते देखकर उड़ान की तरफ आकर्षित हुआ था। चिड़ियाँ किस तरह से उड़ती हैं, यह देखकर मुझे आश्चर्य हुआ करता था। यदि मैं भी उड़ सकूँ तो कैसा लगेगा? इस तीव्र आकांक्षा ने मुझे एरोनॉटिकल इंजीनियरिंग की पढ़ाई की तरफ प्रेरित किया। जब मैं भारतीय वायु सेना का इम्तहान पास न कर पाया तो मेरी उड़ने की चाहत मुझे एयरक्राफ्ट मेंटिनेंस में ले गई। शायद मेरा अचेतन मन मुझे इसके लिए निर्देशित कर रहा था। मैंने कई साल डी.आर.डी.ओ. में काम किया और नित्य प्रार्थना द्वारा उस स्रोत से संपर्क करने की कोशिश करता रहा। मेरी प्रार्थना

70. पाउलो कोएलो, 'दि एल्केमिस्ट : ए फेबल अबाउट फॉलोविंग योर ड्रीम', हार्पर सैनफ्रांसिस्को, 1995।

फाइटर एयरक्राफ्ट सुखोई–30 की रोमांचक यात्रा करते हुए मेरे साथ है विंग कमांडर अजय राठौर।

और कठोर परिश्रम ने मुझे धैर्य और कृतज्ञता प्रदान की थी। भारत के 'प्रथम उपग्रह प्रक्षेपण यान परियोजना' के निर्देशन के लिए चुने जाने का मुझे कोई दूसरा बेहतर कारण समझ नहीं आता है। इसके बाद मुझे 'एकीकृत निर्देशित मिसाइल परियोजना' के लिए डी.आर.डी.ओ. में वापस बुला लिया गया था। अंततोगत्वा जब 8 जून, 2004 को सुबह 10.25 बजे पुणे में लोहे गाँव एयर बेस पर मैंने सुखोई–30 एम.के.आई. भारतीय वायु सेना के सुपर सोनिक एयरक्राफ्ट से 40 मिनट की ऐतिहासिक उड़ान भरी तो रामेश्वरम के समुद्र–तट पर नंगे पाँव खड़े उस बच्चे का सपना वाकई सच हो गया।…इसकी क्या परवाह कि इसे पूरे होने में 70 सालों का लंबा समय लग गया। हमने जो देखे सपने, सच हो गए वो अपने।

अ.ति. : क्या ऐसा भी कोई सपना है, जिसे आपने अभी भी सँजोए रखा है?

ए.पी.जे. : व्यक्ति को कभी सपने देखना बंद नहीं करना चाहिए। बिना सपनेवाला जीवन पतवार–विहीन नाव की तरह होता है और इस दुनिया का अशांत जल उसे निरुद्‍देश्य बहाने के लिए काफी है। मैं अंग्रजों के शासनवाले भारत में पैदा हुआ था और मैंने स्वतंत्र भारत में काम किया है। अब मैं एक विकसित भारत में इस दुनिया से रुखसत होना चाहूँगा।

अ.ति. : आप बहुत ईमानदारी के साथ अपने सपनों को बच्चों के साथ बाँट लेते हैं?

ए.पी.जे. : मैंने अपनी स्मृति से कभी भी उस बच्चे को ओझल नहीं होने दिया, जो कि नंगे पाँव बालू पर खड़ा समुद्री पक्षियों को उड़ान भरते देखा करता था। मैं उसे कहीं भी, किसी भी दिन, किसी भी बच्चे की आँखों में देख सकता हूँ। मैंने राष्ट्रपति भवन के संगमरमरवाले फर्श के गलियारों को अपने पाँव के नीचे से समुद्र की लहरों से बहते बालू की संवेदना को कभी छीनने नहीं दिया। भारतीय पुनर्जागरण बच्चों से ही आएगा। इसे एक युवा जागरूकता आंदोलन बनने दीजिए, क्योंकि एक विकसित राष्ट्र में रहना हर बच्चे का जन्मसिद्ध अधिकार है। कुशासन और भ्रष्टाचार को बच्चों के भाग्य की छद्म तसवीर बनाने की अनुमति नहीं दी जा सकती।

अ.ति. : आपने सन् 2000 में बच्चों से मुलाकातें शुरू कर दी थीं?

ए.पी.जे. : सन् 1999 में 'अग्नि की उड़ान' के प्रकाशित होने के बाद मुझे युवा लड़के और लड़कियों के बेहतर महसूस होनेवाले सैकड़ों पत्र आए। इसके अंतिम अध्याय की एक कविता ने न जाने कितने मासूम हृदयों को छू लिया—

"मैं इस महान् भूमि का कुआँ हूँ,
यहाँ के लाखों लड़कों और लड़कियों को देखता!
वे मुझसे निकालें अक्षय ईश्वरत्व
और उसकी कृपा हर तरफ फैलाएँ,
ठीक वैसे ही जैसे कुएँ से पानी निकाला जाता है।"

अ.ति. : पिछले बारह सालों में आप अब तक 1.50 करोड़ से भी अधिक बच्चों से मिल चुके हैं। अभी भी आप हर महीने करीब 1 लाख बच्चों से संपर्क कर रहे हैं।

ए.पी.जे. : मैं यह इसलिए करता हूँ कि मुझे यकीन है कि भारत में पुनर्जागरण विचारकों और कलाकारों से नहीं आएगा, बल्कि यह बच्चों से ही आएगा। एक साल बाद हमारे यहाँ आम चुनाव होने वाले हैं और आप इस अंतर को महसूस करेंगे। मैंने बच्चों की आँखों में एक चमक देखी है; उनमें विचारों की शक्ति, महत्त्वाकांक्षा और योग्यता है। अब उन्हें कोई भी ताकत रोक नहीं सकती है। हमारे बच्चे राष्ट्रीय चेतना के संवाहक हैं।

अ.ति. : कोई निराशा नहीं है?

ए.पी.जे. : पिछले छह दशकों ने हमें यह सिखाया है कि स्वतंत्र भारत राष्ट्रीयता की धारा के साथ नहीं चला है। हमारी सरकारों को कुछ खास तरह की बुराइयों को रोकने में काफी लंबा समय लगा, जैसे—बंधुआ मजदूरी, सामाजिक अलगाव, आर्थिक असमानता तथा महिला अधिकारों का सीमित होना आदि। हमारा शिक्षित वर्ग और मध्य वर्ग आत्म-केंद्रित हो चुका है तथा इसने आपस में एक व्यावहारिक संबंध भी बना लिया है। ज्यादातर आम लोग मुफलिस, कमजोर तथा टूटे हुए हैं। यह भी कह सकते हैं

कि खराब राजनीति और भ्रष्टाचार को बरदाश्त करने की कायरता ने स्वार्थपरक राजनीति की दु:खद स्थिति उत्पन्न कर दी है। किंतु मैं आता हुआ परिवर्तन महसूस कर रहा हूँ। बदलाव आ रहा है, बस जरा दूर है।

अ.ति. : आपने कहा है कि हमारे बच्चे राष्ट्रीय चेतना के संवाहक हैं। हमें यह यकीन किस तरह से हो सकता है कि वे भ्रष्टाचार के तंत्र के लिए तैयार नहीं किए जा रहे हैं? युवा शक्ति भारतीय राजनीति के हाशिए पर रहती आई है।

ए.पी.जे. : अब और ज्यादा ऐसा नहीं चल पाएगा, क्योंकि न्यूक्लियर चेन रिएक्शन जैसी प्रक्रिया पहले ही आरंभ हो चुकी है। एक विकसित देश में रहनेवाले भारतीय लोगों की आंतरिक आशाओं का क्रिस्टलीकरण हो रहा है। मजबूत नागरिक सामाजिक आंदोलन शुरू हो चुका है। यहाँ तक कि राजनीतिक दलों के बीच भी मूल विचारधाराओं के खोल में से नए विचारों का प्रादुर्भाव हो रहा है। भारत को अब जानी-मानी हस्तियों के सहारे नहीं छोड़ा जा सकता है तथा जातियाँ अब आजीविका, सुविधाओं एवं सुविधाओं की वरीयता नहीं प्राप्त कर सकती हैं। राजनीतिक इमारत में पड़ती दरारें अवनति की प्रक्रिया दिखा रही हैं, जो कि एक राष्ट्र के विकास के लिए नुकसानदेह और प्रतिकूल है। अगला आम चुनाव देखेगा कि बनावटी दावों के इर्द-गिर्द उठाए गए उनके पतनोन्मुखी कदम व दुर्बलताएँ तथा गंभीर खतरों को लोगों ने नकार दिया है। भारत का जनमानस जाग गया है।

अ.ति. : नौकरी-पेशा लोगों की बौद्धिक आरामतलबी और मध्य वर्ग की स्व-लिप्त बेरुखी भारतीय लोकतंत्र की पारंपरिक कमजोरी रही हैं।

ए.पी.जे. : हमारे मध्य वर्ग और कमजोर वर्ग में राजनीतिक जागरूकता रही है, पर यह एक आवश्यक बदलाव नहीं ला पा रही है, क्योंकि हमें अभी भी अपनी आध्यात्मिक दरिद्रता और समझौतेवादी गंभीर मानसिकता से छुटकारा पाना बाकी है। हमें हमारे ही हठी आत्म-मोह की वजह से आसानी से यह यकीन दिला दिया जाता है कि हम बिना अपनी अंत:स्थिति को बदले तथा अपने जीवन, परिवारों, समुदायों व आजीविका प्रदान करनेवाले संगठनों में परिवर्तन किए बिना गाहे-बगाहे एक विकसित राष्ट्र बन ही जाएँगे।

अ.ति. : युवाओं के लिए क्या जानना आवश्यक है?

ए.पी.जे. : हमारे युवाओं को यह पता होना चाहिए कि भारत का धन उत्पादन, अनुसंधान, निर्माण और रोजगार में लगना एक अनिवार्यता है। संपन्नता का बिचौलिए कामों में लगे रहना दु:खद है। वैश्विक व्यापार में सेवाओं के ऑर्डर प्राप्त करना और संसाधनों को बेचना एक अच्छी अर्थव्यवस्था का आधार कभी नहीं हो सकता। हमारे कॉरपोरेट नेताओं की मानसिकता व्यापारी की नहीं होनी चाहिए। उन्हें अपने उद्योगों का कैप्टन बनकर भारतीय अर्थव्यवस्था का निर्माण और विश्व में उसका विस्तार करना होगा।

अ.ति. : कॉरपोरेट भारत के लिए इस पुनर्जागरण का क्या आशय होगा?

ए.पी.जे. : महात्मा गांधी द्वारा बताए गए ट्रस्टी के विचार पर हम वापस आते हैं। उन्होंने कहा था, "मान लीजिए, मेरे पास विपुल मात्रा में धन आ जाता है, चाहे वह पैतृक संपत्ति के रूप में हो या व्यापार और उद्यम से हो—मुझे यह पता होना चाहिए कि यह सारा धन मेरा नहीं है; मेरा अधिकार सिर्फ सम्मानित आजीविका में है। लाखों दूसरे लोग इस धन और उद्यम से जीवन-यापन करेंगे, इससे बेहतर और कुछ भी नहीं है। मेरी अपनी जरूरत से ज्यादा संपत्ति समुदाय की है और इसे समुदाय के कल्याण में ही इस्तेमाल होना चाहिए।"[71]

अ.ति. : किंतु, देखकर दुःख होता है कि हमारे व्यापारिक घरानों ने इस साहसी, सकारात्मक, फायदेमंद और न्याय-युक्त मार्ग का अनुसरण नहीं किया है। भारत की पूँजी अर्थव्यवस्था को बढ़ाने की बजाय सुदूर बैंकों के लॉकरों में बंद होकर रह गई है।

ए.पी.जे. : हमें जनमानस में यह जागृति लानी होगी कि हमारे कई राजनीतिक एवं व्यापारिक नेताओं का देश के निर्माण और रूपांतरण से कोई लेना-देना नहीं है। उन्होंने अपने आपको देश की संपदा और वैश्विक पूँजीवाद का बिचौलिया बना लिया है। वे अंतरराष्ट्रीय व्यापार संस्थाओं और बैंकों के प्रतिनिधि की अपनी स्वयंभू भूमिका से अभिभूत हैं।

अ.ति. : वास्तव में हमारे व्यापारिक घराने सरकार से मुखरित होकर यह माँग कर रहे हैं कि राज्य द्वारा उन्हें पुराने समय में ब्रिटिश कंपनियों द्वारा दी जानेवाली सुविधाओं से भी सौ गुना अधिक सुविधाएँ और विशेषाधिकार दिए जाएँ। जिलों में जन-सुविधाओं को बेहतर बनाने का प्रयास सरकार की तरफ से ही होता है; यह उन्हें नियोजित करती है, प्रोत्साहित करती है और धन मुहैया कराती है। हमारे व्यापारी समूह जरा सा भी जोखिम नहीं उठाना चाहते हैं। वे जन-हित के किसी भी नए प्रयास को घाटे का सौदा समझ उसका विरोध करते रहते हैं। वे अपने निवेश पर ज्यादा और शीघ्र लाभ ही नहीं, बल्कि करों में भी छूट चाहते हैं। विपुल मात्रा में कमाया गया धन पुनः निवेशित नहीं किया जाता है। इनकी मानसिकता धन को बढ़ाकर निवेश करने की नहीं, बल्कि धन इकट्ठा करने की है। हमारे पूँजीपति लोगों के परिश्रम और देश की मिट्टी से कमाए लाभ को विदेशी बैंकों और कारोबार में निवेशित करने से बिलकुल नहीं हिचकिचाते। दूसरी तरफ, इस धन का एक बहुत बड़ा हिस्सा कारों, मकानों, हवाई जहाजों और हीरों के माध्यम से वैभव-प्रदर्शन में खर्च होता है।

ए.पी.जे. : हमें इसे अपने राष्ट्र के असम्मान और इनसानियत की बेइज्जती के रूप में देखना और समझना चाहिए। भारत का इतिहास राष्ट्रीयता से समाजवाद की यात्रा करता हुआ पारिवारिक शासन तक और अब अंतरंग पूँजीवाद को समर्पित हो गया है। सरकारों के मंत्री खास व्यक्तियों और खास व्यापारिक घरानों के फायदे के बारे में काम करते एवं पैरवी करते देखे जा सकते हैं। नैतिकता का पतन यहीं नहीं ठहरा है। जो लोग

71. http: www.mkghandhi.org/ebks/trusteeship.pdfs

विकसित और समृद्ध क्षेत्रों में रहते हैं, उन्हें इसे अपने सौभाग्य की तरह समझना चाहिए और देश के पिछड़े क्षेत्रों के आए प्रवासी श्रमिकों के साथ तिरस्कार का व्यवहार नहीं करना चाहिए। इस जीवन के आकर्षणों ने 'जीवन के बाद क्या होगा?' की सूझ-बूझ ही खत्म कर दी है। कारण एवं प्रभाव के अकाट्य नियम से किसी का छुटकारा नहीं है। यह अहसास लोगों को बुरे कामों से रोकने के लिए आज काफी नहीं है। कुछ लोगों के लिए जीवन का अर्थ अतृप्त प्रेतों की तरह खाते रहना भर होकर रह गया है।

अ.ति. : तब तो युवाओं का तेजस्वी मन ही भारतीय पुनर्जागरण को जन्म देगा?

ए.पी.जे. : यह प्रक्रिया वस्तुतः शुरू हो चुकी है। राजनीतिक और व्यापारी नेताओं के व्यक्त शब्दों और प्रदर्शित इरादों पर बने अपने भोले-भाले विश्वास की नींद से भारतीय जन-मानस अब जाग चुका है। अब खोखले सिद्धांतों, जाति व धर्म एवं परिवार के प्रतिनिधित्व के नाम पर लोगों को सत्ता में भेजना बंद करने का समय आ गया है। सत्ता में भेजे गए ऐसे नेताओं ने अपनी अक्षमता हर तरह से सिद्ध कर दी है। यहाँ तक कि उनमें ईमानदारी नहीं है। कर्णप्रिय घोषणाओं और दावों में नेकनीयती नहीं है। केवल कुछ परिवार मजबूत होकर इतने प्रभावी हो गए हैं कि वे हर चीज और हर व्यक्ति को अपने स्वार्थ व लाभ के लिए इस्तेमाल कर सकते हैं। उन्हें इस बात का पता चलना चाहिए कि यह उनकी वास्तविक ताकत नहीं है, बल्कि यह सत्ता उन्हें उन ईमानदार और मेहनतकश लोगों के भरोसे पर मिली है।

अ.ति. : यदि आपकी कभी यक्ष से मुलाकात हुई और उसने आपसे पूछा कि

पृथ्वी से गुरुतर क्या है?

आसमान से ऊँचा क्या है?

तो आप क्या कहेंगे?

ए.पी.जे. : मेरा उत्तर बिलकुल सीधा है। राष्ट्र धरती से गुरुतर है। हर राष्ट्र पृथ्वी को बेहतर बनाता है। नागरिक आसमान से भी ऊँचे हैं। वे राष्ट्र की जीवन-शक्ति हैं। इससे पहले कि भारतीय समाज में बढ़ती जा रही अमीर-गरीब की खाई भूकंप बन सबकुछ धूल-धूसरित कर दे, हमें समझना होगा कि विकसित भारत का स्वप्न लोगों के विकास और इसमें उनकी भागीदारी से ही संभव होगा। पिछले कई चुनावों में यह साफ तौर पर देखा जा रहा है कि अच्छे नेताओं और सक्षम मुख्यमंत्रियों को पुनः चुना जा रहा है, चाहे उनका राजनीतिक पक्ष कोई भी क्यों न हो। भारत के युवाओं को निश्चित रूप से अपने नेताओं से यह अपेक्षा है कि वे जन-हित में काम करें और संसद् एवं विधानसभाएँ दलगत राजनीति के चलते अवरुद्ध न की जाएँ।

□

7

मन का दर्पण

सजग प्रयास द्वारा जीवन के उत्थान से संबंधित मनुष्य की असंदिग्ध क्षमता से अधिक मैं अन्य अधिक प्रेरणादायी तथ्य नहीं जानता।[72]

सफर से निकलने से पहले अपनी स्थिति सुनिश्चित करना समझदारी होती है। अपने जीवन के बारे में वक्त निकालकर जो कुछ चल रहा है, उस पर विचार करने से तथा गलतियाँ सुधारने से ही हम ऐसा बदलाव ला सकते हैं, जिससे हमारा भविष्य उज्ज्वल होगा।

अ.ति. : हम समझ-बूझ की महत्ता पर चर्चा कर चुके हैं कि हमारा जीवन केवल स्थितियों और परिस्थितियों के तानों-बानों में नहीं गुँथा हुआ है। हम गतिमान तथा सुव्यवस्थित ब्रह्मांड के अंतर्भूत अंश हैं, जो अपरिवर्तनीय नियमों के अनुसार संचालित हो रहा है। अकेले या पृथक् रूप में किसी का भी अस्तित्व नहीं है तथा प्रत्येक कर्म व क्रिया 'कारण एवं प्रभाव' शृंखला की कड़ी है। आइए, हम अपने भीतर झाँकें तथा पता लगाएँ कि अंतर्जगत् में क्या चल रहा है?

ए.पी.जे. : लोगों के स्वयं की सुखद अज्ञानता और अपनी आवश्यकताओं के भीतर जीते रहना आम बात है। कुछ लोगों में कुछ अलग जीने की जिज्ञासा विकसित तो हो जाती है, परंतु वे भयवश न तो परिवर्तन को समझना चाहते हैं और न ही अपने व्यवहार को बदलना। छठी सदी की शुरुआत में यूनान में 6 संत थे। उन्होंने बुद्धिमत्ता को दो सूक्तियों में समा दिया था—'किसी बात की भी अति नहीं' और 'स्वयं को जानो।' एक आम आदमी भी अच्छी तरह जानता है कि संयमित एवं सादा जीवन उत्तम है, परंतु खुद को जानना वाकई बहुत कठिन काम है। यह एक ऐसी परीक्षा है, जिसमें बहुत ही कम लोग बैठना चाहते हैं।

---

72. हेनरी डेविड थोरियो (1817-1862)।

अ.ति. : मैं सुकरात के इस निर्भीक कथन से बहुत ही अधिक प्रभावित रहा हूँ "बिना जाँचा-परखा जीवन जीने लायक ही नहीं होता है।"[73] उन्होंने शब्दों को तोड़ा-मरोड़ा नहीं है। उन्होंने यह नहीं कहा कि बिना जाँचा-परखा जीवन मानव के लिए कम सार्थक होता है या यह मानव अस्तित्व के कई संभावित प्रत्युत्तरों में से एक है। उन्होंने बहुत ही सरलता और स्पष्टता से कहा है कि ऐसा जीवन तो जीने लायक ही नहीं है। सुकरात ने ऐसे दो-टूक कटु वचन क्यों कहे?

ए.पी.जे. : हममें से अधिकतर लोग अपने स्वयं के व्यवहार से अनभिज्ञ होते हैं। जब तक हम अपने स्वयं के जीवन का परीक्षण नहीं करेंगे, हमारे व्यवहार की पद्धति हमें नहीं पता लग सकती। यहाँ तक कि जब लोग हमें बताएँगे तब भी हम उनकी बात नहीं मानेंगे। हम पहले के अध्यायों में चर्चा कर चुके हैं कि हमारे व्यवहार हमारे मस्तिष्क की अवचेतन प्रोग्रामिंग के तहत प्रकट होते हैं। केवल एक गहरी प्रतिक्रिया इन पद्धतियों को समझने में सहायक हो सकती है। बिना इन पद्धतियों को समझे हमारा ज्यादातर जीवन अवचेतन की पुनरावृत्ति ही करता रहता है। इसमें किसी तरह के निजी और आध्यात्मिक विकास की गुंजाइश नहीं होती और अधिकांश लोगों का जीवन जीने लायक ही नहीं होता है।

अ.ति. : आपका आशय है कि हम जो भी जीवन जी रहे हैं, उसे परखकर, अपनी खामियाँ समझकर हम आवश्यक परिवर्तन कर सकते हैं तथा अपने जीवन को बेहतर बना सकते हैं?

ए.पी.जे. : सचमुच ऐसा ही है।

अ.ति. : हमें इसकी शुरुआत कहाँ से करनी चाहिए?

ए.पी.जे. : मनुष्य—शरीर, मन और आत्मा की एक तिपहिया गाड़ी जैसी व्यवस्था है। इसमें से हरेक अपने अस्तित्व एवं संचालन के लिए अन्य दो पर निर्भर रहता है। बौद्ध धर्म में बताया गया है कि मानव की रचना पाँच खंडों से मिलकर हुई है। ये पाँच खंड हैं—नाम और रूप यानी कि शरीर और इंद्रियाँ, वेदना एवं अनुभूति, बोध एवं विभेदीकरण, बौद्धिक संरचनाएँ तथा सभी तरह की मानसिक आदतें—विचार, धारणाएँ, पूर्वग्रह, बंधन और चेतना। बुद्ध की शिक्षा है कि इन पाँच खंडों में 'मैं' या 'मेरा' कुछ भी नहीं है।

अ.ति. : किंतु हममें से अधिकतर लोगों के लिए 'मैं' ही सबसे महत्त्वपूर्ण चीज है तथा तेरे-मेरे की धुरी पर तो सारा संसार घूमता है।

ए.पी.जे. : यही अज्ञानता का मूल है। भौतिक आकार, अनुभूतियाँ, बोध, आदतें,

73. इन अपोलॉजी, 30ए।

प्रवृत्तियाँ और चेतना जैसी चीजों से ही मानव स्वयं की पहचान करता है; परंतु ये उसका 'स्व' या 'आत्म' नहीं हैं।

अ.ति. : यदि स्वयं का अनुभव पाँच खंडों में से किसी में भी नहीं है तो क्या 'मैं' का बोध एक भ्रम है?

ए.पी.जे. : ऐसा कहने से पहले जरा इस 'मैं' के विचार को समझ लेते हैं। ऐसा कहा जाता है कि 'मैं' किसी व्यक्ति की पहचान का एक आंतरिक नमूना है। इससे जीवन की गतिशीलता में व्यक्ति की स्थिति को दरशाने में सहायता मिलती है तथा व्यक्ति की स्वयं की योग्यता एवं स्थितियों का आकलन होता है।

अ.ति. : इसका अर्थ हुआ, 'मैं' एक मानसिक उपकरण है।

ए.पी.जे. : यह विज्ञान में प्रचलित अनुमान की क्रिया जैसा है। सांख्ययोग में तीन सिद्धांतों द्वारा आत्मबोध के कार्य को विवेचित किया गया है। आत्मबोध विभेदकारी है और तार्किक एवं कारण-तत्त्व की समझ है। यह अहं है तथा पाँचों इंद्रियों का संचालक है और इसमें स्वयं का भी बोध होता है। इसलामी परंपरा में ईश्वरीय प्राण रूह है, भावनात्मक हृदय कुल्ब है, अहं सिर्र है व नफ्स सुख की अनुभूति प्राप्त करनेवाली पाँच इंद्रियाँ हैं।

अ.ति. : मानव मस्तिष्क किस प्रकार व्यवस्थित होता है? कैसे इसका विकास होता है?

ए.पी.जे. : मैंने इस क्षेत्र में फादर जॉर्ज[74] के साथ काम किया है। जब मैं अन्ना विश्वविद्यालय में काम करता था, जॉर्ज मेरे पास पी-एच.डी. करने आए। मैंने उन्हें शोध के लिए ऐसा विषय चुनने के लिए कहा, जिससे अंततः जन-कल्याण हो। जॉर्ज ने मानसिक रूप से अपरिपक्व बच्चों में मस्तिष्क कोशिकाओं को उद्दीप्त कर क्षमताओं को विकसित करने की संभावनाएँ तलाशने का लक्ष्य चुना। मानसिक रूप से अपरिपक्व बच्चों के मस्तिष्क में न्यूरॉन कोशिकाओं की संख्या और गुणवत्ता दोनों की कमी होती है। यदि हम किसी तरह मस्तिष्क के एक हिस्से से न्यूरॉन कोशिकाओं को उनकी कमीवाले बिंदुओं तक खिसका सकें तो मानसिक अपरिपक्वता के कई स्वरूपों को प्रभावित किया जा सकता है, ऐसा विचार कर हमने शोध शुरू किया। जॉर्ज ने बाहर से कोशिकाओं को वैद्युत् आवेश से, स्टेम सेल से और दोनों के मिश्रण से ऐसा करने में सफलता हासिल की। इस शोधकार्य का परीक्षण 'राष्ट्रीय मानसिक स्वास्थ्य और तंत्र-विज्ञान संस्थान' के डीन डॉ. टी.आर. राजू ने किया और फादर जॉर्ज को पी-एच.डी. से नवाजा।

---

74. फादर अथापिल्ली कुरियाकोस जॉर्ज सन् 2002 में अपनी इंजीनियरिंग की मास्टर डिग्री की पढ़ाई करने अन्ना विश्वविद्यालय आए थे। यह कार्य उन्होंने क्राइस्ट कॉलेज, बैंगलोर से कंप्यूटर एप्लिकेशन में मास्टर करने के बाद किया था।

अ.ति. : शोध के क्या परिणाम निकले?

ए.पी.जे. : हमने सिद्ध किया कि मानसिक रूप से अपरिपक्व बच्चों के मस्तिष्क में कुछ विशेष तरह के शारीरिक अभ्यासों से नए न्यूरॉन तंत्रों का विकास संभव है। मस्तिष्क के दाएँ और बाएँ गोलार्ध के बीच शारीरिक अभ्यासों से अधिक समन्वय बनाया जा सकता है।

इस दौरान मुझे हार्वर्ड विश्वविद्यालय में हो चुके मस्तिष्क पर अनुसंधान के बारे में पता चला। मैंने जाना कि मानव ज्ञान का उद्भव चार प्रणालियों के तहत होता है और एक पाँचवीं प्रणाली होने की बात भी चल रही है।

अ.ति. : तो शिशु के रूप में किसी पदार्थ के प्रस्तुतीकरण से हमारा मानसिक विकास होता है?

ए.पी.जे. : बिलकुल सही है। लक्ष्य पदार्थ के प्रस्तुतीकरण का सारतंत्र पदार्थ की गति के नियामक नियमों पर केंद्रित होता है। क्या कोई चीज संलग्न रूप में चल रही है और चिड़िया के समूह की तरह साथ-साथ चलती है या कोई चीज किसी मार्ग पर चल रही है, जैसे ट्रेन अपनी पटरी पर चलती है या फिर वह बिलियर्ड की गेंद की तरह आपस में एक-दूसरे से टकराती हुई चल रही है? एक बच्चा यह सबकुछ देखकर चीजों के बारे में सीखता है।

अ.ति. : मेरा दो साल का पोता अगस्त्य घंटों तक रसोई के छोटे बरतनों को बहुत ही एकाग्रता के साथ पकड़ता, फेंकता और आपस में जोड़ता-टकराता रहता है।

ए.पी.जे. : ऐसे क्रिया-कलाप अबोध बच्चों को चीजों के आकार और उनकी सीमाओं से परिचित कराते हैं। वह चीजों को इधर-उधर फेंककर सीखता है कि वे कहाँ तक नजर आती हैं या थोड़ी ओझल हो जाती हैं तथा बच्चा यह अनुमान भी लगाता है कि यह वस्तु कितनी दूर तक जाएगी और फिर कहाँ जाकर रुकेगी।

अ.ति. : इसके बाद क्या होता है?

ए.पी.जे. : उन चीजों की गति पर ध्यान देने के बाद बच्चा उन्हें ध्यानपूर्वक देखना सीखता है। इससे उसे संख्या और आकार का पता चलता है।

अ.ति. : अब, पाँचवाँ तंत्र क्या है?

ए.पी.जे. : इसका संबंध 'हमसे और उनसे' है। जब बच्चे घर से बाहर निकल कर मैदान में दूसरे बच्चों के साथ खेलने जाते हैं, तब यह ज्ञान उत्पन्न होता है।

अ.ति. : तो ऐसी निश्चित सार्वभौम पद्धतियाँ हैं, जिनसे बच्चा वातावरण के अनुकूल बनता है।

ए.पी.जे. : काफी हद तक यह सच है। बहुत से संज्ञानात्मक कार्य आनुवंशिक रूप से मस्तिष्क में अंकित हो जाते हैं; परंतु विकास के पैमाने पर पढ़ने और लिखने

जैसी क्रियाएँ अलग से सीखी जाती हैं। बच्चों को पढ़ने और लिखने की विधि सिखाने में शिक्षक काफी परिश्रम करते हैं। मेरी लिखावट सुधारने के मामले में मेरे शिक्षक कभी कामयाब नहीं हो पाए।

अ.ति. : एक बच्चा बुरा व्यवहार कैसे सीख लेता है?

ए.पी.जे. : ज्यादातर बुरी आदतें देखकर ही सीखी जाती हैं। बच्चे अपने माता-पिता को झगड़ते और आलस्य में तथा नशे में देखते हैं और वही सीखते हैं।

अ.ति. : मस्तिष्क में कोई शैतान नहीं रहता है?

ए.पी.जे. : मस्तिष्क तो एक आम कंप्यूटर की तरह सूचना प्रणाली का एक जटिल उपकरण है। इसमें संस्कृति और सामाजिकता द्वारा भरा गया प्रोग्राम ही व्यवहार होता है। यह प्राइमरी स्कूल में जाने से पहले ही आ जाता है। बच्चों को शुरुआती तीन वर्षों तक कौन सँभालता है, यह बहुत ही महत्त्वपूर्ण है। शैतान मस्तिष्क में नहीं रहता है, यह केवल मस्तिष्क को प्रभावित कर सकता है। एक बच्चा, जो अपने माता-पिता को अपने दादा-दादी के साथ अपमानजनक व्यवहार करते हुए देखता है, उसके मन में बड़े होने के बाद अपने माता-पिता या किसी अन्य के प्रति आदर का कोई भाव नहीं होता है। इसमें शैतान का क्या दोष?

अ.ति. : हॉवर्ड गार्डनर मानव सोच, नई योग्यताओं की बात करते हैं, जिनकी आवश्यकता इक्कीसवीं सदी में युवा लोगों और समाज को पड़ेगी।

ए.पी.जे. : मैंने प्रो. गार्डनर की पुस्तक 'फाइव माइंड्स फॉर द फ्यूचर'[75] पढ़ी है। वे भविष्य की एक तसवीर के बारे में और मानव की इस पर होनेवाली प्रतिक्रिया के बारे में भी बताते हैं। बच्चे अपने अक्रियाशील जीन की विवेचना दुनिया में चारों तरफ चल रही विशेष शिक्षा, बड़े शहर, छवियों और फैशन द्वारा चाहते हैं। इस समय दुनिया भर में चौबीसों घंटे अरबों डॉलर का व्यापार चल रहा है; मशीनें सोचने का काम भी करने लगी हैं और ऐसे कई वे काम, जिन्हें इनसान किया करते थे, अब मशीनों से किए जाते हैं। काल्पनिक यथार्थ में लोगों ने अपने समानांतर जीवन रच लिये हैं।

अ.ति. : मेरे पिता के बचपन के समय में ज्यादातर लोग 8 वर्ष की उम्र तक घर पर ही खेलते रहते थे। बड़ी कक्षाओं तक पहुँचते-पहुँचते शिक्षा सामान्यतया रुक जाती थी और बहुत ही कम लोग स्नातक हो पाते थे; मगर आजकल बच्चे 3 साल की उम्र से पहले ही स्कूल चले जाते हैं। यदि मैं अपनी तैयारी एक साल के लिए भी छोड़ दूँ, तब मैं अपने पेशे में पिछड़कर बाहर हो जाऊँगा। जिस रफ्तार से जानकारी एकत्रित हो रही है, वह वाकई आश्चर्यजनक है। हमारी ज्यादातर शिक्षा स्व-अर्जित शिक्षा होगी।

---

75. हॉवर्ड गार्डनर, 'फाइव माइंड्स फॉर द फ्यूचर।

ए.पी.जे. : जब हम 'निर्देशित प्रक्षेपास्त्र (गाइडेड मिसाइल) परियोजना' पर काम कर रहे थे, तब मैं इस बदलाव को देख सकता था। अधिकतर समस्याएँ विभिन्न वैज्ञानिक क्षेत्रों को प्रभावित कर रही थीं। नई प्रौद्योगिकी वर्षों के प्रयास को पुराना और बेकार बना रही थी। मैंने कई क्षेत्रों में काम करनेवाले विशेषज्ञों की टीमें बनाकर एक प्रयोग किया था, जिसमें व्यक्तिगत ज्ञान के बदले आपस में एक-दूसरे की जानकारी पर आधारित ज्ञान के आधार पर काम करने पर बल दिया गया था। बहुत से व्यक्तियों की प्रतिस्पर्धा और सहयोग की दोहरी चाल के चलते कालांतर में आज एक अनोखी सामूहिक बुद्धिमत्ता का जन्म हुआ। आज डी.आर.डी.ओ. और इसरो (ISRO)सार्वजनिक, निजी एवं शैक्षणिक क्षेत्रों से विस्तृत जानकारियाँ जुटा रहे हैं। विशाल ज्ञान या सूचना का नेटवर्क हजारों लोगों के मस्तिष्क को व्यवस्थित ढंग से सोचने के लिए परस्पर जोड़ रहा है।

अ.ति. : अलग-अलग व्यक्ति ऐसे अदृश्य तंत्र के हिस्से बनकर बड़ी निकटता से सहयोग कर सकते हैं।

ए.पी.जे. : फ्रांसीसी समाज-शास्त्री एमील दुर्खीम (1858-1917) ने देखा है कि समाज उन्नत बुद्धिमत्ता की रचना करता है, क्योंकि व्यक्ति को काल और स्थान की सीमाओं से परे ले जाता है।[76]

अ.ति. : केन विल्बर ने चेतना को एक सिरे पर सामान्य चेतना और दूसरे सिरे पर गुरुतर स्तर की चेतना के एक निरंतर विन्यास की तरह विवेचित किया है।[77]

ए.पी.जे. : विल्बर द्वारा किया गया धर्म, दर्शन, भौतिकी और मनोविज्ञान का संयोजन वाकई मौलिक है। इस वास्तविकता को स्वीकारना ही होगा कि सामान्य चेतना उन्नत चेतना का सीमित व सँकरा रूप होता है। ध्यान और प्रार्थना के जरिए उन्नत चेतना तक पहुँचा जा सकता है। चेतना के निचले स्तर पर द्वंद्व-युक्त इच्छाएँ, प्रेरणाएँ तथा बहुत से विकल्पों का शोर और बेसुरापन मौजूद रहता है। पर चेतना के उच्चतम स्तर पर स्वीकृति, कृतज्ञता तथा जीवन के अनावृत्त नाटक का हम सचेत दर्शन कर सकते हैं।

अ.ति. : इसका तात्पर्य है कि स्वयं को जानना एक तरह से चेतना के विभिन्न स्तरों से होकर गुजरना है?

ए.पी.जे. : हाँ, पॉल ब्रंटन (1898-1981) ने अपनी पुस्तक 'द सीक्रेट पाथ' में एक खूबसूरत कहानी बताई है। एक बार एक तार्किक मिलेटस एक मनीषी के पास उन्हें परेशान करने के लिए कुछ उलझे हुए सवालों को लेकर पहुँचा। वह मनीषी प्राचीन

76. एमील दुर्खीम, 'दि एलीमेंटरी फॉर्म्स ऑफ रिलीजियस लाइफ', ऑक्सफोर्ड यूनिवर्सिटी प्रेस, यू.एस.ए., 2008।

77. केन विल्बर, 'द स्पेक्ट्रम ऑफ कॉन्सेशनस', क्वेस्ट बुक्स, दूसरा संस्करण, 1993।

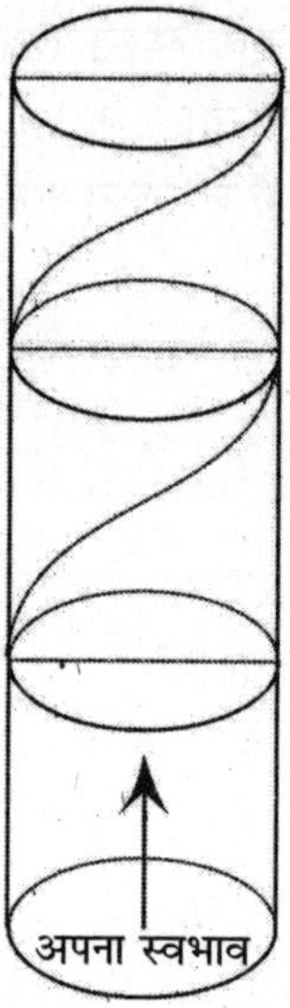

चित्र–7 : जागरूकता के स्पेक्ट्रम के रूप में दरशाई गई चेतना।

यूनान के सात प्रमुख मनीषियों में एक थे। यह वार्त्ता कुछ इस प्रकार थी—

सभी चीजों में सबसे पुराना क्या है? ईश्वर! वह हमेशा मौजूद था।

सबसे सुंदर क्या है? ब्रह्मांड! यह ईश्वर का कर्म है।

सबसे महान् क्या है? अंतरिक्ष! जिस भी चीज की रचना हुई है, वह इसमें समाहित है।

सभी चीजों में सबसे अटल क्या है? आशा! सबकुछ खो जाने के बाद भी यह बची रहती है।

सभी चीजों में सर्वश्रेष्ठ क्या है? सद्‍गुण! बिना इसके कुछ भी श्रेष्ठ नहीं है।

सभी चीजों में सबसे तेज क्या है? विचार! यह ब्रह्मांड को भी पार कर सकता है।

सभी चीजों में सबसे मजबूत क्या है? आवश्यकता! यह व्यक्ति को सभी खतरों से खेलने की हिम्मत देती है।

सभी चीजों में सबसे आसान क्या है? सलाह देना।

सभी चीजों में सबसे कठिन क्या है? स्वयं को जानना।

अ.ति. : स्वयं को जानने की परेशानी क्यों उठानी चाहिए?

ए.पी.जे. : स्वयं को जानना कोई विकल्प नहीं है, अपितु जीवन का सच्चा उद्‍देश्य है। हममें से हरेक की रचना प्रतिभा और क्षमताओं के साथ की गई है। यह ब्रह्मांड हमें हमारी वास्तविक क्षमताओं से परिचित कराने की परिस्थितियाँ उत्पन्न कराता

है। अपनी क्षमता को न पहचानना एक तरह से जीवन बरबाद करना है। यह ठीक वैसा ही है, जैसे हम आँखें बंद करके एक व्यस्त सड़क पर चल रहे हैं और फलस्वरूप होनेवाली दुर्घटनाओं और लगनेवाली चोटों के लिए यातायात को कोस रहे हैं।

अ.ति. : 'छांदोग्य उपनिषद्' में श्वेतकेतु और उसके पिता उद्दालक के बीच एक संवाद है[78]—

उद्दालक (पिता)—बरगद के पेड़ का एक फल लाकर मुझे दो।

श्वेतकेतु (पुत्र)—यह लीजिए, पिताजी।

पिता—इसे बीच से तोड़ लो।

पुत्र—इसे तोड़कर अलग कर दिया, पिताजी।

पिता—इसमें तुम्हें क्या दिखता है?

पुत्र—इसमें छोटे-छोटे बीज हैं।

पिता—अब इनमें से एक बीज को तोड़ो।

पुत्र—इसे भी तोड़ दिया, पिताजी।

पिता—अब इसमें क्या दिखता है?

पुत्र—कुछ नहीं, पिताजी।

पिता—मेरे बेटे! तुम जानते हो कि इसमें सूक्ष्म सार रूपी तत्त्व है, जो तुम्हें दिखाई नहीं दे रहा है; परंतु इसी सार तत्त्व में एक विशाल वटवृक्ष विद्यमान है। मेरे बेटे! जानो कि हर चीज में जो विद्यमान है, उसी में उसका सूक्ष्म सार भी छिपा है। यह सत्य है, सूक्ष्म सार ही आत्मा है और यही श्वेतकेतु, तुम्हारी वास्तविकता है।

ए.पी.जे. : अद्भुत!

अ.ति. : आप मानव के सार को क्या मानते हैं?

ए.पी.जे. : मानव का सार तत्त्व वाकई ईश्वर का प्राण है। इसमें मुझे गोथे की विवेचना सर्वश्रेष्ठ लगी। उन्होंने *'फॉस्ट'* में लिखा है—"व्यक्ति स्वयं को केवल उतना ही जानता है जितना वह संसार को जान पाता है। वह दुनिया को सिर्फ अपने भीतर की भावनाओं द्वारा समझता है तथा उसे अपने बारे में सिर्फ दुनिया के व्यवहार द्वारा जान पाता है। वास्तविक रूप से पहचानी गई हरेक नई चीज हमारे भीतर एक नया अंश खोल देती है।" एक व्यक्ति उतना ही जीवित है जितना वह उपयोगी है, जितना वह अपनी स्वयं की प्रतिभाओं का प्रयोग करता है और जितना वह अपने बाहर की दुनिया को समझता है।

अ.ति. : कर्म पर आपकी आस्था वाकई प्रेरणादायी है।

---

78. स्वामी स्वाहानंद, 'छांदोग्य उपनिषद्', वेदांत प्रेस, रामकृष्ण मठ, 2010

ए.पी.जे. : यह मैंने अपने अनुभव से सीखा है। मेरे लिए मेरा काम, मेरा प्रयास, मेरा परिश्रम ही मेरी अभिव्यक्ति रही है। मैं जिस भी स्थिति में रहा, उन परिस्थितियों में मैंने अपना सर्वोत्तम प्रयास किया था और इसी जद्दोजहद के चलते मैं जो कुछ भी हूँ, बन पाया। मानव मस्तिष्क में भरी सैकड़ों-हजारों स्वार्थी इच्छाएँ ईश्वर की इच्छा को ढाँपे रहती हैं। किंतु जब मैं अपने स्वार्थों की सूची को अलग कर लेता हूँ, तब ईश्वर की इच्छा स्वत: ही स्पष्ट हो जाती है।

अ.ति. : इसका सार तो स्वार्थ-युक्त प्रेरणाओं पर विजय प्राप्त करना ही असली योग्यता है।

ए.पी.जे. : खासतौर से वे लोग, जिनके हाथों में सत्ता है, उन्हें इस मामले में बहुत सावधान रहने की जरूरत है। दूसरों पर शासन करने और उन पर नियंत्रण रखने में लगी उनकी अपनी योग्यता के अतिरिक्त उनके इर्द-गिर्द ऐसे बहुत से लोग होते हैं, जो अपने मालिकों की ताकत का इस्तेमाल अपने छोटे-छोटे लाभ के लिए करते रहते हैं।

अ.ति. : संपूर्ण मानव इतिहास में महान् शासकों ने बुद्धिमान लोगों से परामर्श लिया। मैं यूनान में डेल्फी में ई.पू. सहस्राब्दी के अपोलो के मंदिर के पुरातत्त्वीय खँडहरों को देखने गया था। एक दंतकथा मैंने वहाँ सुनी थी। देवता अपोलो देववाणी द्वारा बोलते थे तथा वहाँ की पुजारिन को निर्दोष जीवन जीनेवाली वृद्धा होना जरूरी था और उसका चयन उस क्षेत्र के किसान करते थे। उससे परामर्श लेने सिर्फ यूनान के शहरों के नेता ही नहीं आते थे, बल्कि मिस्र का बादशाह एमासिस, एथेंस का सोलोन और तुर्की का बादशाह क्रोएसस भी वहाँ आए थे। वे सभी शासक ईश्वरीय मार्गदर्शन की तलाश में डेल्फी (ग्रीस)जाते थे और देवता अपोलो उस महिला के माध्यम से उनसे बात करते थे।

ए.पी.जे. : भारतीय मंत्रिमंडल भारत सरकार की सामूहिक निर्णय लेनेवाली संस्था है, जिसमें प्रधानमंत्री और अन्य कैबिनेट मंत्री हैं। मुख्य बिंदु यह है कि क्या निर्णय लेने की प्रक्रिया वास्तव में सामूहिक है या स्वार्थपूर्ण निर्णय थोपने के लिए इसका इस्तेमाल किया जा रहा है। संसदीय समितियाँ बुद्धिमत्तापूर्ण परामर्श देने का बेहतर मंच हैं, परंतु उनमें से अधिकतर दलगत आधारों पर बँटी हुई हैं। यदि जन-प्रतिनिधि अपने मिशन में असफल होते हैं, तब जो लोग उन्हें चुनते हैं, उनका हताश होना एवं विरोध व्यक्त करने के लिए आंदोलन करना बड़ा स्वाभाविक है। प्रत्येक राजनीतिक दल ने संसद् द्वारा भ्रष्टाचार दूर करने में या बढ़ाने में जो कुछ भी किया है, उसकी जवाबदेही आज नहीं तो कल देनी ही होगी।

अ.ति. : क्या लोगों में राष्ट्रीयता की भावना की कमी हो रही है?

ए.पी.जे. : हमारे प्रथम प्रधानमंत्री जवाहरलाल नेहरू ने हमें आर्थिक विकास का

विजन दिया था। उन्होंने उद्घोषित किया—"औद्योगिक रूप से पिछड़े देश से वैश्विक संतुलन डगमगाता रहेगा और विकसित देशों की जिह्वा उसे हड़पने के लिए लपलपाती रहेगी।"[79] भाखड़ा नाँगल बाँध, इस्पात के कारखाने और आई.आई.टी. संस्थानों का निर्माण इसी विजन के तहत हुआ। नेहरूजी का सबसे महत्त्वपूर्ण कार्य यही था कि उन्होंने स्वतंत्र भारत में विज्ञान एवं प्रौद्योगिकी में भारी मदद की थी। आर्थिक एवं सामाजिक विकास के रूप में इस सोच से देश को भारी सफलता मिली। बड़ी सोच और बड़े कामों के चलते नेहरू काल में काफी विकास हुआ। उनके बाद प्रधानमंत्री वाजपेयी की 'स्वर्ण चतुर्भुज सड़क परियोजना' को छोड़कर देश ने कोई बड़ा स्वप्न नहीं देखा। बड़ी सोच जैसे हमसे रूठकर चली गई।

अ.ति. : आप ऐसा क्यों कह रहे हैं?

ए.पी.जे. : देश की समुचित उन्नति के लिए लोगों में समस्याओं की सही समझ का होना अति आवश्यक है। उन्हें बीते दिनों में जो सही था, उसे नहीं छोड़ते हुए वर्तमान में आगे बढ़ते रहते वक्त दिमाग की खिड़कियाँ खुली रखनी चाहिए। किसी भी देश की सोच में एक निश्चित गहराई और मजबूत वैचारिक जड़ें होनी अनिवार्य हैं। पर ये जड़ें धूप और हवा के बिना सड़ जाएँगी। अत: कल और आज की सोच में संतुलन जरूरी है।

अ.ति. : यह किसकी जिम्मेदारी है?

ए.पी.जे. : भारतीय संसद् सार्वभौम है और एक राजनीतिक सोच के लिए नियम-कानून बनाना उसका काम है। आज देश का नागरिक राजनीतिक दलों को उनके चुनावी घोषणा-पत्रों के आधार पर चुनकर संसद् में भेजता है। हर चुनाव जनता को अपनी पसंद बदलने का अवसर देता है। इसीलिए मैं पुनर्जागरण की बात कर रहा हूँ, जिससे लोग अपना नेता चुनने में समझदारी बरतें।

अ.ति. : आम मतदाता रुझान के अनुसार वोट देता है।

ए.पी.जे. : रुझान को सुधारना ही पुनर्जागरण है। मैं भारत की वर्तमान युवा पीढ़ी को धार्मिक सिद्धांतवाद और आधुनिक वैज्ञानिक एवं छिद्रान्वेषी दृष्टिकोण के बीच की स्थिति पर देखना चाहता हूँ। किसी एक का भी अतिरेक नहीं।

अ.ति. : क्या विकास का अर्थ अतीत की तरफ न देखकर भविष्य की ओर उन्मुख होना नहीं है?

ए.पी.जे. : हम सभी कारण और प्रभाव के चक्र से बँधे हैं। अपने अतीत से कटकर सिर्फ विकास करना एक कैंसर की तरह है। मुझे आचार्य महाप्रज्ञ (1920-

---

79. जवाहरलाल नहेरू, 'भारत एक खोज', सिग्नेट प्रेस, कलकत्ता-20, चौथा मुद्रण सितंबर 1948, पृ. 342।

'सुखी परिवार, समृद्ध राष्ट्र' के सह-लेखक आचार्य महाप्रज्ञ के साथ।

2010) से मिलने का सौभाग्य मिला। वे जैन धर्म में श्वेतांबर तेरापंथ के सर्वोच्च प्रमुख थे। उन्होंने 1 लाख कि.मी. तक की पदयात्रा की थी और तकरीबन 10,000 से अधिक गाँवों में जाकर लोगों में प्रेम व शांति का संदेश फैलाया था। हमारी कई बार मुलाकातें हुईं और हमने साथ-साथ परिवार व राष्ट्र के विषय पर एक पुस्तक पर काम किया। एक बार आचार्यजी ने भारतीय युवा वर्ग में पश्चिमी संस्कृति की नकल करते हुए आर्थिक आत्मनिर्भरता प्राप्त करने के बाद अपने माता-पिता से अलग हो जाने की स्थिति पर चर्चा की। आचार्यजी ने लिखा—"हमें सिर्फ वर्तमान से ही अभिभूत नहीं होना चाहिए, बल्कि अपने अतीत की तरफ भी ध्यान देना चाहिए। उदाहरणस्वरूप, क्या सिर्फ 25 फीट ऊँचे पेड़ को देखना भर काफी है और उस बीज को भूल जाना क्या सही है, जिसने उस पेड़ को जन्म दिया था? क्या पेड़ का अपने बीज के बिना कोई अस्तित्व है? क्या बिना बीज के पेड़ के भविष्य की कल्पना संभव है? यदि हम सार्थक वर्तमान चाहते हैं, तब हमें अपने अतीत के मूल्यों को समझना और सीखना ही होगा। अब आप इसे कृतज्ञता का अहसास या वास्तविकता का अनुभव, जो चाहें कह लें?"[80]

अ.ति. : भारतीय संस्कृति अपने वृद्ध माता-पिता की सेवा और पूर्वजों की उपासना पर विशेष बल देती है। हालाँकि जब मैंने बच्चों के एक समूह में पूछा, तब दस में से नौ

---

80. आचार्य महाप्रज्ञ, 'थॉट्स एट सनराइज', जैन विश्व भारती, लाडणूँ, 1999।

बच्चों को अपने परदादा या परदादी का नाम तक नहीं मालूम था। अधिकांश बच्चे अपनी स्कूली अध्ययन सामग्री से आगे अपनी मातृभाषा में लिख-पढ़ भी नहीं पा रहे हैं।

ए.पी.जे. : पारंपरिक रूप से भारत में परिवार का अर्थ संयुक्त परिवार से है, जिसमें दादा-दादी, माता-पिता और उनकी संतान शामिल हैं। वे एक ही घर में रहते हैं, आमदनी में हिस्सेदार होते हैं और सभी सदस्यों के लिए जो खाना बनता है, वही खाते हैं तथा उनके धार्मिक विश्वास भी एक ही होते हैं। एकल परिवारों के रूप में युवाओं की वृद्धि होने के बावजूद अभी भी ग्रामीण भारत के अधिकतर हिस्सों में लोग संयुक्त परिवार के रूप में बिरादरी के आधार पर रहते हैं। मेरे बड़े भाई हमारे संयुक्त परिवार के प्रमुख हैं।

अ.ति. : मैंने रवींद्रनाथ टैगोर द्वारा लिखे उनके सौ वर्ष पुराने निबंध को पढ़ा है। वे लिखते हैं—"भारत का वर्तमान पढ़ा-लिखा वर्ग हमारे पूर्वजों की शिक्षाओं से हटकर पश्चिमी इतिहास की शिक्षाएँ आत्मसात् करने की कोशिश कर रहा है। ऐसा ज्ञान उसके अपने जीवन-स्रोत से मेल नहीं खाता। उदाहरण के लिए, जापान सोचता है कि पश्चिमी पद्धतियों को अपनाकर वह शक्तिशाली बन रहा है, मगर अपनी विरासत खोने के बाद उसके पास केवल उधार लिया गया सभ्यता का हथियार ही बचेगा। वह अपने भीतर से स्वयं ही विकसित नहीं हुआ होगा।"[81] मैं गुरुदेव के विचारों की दूरदर्शिता और गंभीरता को देखकर आश्चर्यचकित हूँ। हम स्वयं को ऐसे इतिहास के आधार की तरफ ले जा रहे हैं, जो कि हमारे स्वयं के जीवन का परिणाम नहीं है। वे ठीक ऐसे हैं, जैसे बिना बुनियाद के घर, जो भूकंप में सबसे पहले ढहते हैं।

ए.पी.जे. : परिवार सभ्यता का केंद्र तथा समाज की मूल इकाई होता है। अरस्तू ने लिखा है कि परिवार मानवता की प्रतिदिन की जरूरतों को पूरा करने के लिए प्रकृति द्वारा स्थापित एक संगठन है।[82]

अ.ति. : हममें से प्रत्येक का एक परिवार होता है। अब यह हम पर है कि हम इधर-उधर न भटकें। एमिली डिकिंसन (1830-1886) ने बहुत ही खूबसूरत ढंग से इसे लिखा है—

"उस पिता के बहुत से भवन हैं,
मैं उसे नहीं जानता हूँ; वे आरामदेह बने हैं!
क्या भटके बच्चे वहाँ का रास्ता पा सकेंगे—
या रात भर चलते रहेंगे।"

---

81. http://tagoreweb.in
82. बेंजामिन जॉवेट (अनुवादक), 'एरिस्टोटल्स पॉलिटिक्स', किसिंजर पब्लिशिंग, 2008।

ए.पी.जे. : एक बच्चे ने मुझे एक कार्ड भेजा था, जिसमें 'फैमिली' शब्द के अक्षरों को 'फादर ऐंड मदर आई लव यू' के रूप में परिभाषित किया था।

अ.ति. : मानव विज्ञानी मीड (1901-1978) ने आधुनिक समाज की समस्या को बहुत ही अच्छे ढंग से व्यक्त किया है। वे लिखती हैं—"किसी ने भी कभी एकल परिवारों को किसी संदूक में बंद रहने के लिए नहीं कहा है। पर जिस तरह से एकल परिवार रह रहे हैं—बिना संबंधियों और बिना सहयोग के—वह एक असंभव-सी स्थिति है।"[83]

ए.पी.जे. : संयुक्त परिवारों के टूटने का मुख्य कारण शहरों में उपलब्ध कार्य के अधिक अवसर ही रहे हैं। यह जरूरी नहीं कि हर व्यक्ति एक ही छत के नीचे रहे, परंतु बुजुर्ग माता-पिता की देखभाल की जिम्मेदारी और कमजोर भाई-बहनों तथा उनके बच्चों के सहयोग से भागा नहीं जा सकता है। अधिकतर बीमा पॉलिसियाँ, वृद्ध आश्रम की योजनाएँ तथा अन्य प्रकार के आर्थिक उत्पाद आदि का आज जिस तरह से प्रचार किया जा रहा है, वह पश्चिमी सभ्यता का रूपांतरण है। यह हमारी जीवन-पद्धति के पेड़ के फल नहीं हैं। इसी प्रकार जब माता-पिता काम पर चले जाते हैं, तब उनके बच्चे शिशु केंद्रों में अपना समय बिताते हैं। दोपहर में स्कूलों की छुट्टी होने पर बच्चे घंटों तक अपना समय बिना किसी मार्गदर्शन के ही गुजारते हैं। उन्हें परामर्श और बातचीत के लिए कोई नहीं मिलता है। शहरों में ऐसे बच्चों की संख्या बढ़ती ही जा रही है, जिनका बचपन बिना अपने माता-पिता के प्यार और साथ के ही बीत रहा है।

अ.ति. : इसलाम में परिवारों का मूल केंद्र एक ताने-बाने की तरह जुड़ा रहता है, जिसमें संबंधी और उनके परिवार भी शामिल रहते हैं।

ए.पी.जे. : 'कुरान' में बताई गई स्थितियों और वातावरण के चलते प्रत्येक केंद्र समृद्ध होकर मजबूत पारिवारिक मूल्य न सिर्फ संगठित और मजबूत परिवार की बुनियाद को मजबूत करते हैं, बल्कि परिवार से जुड़े हर व्यक्ति का विकास होता है; परिवार तंत्र के हर सदस्य को विकसित करता है।

अ.ति. : आप पारिवारिक मूल्यों को किस प्रकार परिभाषित करते हैं?

ए.पी.जे. : सबसे पहली चीज अपनत्व की भावना है। यह अति महत्त्वपूर्ण है कि परिवार का हर सदस्य महसूस करे कि उसे प्यार किया जा रहा है। प्रत्येक व्यक्ति को उसके विचार के अनुसार उसकी क्रियाशीलता को ढूँढ़ने की स्वतंत्रता मिलनी चाहिए। जब लोगों को यह पता होगा कि यदि उनके काम में सफलता नहीं मिली तब भी वे वापस घर बेहिचक लौट सकते हैं। तब उनमें अपने काम के प्रति अधिक साहस होगा और वे उसके लिए अधिक प्रयास भी करेंगे। यह बात पानी में चलते जहाज पर बैठे

---

83. जेन हॉवर्ड, 'मार्गरेट मीड ए लाइफ', बैलंटाइन बुक्स, 1989।

पंछी की तरह से है। जहाज पर बैठा पंछी निस्संकोच अथाह समुद्र के ऊपर उड़ता रहता है, क्योंकि उसे पता है कि जहाज पर उसका ठिकाना पक्का है। परिवार वाकई विधाता की देन है। इसे स्वीकार करना और इसका सम्मान करना चाहिए।

अ.ति. : स्वीकृति और सम्मान एक ऐसा गोंद है, जिससे परिवार आपस में जुड़ा रहता है।

ए.पी.जे. : स्वीकृति प्राथमिक चीज है। सम्मान स्वीकृति से उत्पन्न होता है।

अ.ति. : परिवार व्यवस्था में सबसे अधिक महत्त्वपूर्ण मुद्दा क्या है?

ए.पी.जे. : एक परिवार में सबसे महत्त्वपूर्ण चीज है ईमानदारी। यह पारिवारिक बंधनों की नींव है, जिसमें माता-पिता, पत्नी और भाई-बहन होते हैं। बिना ईमानदारी के गहरे संबंध संभव नहीं हैं। ईमानदारी को प्रोत्साहन की आवश्यकता होती है। जब बच्चे अपनी गलतियों को अपने माता-पिता को बताते हैं तब माता-पिता को उनकी ईमानदारी को प्रोत्साहित करते हुए उन्हें दंड नहीं देना चाहिए। जब माता-पिता बच्चों की त्रुटियों के बारे में जानकर उनपर नाराज होते हैं या उनका अपमान अथवा परिहास करते हैं, तब वे उन्हें उन चीजों को छिपाने और उन्हें अनादर करने के लिए प्रोत्साहित करते हैं। झूठ बोलने की आदत परिवारों से ही शुरू होती है।

अ.ति. : परिवारों में झगड़े भी बढ़ते हैं। पारिवारिक सदस्यों के बीच मुकदमेबाजी आम बात है और हिंसा तक देखी जाती है।

ए.पी.जे. : इसका संबंध व्यक्तियों के साथ बहुत से कारण और प्रभाव के चक्र के रूप में जुड़ा हुआ है। इसका सिर्फ एक ही तरीका है और वह है क्षमा का भाव। जिन लोगों ने आपके साथ गलत किया है, उन्हें माफ करना ही आपके लिए एक महत्त्वपूर्ण विकल्प होना चाहिए। यह काम तब बहुत ही मुश्किल हो सकता है, जब हम क्षमाशीलता को दूसरों की गलतियों को स्वीकार करने के साथ जोड़ देते हैं। दोनों एक ही चीज नहीं है। यह महसूस करना कि हर कोई गलतियाँ करता है और इस बात का अहसास कि कई बातें बिना चाहे कही जाती हैं, संबंधों को बनाए रखने में बड़ी सहायक होती हैं। जीवन दुर्भावना बनाए रखने के लिए काफी छोटा होता है।

अ.ति. : मगर कुछ लोग बहुत ही गैर-मुनासिब होते हैं।

ए.पी.जे. : इनसान गलतियों का पुतला है। अतार्किकता हम सभी में किसी-न-किसी वजह से आ जाती है। इसके कारणों को समझना जरा कठिन है और थोड़ी दरियादिली का होना बड़ा जरूरी है। दया की भावना दूसरे लोगों की चाहतों और जरूरतों के बारे में अनुभव करने में बड़ी सहायक होती है। दया का अर्थ दूसरों की आवश्यकताओं में उन्हें धन देना ही नहीं है। आर्थिक मदद से सहायता तो मिलती है, मगर इसका संबंध आपके स्नेह, समय, खयाल या आपकी स्थितियों से अधिक है। मेरे पास सुखी परिवार का एक परिदृश्य है।

अ.ति. : कृपया बताएँ।

ए.पी.जे. : एक छोटे परिवार का दृश्य देखो। पति-पत्नी दोनों कमाते हैं। घर में छोटी सी लाइब्रेरी है, जिसमें कम-से-कम दस अच्छी पुस्तकें हैं और माता-पिता बच्चों को नाश्ते या भोजन के वक्त उन्हें पढ़ने के लिए प्रेरित करते हैं। ऐसी आदत बच्चों को पुस्तकें पढ़ने, नई जानकारी जुटाने और उसे रोजमर्रा के जीवन में इस्तेमाल करने के लिए प्रेरित करती है। कई बच्चे इन विचारों को स्कूल में अन्य बच्चों से भी बाँटते हैं और पूरे समुदाय को इसका लाभ मिलता है। इसके बाद मैं एक प्रार्थना कक्ष देखता हूँ, जिसमें हर सुबह या शाम को पूरा परिवार, बच्चों सहित, ईश्वर की प्रार्थना करता है और अपने सुखों के लिए धन्यवाद देता है। पूरे परिवार का कम-से-कम एक समय भोजन साथ खाना जरूरी है, जिससे खयालों की बेहिचक अदला-बदली होती रहे। इस मेल-मिलन से ज्ञान व नैतिक मूल्य बच्चों को मिलते हैं और बड़े होने पर वे बच्चे जिम्मेदार नागरिक बनकर उत्तम जीवन की भावना से अभिभूत होकर स्वाभिमान और निष्ठा का जीवन जीते हैं।

अ.ति. : हमारी चर्चा के दौरान स्वयं को पहचानने के कई तरीके उभरकर बाहर आए हैं। हम शरीर, मन और आत्मा की एक व्यवस्था हैं। हम पाँच खंडों से मिलकर बने हैं और फिर भी हम खाली वही नहीं हैं। हमारे नश्वर शरीर के भीतर ईश्वरीय प्राण है। हमारा मन मानसिक उपकरण है। हमारा मस्तिष्क संज्ञानात्मक प्रणाली है। हम पारिवारिक, सामुदायिक, राष्ट्रीय और मानवता की विराट् सत्ता के हिस्से हैं। अब सवाल यह उठता है कि हम अपने रोजमर्रा के जीवन में स्वयं के प्रति ईमानदार कैसे रहें?

ए.पी.जे. : मैं इसकी तुलना एल्गोरिथ्म के एक सूत्र से करता हूँ। बहुत सारे चर, पैरामीटर, अनुकूलन, पुनरावृत्ति, उप-नियमन और प्रत्यावर्तन मिलकर एक सूत्र बनाते हैं। बेहतर होगा, यदि हम अपने आपको एक सूत्र एल्गोरिथ्म में समझें।

अ.ति. : मैं आपका आशय समझ गया। आपने बहुत स्पष्ट रूप से बताया है कि प्रत्येक मानव दिए गए मूल्यों, कारकों और परिस्थितियों की कई मजबूरियों के तहत सौंपे गए कर्मों को अलग-अलग स्थितियों में भी एक ही तरह से करता रहता है। कंप्यूटर विज्ञान में एक बड़े और जटिल कारकों की स्थिति में रिकर्शन की एक प्रक्रिया होती है। रिकर्शन एक सूत्र की तरह काम करता है और एक सहायक बन जाता है।

ए.पी.जे. : यही वास्तव में मानव जीवन का सच्चा सार है। कंप्यूटर वैज्ञानिक बनने में इस रिकर्शन में पारंगत होना एक प्रमुख कदम है। इसी प्रकार एक उद्‌देश्यात्मक जीवन के लिए रिकर्शन की समझ भी आवश्यक है।

अ.ति. : कृपया इस रिकर्शन के बारे में खोलकर बताइए।

ए.पी.जे. : जब दो दर्पणों को आमने-सामने समानांतर रखा जाता है, तब उनके बीच में जो भी चीज रखी जाती है, उसके अनंत प्रतिबिंब बन जाते हैं। यही रिकर्शन है।

अ.ति. : इसके द्वारा आप क्या संदेश देना चाहते हैं?

ए.पी.जे. : जर्मन दार्शनिक फ्रेडरिक नीत्शे (1844-1900) ने कहा है, ''चीजों में सौंदर्य के लिए जो जरूरी है, उसे मैं अधिक-से-अधिक देखना और सीखना चाहता हूँ; इस तरह मैं भी चीजों को खूबसूरत बनाऊँगा।''[84] नेक दिलों के रिकर्शन से ही विश्व में शांति आती है—

सच्चाई
एक चिड़िया उतरी
अंतरिक्ष से अंर्तमन में
बिना बोल के गीत
सुनाए, रहे बोलती अविरल
और निरंतर।
चिड़िया के ये गीत
सुमधुर घर में जिसमें
माँ प्रसन्न है,
पिता सद्‌चरित।
बच्चों की चिलकारी
अच्छे शिक्षक, श्रमकर कृषक
मिलाते सुर चिड़िया से।
भारत माँ गीत
बज रहा
नेताओं की कर्कश आवाजों के आगे।
भारत का यह गीत
करोड़ों हृदयों का स्पंदन बनकर
नए देश की कीर्ति का गुणगान कर रहा
हरित स्वर्ण से सजा
स्वच्छ, समृद्ध, शांत, निर्भय
समाज-समरस समान बन
मानवता के लिए नया गुणगान रच रहा।

□

84. 'द गे साइंस : विद ए प्रिल्युड इन राइम्स ऐंड एन एपेंडिक्स ऑफ सॉन्स बाइ फ्रेडरिक नीत्शे', अनूदित विद कमेंट्री बाइ वाल्टर कॉफमैन, विंटेज बुक्स, 1974

8

सामाजिक उद्यमशीलता

निस्संदेह पृथ्वी पर शक्ति का संतुलन पूँजीपतियों के पक्ष में झुका हुआ है। धन, प्रभाव और शक्ति में व्यापारिक घराने सरकारों पर भारी पड़ रहे हैं। यह जरूरी है कि यह रुझान पूँजी बटोरने की बजाय रचनात्मक निर्माण के लिए इस्तेमाल हो। इससे मानव जाति और पृथ्वी का कल्याण होगा।

विकासशील राष्ट्रों की कुछ विशेष अनुभवजनित विशेषताएँ होती हैं। उन्नत होने के लिए राष्ट्रों को कृषि से उद्योगों की तरफ जाना पड़ता है। कृषि आधारित आय बहुत अधिक नहीं होती है, जबकि औद्योगिकीरण से उन्हें काफी आमदनी होती है। जनसंख्या का निम्न आय वर्ग सरकारी नीतियों को परिवर्तित करने के लिए धीरे-धीरे राजनीतिक शक्ति हासिल करता है और बड़े अवसर भी प्राप्त कर लेता है, जिससे असमानताओं में कमी आती है। भारत में भी यही हुआ। परंतु हमारे गरीब लोगों ने जिन नेताओं को चुना, वे सामाजिक विषमताओं को दूर करने में असफल रहे। यह अध्याय विश्व के एक महान् सामाजिक उद्यम की कहानी से शुरू होता है तथा इसमें सामाजिक उद्यमों द्वारा सामाजिक परिवर्तन की अन्य सफल कहानियाँ भी शामिल की गई हैं। व्यापार के रूप में सामाजिक उद्यम विकसित करते हुए इससे सामाजिक समस्याओं को हल करना तथा समुदाय एवं लोगों के जीवन व वातावरण को सुधारने का प्रस्ताव ही पुनर्जागरण के चौथे चरण के रूप में प्रस्तुत किया गया है।

अ.ति. : 'श्वेत क्रांति' के जनक और देश में सहकारी डेयरी आंदोलन के संस्थापक वर्गीज कुरियन (1921-2012) की हाल ही में नाडियाड के अस्पताल में मृत्यु हुई है। हमने उनके साथ थोड़े समय काम किया था और सामुदायिक सहयोग द्वारा राष्ट्रीय विकास के लिए *'विकसित भारत फाउंडेशन'* बनाने का एक प्रयोगात्मक प्रयास भी

किया था। वर्गीज कुरियन के साथ बिताए थोड़े समय ने मेरे अपने देश की वास्तविकता समझने के लिए मेरी आँखें खोल दीं।

ए.पी.जे. : अपनी पुस्तक 'हमारे पथ-प्रदर्शक' में मैंने वर्गीज कुरियन का जिक्र किया है, जिन्हें मैं अपनी प्रेरणा का स्रोत भी मानता हूँ। वे मुझसे दस वर्ष बड़े थे। उनका जन्म कोझीकोड, केरल में हुआ था और उन्होंने डेयरी इंजीनियरिंग में विशेषता के साथ मेकैनिकल इंजीनियरिंग की पढ़ाई की थी। वे वर्ष 1949 में गृहमंत्री सरदार वल्लभभाई पटेल (1875-1950) के अनुरोध पर स्थानीय किसानों की समस्याओं का समाधान करने गुजरात के आणंद जिले में गए थे। उन्होंने किसानों की समस्याओं का समाधान तो प्रभावशाली ढंग से तुरंत ही कर दिया, पर फिर वे वहाँ से वापस नहीं लौटे और जीवन-पर्यंत आणंद छोड़कर नहीं गए।

अ.ति. : मेरा जन्म महात्मा गांधी के दौर के बाद हुआ था, लेकिन मैंने अपने जीवन काल में वर्गीज कुरियन की महानता का साकार रूप देखा था। एक के बाद एक दुग्ध योजनाओं को बनाते-बढ़ाते वर्गीज कुरियन 'मिल्क मैन ऑफ इंडिया' बन गए। भारत दूध की कमीवाले देश से विश्व के सबसे बड़े दुग्ध उत्पादक देशों में से एक बन गया। यह काम सिर्फ वर्गीज कुरियन की ही वजह से हुआ था और आज भारत में विश्व के कुल दुग्ध उत्पादन का 17 प्रतिशत उत्पादन होता है। उनका बनाया अमूल डेयरी ब्रांड, जो कि एक छोटे से गाँव के कुछ किसानों द्वारा शुरू हुआ था, अब 2.5 अरब अमेरिकी डॉलर का विक्रय करता है और इससे जुड़े 30 लाख दुग्ध उत्पादक करीब 90 लाख लीटर दूध प्रतिदिन संग्रह करते हैं। उनके साथ मेरी तीन मुलाकातें बहुत ही महत्त्वपूर्ण रही हैं। मैं इस अध्याय को उन्हीं के सहकारी आंदोलन को समर्पित करना चाहता हूँ, जिसे उन्होंने अनेक कठिनाइयों के साथ शुरू किया था। हमारे पाठकों के लिए उन जैसे महान् लोगों के बारे में जानना बहुत ही जरूरी है। उनके जैसे व्यक्ति ही भारत का एक विकसित राष्ट्र के रूप में रूपांतरण कर सकते हैं।

ए.पी.जे. : वर्गीज कुरियन और महात्मा गांधी की कार्य-शैली समान थी, अर्थात् पढ़े-लिखे मस्तिष्क और आधुनिक पद्धतियों के इस्तेमाल द्वारा ग्रामीणों का भरण-पोषण एवं उन्हें सामर्थ्यवान् बनाना। महात्मा गांधी ने भारत के किसानों और आम लोगों में एक स्वतंत्र राष्ट्र में जीने की प्रेरणा जगाई थी, जिसमें गांधीजी ने कानून के अपने अनुभव और शहरी लोगों के तौर-तरीकों के साथ अपने संपर्कों का इस्तेमाल किया था। वर्गीज कुरियन ने व्यापार का एक ऐसा नमूना विकसित किया था, जहाँ ग्रामीण उत्पादक थे और वे अपने उत्पाद को शहर में बेचते थे, जिसका इस्तेमाल सामान्य खुदरा शहरी व्यापार के तहत होता था। उन्होंने दुग्ध उत्पादकों को दूध एकत्रित करने, संसाधित करने एवं फिर सीधे थोक बाजार में बेचने के लिए प्रेरित किया था और इस काम के लिए पेशेवर प्रबंधकों को नौकरी

पर रखा था। उन्होंने बहुराष्ट्रीय कंपनियों के सामने गरीब दुग्ध उत्पादकों को खड़ा कर दिया और उनकी आर्थिक दशा सुधारने का अभूतपूर्व कार्य किया।

अ.ति. : क्या यह प्रयोग अन्य क्षेत्रों में भी चला?

ए.पी.जे. : भारत में चीनी का अधिकांश उत्पादन सहकारी क्षेत्र की मिलों में होता है। सहकारी संस्थाएँ, जिनमें छोटे-बड़े सब किसान शामिल होते हैं, मिलों को गन्ना बेचती हैं। सहकारी संस्थाएँ गरीबी, खाद्य असुरक्षा और बेरोजगारी की समस्याओं से निपटने का बड़ा प्रभावी तरीका हैं। उत्पाद एवं सेवाएँ मुहैया कराने में सहकारी संस्थाएँ सरकारी एवं निजी स्वामित्ववाली संस्थाओं से कहीं बेहतर साबित हुई हैं। तात्या साहिब कौरे ने महाराष्ट्र के कोल्हापुर जिले की वर्णा घाटी में भूमिहीन किसानों के लिए डेयरी और मुरगी-पालन का व्यवसाय शुरू किया था। आज 'वर्णा सहकारी डेयरी' 60 गाँवों में फैले 16,000 दुग्ध उत्पादकों से 5 लाख लीटर दूध प्रतिदिन इकट्‌ठा करती है। अच्छी आमदनी से वर्णा क्षेत्र में गरीब ग्रामीण लोगों का जीवन-स्तर सुधरा है। वर्णा पुरा (PURA) संस्थान की 50 दुकानें उत्कृष्ट सेवा और अच्छे उत्पाद ग्रामीण लोगों को मुहैया करा रही हैं।

अ.ति. : भारत में प्रत्यक्ष विदेशी निवेश (एफ.डी.आई.) के खिलाफ तीव्र विरोध है। इस मुद्दे पर ममता बनर्जी यू.पी.ए. सरकार से बाहर चली गई थीं।

ए.पी.जे. : प्रत्यक्ष विदेशी निवेश एक राजनीतिक मुद्दा है। भारत में इसका सिलसिला सन् 1991 से शुरू हुआ। उस समय प्रधानमंत्री नरसिम्हा राव ने भारतीय उद्योगों के विकास के लिए बहुराष्ट्रीय कंपनियों को इनमें निवेश के लिए विशेष सुधारों की सुविधाएँ प्रदान की थीं। इसके लिए एक बड़े परिदृश्य को समझना बहुत आवश्यक है।

अ.ति. : कृपया समझाएँ।

ए.पी.जे. : दुनिया भर की अर्थव्यवस्थाओं में विकास दर का बड़ा भारी अंतर है। वैश्विक जनसंख्या के 80 प्रतिशत की विश्व की मात्र 20 प्रतिशत अर्थव्यवस्था में भागीदारी है। उदीयमान अर्थव्यवस्था की संज्ञा उन अर्थव्यवस्थाओं को वर्णित करने के लिए बनाई गई है, जो कि बंद अर्थव्यवस्था से मुक्त बाजार की तरफ चलने की प्रक्रिया में हैं और वैश्विक व्यापार व्यवस्था के अंतर्गत जिनकी जवाबदेही है। विदेशी निवेश की स्वीकृति और निवेशकों को प्रोत्साहित करनेवाली नीतियाँ ई.एम.ई. (इमर्जिंग मार्केट इकोनॉमी) प्रणाली की प्रमुख विशेषताएँ हैं।

अ.ति. : इसीलिए एफ.डी.आई. एक वैश्विक घटनाक्रम है और एक सुदृढ़ घरेलू आर्थिक व्यवस्था विदेशी निवेश को आकर्षित करती है।

ए.पी.जे. : बिलकुल ठीक। भारत की अर्थव्यवस्था एफ.डी.आई. के लिए आकर्षण का केंद्र रही है। वर्ष 2001-02 में 6 अरब अमेरिकी डॉलर से बढ़कर वर्ष 2008-09 में

विदेशी निवेश 38 अरब डॉलर हो गया।[85] भारत ने केवल कुछ संवेदनशील क्षेत्रों, जैसे—नाभिकीय ऊर्जा को छोड़कर तकरीबन सभी क्षेत्रों में प्रत्यक्ष विदेशी निवेश की अनुमति दे दी है। विशेष क्षेत्रों के लिए खास नियम व कानून निर्धारित हैं। भारत में विशेष तौर पर सेवा क्षेत्र में प्रत्यक्ष विदेशी निवेश का प्रवाह बना हुआ है। पिछले पाँच वर्षों में इसका औसत हिस्सा 41 प्रतिशत रहा है। इसके बाद मशीनी उत्पादन के क्षेत्र में 23 प्रतिशत का निवेश हुआ है। यह निवेश मुख्य रूप से मॉरीशस के रास्ते होकर आया है, जो कि कुल निवेश का 43 प्रतिशत है। सिंगापुर से 11 प्रतिशत का निवेश हुआ है।

अ.ति. : किंतु मॉरीशस और सिंगापुर तो बहुत ही छोटी अर्थव्यवस्थाएँ हैं। वे भारत में इस तरह का बड़ा निवेश किस तरह से कर सकती हैं?

ए.पी.जे. : भारत के इन देशों के साथ करों के द्विपक्षीय समझौते हैं। इनके चलते इन देशों से होकर आनेवाले निवेशों में निवेशकों को करों में भारी रियायत मिलती है।

अ.ति. : कई लोगों का मानना है कि यह पूँजी भारत की ही अर्थव्यवस्था में उत्पन्न हुई और कर चोरी से बाहर भेजी गई संपदा है, जो कि एफ.डी.आई. के रूप में भारत में वापस लाई जा रही है। दूसरे शब्दों में, इसे विदशी निवेश या भारतीय बाजार में वैश्विक पूँजी का प्रवाह नहीं कह सकते हैं।

ए.पी.जे. : वाकई, इस बात को झुठलाया नहीं जा सकता है। संसद् में काले धन पर श्वेत-पत्र की प्रस्तुति से पता चलता है कि अप्रैल 2000 से मार्च 2011 तक मॉरीशस और सिंगापुर दो सबसे बड़े एफ.डी.आई. के स्रोत रहे हैं। "...यह स्पष्ट है कि इन क्षेत्रों से होकर किया जानेवाला निवेश करों को बचाने या प्रत्यक्ष निवेशकों का कर प्राधिकारियों से अपनी पहचान छुपाने के लिए किया गया है, जिनमें से कई तो भारतवासी ही हैं, जिन्होंने अपनी ही कंपनियों में आयकर बचाकर धन फिराने की प्रक्रिया के तहत निवेश किया है।"[86]

अ.ति. : इसका मतलब है, जब एफ.डी.आई. के विरोधी खुदरा क्षेत्र में विदेशी निवेश पर संदेह करते हैं, तब इसमें कुछ तथ्य है।

ए.पी.जे. : मैं नोबेल पुरस्कार प्राप्त जोसेफ स्टिगलिट्ज की पुस्तक 'द प्राइस ऑफ इनइक्विलिटी' पढ़ रहा था। हाल ही के अपने एक साक्षात्कार में उन्होंने इस मुद्दे पर कुछ समझदारी भरे विचार व्यक्त किए हैं—"एफ.डी.आई. के समर्थक इस पर जरा ज्यादा ही जोर दे रहे हैं। एक छोटे से विकासशील देश की तुलना में भारत की स्थिति काफी अलग है। आपके पास उद्यमियों की एक बड़ी संख्या मौजूद है। उनके पास

---

85. http//www.rbi.org.in/scripts/bs_viewcontent.aspx?Id=2513

86. प्रेस ट्रस्ट ऑफ इंडिया, 21 मई, 2012।

वैश्विक जानकारी, वैश्विक तकनीक और अपार धन है। इसलिए यदि बड़े स्तर के सुपर बाजारों में बहुत अधिक लाभ है तो घरेलू उद्योग को इसमें निवेश खुद करना चाहिए। एफ.डी.आई. के लिए भारत में वैसे ही रुकावट नहीं है। वॉल-मार्ट जैसी बड़ी कंपनियाँ बहुत ही कम कीमत पर दुनिया में कहीं से भी माल एकत्रित कर सकती हैं। खतरा यह है कि उनकी क्रय शक्ति बहुत बड़ी है और वे भारत के उत्पादन की बजाय चीन के बने सस्ते सामान को भारत में बेचने के लिए अपनी शक्ति का भरपूर इस्तेमाल करेंगे। इसलिए चिंता इस बात की अधिक नहीं है कि वे छोटी खुदरा दुकानों को हटा देंगे, बल्कि वे भारतीय सामान को ही जड़-मूल से मिटा देंगे।''[87] अरुण शौरी ने खुदरा क्षेत्र में एफ.डी.आई. को महत्त्वहीन मुद्दा बताया है, ''इससे न तो सहायता मिलेगी और न ही नुकसान होगा।''[88]

अ.ति. : जब हम अपने देश की अर्थव्यवस्था को दुनिया के लिए खोलते हैं, तब हमें स्थानीय राजनीति और सामाजिक कारकों का भी ध्यान रखना चाहिए। भारत के लोगों के पास विदेशी निवेश के प्रति अविश्वास रखने के उचित कारण हैं। फास्ट फूड और बीयर की हमारे बाजारों में भरमार और उनका प्रभाव इस विदेशी निवेश का ही परिणाम है। दो-एक पीढ़ियों के चलते यह हमारे समाज के हर ताने-बाने को बदलकर रख देगा।

ए.पी.जे. : आइए, इस पर विचार करें। पेप्सी कंपनी का टमाटर का प्रोसेसिंग संयंत्र पंजाब के होशियारपुर जिले में है। किसानों के लिए नए विकल्प के रूप में देखे गए ठेके या अधबँटाई पर खेती-बाड़ी के इस मॉडल से उत्पादकता में वृद्धि हुई है तथा आधुनिक प्रौद्योगिकी का शुभारंभ हुआ है। इस मॉडल को अपार सफलता मिली है। इसी प्रकार से, बासमती चावल और मूँगफली तथा आलू जैसी अन्य सब्जियों की फसलों के बारे में अत्यधिक संभावनाएँ मौजूद हैं। भारतीय किसान अंतरराष्ट्रीय बाजार में अधिक बिक्री कर सकता है।

अ.ति. : इसलिए, यदि किसान सशक्त बनता है तो एफ.डी.आई. श्रेष्ठ है।

ए.पी.जे. : किसानों को उसकी खेती-बाड़ी के लिए सही मूल्य मिलना चाहिए। बिचौलियों की दादागीरी अवश्य खत्म होनी चाहिए। आइए, अपनी सहकारी समितियों का पुनः उद्धार किया जाए। उन्हें ग्लोबल खुदरा बाजार की शृंखला से बातचीत करने दें तथा सर्वश्रेष्ठ इनपुट और प्रौद्योगिकी का इस्तेमाल करके फसल उगाई जाए। ऐसा करके ग्लोबल मानकों के अनुरूप उत्पाद तैयार होंगे। जहाँ तक एफ.डी.आई. का प्रश्न है, उससे किसान पैदावार का मूल्य बढ़ाने में सशक्त हो सकते हैं, उनकी बाजार तक सीधी

87. http://articles.timesofindia.indiatimes.com/2012-10-21/all-that matters 34626900 _ 1_ in equality financial_crisis latest_book.

88. http/www.ndtv.com/article/india

पहुँच हो सकती है और उचित मूल्य मिलने तक लंबी अवधि के लिए उपज के भंडारण में मदद मिलेगी।

अ.ति. : इस प्रकार से संपत्ति के सृजन की प्रक्रिया में किसानों को अवश्य शामिल किया जाए।

ए.पी.जे. : इस समय हमें अन्य विकसित अर्थव्यवस्थाओं जैसे दक्षिण कोरिया से सीखने की जरूरत है। वहाँ के पूर्व राष्ट्रपति ली म्युंग-बाक के साथ मेरी अच्छी मित्रता है। राष्ट्रपति बनने से पहले वे हुंदई इंजीनियरिंग ऐंड कंस्ट्रक्शन के सी.ई.ओ. तथा सियोल के मेयर थे। मुझे उनका '747 प्लान' बहुत पसंद आया। इसमें उन्होंने कोरिया की जी.डी.पी. में 7 प्रतिशत की वार्षिक विकास दर, 40,000 अमेरिकी डॉलर की प्रति व्यक्ति वार्षिक आय और कोरिया को विश्व की सातवीं बड़ी अर्थव्यवस्था बनाने का लक्ष्य रखा था। वे एक ऐसा कोरिया बनाना चाहते थे, जिसमें लोग संपन्न हों, समाज जिंदादिल हो और राज्य व्यवस्था मजबूत हो। भारत 2,000 अरब अमेरिकी डॉलर के बैरियर पर अटका हुआ है। हमारा लक्ष्य वर्ष 2020 तक 4,000 अरब अमेरिकी डॉलर तथा 2030 तक 10,000 अरब अमेरिकी डॉलर होना चाहिए। तभी हमारे किसान सशक्त होंगे।

अ.ति. : भारतीय अर्थव्यवस्था में जो संपत्ति बनी है, वह लोगों के पास वापस नहीं गई है। जरा अति संपन्न लोगों पर एक नजर डालें तो उन क्षेत्रों को साफ देख सकते हैं, जहाँ से वे धन पैदा कर रहे हैं, जिसमें प्राकृतिक संसाधन को दोहनेवाले क्षेत्र प्रमुख हैं। ब्रिटिश इतिहासकार पैट्रिक फ्रेंच भारत में धनी और गरीब की मौजूदगी का अनोखा विरोधाभास देखते हैं। यह ठीक स्क्रोडिंजर की बिल्ली की तरह है।''[89]

ए.पी.जे. : बड़ी अच्छी उपमा है। स्क्रोडिंजर ने अपने विचार-प्रयोग में यह जानने की कोशिश की कि कहाँ दो विपरीत अनुमान केवल एक वास्तविकता में बदल जाते हैं। पर मुझे तो पक्का विश्वास है कि अपनी अलग-अलग स्थितियों से गुजरता मेरा देश भारत अंततोगत्वा विकसित देश की वास्तविकता को पा लेगा।

अ.ति. : पैट्रिक फ्रेंच एक महत्त्वपूर्ण सवाल उठाते हैं। वे पूछते हैं, माना कि भारत के चुनाव अब ज्यादा खुले और उत्साही हो गए हैं, फिर भी क्या देश की राजनीति वंशवाद में नहीं बदलती जा रही है, जहाँ सत्ता कुछ परिवारों में ही सिमटती आ रही है?

ए.पी.जे. : जैसा कि मैं इस पुस्तक में पहले भी स्पष्ट कर चुका हूँ कि करीब 1,00,000 परिवारों ने विधायिका में बने रहने की कला में महारत हासिल कर ली है। इसके लिए उन्हें दोषी नहीं ठहराना चाहिए, क्योंकि यह एक स्वाभाविक प्रवृत्ति है।

---

89. पैट्रिक फ्रेंच, 'इंडिया : ए पोर्टेट', एलन लेन, 2011।

दक्षिण कोरिया के राष्ट्रपति ली म्यूंग बाक का अभिवादन करते हुए।

महत्त्वपूर्ण विषय यह है कि नेक लोगों का चुना जाना सुनिश्चित हो। हमारे राजनेताओं और लोक-सेवकों की काबिलियत व गुणवत्ता में आई गिरावट की भरपाई केवल नागरिक समाज की अधिक सक्रियता, उत्साह तथा मजबूत सामाजिक उद्यम द्वारा ही की जा सकती है।

अ.ति. : वर्गीज कुरियन ने विश्व स्तरीय सामाजिक उद्यम की रचना की थी, परंतु बाद में इसमें क्या गड़बड़ हुई? आपके विचार से, हमारे गरीब लोगों को उद्यमी के रूप में खड़े होने में और अपना खुद का व्यवसाय खड़ा करने में कौन सी रुकावटें हैं? जनमानस में से मजदूरी, वेतन और सरकारी मदद की लालसा की सोच क्या कभी निकल पाएगी?

ए.पी.जे. : ऐसे परिवर्तन के लिए राजनीतिक कल्पना-दृष्टि का होना बहुत जरूरी है। त्रिभुवनदास किशीभाई पटेल (1903-1994) गुजरात के खेड़ा जिले के दुग्ध उत्पादकों को सरदार वल्लभभाई पटेल के पास ले गए थे। सरदार पटेल ने लोगों को एक सरकारी संस्था बनाने का निर्देश दिया था। इस संस्था ने दूध को बंबई मिल्क स्कीम को बेचना शुरू किया। सरदार पटेल ने मोरारजी देसाई (1896-1995) को दुग्ध उत्पादकों की

मदद करने के लिए उनके पास भेजा। इस कल्पना-दृष्टि ने वर्गीज कुरियन और बाद में एच.एम. दलाया (1921-2004) को आकर्षित किया। इन लोगों ने दुनिया में पहली बार भैंस के दूध का पाउडर बनाया। 'ऑपरेशन फ्लड' (1970-1980) का प्रथम चरण दूध के पाउडर तथा मक्खन के विक्रय का था। इसमें सहकारी संस्था की यूरोपियन इकोनॉमिक कम्युनिटी ने भी सहायता की। आगे चलकर सी. सुब्रमण्यम (1910-2000) की राजनीतिक इच्छा-शक्ति तथा एम.एस. स्वामीनाथन की वैज्ञानिक दक्षता के मिलन से 'हरित क्रांति' आई थी।

अ.ति. : तो सामाजिक रूपांतरण के लिए राजनीतिक विजन का होना अनिवार्य है?

ए.पी.जे. : प्रजातंत्र में, जहाँ आम जन अपने नेता चुनते हैं, सहकारी उद्यम ही आम लोगों या आधारिक स्तर पर लोगों के सशक्तीकरण का एकमात्र रास्ता है। सहकारी उद्यमों से प्रजातंत्र मजबूत होता है।

अ.ति. : बँगलादेश के बैंकर एवं नोबेल पुरस्कार प्राप्तकर्ता मुहम्मद यूनुस का ध्यान आता है। उन्होंने गरीबों के छोटे धंधों में माइक्रो निवेश और माइक्रो ऋण की अवधारणा विकसित की है। यह ऋण उन उद्यमियों को दिए जाते हैं, जो पारंपरिक बैंक ऋण की योग्यता हेतु अति निर्धन हैं। इस प्रयोग से तकरीबन 5 करोड़ लोगों को अति निर्धनता की स्थिति से बाहर निकाला जा चुका है।[90]

ए.पी.जे. : भारत में गाँव के निर्धन लोगों को ऋण प्रदान करना नई बात नहीं है। माइक्रो निवेश के विश्व स्तरीय अभियान बनने से पहले भी भारत सरकार ने गरीबी उन्मूलन के लिए वित्तीय बाजारों की उपलब्धता के महत्त्व पर बल दिया है। माइक्रो ऋण कार्यक्रम शुरू-शुरू में कृषि के क्षेत्र में 'नाबार्ड' (NABARD) द्वारा और उद्योग के क्षेत्र में 'सिडबी' (SIDBI) द्वारा तथा नौकरी व व्यापार के लिए आई.एस.बी. द्वारा दिया जाता रहा है। क्षेत्रीय ग्रामीण बैंक भी हैं। ग्रामीण निर्धनों की सेवा के लिए करीब 15,40,000 संस्थागत आउटलेट हैं, जिनमें सार्वजनिक क्षेत्र के बैंक, क्षेत्रीय ग्रामीण बैंक, सहकारी समितियाँ, गैर-बैंकिंग ऋण संस्थाएँ शामिल हैं। प्रति 5,000 व्यक्तियों पर एक-न-एक सहायता केंद्र है। 'इंटिग्रेटेड रूरल डेवलपमेंट प्रोग्राम' (आई.आर.डी.पी.) और 'सेल्फ हेल्प ग्रुप' (एस.एच.जी.) निर्धनों के लिए चल रहे माइक्रो फाइनेंस के रूप में दो अग्रगामी कार्यक्रम हैं।

अ.ति. : बहुत से दूसरे देशों की तरह भारत में सामाजिक सुरक्षा का कोई नेटवर्क नहीं है। अलबत्ता कई भले लोग और संगठन हैं, जो कि समाज के हाशिए पर आ चुके वर्गों और दुर्भाग्यशाली बच्चों, महिलाओं, निराश्रितों, मानसिक विकलांगों तथा समाज

90. ए.के. खंडेलवाल (2007) 'माइक्रोफाइनेंस डेवलपमेंट स्ट्रेटेजी फॉर इंडिया, इकोनॉमिक ऐंड पॉलिटिकल वीकली', वॉल्यूम 9 सं. 2, पृ. 1127-1135।

के दबे-कुचले लोगों के लिए काम कर रहे हैं। इन कामों के लिए पूँजी का मिलना मुश्किल होता है और यह कार्य सीधा सरल भी नहीं है। समाज-सेवा के इस क्षेत्र के लिए नियमों को फिर से परिभाषित करना एक बड़ी चुनौती है।

ए.पी.जे. : एक चीज बहुत ही स्पष्ट है कि गरीबी-उन्मूलन के बिना विकास का रास्ता ज्यादा दूर तक नहीं जाता है। यह अवधारणा कि आर्थिक विकास समाज के सभी वर्गों में स्वत: ही फैल जाता है, गलत साबित हो चुकी है। जितना हम विकास कर रहे हैं, गरीबों की तकलीफें उतनी ही बढ़ रही हैं। विकास, असमानता और गरीबी का संबंध अंतर्संबंधित है। मेरे विचार से, भारत के प्रत्येक नागरिक की मौलिक आवश्यकताओं का ध्यान रखने के लिए सामाजिक उद्यम ही एकमात्र रास्ता है। इससे उन्हें कमाने की क्षमता पाने और बेहतर जीवन जीने का अवसर मिलेगा। मैं मानव विकास का ऐसा तरीका चाहता हूँ, जिसमें साधन का मानवीय जरूरतों और पर्यावरण की सुरक्षा के आधार पर उपयोग किया जाए, जिससे न सिर्फ आज बल्कि आनेवाली पीढ़ियों के लिए संसाधनों की उपलब्धता सुनिश्चित की जा सके।

अ.ति. : किस आधार पर ऐसी व्यवस्था चलेगी?

ए.पी.जे. : विश्व ने विकास के कई रूप देखे हैं—साम्राज्यवाद, त्वरित पूँजीवाद, समाजवाद, आर्थिक विकास और राजनीतिक विकास। प्राकृतिक संसाधनों के अंधाधुंध दोहन और 7 अरब की विशाल जनसंख्या के भार तले दबी धरती पर अब सतत या निरंतर विकास की राह पर चले बिना आगे बढ़ना संभव नहीं दीख रहा।

अ.ति. : कहाँ से शुरू करें?

ए.पी.जे. : अंतरिक्ष और भूतल संचार प्रणालियों से सूचना का विशाल भंडार उपलब्ध है। पर इतने संचार तंत्रों और प्रणालियों से हमने क्या सीखा? पृथ्वी के 3 अरब गरीबों की स्थिति सुधारने के लिए इन सूचनाओं का विश्लेषण और इस्तेमाल एक सही शुरुआत होगी।

अ.ति. : आपके मन में किस तरह का समाधान है?

ए.पी.जे. : मैं ऐसी एकीकृत व्यवस्था सोच रहा हूँ, जिसमें विभिन्न प्रौद्योगिकियों का उपयोग प्राकृतिक संसाधनों के सदुपयोग और अति-निर्धन लोगों का जीवन-स्तर सुधारने के लिए किया जाए। जल संसाधनों का सिंचाई और पीने के लिए स्वच्छ पानी का संवर्धन, प्रदूषण को रोकने के तरीके और अक्षय ऊर्जा का अधिक उत्पादन एवं उपयोग, प्राकृतिक संसाधनों एवं जैव -विविधता का संरक्षण आदि ऐसे कई क्षेत्र हैं, जिनमें नई प्रौद्योगिकी के इस्तेमाल की महती संभावनाएँ हैं।

अ.ति. : पर इस सोच पर अमल कैसे होगा?

ए.पी.जे. : इसे व्यापारिक रूप से करना होगा। सतत विकास के लिए प्रौद्योगिकी

को किसानों, मछुआरों, कारीगरों और गाँवों में रह रहे लोगों तक ले जाना होगा। इससे प्राकृतिक संसाधनों के सदुपयोग में मदद मिलेगी। कार्बन फुट प्रिंट में कमी, अक्षय ऊर्जा, नेवीगेशन और अंतरिक्ष से मैपिंग द्वारा नदियों के बहाव और जल संसाधनों के सदुपयोग की प्रौद्योगिकी से जैव-विविधता के संरक्षण और गरीब लोगों के जीवन-स्तर में सुधार में बहुत ज्यादा मदद मिलेगी।

अ.ति. : क्या जीवन-स्तर को मापा जा सकता है?

ए.पी.जे. : सामाजिक पिरामिड के सबसे निचले स्तर पर रह रहे लोगों के सुखी, समृद्ध एवं शांतिप्रिय जीवन को सुनिश्चित करने के लिए मैंने आठ अनिवार्य विशेषताओं को पहचाना है। ये आठ विशेषताएँ हैं—भोजन एवं पोषण, पेयजल और सिंचाई तक पहुँच, स्वास्थ्य सेवाओं तक पहुँच, रोजगार द्वारा कमाई की क्षमता, शिक्षा और काम सीखने के अवसर, बिजली एवं संचार साधनों की उपलब्धता, सामाजिक वैमनस्य की स्थिति और पूँजी तक पहुँच। इन आठ पैमानों पर निकट भविष्य की ओर अभीष्ट अवस्था को इंगित कर हम एक सामाजिक उन्नति के रडार की रचना कर सकते हैं।

अ.ति. : आप विकासोन्मुखी अर्थव्यवस्था को बढ़ावा दे रहे हैं। क्या फिलहाल यह प्रचलन में है?

ए.पी.जे. : दूसरों के अनुभव से यह सीखना चाहिए कि हमें अपनी गलतियाँ बार-बार नहीं दोहरानी चाहिए तथा हमें उनकी सफल विधियों का अनुकरण करना चाहिए। नोबेल पुरस्कार विजेता साइमन कुजनेट्स (1901-1985) उन हस्तियों में से हैं, जिन्होंने विकासोन्मुखी अर्थव्यवस्था पर विचार किया था। उन्होंने विकासशील देशों की कुछ अनुभवजन्य विशेषताओं को पहचाना। उन्नति का अनुभव करने के लिए देशों को कृषि से औद्योगिक क्षेत्रों की ओर मुड़ना पड़ा। हालाँकि कृषि आय में किंचित् बदलाव हुआ है, फिर भी औद्योगिकीकरण के परिणामस्वरूप आमदनी में ज्यादा अंतर आया है। धीरे-धीरे आबादी का निम्न आय वर्ग सरकारी नीतियों में बदलाव लाने तथा अधिक अवसर पाने के लिए राजनीतिक सत्ता हासिल करने लगा। इससे असमानता कम हुई है। यह हमारे देश में भी घटित हुआ है। लेकिन निर्धन लोगों द्वारा चुने गए हमारे नेता सामाजिक असमानता को रोकने में असमर्थ रहे हैं।

अ.ति. : इस अर्थ में पुनर्जागरण से क्या आशय है?

ए.पी.जे. : इस तरह के विकास का काम किया जाए, जिससे गरीबों को लाभ हो और उनकी आर्थिक स्थिति को सुधारने का अवसर मिले। रोजाना पर्याप्त आमदनी के रूप में गरीबी को परिभाषित करना क्रूरता और निष्ठुरता है। गरीबी को लोगों की पूर्णतः विपन्न स्थिति के रूप में समझना चाहिए। जब तक एक व्यक्ति समाज के कम-से-कम मानक के अनुसार जीवन नहीं जी पाता है, जो कि उसे प्राप्त होना ही चाहिए, तब तक

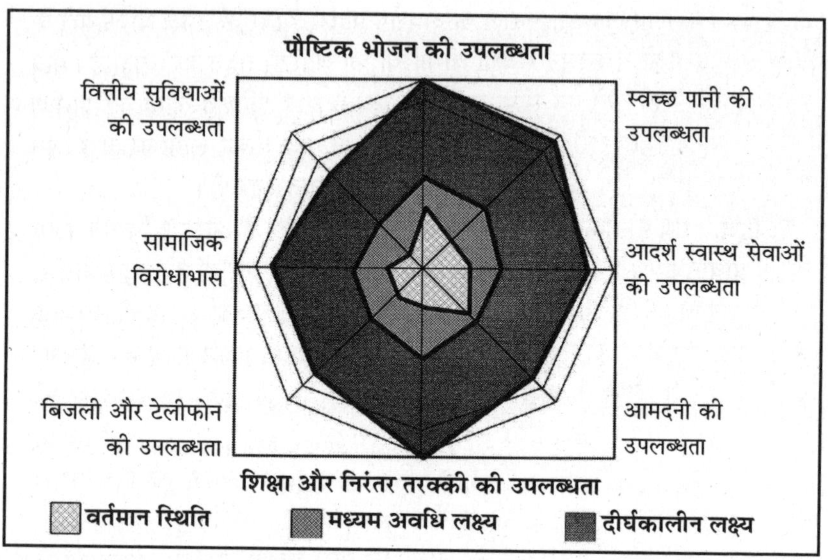

सशक्तीकरण की आठ अनिवार्य विशेषताएँ।

वह पूर्णत: विपन्न स्थिति में है।

अ.ति. : जीवन जीने के लिए कम-से-कम स्वीकार्य मानक क्या होना चाहिए?

ए.पी.जे. : न्यूनतम से शुरू करें तो इसमें दो वक्त का भोजन, पीने का स्वच्छ पानी, एक छत, एक शौचालय तथा प्राथमिक स्वास्थ्य सुविधाएँ मिलनी ही चाहिए। मकान, घरेलू सुविधाओं और संपत्तियों की 2011 की जनगणना का आँकड़ा आँखें खोलनेवाला है। ऐसे लाखों लोग हैं, जिनके पास अति आधुनिक तकनीकें और उपभोक्ता सामान हैं, परंतु ऐसे लोगों की संख्या बहुत ही अधिक है, जिनके पास मूलभूत सुविधाएँ भी नहीं हैं। महिलाएँ पारंपरिक रूप से पुराने धुएँ वाले चूल्हों में खाना पकाने के लिए विवश हैं तथा एक-तिहाई से अधिक जनसंख्या को पीने का स्वच्छ पानी नहीं मिल पा रहा है। "25 करोड़ में से बस आधे घरों में ही शौचालय की सुविधा है। इनमें से मात्र 3.2 प्रतिशत लोग सार्वजनिक शौचालयों का इस्तेमाल करते हैं, बाकी लोग खुले में शौच करने के लिए विवश हैं…। शिक्षा की कमी और पारंपरिक व सांस्कृतिक आदतें इस अनावश्यक फूहड़ता के मुख्य कारण हैं। इससे कई संक्रामक बीमारियाँ तो फैलती ही हैं, जिनके इलाज की व्यवस्था नहीं है। कंगाली में गीले आटे की-सी विसंगति में देश के आधे लोग फँसे हुए हैं, सो अलग।"[91]

अ.ति. : खुले में शौच करना स्वास्थ्य की दृष्टि से बहुत ही नुकसानदेह है। खाना

91. 'द हिंदू', 14 मार्च, 2012।

पकाने के ईंधन के लिए लकड़ी, फसल के अवशेष पदार्थ, गोबर के उपले या कोयले के इस्तेमाल से महिलाओं में श्वसन संबंधी बीमारियों का जोखिम बहुत बढ़ जाता है। मात्र 32 प्रतिशत घरों में ही पीने का साफ पानी उपलब्ध है। 17 प्रतिशत लोगों को ग्रामीण क्षेत्रों में 500 मीटर तथा शहरी क्षेत्रों में 100 मीटर दूर से पानी ढोकर लाना पड़ता है। इन कारणों से जल-जनित रोग और मलेरिया का संक्रमण बहुत आम है।

ए.पी.जे. : तब हम किस तरह की उन्नति की बात कर रहे हैं और यह किसके लिए है? देश में प्राथमिकताओं का एक भयावह विस्थापन है। शहरी गरीबों को उनके घरों से बेघर करके उनकी आजीविका को छीनना, किसानों और जनजातियों से उनकी उपजाऊ जमीन ले लेना, मछुआरों को मछली पकड़ने से रोकना बहुत ही गंभीर मुद्दे हैं, जिन पर ईमानदारी से सोचना जरूरी है। ऐसे बहुत से उदाहरण हैं, जिनमें गरीब भू-स्वामियों की जमीनें जन-हित के नाम पर ले ली गईं और उन्हें अपने लाभ के लिए कई गुना महँगे दामों में बेच दिया गया। कई कंपनियाँ खनिजों की बिक्री तथा गैस एवं तेल की निकासी से अरबों-खरबों की मालिक बन गईं, पर इनमें से किसी ने दूसरा जमशेदपुर नहीं बसाया।

अ.ति. : यहाँ तक कि सरकार के भीतर भी कुछ विशेष विकास योजनाओं में पर्यावरणीय अनुमति प्राप्त करने के लिए निरंतर द्वंद्व चलता रहता है।

ए.पी.जे. : विकास और पर्यावरण को परस्पर विरोधी बलों के रूप में न देखकर इन्हें साथ-साथ मिलाकर देखने की जरूरत है। हर तरह की वृद्धि विकास नहीं होती है और न ही गरीबी की स्थिरता को पर्यावरण की रक्षा कहा जा सकता है। निराश्रित गरीबों को घर, कृषि के लिए अक्षय ऊर्जा, ग्रामीण क्षेत्रों में प्रकाश, दूरसंचार तथा अवशेष प्रबंधन की आधारभूत व्यवस्था, जल-संग्रह और धातु व प्लास्टिक की बेकार वस्तुओं को पुन: उपयोगी बनाना—विकास की प्राथमिकताएँ होनी चाहिए। लोगों को स्वेच्छा से पटाखों, प्लास्टिक और अपने अनावश्यक शौक—आराम के लिए ऊर्जा के आडंबर-युक्त इस्तेमाल का त्याग कर देना चाहिए।

अ.ति. : इसलिए आप सामाजिक उद्यम को भारतीय पुनर्जागरण की तरफ चौथा कदम मानते हैं।

ए.पी.जे. : इससे पहले कि मैं कुछ और कहूँ, सामाजिक उद्यम के प्रति मैं अपने नजरिए को स्पष्ट कर देना चाहता हूँ। सामाजिक उद्यम एक ऐसा व्यापार है, जिसके द्वारा सामाजिक समस्याओं का समाधान होता है; जैसे—सामूहिक सुधार, लोगों का आर्थिक सुधार और पर्यावरण का सुधार। मैं अमूल को सभी सामाजिक उद्यमों की जननी का दर्जा देता हूँ। दुग्ध केंद्र के अलावा भारत में दक्षिण-पूर्व एशिया का मत्स्य संग्रहण केंद्र बनने की संभावनाएँ हैं। मैं मछली-पालन और मछली उत्पाद के लिए पृथक् मंत्रालय की सलाह देता हूँ। हमें इस तरह के उचित कार्य करने चाहिए, जिससे धन अर्जित किया जाए और अर्जित

लाभ को लोगों के कल्याण के लिए पुनः निवेशित किया जाए।

अ.ति. : आपके मित्र डॉ. गोविंदप्पा वेंकटस्वामी ने नेत्र चिकित्सा के क्षेत्र में क्रांतिकारी कार्य किया है।

ए.पी.जे. : उनकी संस्था ने 2 करोड़ से अधिक मरीजों का इलाज किया है और प्रति वर्ष 2 लाख से अधिक आँखों के ऑपरेशन भी किए हैं। इनमें से दो-तिहाई ऑपरेशन मुफ्त किए गए हैं। एल.वी. प्रसाद आई इंस्टीट्यूट, हैदराबाद और भुवनेश्वर में डॉ. गुल्लापल्ली नागेश्वर राव और डॉ. तारा प्रसाद दास ने भी इसी तरह की बड़ी सेवाएँ प्रदान की हैं।

अ.ति. : आपने हाल में क्रिश्चियन मेडिकल कॉलेज, वेल्लूर में 'डॉ. ईदा एस. स्कडर स्मृति व्याख्यान' दिया था। इस संस्थान की गणना भारत के श्रेष्ठतम अस्पतालों में होती है। गरीबों और समाज के हाशिए पर जी रहे लोगों के लिए अनुकंपा के आधार पर चिकित्सा सुविधा देने की इसकी प्रतिबद्धता प्रशंसनीय है।

ए.पी.जे. : अपने विद्यार्थी काल से ही मैं लोगों को अपने जीवन की रक्षा के लिए अंतिम पड़ाव के रूप में वेल्लूर जाते देखा करता था। हैदराबाद स्थित 'केयर फाउंडेशन' ने बच्चों की हृदय शल्य चिकित्सा के क्षेत्र में महती कार्य किया है।

अ.ति. : आप नेक काम और व्यापार के संयोजन का आह्वान कर रहे हैं।

ए.पी.जे. : जो लोग मुख्यधारा से अलग हो गए हैं, उनके लिए हमारे उद्योगों को रोजगार का विशेष रूप से सृजन करना चाहिए। हमारे व्यापार को अपने लाभ का कुछ हिस्सा सामुदायिक परियोजनाएँ, पर्यावरण की सुरक्षा, लोगों के लिए अनिवार्य सेवाएँ उपलब्ध कराने में लगाना ही चाहिए। मैंने इस बात को 'कुडनकुलम परमाणु केंद्र' में कहा और वहाँ के अधिकारी इसके लिए सहर्ष राजी हो गए।

अ.ति. : यह एक नया विचार है तथा इसे महत्त्व दिया जा सकता है; परंतु मौजूदा व्यापार जगत् के बारे में आप क्या कहेंगे? वे इसमें किस प्रकार सहयोगी बन सकते हैं?

ए.पी.जे. : प्रत्येक व्यापार अपनी 'सामाजिक छाप' में सुधार ला सकता है और अपने आपूर्तिकर्ताओं में सामाजिक उद्यम को शामिल करके एक परिवर्तन ला सकता है। खान-पान प्रबंध, स्वच्छता, पुष्प-उत्पादन, डाक सेवा, छपाई, चित्रकारी, अनुसंधान, कार्यालय आपूर्ति, फर्नीचर से लेकर सभी तरह के सामान का निर्माण—यह सबकुछ सामाजिक उद्यमों में हो सकता है। मैं हाल ही में बीजिंग गया था। मेरे होटल में ठहरनेवालों के इस्तेमाल के लिए चीनी मिट्टी के बरतन, मिट्टी के गुलदस्ते और हाथों से बनी चीजें रखी थीं। गुसलखानों में पुनः उपयोगी बनाया गया पानी इस्तेमाल किया जा रहा था। होटल के बगीचे में उगाई गई सब्जियों से ही खाना बनाया जा रहा था। बिजली की बचत के लिए संवेदी और स्वचालित स्मार्ट स्विच लगाए गए थे।

अ.ति. : ये बातें हमें स्वामित्व के प्रश्न पर लौटा लाती हैं। व्यापार का मालिक कौन है? यदि मालिक दूर बैठा बिना चेहरेवाला पूँजीपति है, तब हम यह किस प्रकार उम्मीद कर सकते हैं कि उसका व्यापार छोटे उपक्रमों की सहायता करेगा? वे कहीं से भी सस्ते-से-सस्ता माल प्राप्त करेंगे। हमारे ब्रांडेड होटलों में चीन से लाई गई दाँत खोदनेवाली सींकों का इस्तेमाल होता है। हमारी घरेलू हवाई सेवाएँ थाईलैंड और फिलीपींस से आयातित फलों का जूस परोसती हैं। आज के कई आंदोलन अनावश्यक आयातित उत्पादों को खरीदने में हो रहे खर्चे से उपभोक्ता को रोक रहे हैं; किंतु उपभोक्ता आंदोलनों को तब तक सफलता नहीं मिल सकती, जब तक कि उत्पाद की अर्थव्यवस्था को पूरी तरह से व्यवस्थित न किया जाए तथा उसके स्वामित्व को बदला न जाए।

ए.पी.जे. : सहकारिता का पुनः उद्धार वाकई बहुत ही आवश्यक है। हमारे छोटे-छोटे किसानों को अपने छोटे खेतों को आपस में मिलाकर एक बड़े फार्म का रूप देना चाहिए, जिस पर उन्नत तकनीक और उपकरण इस्तेमाल हो सकें, जिनका इस्तेमाल छोटे भूखंडों पर नहीं हो पाता। समान सुविधा और समान व उचित विक्रय पद्धति ही छोटे किसानों को सुदृढ़ बना सकती है और इसी रास्ते पर चलकर वे वैश्विक व्यापारियों को प्रतिस्पर्धा में ला सकते हैं। 'पुरा' (PURA) के प्रारंभिक प्रयोग ने यह कार्य करके दिखा दिया है।

अ.ति. : लेकिन सहकारिता की भावना क्यों नहीं फल-फूल रही है?

ए.पी.जे. : विश्वास की कमी इसकी एक बड़ी वजह है। भारतीय सहकारिता को भ्रष्टाचार ने बहुत नुकसान पहुँचाया है। राजनीतिक परिवारों द्वारा विश्वास का अपहरण कर लिया गया और जान-बूझकर उन्हें निष्पादनहीन संपत्ति के रूप में परिवर्तित करके बेकार बना दिया गया। सूती कपड़ों के बढ़ते हुए क्षेत्र के धनी लोगों ने कपास उगानेवालों से या उन लाखों महिलाओं से संपर्क नहीं किया, जिन्होंने निर्यात के लिए तैयार होनेवाले कपड़ों की फैक्टरियों में रात-दिन काम किया था। मैं मारबर्ग विश्वविद्यालय, जर्मनी के एक प्रोफेसर का लेख पढ़ रहा था। उन्होंने लिखा था—"यह कहना गलत होगा कि सहकारिता में सदस्य होते हैं। यह कहना अधिक सही है कि सदस्यों के पास अपनी सहकारिताएँ होती हैं। सहकारिताएँ गरीबों की सहायता नहीं करती हैं, बल्कि साथ-साथ काम करके, अपने संसाधनों के सहयोग से, सामूहिक अनुशासन के प्रति समर्पित होकर और आपसी हितों को शामिल करके सामूहिक एकता द्वारा गरीब लोग अकेले नहीं, बल्कि मिलकर अपनी समस्याओं का समाधान करते हैं तथा आपस में एक-दूसरे को सहायता प्रदान करते हैं।"[92] इस तथ्य को हमें अपने सामाजिक उद्यम आंदोलन का

92. एच. मंकनेर : बेस्ट प्रैक्टिस : इनोवेटिव एप्रोचेज टू को-ऑपरेटिव सॉल्यूशंस ऑफ हाउसिंग प्रॉब्लम्स ऑफ द पुअर, (आई.सी.ए. हाउसिंग को-ऑपरेटिव्स हैबिटेट II प्लस 5), मारबर्ग कंसल्ट (मारबर्ग 2001)।

निर्देश सिद्धांत बनाना चाहिए।

अ.ति. : इस पर हवा का रुख तो इससे उलट है। सहकारी उद्यमों पर वैश्वीकरण का बड़ा भारी दबाव है।

ए.पी.जे. : रिक्तता में दबाव तो तयशुदा है। ताकत, ताकत की ही इज्जत करती है। हमारी आर्थिक प्रभुसत्ता की सुरक्षा का एक ही रास्ता—सहकारी आंदोलन है। स्थानीय स्वामित्व की गैर-मौजूदगी में बाहरी लोग अवश्य ही आएँगे। मैं विशेष परियोजना को एक सही दिशा में उठाया गया कदम मानता हूँ। मैं इस प्रणाली को लोगों को दी जानेवाली आर्थिक सहायता और कल्याणकारी कार्यों में प्रयुक्त धन की हेरा-फेरी को रोकने की सुदृढ़ सुरक्षा के रूप में देखता हूँ। पहचान प्रत्येक भारतीय का जन्मसिद्ध अधिकार है। हाशिए पर आ चुके और विस्थापित लोग एवं प्रवासी मजदूर अपनी कोई कानूनी पहचान न हो पाने की वजह से बहुत तकलीफ उठाते हैं।

अ.ति. : हमारी अर्थव्यवस्था में विकास के चलते जो सामाजिक-आर्थिक असमानता बढ़ रही है, उसका अहसास अब सबको होने लगा है। गुरुचरणदास ने अपनी पुस्तक 'इंडिया ग्रोज एट नाइट' में भारतीय विकास को 'निजी सफलता और जनता की असफलता' बताया है।

ए.पी.जे. : हम जिस काल में रहते हैं, उस पर चिंतन करना बहुत ही जरूरी है। परिवर्तन की कई पद्धतियाँ होती हैं और चिंतन से उन्हें समझने में सहायता मिलती है। कार्ल मार्क्स ने कहा है, "इतिहास की पुनरावृत्ति पहले त्रासदी के, फिर आडंबर के रूप में होती है।" गुरुचरणदास ने सन् 2000 में अपनी पुस्तक 'इंडिया अनबाउंड' में सावधान किया था—"भारत औद्योगिक क्रांति पहले ही खो चुका है, इसलिए आई.टी. क्रांति भारत के लिए नितांत आवश्यक है।" हमें विचारकों और लेखकों की जरूरत है, जो कि इस सामाजिक परिवर्तन की नब्ज पर उँगलियाँ रख सकें और उसके कारणों को अभिव्यक्त कर सकें।

अ.ति. : पैट्रिक फ्रेंच की पुस्तक 'इंडिया : ए पोर्ट्रेट' पिछले दिनों प्रकाशित हुई। वे कहते हैं—'भाई-भतीजावाद, कानून की अवहेलना, ज्योतिष पर अति निर्भरता और अंधविश्वास आधुनिक भारत की प्रमुख सामाजिक बुराइयाँ हैं।'

ए.पी.जे. : पैट्रिक फ्रेंच ने वी.एस. नायपॉल की जीवनी 'द वर्ल्ड इज व्हाट इट इज' लिखी थी। मैं नायपॉल द्वारा किए गए नैतिकता के विश्लेषण का कायल हूँ। उन्होंने पाठकों को बड़ी साफगोई से बताया है कि राजाओं और राजशाहों ने आम जनता पर क्या-क्या जुल्म किए हैं। उन्होंने अपनी पुस्तक 'एन एरिया ऑफ डार्कनेस' (1964) में भारत की जमकर आलोचना की थी, जिसमें उन्होंने अपने प्रवासी भारतीय माता-पिता की जन्मभूमि को देखा था। अपनी अगली पुस्तक 'ए बाउंडेड सिविलाइजेशन' (1977)

में नायपॉल ने भारत को सदियों तक विदेशी शासकों द्वारा घायल सभ्यता के रूप में व्यक्त किया है, जिनमें तब तक पुनर्जीवन की विचारधारा नहीं पनप पाई थी। अपनी तीसरी पुस्तक 'इंडिया : ए मिलियन म्युटिनीज नाउ' (1990) में नायपॉल ने भारत के आर्थिक विकास और लोगों की उन्नति की बात कही।

अ.ति. : भारतीय आर्थिक उन्नति का लाभ अधिकतर भारतीयों को नहीं मिला है। बहुत से लोग आज भी कम उपजाऊ भूमि के टुकड़ों पर निर्भर हैं। बड़ी संख्या में प्रवासी युवा मजदूर, बेलदार और घरेलू नौकर के रूप में शहरों में काम कर रहे हैं।

ए.पी.जे. : यही मेरे पुनर्जागरण की सोच का मुख्य विषय है। सभी एक ही हैं। जब तक समाज के एक वर्ग में पीड़ा और हताशा मौजूद है, तब तक बचे हुए लोगों की समृद्धि और सुख-शांति अस्थायी है। तेजी से और ऊँचा उठने के उत्साह में हमने राष्ट्र-निर्माण के कार्य को जैसे अधूरा छोड़ दिया है।

अ.ति. : पैट्रिक फ्रेंच बताते हैं कि करीब 30 प्रतिशत हमारे सांसद वंशानुक्रम के आधार पर सांसद हैं। वे उन्हें वंशानुगत एम.पी. की संज्ञा देते हैं और भारतीय लोकतंत्र को अर्ध सामंतवादी बताते हैं। उनका कहना है कि "यह व्यवस्था भारतीयों की एक बड़ी संख्या को राष्ट्रीय स्तर की राजनीति में आने से रोकती है।"

ए.पी.जे. : मैं पैट्रिक फ्रेंच की इस बात से सहमत हूँ कि भारतीय राज्य का पुनरुद्धार अति आवश्यक है। उनका राष्ट्र-निर्माण के लिए यह विचार वस्तुतः भारत और अमेरिका के संस्थापकों की स्वप्न-दृष्टि का संगम है। दोनों देश ताकत और योग्यता के संयोजन की प्रेरणा से बने हैं।

अ.ति. : गुरुचरणदास ने आगाह किया है कि ऐसे राज्य की ओर बढ़ना आसान नहीं होगा; क्योंकि भारत ऐतिहासिक रूप से एक कमजोर राज्य तथा मजबूत समाज रहा है।

ए.पी.जे. : हम अब और एक कमजोर राज्य और घटिया समाज बरदाश्त नहीं कर सकते। हमारे राज्यों के पास भारत को एक विकसित राष्ट्र बनाने की राष्ट्रीय कल्पना-दृष्टि की शक्ति होनी चाहिए। हमारे समाज के पास नेक जीवन जीने की आध्यात्मिक ताकत होनी चाहिए। हम पहले समाजवाद और अब पूँजीवाद दोनों को देख चुके हैं। अब सामाजिक उद्यम से पुनर्जागरण होना चाहिए, ताकि भारत के प्रत्येक नागरिक को दो वक्त का भोजन, पीने का स्वच्छ पानी, एक छत, एक शौचालय और प्राथमिक स्वास्थ्य सुविधाएँ प्राप्त हो सकें।

संत तिरुक्कुरल की सूक्ति हमें सावधान करती है—

"आदमी आग के बीच भी सो सकता है,
लेकिन गरीबी में किसी को चैन नहीं मिल सकता।"[93]

□

93. तिरुक्कुरल सूक्ति, 1049।

9

इस्तिखार

ईश्वर आप सब जानते हैं, सब देखते हैं, सब सुनते हैं और सबके बारे में सोचते हैं। हमें रास्ता दिखाएँ और हमारी मुश्किलों को आसान करें।

यह अध्याय एकात्मकता की अवधारणा पर लौटते हुए विकास और वृद्धि को दो अलग-अलग प्रक्रियाओं की तरह प्रस्तुत करता है। भारतीय गाँव तेजी से बढ़ रहे हैं और आपस में मिलकर शहर बनते हुए खेती-बाड़ी से दूर होते जा रहे हैं। यह नई समृद्धि उपभोक्तावाद में तब्दील हो रही है। विशेष आर्थिक क्षेत्र (एस.ई.जेड.) के आगमन के साथ शहरों और देहात के बीच एक नई आर्थिक व्यवस्था उभर रही है। ऐसी आशंका है कि कहीं एस.ई.जेड. व्यापारियों के काम करने के अड्डे न बन जाएँ और वहाँ ऐसे काम न होने लगें, जो कानून और प्रतिमान से परे हों। पुनः जाग्रत् भारत की पहली प्राथमिकता गरीबी-उन्मूलन ही होनी चाहिए। ब्राजील के राष्ट्रपति लूला डिसिल्वा और चेक गणराज्य के राष्ट्रपति वाकलाव हैवेल द्वारा गरीबों के कल्याणकारी समाज का निर्माण करने की चर्चा की गई है। ईश्वर की इच्छा के अनुसार निर्णय लेने के बोध की विवेचना की गई है। सही निर्णय हमेशा ही विश्वास, पश्चात्ताप, समर्पण और आध्यात्मिक परिवर्तन पर आधारित होता है।

अ.ति. : आपने गरीबी-उन्मूलन को पुनः जाग्रत् भारत की प्रथम प्राथमिकता के रूप में माना है। हालाँकि भारतीय अर्थव्यवस्था में पिछले दो दशकों से निरंतर विकास हुआ है; किंतु जब विभिन्न सामाजिक समूहों, आर्थिक समूहों, भौगोलिक क्षेत्रों और ग्रामीण व शहरी क्षेत्रों में तुलना की जाती है, तब यह विकास बहुत ही विषम नजर आता है। भारत के करीब 42 प्रतिशत बच्चे कुपोषण के शिकार हैं। हमारे प्रधानमंत्री ने इसे राष्ट्रीय स्तर पर शर्मनाक कहा है।[94]

94. http://www.thehindu.com/todays-paper/article 2791753.ece.

ए.पी.जे. : विकास और वृद्धि दो अलग-अलग प्रक्रियाएँ हैं। विकास का अर्थ है—मूल्यों के साथ बदलाव; जबकि विकास में केवल वृद्धि दर का ही परिवर्तन नजर आता है। वृद्धि के साथ विकास भी जुड़ा हो, यह आवश्यक नहीं है। भारत में एक तीव्र आर्थिक विकास हुआ है। यहाँ नए हवाई अड्डे, ऊँचे भवन, व्यापारिक केंद्र बन गए हैं; पर फिर भी समाज का एक बड़ा हिस्सा इस विकास से अछूता है। यही है बिना विकास वाली वृद्धि। भारत के विकास में देश के विभिन्न क्षेत्रों के विकास और उनके संपर्कों को शामिल करना चाहिए तथा इसे प्राकृतिक संसाधनों, जनसंख्या, उत्पादन और संरचनात्मक दृष्टिकोण से तय किया जाना चाहिए। ग्रामीण भारत वर्षा पर आधारित कृषि क्षेत्र में रहता है और हर साल मानसून ही उसके भाग्य का निर्धारण करता है। शहरों में रहनेवाले लोग जिन नौकरियों पर निर्भर हैं, वे इतनी नहीं हैं कि हर व्यक्ति को काम मिल सके तथा योग्यताओं और प्रयासों के साथ सामंजस्य भी नहीं बैठ पा रहा है। वैश्विक बाजार हर तिमाही उनके भाग्य का निर्धारण करता है। भारत की संपूर्ण ग्रामीण जनसंख्या के 22 प्रतिशत से अधिक तथा शहरी जनसंख्या के 15 प्रतिशत से अधिक लोग इस निष्ठुर भौतिक और आर्थिक चंगुल में जकड़े हुए हैं।

अ.ति. : ग्रामीण अर्थव्यवस्था से चर्चा शुरू करते हैं। आपने पुरा[95] (PURA) मिशन का प्रस्ताव दस वर्ष पूर्व ही दिया था। यह अब भी एक मॉडल की तरह ही है।

ए.पी.जे. : गाँवों में रहनेवाले लोगों को शहरी सुविधाएँ प्रदान करने के महत्त्व को समझने में लोगों को एक लंबा समय लगा। हमारी नौकरशाही इससे बहुत अधिक प्रभावित नहीं थी। हालाँकि प्रधानमंत्री अटल बिहारी वाजपेयी ने 'पुरा' योजना को लागू करने की घोषणा वर्ष 2003 में स्वतंत्रता दिवस के अपने भाषण में ही कर दी थी; परंतु इसमें कोई खास प्रगति नहीं हुई थी। अब जाकर कुछ काम शुरू हुआ। देश भर के 6 लाख गाँवों में करीब 70 करोड़ लोग रहते हैं। इन्हें शहरी सुविधाएँ मुहैया कराने के लिए 7,000 'पुरा' समूहों को स्थापित करना होगा। शिक्षा एवं स्वास्थ्य संस्थाओं और उद्योगों द्वारा स्थापित कई 'पुरा' समूह काम कर रहे हैं। भारत सरकार ने 'पुरा' योजना को राष्ट्रीय स्तर पर हर जिले में शुरू करने की बात चलाई है। 'पुरा' समूहों को सहकारी उपक्रम की तरह बनाने-चलाने पर भी विचार हो रहा है।

अ.ति. : ग्रामीण विकास मंत्रालय ने आर्थिक विभाग के सहयोग से तथा 'एशियन डेवलपमेंट बैंक' ने 'पुरा' योजना को पब्लिक-प्राइवेट पार्टनरशिप (पी.पी.पी.) के तहत दुबारा तैयार किया है, जिसमें स्थानीय प्राधिकारी जैसे ग्राम पंचायत और निजी क्षेत्र के हिस्सेदार शामिल होंगे। भारत सरकार की 'पुरा' 2.0 योजना ढाँचागत प्रावधान,

---

95. प्रोविजन ऑफ अर्बन एमेनिटीज इन रूरल एरियाज। इसे डॉ. कलाम ने प्रो.पी.वी. इंदिरेसन के साथ मिलकर बनाया था। वे सन् 1978 से 1998 तक आई.आई.टी., मद्रास के निदेशक रहे।

आर्थिक सक्रियता, कुशलता विकास और आजीविका उत्पत्ति का एक प्रभावी समायोजन है। इस योजना पर काम शुरू हो चुका है।

ए.पी.जे. : गाँवों के अर्थव्यवस्था से सीधे जुड़ने का मसला बाकी है। ग्रामीण भारत की अब सिर्फ कृषि आधारित अर्थव्यवस्था नहीं है। कृषि उत्पादन अब ग्रामीण जी.डी.पी. का केवल एक-चौथाई भर रह गया है। भारतीय गाँव अब फैल रहे हैं और आपस में जुड़ कर कस्बे बन रहे हैं। कृषि से दुराव स्पष्ट है। वर्ष 2011 की जनगणना में कस्बों की संख्या में वृद्धि का यह रुझान स्पष्ट नजर आता है। पिछले एक दशक में कस्बों की संख्या तीन गुना बढ़ गई है।

अ.ति. : मैंने इन शहरी कस्बों की जनगणना के बारे में पढ़ा है। यह सिर्फ आबादी के जमावड़े हैं, सुविधागत रूप से उन्नत शहर नहीं हैं। इन कस्बों में कोई नगरपालिका नहीं है, मगर घनी आबादी और रोजगार की संभावनाएँ इन्हें एक शहर के रूप में वर्गीकृत कर रही हैं।

ए.पी.जे. : जब मैं पी.वी. इंदिरेसन के साथ सन् 1990 में 'पुरा' पर काम कर रहा था, तभी हमें 'ग्रामीण शहरीकरण' का अनुमान होने लगा था। ऐसा हुआ भी, पर कहानी में एक मोड़ आ गया। नई समृद्धि उपभोक्तावाद की भेंट चढ़ गई। गाँव के लोगों ने ऐसी चीजें भी खरीदनी शुरू कर दीं, जो उनकी पुरानी पीढ़ी नहीं रख सकती थी। ग्रामीण घरों में टी.वी., मोटरसाइकिल, मोबाइल फोन, कुकिंग गैस और फ्रिज दिखने लगे; लेकिन सुविधाओं की स्थिति, जैसे—सड़कें, बिजली, स्वच्छता, पीने का पानी, प्राथमिक स्वास्थ्य सुविधाओं में कोई खास बदलाव नहीं आया। बढ़ता हुआ ग्रामीण क्षेत्र अब क्षेत्रीय विकास का केंद्र बन चुका है। विशेष आर्थिक क्षेत्र के आगमन से ग्रामीण क्षेत्र और शहरों के बीच एक नाजुक सामाजिक स्थिति जन्म ले रही है। आपराधिक प्रवृत्तियाँ पनप रही हैं।

अ.ति. : 'विशेष आर्थिक क्षेत्र' (एस.ई.जेड.) मुख्यतः जमीन का निर्धारित क्षेत्र होता है, जिसका स्वामित्व तथा संचालन निजी विकासकर्ताओं द्वारा व्यापार, उत्पादन, ड्यूटी और शुल्क के प्रयोजनार्थ बाह्य क्षेत्र माना जाता है। निर्यात में वृद्धि के उद्देश्य हेतु इन क्षेत्रों में निवेश करनेवाली कंपनियाँ कई तरह के प्रोत्साहनों का इस्तेमाल करते हुए उत्पादन करती हैं; जैसे—करों में रियायत, ढाँचागत निश्चितता, श्रमिक और पर्यावरणीय मानकों में छूट आदि। दुनिया भर के 120 देशों में करीब 5,000 परियोजनाएँ ऐसे क्षेत्रों के अंतर्गत काम कर रही हैं। एशिया में भारत पहला देश था, जिसने निर्यात प्रक्रिया क्षेत्र (ई.पी.जेड.) की प्रभावशीलता को पहचाना था। दरअसल, एशिया का पहला ई.पी.जेड. सन् 1965 में कांडला में स्थापित हुआ था। चीन में शेनझेन क्षेत्र दुनिया भर में एस.ई.जेड. की जननी है। इसने एक छोटे से गाँव को 20 सालों में एक करोड़वाली जनसंख्या के महानगर में तब्दील कर दिया।

ए.पी.जे. : निजी क्षेत्र के एस.ई.जेड. के खिलाफ कई स्थानों पर विरोध का सिलसिला बना हुआ है। रायगढ़, महाराष्ट्र और नंदीग्राम (पश्चिम बंगाल) में ऐसी परियोजनाओं के खिलाफ जनाक्रोश जग जाहिर है। सन् 1894 में औपनिवेशिक शासकों द्वारा बनाए भूमि अधिग्रहण कानून का प्रयोग लोकतांत्रिक सरकार के लिए उचित नहीं है। यह जानना बहुत जरूरी है कि जब चीन में विशेष आर्थिक क्षेत्र बनाए जा रहे थे, तब सरकारी एजेंसियों ने जगहें और सुविधाएँ निजी फर्मों को पट्टे पर दी थीं। हमारी नीतियों की रूपरेखा निजी विकासकर्ताओं के क्षेत्रों के संचालन के स्वामित्व व विकास पर निर्भर करती है। इसमें आश्चर्य नहीं है कि भारत में एस.ई.जेड. व्यापारियों की ऐसी शरण-स्थली के रूप में देखे जा रहे हैं, जिसका इस्तेमाल भूमि कानून और नियमों को ताक पर रखकर कमाई करने के लिए किया जाता है। हर एस.ई.जेड. में जमीन के असली मालिकों की व्यावसायिक भागीदारी होना बहुत जरूरी है।

अ.ति. : शहरी गरीबों के बारे में आप क्या सोचते हैं?

ए.पी.जे. : शहरी गरीबी एक जटिल घटनाक्रम है। इसे विशेष आवश्यकताओं के अभाव के रूप में परिभाषित किया गया है; जैसे—भोजन की कमी, स्वच्छता एवं पानी का अभाव और न्यूनतम निजता (प्राइवेसी) का न होना शामिल है। इन सबसे ऊपर प्रवासी गरीब लोग शहरी समाज के हाशिए पर रहते हैं। निर्माण मजदूरों, खासकर महिलाओं और बच्चों की दुःखद स्थिति हृदय-विदारक है। उन्हें सामाजिक सुविधाएँ और सुरक्षा नहीं मिलती।

अ.ति. : इसका मूल कारण क्या है?

ए.पी.जे. : अधिकतर शहरी गरीबों की मुख्य समस्या सरकारी योजनाओं का लाभ उन तक न पहुँचना है। न जाने कितनी दीवारें और बिचौलिए सरकारी मदद और गरीबों के बीच खड़े हैं। 'पुरा' योजना के कार्यान्वयन से ग्रामीण क्षेत्रों से लोगों का पलायन रुकेगा। आधार कार्ड योजना शहरी बस्तियों में रह रहे लोगों तक सरकारी मदद पहुँचाने में सहायक होगी।

अ.ति. : यह एक चर्चा का विषय है कि क्या भारत को मुक्त बाजार प्रणाली का अनुसरण करना चाहिए? घुमा-फिराकर इसे आर्थिक सुधार कहा जा रहा है।

ए.पी.जे. : यह वाकई एक वैश्विक बहस बन चुकी है और अभी तक इसमें कोई जीता नहीं है। दूसरे विश्व युद्ध के बाद प्रगति के पारंपरिक विचार को बदलकर विकास का नाम दिया गया था और प्रगति का मानक एवं राष्ट्र की खुशहाल स्थिति को सकल घरेलू उत्पाद यानी जी.डी.पी. के रूप में स्थापित कर दिया गया। यह वाकई युद्ध के विजेताओं की शक्ति को स्थायी बनाए रखने का एक कामयाब तरीका था। चूँकि उनके पास केवल ताकत और संसाधन ही नहीं थे, बल्कि मूल्य-निर्धारण का अधिकार भी था,

धीरे-धीरे विकासशील देश उपभोक्ता बाजारों के रूप में परिवर्तित होते गए। इस खेल को चीन ने सबसे पहले समझ लिया था और उसने इसे दुनिया भर के लिए कम कीमत में उपभोक्ता सामान निर्माण करनेवाली फैक्टरी बनकर बखूबी खेला। वैश्वीकरण दरअसल एक बड़ा राजनीतिक खेल है।

अ.ति. : इसके खिलाड़ी कौन-कौन हैं?

ए.पी.जे. : इसमें दो ताकतें हैं। पहली ताकत 'विश्व आर्थिक मंच' (डब्ल्यू.ई.एफ.) है, जो कि स्विट्जरलैंड का एक मुनाफा न कमानेवाला संगठन है। यह प्रतिवर्ष सारी दुनिया से व्यापार के लोगों को डेवॉस में आमंत्रित करता है, जो कि स्विट्जरलैंड में पूर्वी एल्प्स क्षेत्र का एक खूबसूरत पर्यटन केंद्र है। दूसरी ताकत 'विश्व सामाजिक मंच' (डब्ल्यू.एस.एफ.) है। यह ब्राजील के पोर्टो एलिग्री शहर में स्थित है।

अ.ति. : ये संस्थाएँ क्या काम करती हैं?

ए.पी.जे. : डब्ल्यू.ई.एफ. यह दावा करती है कि बाजार के नियमों का पालन करते हुए संपत्ति एकत्रित करना ही विकास का एकमात्र तरीका है तथा इसका और कोई विकल्प नहीं है। डब्ल्यू.एस.एफ. ऐसे विकास को विपरीत रूप में देखती है। यह वैश्विक बाजार की ताकतों से समाज के स्थानीय रूप, संस्कृति और आर्थिक संगठन को वैश्विक बाजार से बचाने के लिए कटिबद्ध है।

अ.ति. : यह संघर्ष कब शुरू हुआ था?

ए.पी.जे. : यह संघर्ष उन दोनों के बीच है, जिनके पास धन-संपत्ति के संसाधन हैं और दूसरे जिनके पास अपने बच्चों के अतिरिक्त और कुछ भी संसाधन नहीं हैं। यह संघर्ष निरंतर जारी है। कार्ल मार्क्स ने इसे पूँजीपतियों और श्रमजीवियों के बीच का संघर्ष बताया है। सन् 2001 में वैश्वीकरण के विरोध में प्रथम डब्ल्यू.एस.एफ. ब्राजील में अस्तित्व में आया। दरअसल इसी आंदोलन ने सन् 2002 में ब्राजील के राष्ट्रपति के चुनाव में ल्युइज इनासिया लूला डासिल्वा को विजय दिलाई।

अ.ति. : आप राष्ट्रपति ल्युइज इनासिया लूला डासिल्वा से दो बार मिल चुके हैं और आपकी मुलाकातें बड़ी सौहार्दपूर्ण थीं।

ए.पी.जे. : वे सन् 2004 में भारत के गणतंत्र दिवस पर मुख्य अतिथि थे। दो वर्ष बाद मैंने उन्हें 'जवाहरलाल नेहरू पुरस्कार' से सम्मानित किया था। हम दोनों की ही शुरुआती जिंदगी में कमजोरी की समानताएँ थीं। लूला का बचपन जूते पॉलिश करनेवाले एक बच्चे के रूप में गुजरा और वे दस साल की उम्र तक अनपढ़ रहे। जब मैंने उनसे हाथ मिलाया, तब मैंने ध्यान दिया कि उनकी बाएँ हाथ की एक उँगली गायब थी। बाद में मुझे बताया गया कि लूला ने धातु काटने के बाल मजदूर के रूप में बरसों काम किया था और इसी दौरान उनकी छोटी उँगली कट गई थी।

अ.ति. : आपको उनमें क्या विलक्षण महसूस हुआ?

ए.पी.जे. : लूला डासिल्वा का धैर्य अद्‌भुत है। उन्होंने ब्राजील का राष्ट्रपति बनने के लिए चार बार प्रयास किया और अंततः वे वर्ष 2002 में इस पद के लिए चुन भी लिये गए। वर्ष 2006 में दुबारा फिर से इस पद के लिए विजयी हुए। मैंने उनमें सत्य-निष्ठा का मूर्त रूप देखा है। देश की राजनीतिक और आर्थिक व्यवस्था में एक बड़े परिवर्तन के वायदे के साथ लूला सत्ता में आए। उन्होंने भुखमरी का खात्मा करने की शपथ ली और ब्राजील को आत्मविश्वासी, दयालु, बहिर्मुखी राष्ट्र बनाने का बीड़ा उठाया। वे इसमें सफल भी हुए। तीन दशकों में विकास के सबसे लंबे दौर का प्रतिनिधित्व करते हुई राष्ट्रपति लूला ने ब्राजील को विश्व में नई पहचान दिलवाई। ब्राजील की एंब्रेयर कंपनी आज विश्व की चुनिंदा विमान बनानेवाली कंपनियों में से एक है। डिजाइन, अनुसंधान, निर्माण, रख-रखाव तक विमान बनाने के हर क्षेत्र में कंपनी आत्मनिर्भर है। भारत सहित 80 देशों में 5,000 से ज्यादा एंब्रेयर जहाज उड़ रहे हैं। छोटे शहरों को महानगरों से जोड़ने के लिए एंब्रेयर जहाज सर्वाधिक किफायती माना जाता है। एक

ब्राजील के राष्ट्रपति लूला डासिल्वा के साथ।

विकासशील देश का विमान निर्माण उद्योग में नाम कमाना बड़े हर्ष का विषय है।

अ.ति. : राष्ट्रपति लूला के सामाजिक कार्यक्रमों के बारे में बहुत कुछ कहा जाता है। जिस तरह से उन्होंने ब्राजील के समाज की ऐतिहासिक असमानताओं को आर्थिक विकास से पलट दिया, वह अतुलनीय है।

ए.पी.जे. : संवैधानिक रूप से राष्ट्रपति पद की दो पारियों में दस वर्ष का उनका कार्यकाल तथा अगली बार उनके नजदीकी सहयोगी का राष्ट्रपति चुना जाना गरीबों के बीच उनकी लोकप्रियता और उनकी बात में विश्वास का पुख्ता प्रमाण है।

अ.ति. : भारत और ब्राजील में क्या समानताएँ हैं?

ए.पी.जे. : सबसे पहली चीज यह है कि दोनों ही देश शांतिप्रिय हैं। हालाँकि ब्राजील के पड़ोस में दस देश हैं, परंतु उन्होंने आपस में एक–दूसरे पर कभी आक्रमण नहीं किया। उनके बीच पिछले 100 सालों में कभी युद्ध नहीं हुए। भारत और ब्राजील उपनिवेशवाद के शिकार थे। दोनों ही देशों की अर्थव्यवस्था कृषि पर आधारित रही है। यह सच है कि ब्राजील सन् 1889 में ही स्वतंत्र हो गया था। पर अमेरिका और सोवियत संघ के बीच हुए शीत युद्ध के दौरान ब्राजील अन्य लैटिन अमेरिकी देशों की तरह सेना के शासकों के अधीन ही रहा; परंतु अब ब्राजील में एक जीवंत लोकतंत्र है। ब्राजील और भारत नवीन आधुनिक आर्थिक विकास की समान स्थिति में हैं और रूस, चीन एवं दक्षिण अफ्रीका के साथ 'ब्रिक्स' (BRICS) समूह के सदस्य भी हैं।

अ.ति. : ब्राजील से भारत क्या सीख सकता है?

ए.पी.जे. : भारत ब्राजील से समावेशी सामाजिक विकास करना सीख सकता है। राष्ट्रपति लूला के दो सामाज़िक कार्यक्रमों को भारत में दोहराया जाना चाहिए। उनकी *'बोल्सा फैमिला'* योजना में अति निर्धन लोगों को पारिवारिक भत्ते के रूप में उनकी जरूरतों के लिए कुछ धन दिया जाता है। दूसरी *'फोम जीरो'* योजना में प्रत्येक व्यक्ति के लिए बेसिक भोजन की उपलब्धि सुनिश्चित की जाती है। ऐसा कई तरीकों से किया जाता है, जैसे—गरीब परिवारों को सीधी वित्तीय सहायता, मुफ्त पीने का पानी, कम दर पर रेस्टोरेंट में खाना, अंतरराष्ट्रीय मुफ्त विटामिन और आयरन की दवाइयाँ, पारिवारिक खेती और रोजगार के लिए लघु ऋण आदि। यह सबकुछ अनुदान और ऋण माँगकर नहीं, बल्कि वास्तविक विकास द्वारा अधिक धन अर्जित करके दिया जाता है।

अ.ति. : क्या यह सब भारत में भी संभव है?

ए.पी.जे. : बिहार ने लगातार दूसरे साल भी सबसे अधिक सकल विकास दर 13.1 प्रतिशत (2011–12) लाकर दिखाई। बिहार सरकार ने अपने यहाँ कानून और व्यवस्था की स्थिति में भी काफी सुधार किया है तथा कृषि उत्पादन में वृद्धि करते हुए स्वास्थ्य व शिक्षा के क्षेत्र में भी बेहतर वित्तीय सहायता का रास्ता दिखाया है। जहाँ कहीं

भी संभव है, महिलाओं को रोजगार प्रदान किए गए हैं। बिहार में समाज ने गरीबों का सदा से ध्यान रखा है।

अ.ति. : भारत के कई हिस्सों में बहुत से उग्रवादी संगठन सक्रिय हैं। दबे हुए और हाशिए पर जी रहे जनजातीय लोगों में उनकी गहरी पैठ है।

ए.पी.जे. : भारत एक लोकतांत्रिक देश है। हिंसा का हमारी व्यवस्था में न तो कोई स्थान है और न ही कभी होगा। सामाजिक असमानता अलबत्ता हमारी एक हकीकत है और इसको दूर करने के लिए अथक प्रयास की आवश्यकता है। यह बहुत जरूरी है कि हमारे यहाँ के धनी लोग देश की गरीब जनता के प्रति संवेदनशील हों और अपने निजी लाभ के लिए गरीबों की भूमि और प्राकृतिक संसाधनों का दोहन करनेवाले हृदयहीन व्यापारी जैसे न दिखें। दुर्भाग्य से, विश्वासहीनता का माहौल बन चुका है। इस गलतफहमी का निवारण होना बड़ा जरूरी है। राजनेता इस काम में असरदार भूमिका निभा सकते हैं।

अ.ति. : तो नई पीढ़ी के नेताओं को उभरना ही होगा।

ए.पी.जे. : नई पीढ़ी पहले से ही आगे आ चुकी है। अगला आम चुनाव संसद् में बड़ी संख्या में युवा नेताओं को भेजेगा। मैं इस वर्तमान समस्या को शुद्धीकरण की प्रक्रिया के रूप में देख रहा हूँ। जैसे आग अयस्क को धातु के रूप में शुद्ध कर देती है, ठीक उसी तरह से गरीबों और दबे–कुचले समाज के कटु अनुभव भ्रष्ट तत्त्वों को समाप्त कर देंगे। लेकिन हिंसा इस प्रक्रिया का हिस्सा नहीं है और इसे होना भी नहीं चाहिए।

अ.ति. : वर्तमान समकालीन विश्व में क्या हमारे पास नेतृत्व का कोई अच्छा उदाहरण है?

ए.पी.जे. : मेरे दिमाग में वाकलाव हैवेल का नाम आ रहा है। अपने निबंध 'द पावर ऑफ द पावरलेस' में उन्होंने एक सामाजिक प्रतिमान की विवेचना की है, जिसमें नागरिकों को एक दमनकारी शासन व्यवस्था में 'झूठे जीवन में' रहने के लिए विवश किया जाता है। वाकलाव हैवेल ने 'सच्चाई में रहने' का एक मंत्र दिया है और यह दावा किया है कि ''सत्य और प्रेम झूठ और घृणा पर अंततोगत्वा भारी पड़ेगा।''[96]

अ.ति. : आपने उन्हें उनके 'मानव अधिकारों के कार्य एवं शांति प्रयास के ऐतिहासिक सहयोग' के लिए 'गांधी शांति पुरस्कार' 2003 से सम्मानित किया था।

ए.पी.जे. : मुझे हैवेल कुछ शरमीले और बहुत विनम्र मालूम पड़े। उनको देखकर उनके दृढ़ निश्चय और जुझारूपन का कोई संकेत नहीं मिलता है। हैवेल ने अपने पाँच वर्ष जेल में बिताए थे और तकरीबन दो दशक से उन्हें निगरानी और सेंसरशिप के भीतर काम करना पड़ा था। वे अपने देश में 40 साल से अधिक के साम्यवादी शासन के अंत

---

96. वाकलाव हैवेल, 'लिविंग इन ट्रुथ', फेबर ऐंड फेबर, 1989।

चेक गणराज्य के राष्ट्रपति वाकलाव हैवेल के साथ।

की वजह बने। उनके नेतृत्व में शांतिप्रिय ढंग से सत्ता के हस्तांतरण को 'वेल्वेट रिवोल्यूशन' के नाम से जाना गया। उन्होंने मुझे अपनी पुस्तक 'टीचिंग विद फायर'[97] दी थी, जिसमें उनकी एक कविता 'मुझे ही शुरू करना है' बड़ी अच्छी लगी। उस कविता ने जिम्मेदारी के अहसास के बारे में मुझे गहराई से सोचने के लिए मजबूर कर दिया—

मुझे ही तो शुरुआत करनी है
कोशिश करनी है—यहाँ, अभी—जहाँ मैं खड़ा हूँ।
कतराना नहीं है कहकर कि तब और वहाँ करूँगा कोशिश
बिना बड़बोले भाषणों और हरकतों के अतिरिक्त के
पर और दृढ़ता से—सामंजस्य बनाकर सबसे
सुनकर आत्मा की आवाज—जो कहे सिर्फ मुझसे।
जैसे ही मैंने किया ऐसा, यह अहसास पाया
कि न तो मैं अकेला, न पहला
न अनोखा है, जिसने दिल की आवाज की राह पकड़ी।

---

97. सैम एम. इंट्रेटर, मीगन स्क्राइबर, 'टीचिंग विद फायर'

अ.ति. : मार्च 2009 में जब अमेरिकी राष्ट्रपति बराक ओबामा उनके पास मुलाकात करने पहुँचे थे तब वाकलाव हैवेल ने उन्हें लोगों की असीमित उम्मीदों को ज्यादा हवा देने के प्रति सावधान किया था। जन-असंतोष कभी भी हताशा, नाराजगी और गुस्से के रूप में उबल सकता था। राष्ट्रपति ओबामा ने जवाब दिया था कि वे खुद खतरे से आशंकित हैं।[98]

ए.पी.जे. : यह समझदारी हमारे राजनेताओं के दिमाग में भी बैठनी चाहिए, जोकि असंभव लक्ष्यों के वायदों को अपनी आदत बना चुके हैं और जिन्हें पूरा करने के प्रति वे गंभीर नहीं हैं। जटिल आर्थिक संकेतों के बारे में विभिन्न परिकल्पनाएँ, बयान प्रचलन में हैं। यह कौन क्या कह रहा है, इस बात पर निर्भर है कि वह किस पार्टी से जुड़ा है। हमारे अधिकांश नेता 'जो मैं जानूँ, वह सच और जो मैं कहूँ, वह सही', की बीमारी से ग्रस्त लगते हैं।

अ.ति. : यह कैसे ठीक होगा?

ए.पी.जे. : इस समय चीजों की वास्तविकता, खासतौर से वर्तमान स्थिति के प्रति, जागरूकता की आवश्यकता है। मेल-मिलाप से अतीत का समाधान करके सुदृढ़ कदमों से भविष्य की ओर बढ़ना चाहिए। बौद्ध धर्म में 'प्रतित्यास्मुतपद' का सिद्धांत है।

"यह है, क्योंकि वह है
यह नहीं है, क्योंकि वह नहीं है
यह समाप्त हो रहा है, क्योंकि उसे समाप्त होना है।"

यह ब्रह्मांड कारण-तत्त्व के कारण और प्रभाव के अपरिहार्य नियम का अनुसरण करता है। इसी प्रकार एक चीज दूसरे का निर्माण करती है, एक घटना से दूसरी घटना की शुरुआत होती है।

अ.ति. : वास्तविक यथार्थ क्या है?

ए.पी.जे. : राष्ट्रीय स्तर पर हमारी प्रभुसत्ता संसद् में निहित है। पर हमारे राजनेताओं ने संसदीय कार्यों की गुणवत्ता के साथ समझौता कर रखा है। सामाजिक स्तर पर ज्यादातर लोगों के पास मूलभूत सुविधाओं का अभाव है। सामुदायिक स्तर पर सामाजिक बुराइयाँ, जैसे कन्या भ्रूण-हत्या, महिलाओं के साथ आपराधिक व्यवहार, घूस एवं बाल श्रम आदि इन सभी को स्वीकार्यता मिली हुई है और दुराचारी ज्यादातर समाज में बिना या नाममात्र के दंड पर छूट जाते हैं। पारिवारिक स्तर पर संयुक्त परिवार प्रणाली खत्म हो रही है और अकेले जीवन जीते हुए वरिष्ठ नागरिकों की संख्या में वृद्धि होती जा रही है। निजी स्तर पर युवाओं की शराबखोरी और स्वच्छंद मेल-मिलाप को आम स्वीकृति मिल चुकी है।

---

98. न्यूयॉर्क टाइम्स, दिसंबर 18, 2011

अ.ति. : क्या इसे सुधारा जा सकता है? कहाँ से शुरू करें?

ए.पी.जे. : मैं सिर्फ राष्ट्रपिता महात्मा गांधी का परामर्श ही दुहरा सकता हूँ—''इस दुनिया में तुम जो बदलाव देखना चाहते हो, वह पहले खुद में लाओ।'' इसकी शुरुआत तुम अपने आप को जानते हुए कर सकते हो।

अ.ति. : और इसे कैसे करें?

ए.पी.जे. : अपने शारीरिक कार्यकलापों जैसे—श्वसन, संवेदनाओं (अनुभूतियों) और चेतना के उद्देश्य (विचार और बोध) के प्रति अधिक-से-अधिक शांतिपूर्ण सजगता बनाए रखकर हम अपनी चेतना को वर्तमान की विद्यमानता में स्थिर कर सकते हैं। इससे अतीत की संचित भावनाओं को शांत होने में आसानी होगी तथा अच्छे विचारों का उद्भव कल्याणकारी कर्म एवं अच्छे भविष्य के बीज बोएगा।

अ.ति. : अर्थात् ध्यान लगाना।

ए.पी.जे. : व्यापक अर्थ में 'ध्यान' शब्द का इस्तेमाल किया जाता है। इसमें यथार्थ और वर्तमान क्षण को समाहित किया जाता है। जो घटित हो रहा है, उसे स्वीकार करना पहला कदम है। यह लक्ष्य पर प्रहार करने के लिए सही पोजीशन लेना है। आंतरिक भावनाओं के प्रति जागरूकता 'लक्ष्य-बेधन' जैसा है।

अ.ति. : कोई उदाहरण दीजिए।

ए.पी.जे. : कुछ दिनों पहले मैं एक पुस्तक *'एवरीडे ग्रेटनेस'* पढ़ रहा था। उसमें दया भाव की शक्ति और दूसरों पर उसके प्रभाव को दरशानेवाली एक घटना के बारे में लिखा था। मेक्सिको की ला मेसा जेल में दंगा भड़का हुआ था। 600 कैदियों के लिए बनी जेल में 2,500 कैदी ठूँस रखे थे। गुस्साए कैदियों ने काँच की टूटी बोतलें जेल के प्रहरियों पर फेंकीं और उन्होंने गोली चला दी। इस हड़कंप में पाँच फीट दो इंच की एक दुबली-पतली 63 वर्षीय महिला, कैदियों और प्रहरियों के बीच दोनों हाथ फैलाकर शांति रखने की मुद्रा में आकर खड़ी हो गई। गोलियों से बेपरवाह वह शांति से खड़ी रही और सबसे रुकने के लिए कहने लगी। वह महिला सिस्टर अंतोनिया थीं, जिन्होंने अपने जीवन का बड़ा भाग कैदियों की सेवा-सुश्रूषा में लगाया था और जिन्हें वह अपने बच्चे कहती थीं। हर दिन वह कैदियों की सेवा करतीं, उनके लिए दवाइयाँ जुटातीं, चश्मे मँगवातीं, दफनाने के लिए उनके मृत शरीर साफ करतीं और आत्मघात से उन्हें चेताती रहतीं। इस निस्स्वार्थ प्रेम और दया के व्यवहार ने कैदियों को भी सही बात सुनना और समझना सिखा दिया। मनुष्य जाति के लिए कितना महान् संदेश इस कहानी में छुपा है! जब कैदियों का कल्याण सोचनेवाला जेल के भीतर हो सकता है तो करोड़ों के देश और विश्व में गरीबों की तकलीफें समझनेवाले नेता क्यों नहीं हो सकते?

अ.ति. : इतनी शक्तिशाली अच्छाई तो हर किसी का हृदय मोम का बना सकती है।

ए.पी.जे. : सिस्टर अंतोनिया ने वास्तविक जीवन की समस्याओं से संघर्ष कर उन पर विजय पाई। अपने दो तलाकों और आठ बच्चों के बिखरे जीवन में से उन्होंने मन के भीतर छिपे मोती चुन लिये और अभागों के दुःख-दर्द बाँटने के लिए घर-बार छोड़ जेल में आकर कैदियों के बीच रहने लगीं। जब आप मन के प्रति सजग हो जाएँ तो ऐसा ही होता है।

अ.ति. : और सजगता की गैर-मौजूदगी में क्या होता है?

ए.पी.जे. : संपूर्णता की स्थिति भटकते मन को नियंत्रित कर शांत कर देती है। माइकल ब्राउन[99] ने अपनी पुस्तक 'प्रेजेंस प्रोसेस' में लिखा है—"जब हम अपनी अनुभूति के कारक पहलुओं पर प्रभाव डालते हैं, तब ब्रह्मांड की संपूर्णता को प्रभावित करते हैं।" माइकल ब्राउन के अनुसार, "जब तक हमें चेतना के प्रकाश में नहीं खींचा जाता संवेदनशील सजगता द्वारा, हमारे भीतर दबे नकारात्मक भय, नाराजगी और दुःखों को—असंगति, परेशानी, रोग और भ्रम के रूप में परेशान करते रहते हैं।"

अ.ति. : 'भ्रम' तो बड़ा भारी शब्द है। भ्रम एक ऐसा विश्वास है, जिसके विरोध में बेहतर प्रमाण होने के बावजूद हम एक मजबूत दृढ़ धारणा बनाए रखते हैं। क्यों कोई भ्रामक धारणाओं के बीच जीता है?

ए.पी.जे. : हम सभी प्रसन्न रहने, प्यार किए जाने और सुरक्षित रहने के लिए प्यासे बेचैन रहते हैं। जब यह हकीकत में नहीं होता तब हम 'सब ठीक है' के छद्म विश्वास की रचना करते हैं। 'मेरा भारत महान्' या 'इंडिया शाइनिंग' जैसे बड़े नारे लगाकर जनता की गरीबी नकारने की कोशिश करते हैं। हम कल्पना करते हैं कि भगवान् हमारा खयाल रख रहा है और हमारे संघर्ष तथा प्रयास में हमारी सहायता करेगा। हम अपनी स्वयं की कुशलता, जानकारी या महत्त्व के अतिशयोक्तिपूर्ण मूल्य से फूले नहीं समाते हैं और अपनी ही बनाई भूल भुलैया में घूमते पूरा जीवन काट देते हैं।

अ.ति. : क्या इस भूल-भूलैया के बाहर निकलने के रास्ते हैं?

ए.पी.जे. : यहाँ हर पल और हमेशा भ्रम से उबरने की मदद उपलब्ध है। ब्रूस वाल्के ने अपनी पुस्तक 'फाइंडिंग द विल ऑफ गॉड' में लिखा है—"ईश्वर हमारा मार्गदर्शन पहले धर्मग्रंथों में लिखे अपने शब्दों से करता है, फिर हमारे हृदय में उत्पन्न कल्याणकारी इच्छाओं से करता है। फिर भी न सुनो तो दूसरों की बुद्धिमानी भरे परामर्श से करता है और अंत में हमारी परिस्थितियों से करता है। इस स्थिति में हमें अपने गंभीर निर्णयों पर निर्भर रहना चाहिए। ईश्वर ने हम सभी को मस्तिष्क दिया है और वह हमसे

---

99. माइकल ब्राउन दक्षिण अफ्रीका में जन्मे संगीत पत्रकार हैं। उन्हें 'हॉर्टन सिंड्रोम' जैसा पीड़ादायी न्यूरोलॉजिकल रोग था। चार वर्ष तक पारंपरिक चिकित्सा के बाद वैयक्तिक जिज्ञासा से अपने अनुभव जोड़ने लगे। अब इस प्रक्रिया को अंतरराष्ट्रीय स्तर पर 'प्रेजेंस प्रोसैस' कहा जाता है।

यह अपेक्षा करता है कि हम अच्छे कामों को चुनने में इसका इस्तेमाल करेंगे।''[100] खुद को अपने आपसे केवल हम ही बचा सकते हैं; कोई दूसरा इसमें कुछ अधिक नहीं कर सकता है। माँझी जो नाव डुबोए, उसे कौन बचाए?

अ.ति. : असफलता के दुःख का क्या उपचार है?

ए.पी.जे. : कर्म से विमुख होने का लोभ न करना अत्यंत महत्त्वपूर्ण है। 'श्रीमद्भगवद्गीता' में कहा गया है—

कर्मण्येवाधिकारस्ते मा फलेषु कदाचन।
मा कर्मफलहेतुर्भूर्मा ते सङ्गोऽस्त्वकर्मणि।[101]

''तुम्हें अपने लिए निर्धारित कर्म को करने का ही अधिकार है। इस कर्म के फल पर तुम्हारा कोई अधिकार नहीं है। अपनी क्रियाशीलता के परिणामों का कारण स्वयं को मत मानो और अपने कर्तव्य को न करने के प्रति मन बनाने की गलती कभी मत करो।'' आर्थर डब्ल्यूं पिंक ने अपनी पुस्तक 'द सोवरिटी ऑफ गॉड' में लिखा है—''यह तय है कि ईश्वर का कोई उद्देश्य असफल नहीं हो सकता, ईश्वर की कोई योजना बेकार नहीं हो सकती तथा ईश्वर की इच्छा हर हाल में हमेशा पूरी होती है। हमारा श्रम कुछ ऐसा घटित करने के लिए नहीं है, जिसका ईश्वर ने आदेश नहीं दिया है।'' हमारे श्रम में मिली असफलता हमें वस्तुतः ईश्वर के नजदीक लाने और उसके रास्ते पर लौटाने भर के लिए है।[102]

अ.ति. : अनिश्चय की स्थिति में खड़ा मैं यह कैसे जानूँ कि ईश्वर मुझसे क्या कराना चाहता है?

ए.पी.जे. : मन में किसी भी तरह का भय नहीं होना चाहिए। हमें सुरक्षा के इस बोध के साथ अपना जीवन जीना चाहिए कि जिस ईश्वर ने हमें यहाँ भेजा है, उसने हमारी जिंदगी की पूरी योजना बनाकर रखी होगी। जीवन का यह बोध विश्वास से ही उत्पन्न होता है और मैंने यह खोज की है कि हर असफलता, अस्थायी हार और हर तरह की विषमता में ही उसी अनुपात में लाभ और कल्याण का बीज होता है। सुरक्षा का यह बोध और 'मैं' की महत्त्वहीनता का भाव मस्तिष्क को निर्णय लेने की आत्म-प्रोत्साहित व्याधि से मुक्त कर देता है तथा मन अपने लक्ष्य पर केंद्रित हो जाता है।

अ.ति. : क्या इसके कोई सिद्धांत हैं?

---

100. ब्रूस वाटके, फाइंडिंग द विल ऑफ गॉड : ए पगन नोशन? डब्ल्यू.एम.बी. एंडरमेंस पब्लिशिंग 2002
101. अध्याय दो श्लोक 47, भगवद्गीता
102. आर्थर डब्ल्यू पिंक; द सोविरिनिटी ऑफ गॉड, बेकर बुक्स 1984

ए.पी.जे. : 'डिसीजन मेकिंग ऐंड द विल ऑफ गॉड'[103] नामक पुस्तक में ईश्वर द्वारा दिए गए चार सिद्धांतों का उल्लेख है। सबसे पहला सिद्धांत आज्ञाकारिता का है। जहाँ ईश्वर आदेश देता है और हमें उसकी आज्ञा माननी ही चाहिए। दूसरा सिद्धांत स्वतंत्रता का है। जहाँ कोई कमांड नहीं होती, वहाँ भगवान् हमें चयन की आजादी (तथा जिम्मेदारी) देता है। तीसरा बुद्धिमत्ता का सिद्धांत। जहाँ कोई कमांड नहीं होती, वहाँ ईश्वर हमें बुद्धिमानी से चयन करने की समझ देता है। अंततः बिलकुल एवं विश्वास का सिद्धांत है, अर्थात् जब हम नीति और बुद्धि में से चुनते हैं तो हमें उस ईश्वर पर यह भरोसा करना चाहिए कि कल्याण की खातिर हर कार्य होगा।

अ.ति. : हम ईश्वर की आज्ञा को किस प्रकार जान सकते हैं?

ए.पी.जे. : अपने धर्मग्रंथों को पढ़कर। हर प्रजाति, देश और भाषा के पास अपने धर्मग्रंथ हैं; जैसे—कुरान, भगवद्गीता, बाइबल, गुरुग्रंथ साहिब, तोरा और अन्य धर्म ग्रंथ। इन सभी में ईश्वर का आदेश बहुत ही स्पष्ट रूप से लिखा गया है। दुर्भाग्यवश, युवा पीढ़ी इन ग्रंथों को नहीं पढ़ती। उत्तरदायित्व, बुद्धिमत्ता और विश्वास पर आधारित निर्णय वस्तुतः सशक्त व महत्त्वपूर्ण सुझाव होता है।

अ.ति. : पुस्तकों की एक श्रृंखला है 'कन्वरसेशंस विद गॉड', जिसमें नील डोनाल्ड वाल्श प्रश्न पूछते हैं और ईश्वर उनका उत्तर देते हैं।[104]

ए.पी.जे. : उन्होंने बहुत ही खूबसूरती से पुस्तकों को लिखा है। बुनियादी तौर पर वे चार चीजें बताते हैं—हम सब एक हैं; प्रत्येक व्यक्ति के लिए पर्याप्त साधन है; हमें कुछ और नहीं, बल्कि अपनी परिस्थिति के अनुसार काम करना है और इसके लिए हमें अपना पूरा प्रयास करना है; किसी काम को करने का केवल हमारा ही तरीका सर्वोत्तम नहीं है, अन्य लोगों के भी तरीके हमारे जितने ही वैध हैं।

अ.ति. : ईश्वर हमारा मार्गदर्शन किस प्रकार करता है?

ए.पी.जे. : यह समझना बहुत ही आवश्यक है कि इस दुनिया और इसमें हमारी मौजूदगी का स्रोत एक ही है। अपनी परिस्थिति में हम अकेले नहीं हैं। बहुत से धर्मग्रंथ हैं, जिनसे हम समझदारी प्राप्त कर सकते हैं और अपनी परिस्थितियों में इसे स्वयं पर इस्तेमाल कर सकते हैं। यह तो हमारा निजी कार्यसूची के विचार से भरा हुआ मस्तिष्क है, जो कि हमारी परिस्थिति के मामले में हमें अंधा बना देता है। अकसर हमारा अहंकार और स्वार्थ ही स्थितियों को स्वीकार करने एवं उनसे सीखने में बाधा बनकर आता है।

---

103. गैरी फ्राइसन ऐंड जे. राबिन मैक्सन, डिसीजन मेंकिंग ऐंड द विल ऑफ गॉड : मल्टनोमाह बुक्स, 2004

104. नील डोनाल्ड वाल्श, द कंप्लीट कंवरसेशंस विद गॉड, पटनम एडल्ट, 2005

अ.ति. : यह भी कहा जा सकता है कि ईश्वर का मार्गदर्शन एक हवाई यात्रा नियंत्रक की तरह होता है, जैसे जब पायलट बादलों से भरे आसमान में हवाई जहाज उड़ाता है, तब भी वह उसे मार्ग के बारे में बताता रहता है।

ए.पी.जे. : नहीं! ईश्वर का मार्गदर्शन हमें बेहतर कार्य करने की अंत:प्रेरणा द्वारा प्राप्त होता है। ईश्वर ने हमें इस दुनिया में रास्ता ढूँढ़ने के लिए दो उपकरण दिए हैं—एकाग्रता और उद्देश्य। एकाग्रता से हम जान सकते हैं कि हमें किस चीज पर केंद्रित होना है और दूसरे उपकरण उद्देश्य से हमें पता लगता है कि हमें इस पर क्यों केंद्रित होना चाहिए। ईश्वर द्वारा हमारा आकलन इन उपकरणों के उपयोग, दुरुपयोग और गलत प्रयोग के आधार पर किया जाता है।

अ.ति. : मैं अपनी सनक व रुझान की चाहतों और ईश्वरेच्छा में किस प्रकार अंतर कर सकता हूँ?

ए.पी.जे. : उचित निर्णय हमेशा ही विश्वास, पछतावे, समर्पण और आध्यात्मिक परिवर्तन का फल होता है। 'अष्टावक्र गीता' में राजा जनक और ऋषि अष्टावक्र के बीच एक महत्त्वपूर्ण संवाद का वर्णन है।[105]

जनक : स्वामी! ज्ञान, अनासक्ति और मुक्ति किस प्रकार प्राप्त की जा सकती है?

अष्टावक्र : मुक्त होने के लिए अपनी इंद्रिय अनुभूति से नियंत्रित मत हो। अपनी एकाग्रता को क्षमा, ईमानदारी, दयालुता, सरलता, सत्यता पर केंद्रित करो। तुम पृथ्वी, जल, अग्नि या वायु नहीं हो और न ही तुम आकाश हो। मुक्ति तो केवल आत्म-सजगता यानी स्वयं को पहचानना तथा इन चीजों का साक्षी होना भर है। व्यक्ति होने के भ्रम में न रहते हुए सजगता के प्रवाह की तरह रहना। ऐसा करने से तुम तुरंत ही मुक्त हो जाओगे और शांति में रहोगे।

अ.ति. : क्या सजगता का यह बोध ही आध्यात्मिक रूपांतरण है?

ए.पी.जे. : यह सजगता हमें चेतना के नए विन्यास की तरफ ले जाती है, जिसमें हमें पता चलता है कि हम क्या ढूँढ़ रहे हैं और किसके लिए प्रयास कर रहे हैं! यह एक व्यक्ति के जीवन के मायने में बदलाव लाती है, जिसमें व्यक्ति अपने जीवन को किस प्रकार परिभाषित करता है। यह उसके अपने जीवन की परिस्थितियों की विवेचना के रूप में भी होती है, जिसमें उसकी भूमिका और उद्देश्य भी शामिल हैं। आध्यात्मिक रूपांतरण का धर्म, शिक्षा और आयु से कुछ भी लेना-देना नहीं है। किसी भी धर्म, शिक्षित या अशिक्षित, किसी आयु के व्यक्ति में आध्यात्मिक रूपांतरण हो सकता है। भारत में हर व्यक्ति भक्त प्रह्लाद की कहानी से परिचित है।

---

105. स्वामी चिन्मयानंद, डिस्कोर्सेज ऑन अष्टावक्र गीता, पाँचवाँ पुनः मुद्रित संस्करण 2007

अ.ति. : जब मैं अपनी सजगता बढ़ाने का प्रयास कर रहा था, तब मुझे अपने भीतर दबी हुई पीड़ा की अनुभूति हुई।

ए.पी.जे. : बुद्ध की वह प्रसिद्ध कहानी, जिसमें उन्हें चार दृश्य दिखे थे, यही दरशात है। जब वे पहली बार घर से बाहर निकले तब उन्होंने एक वृद्ध, एक बीमार, एक शव और एक संन्यासी को देखा था। इन दृश्यों ने उन्हें गहराई से प्रभावित किया और उन्हें सभी जीवों की पीड़ा की अनुभूति हुई। सजगता का उनमें यह अहसास ही उनकी आध्यात्मिक यात्रा की शुरुआत मानी जाती है।

अ.ति. : मुझे यह कैसे पता चलेगा कि मुझमें यह हो चुका है?

ए.पी.जे. : हृदय में एक करुणा का अहसास आएगा, दूसरों की तकलीफों को कम करने की इच्छा उत्पन्न होगी। हमारी सामाजिक समस्या का मूल कारण यह है कि हमारे हृदय में करुणा का रस सूख गया है। हमें दूसरों की पीड़ा का अहसास अब नहीं होता है। नशा करनेवाले लोग अपनी ही पीड़ा से दूर भाग रहे होते हैं। दलाई लामा ने एक बार मुझसे कहा था, ''यदि तुम दूसरों को प्रसन्न देखना चाहते हो तो करुणा का अभ्यास करो। यदि तुम स्वयं खुश रहना चाहते हो, तब भी करुणा का अभ्यास करो।'' धर्मग्रंथों में दबे, कुचले, निर्धनों और कमजोर लोगों के लिए ईश्वर के हृदय में करुणा के बारे में स्पष्ट रूप से लिखा गया है। यदि हमारे देश के विकास में गरीबों की कम-से-कम जरूरतों को पूरा करने का उचित प्रावधान हो, तब भारत को विकसित होने से भला कौन रोक सकता है?

अ.ति. : यह कैसे संभव है? हर कोई कहता है कि यह अच्छा है और इसे ऐसे होना चाहिए, परंतु कुछ भी नहीं हुआ।

ए.पी.जे. : लोकतंत्र में प्रत्येक नागरिक को शासन करने के लिए अपना प्रतिनिधि चुनने का अधिकार प्राप्त है। मुद्दा यह है कि विकल्प सही होना चाहिए। लेकिन विकल्प सही कैसे बनेगा? इस्तिखार की एक इबादत है। इसमें अल्लाह से व्यक्ति अपने जीवन में उचित मार्गदर्शन की प्रार्थना करता है और यह खासतौर से तब की जाती है, जब उसे दो विकल्पों में से एक का चयन करना पड़ता है।

अ.ति. : अतः परिस्थितियों की आलोचना और दूसरों को दोष देने के बजाय हमें स्थिति की हकीकत को स्वीकार कर लेना चाहिए और ईश्वर से निर्णय लेने में मार्गदर्शन की प्रार्थना करते हुए करुणा भरा व्यवहार करना चाहिए।

ए.पी.जे. : यही बिलकुल सही समझ है। अल्लाह ने आदमी के लिए जो चुना है, उसके लिए उसे खुश रहना चाहिए और उसकी प्रार्थना में मिले स्पष्ट जवाब के बाद उसे अपनी चाहत छोड़ देनी चाहिए।

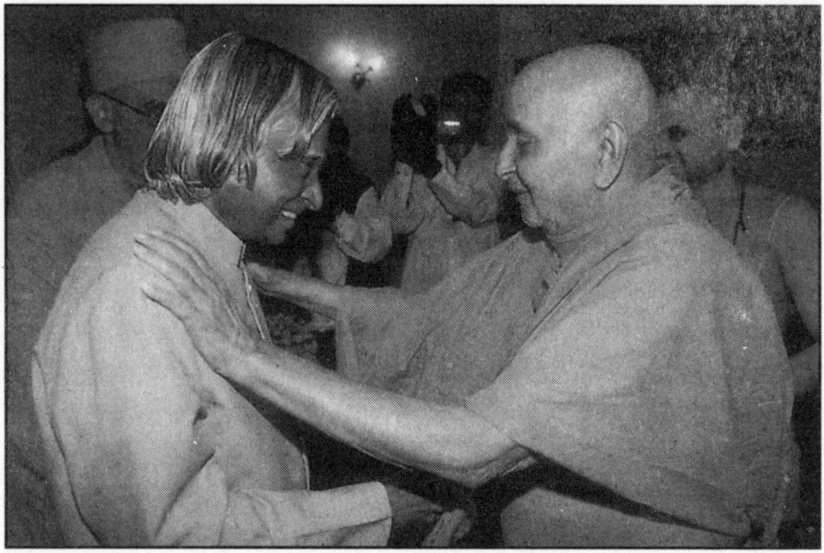

महा प्रमुख स्वामीजी के साथ।

अ.ति. : आपका इस बारे में कोई निजी अनुभव है?

ए.पी.जे. : 13 जून, 2001 की रात को मेरी मुलाकात महा प्रमुख स्वामीजी से हुई थी।[106] यह एक सुखद मुलाकात थी, जो कि करीब 90 मिनट तक चली। यह वह समय था, जब हम इंडिया 2020 की रचना कर रहे थे। 'इंडिया 2020' क्या है? 'इंडिया 2020' का अर्थ क्या है? स्वामीजी ने मुझे बहुत ही धैर्यपूर्वक सुना। फिर उन्होंने मुझसे पूछा—इसके क्या उपाय होंगे, जिससे सारे देश में समृद्धि आएगी? मैंने उन्हें बताया कि एकीकृत तरीके से पाँच क्षेत्रों में साथ-साथ समृद्धि आएगी। ये पाँच क्षेत्र हैं—शिक्षा और स्वास्थ्य सुविधाएँ, कृषि और खाद्य प्रसंस्करण, सूचना एवं संचार प्रौद्योगिकी, बुनियादी सुविधाएँ एवं विद्युत् उत्पादन तथा विशेष प्रौद्योगिकी में आत्मनिर्भरता। उन्होंने कहा, "कलाम, इन पाँचों विकास के क्षेत्रों में कुछ छूट रहा है।"

मैंने पूछा, "स्वामीजी, क्या चीज छूट रही है?"

स्वामीजी ने कहा, "तुम्हें इन पाँचों क्षेत्रों के साथ आध्यात्मिकता को भी शामिल करना चाहिए।" प्रमुखजी की यह बात उस वक्त मुझे समझ नहीं आई और मैंने इस्तिखार की इबादत कई बार की।

---

106. प्रमुख स्वामी महाराज (जन्म 1920) श्री अक्षर पुरुषोत्तम स्वामी नारायण संस्थान के अध्यक्ष हैं, यह हिंदू धर्म के स्वामी नारायण संप्रदाय का प्रमुख संगठन है।

"हे सर्वशक्तिमान! अपने ज्ञान से जो सबसे बेहतर हो वही मुझे दिखाइए, अपनी ताकत से मुझे ताकतवर बनाइए। मैं आपकी अति अनुकंपा की प्रार्थना करता हूँ, क्योंकि आपके पास ताकत है और मैं कमजोर हूँ, आपके पास ज्ञान है और मैं अज्ञानी हूँ और आप वह सब जानते हैं, जो हममें से कोई नहीं जानता।"

ईश्वर में विश्वास को आधार बनाकर 'विजन 2020' से देश के विकास की मेरी परिकल्पना ने देश के राष्ट्रपति के रूप में मेरा रूपांतरण कर दिया।

□

10

बेहतर से भी बढ़कर

अर्थहीन जीवन महान् हो ही नहीं सकता। बिना सार्थक कार्य जीवन अर्थहीन ही बना रहता है।[107]

इस अध्याय में महान् संस्थाओं के निर्माता जे.आर.डी. टाटा, होमी जहाँगीर भाभा और विक्रम साराभाई को उनके महान् योगदान के लिए श्रद्धांजलि प्रस्तुत करते हुए उनके कार्यों को याद किया गया है। कॉर्पोरेशनों द्वारा बिना समाज कल्याण के पूँजी-निर्माण शुभ संकेत नहीं हैं। भारतीय कॉरपोरेट के लिए समाज कल्याण की जिम्मेदारी का भान जरूरी है। हमारे देश की महान् कंपनियों के नेता भले मानुष हैं; परंतु उनसे वह कराया जा रहा है, जो कि उनकी कंपनी के लिए अधिक लाभप्रद है। इन्फोसिस का उदाहरण दिया गया है। भारतीय प्रशासनिक सेवा की भूमिका भारत के मेरुदंड के रूप में बताई गई है। गुजरात का विकास और अब बिहार का दिशा-परिवर्तन वाकई आनंदमय है। बेंजामिन फ्रेंकलिन के एक अच्छे राष्ट्र की परिकल्पना को भारत के लिए प्रेरणा-स्वरूप उद्धृत किया गया है।

अ.ति. : आपको भारत के प्रथम उपग्रह प्रक्षेपण यान का निर्माता और 'भारतीय निर्देशित प्रक्षेपण (गाइडेड मिसाइल) कार्यक्रम' का जनक कहा गया है। मैं प्रक्षेपण कार्यक्रम में काम कर चुका हूँ और आपके द्वारा बनाए अद्वितीय संगठन और प्रेरक नेतृत्व का साक्षी रहा हूँ। इतना होने पर भी आप में अति विनम्रता है। क्या आपका व्यक्तित्व अंतर्मुखी है?

ए.पी.जे. : मैं आमतौर पर बहुत मिलनसार या धूम-धड़ाके की शैली में काम करनेवाला व्यक्ति नहीं हूँ; किंतु स्थिति विशेष में मुझे जो उचित लगता है, मैं उसे जरूर करता हूँ। मुझे लगता है कि यह परिस्थिति की माँग पर निर्भर करता है कि कब बाहरी बलों को शामिल किया जाए और कब अंत:प्रेरणा का इस्तेमाल किया जाए! सही मायनों

107. जिम कॉलिंस, अमेरिकी लेखक तथा वाणिज्य परामर्शदाता।

में कहा जाए तो मैं भारत के प्रथम उपग्रह प्रक्षेपण यान की संरचना करनेवाला नहीं, बल्कि उसका निर्माण करनेवाला था। सन् 1982 में रक्षा अनुसंधान एवं विकास (D.R.D.L.) में मेरे आने के दस वर्ष पहले से ही वहाँ प्रक्षेपास्त्र कार्यक्रम चल रहा था। निस्संदेह दोनों ही कार्यक्रम संस्था निर्माण के बेहतरीन उदाहरण हैं।

अ.ति. : रॉकेट और मिसाइल का निर्माण एक जटिल प्रक्रिया है और इसमें बहुत से दलों एवं अति कुशल लोगों की आवश्यकता होती है। पीछे मुड़कर देखें तो क्या आपको लगता है कि हालात अब बदल गए हैं?

ए.पी.जे. : इसरो (ISRO) और डी.आर.डी.ओ. दोनों में ही हमने नई प्रौद्योगिकी का इस्तेमाल नए लोगों के साथ मिलकर किया था, जिन्हें इस प्रकार के काम का न तो कोई अनुभव था और न ही उनके प्रशिक्षण की कोई व्यवस्था थी। हमने एक सोची-समझी रणनीति के तहत व्यवस्थित रूप से सीखने की प्रक्रिया का इस्तेमाल किया था। उच्च स्तरीय नेतृत्व करनेवाले प्रेरणादायक वैज्ञानिकों ने काम के निचले स्तर पर एवं प्रयोगशालाओं में लोगों में काम करने का जज्बा भर दिया था। यह विश्वास को बढ़ाने, चल रहे कार्य के प्रति दृष्टिकोण बदलकर लोगों के दिमाग में श्रेष्ठ कार्य के महत्त्व को बैठाने जैसा था। वैज्ञानिकों और इंजीनियरों की नई पीढ़ी अपने खुद के विकास के लिए काफी भूखी है और कॅरियर की गतिशीलता अब बदल चुकी है। उन्नत गुणवत्तावाले पेशेवरों को अच्छे वेतन पर बाहर जाने से रोकना अब मुश्किल हो गया है।

अ.ति. : उड़ान के क्षेत्र में एक शब्द है 'रिलेक्स्ड स्टेबिलिटी', जिसका इस्तेमाल एयरक्राफ्ट के स्वतः ही 'एंगल ऑफ बैंक' तथा अपनी दिशा-परिवर्तन की प्रवृत्ति के लिए किया जाता है। एक कहावत है—अति स्थिर व्यवस्था को किसी छोटे से भी परिवर्तन के लिए स्वतः अनुकूल बनने में मुश्किल होती है। नए लड़ाकू एयरक्राफ्ट में अकसर ऐसी व्यवस्था होती है, जो कि युक्तिचालन बढ़ाने के लिए स्थिरता को कम करती है। क्या हमारी वैज्ञानिक संगठनों की दशकों से चल रही व्यवस्था बदलने और उन्हें राष्ट्र के विकास के साथ प्रासंगिक बनाने का समय नहीं आ गया है?

ए.पी.जे. : हमारी शैक्षणिक संस्थाओं को अनुसंधान संगठनों के साथ ज्ञान और अनुभव के आदान-प्रदान की शैली में साथ मिलकर काम करना चाहिए। ठीक इसी तरह उद्योग और अनुसंधान संगठनों को भी साथ-साथ काम करना चाहिए। प्रयोक्ता को प्रशिक्षित किए बिना विदेशी प्रौद्योगिकी खरीदना वास्तव में आगे चलकर व्यर्थ साबित होगा।

अ.ति. : इसे कैसे किया जा सकता है?

ए.पी.जे. : जिम कॉलिंस ने 40 सालों के दौरान 1,435 अच्छी कंपनियों की कार्यक्षमता की छानबीन की और पाया कि उनमें से 11 कंपनियाँ महान् कंपनियाँ बन

गई थीं। उनकी पुस्तक 'गुड टू ग्रेट' में कुछ अच्छी जानकारियाँ हैं। कॉलिंस इस परिवर्तन की मुख्य वजह कंपनियों के संसाधनों का उनके सामर्थ्यवाले क्षेत्र पर केंद्रित होना मानते हैं। कॉलिंस कहते हैं कि महान् कंपनियों के नेता विनम्र हैं, परंतु कंपनी के लिए जो सर्वोत्तम है, वह काम कराने के लिए कटिबद्ध हैं। वे सही लोगों को बस में चढ़ाते हैं और फिर निर्देश देते हैं कि बस कहाँ जाएगी। वे प्रौद्योगिकी का भी तेजी से आगे बढ़ने के लिए बस बेधड़क प्रयोग करते हैं।

अ.ति. : कौन सी भारतीय कंपनी कॉलिंस के 'महान् कंपनी' वाले विचार के प्रारूप में जमती है?

ए.पी.जे. : निश्चय ही इन्फोसिस! एन.आर. नारायण मूर्ति का मानव संसाधनों के विकास पर बल देना भारतीय संगठनों में एक अभूतपूर्व मिसाल है। वे कहते हैं, "मेरे समस्त अति महत्त्वपूर्ण संसाधन प्रतिदिन 5 बजे शाम को परिसर छोड़कर चले जाते हैं।"

अ.ति. : वर्ष 1990 के मध्य में इन्फोसिस ने जब अपने कर्मचारियों के लिए 'वैकल्पिक स्टॉक योजना' की घोषणा की थी, तब यह भारतीय उद्योग जगत् में होनेवाली एक अद्‍भुत घटना थी, जिसमें कर्मचारियों को कंपनी का स्वामी बनाया गया था। इनमें से कई कर्मचारी कालांतर में करोड़पति बन गए। उनमें से अधिकांश लोगों के पूर्वजों ने भी पहले कभी इतनी दौलत नहीं देखी थी।

ए.पी.जे. : मैं एन.आर. नारायण मूर्ति और उनकी पत्नी सुधा मूर्ति से मिल चुका हूँ। सुधा मूर्ति एक सामाजिक कार्यकर्ता तथा एक अच्छी लेखिका भी हैं। उनमें लोगों के लिए अच्छा करने की भावना है। मैं तब बहुत ही खुश हुआ था, जब दुनिया की मशहूर उद्योग जगत् पत्रिका 'फॉर्च्यून' ने नारायण मूर्ति को उस वर्ष के 12 महान् उद्यमियों में चुना था।

अ.ति. : आप भारत के महान् संगठन निर्माताओं में किन्हें मानते हैं?

ए.पी.जे. : जे.आर.डी. टाटा, होमी जे. भाभा और विक्रम साराभाई को मैं भारत के महान् स्वप्नद्रष्टा और संगठन निर्माता के रूप में समझता हूँ। और मैं खुद को सौभाग्यशाली मानता हूँ कि मुझे विक्रम साराभाई के साथ काम करने का मौका मिला।

अ.ति. : इन तीनों स्वप्नद्रष्टाओं के बारे में कृपया विस्तार से बताइए?

ए.पी.जे. : जे.आर.डी. टाटा (1904-1993) ने भारतीय उड़ान उद्योग की स्थापना की थी। उन्होंने वर्ष 1929 में भारत में प्रथम पायलट लाइसेंस हासिल किया, जो एक ऐतिहासिक उपलब्धि थी। उन्होंने भारत की पहली व्यावसायिक एयर लाइंस भी आरंभ की। सन् 1932 में 'टाटा एयर लाइंस' की स्थापना हुई, जो कि बाद में 1946 में 'एयर इंडिया' बनी। सन् 1938 में जब जे.आर.डी. टाटा, 'टाटा ऐंड संस' के अध्यक्ष बने, तब वे भारत के सबसे युवा उद्यमी थे। आधी सदी के भीतर ही उन्होंने 'टाटा ऐंड संस' को 10 करोड़ अमेरिकी डॉलरवाली कंपनी से 5 अरब अमेरिकी डॉलर की कंपनी बना दिया था।

अ.ति. : जे.आर.डी. को कौन सी चीज बाकी सबसे अलग करती है?

ए.पी.जे. : समाज कल्याण के प्रति उनकी प्रतिबद्धता उन्हें सबसे अलग करती है। उन्होंने अपने व्यापार से कमाई संपत्ति से तीन महान् संगठनों का निर्माण किया था। एशिया का पहला कैंसर अस्पताल 'द टाटा मेमोरियल सेंटर फॉर कैंसर रिसर्च ऐंड ट्रीटमेंट' की स्थापना सन् 1941 में हुई। सन् 1936 में 'टाटा सामाजिक विज्ञान संस्थान' और सन् 1945 में 'टाटा इंस्टीट्यूट ऑफ फंडामेंटल रिसर्च' (TIFR) बनी।

अ.ति. : 'टाटा समूह' सर्वोत्तम रोजगार देनेवाली कंपनी के रूप में जानी जाती है।

ए.पी.जे. : जे.आर.डी. कर्मचारी कल्याण में पूरा विश्वास रखते थे और उन्होंने कर्मचारियों के लिए आठ घंटे की समय सीमा, मुफ्त चिकित्सा सुविधा, कर्मचारी प्रॉविडेंट फंड, कर्मचारी दुर्घटना मुआवजा योजना बिना कानूनन अनिवार्यता के स्वेच्छा से अपना रखी थी। उनकी ये नीतियाँ बाद में भारत में कर्मचारी कल्याण की वैधानिक आवश्यकता के रूप में अपनाई गईं। जब सन् 1979 में टाटा स्टील ने कर्मचारियों को काम के दौरान या काम के लिए उनके घर से निकलने और घर वापस जाने तक की दुर्घटना में वित्तीय जिम्मेदारी लेने की सुविधा प्रदान की थी, तब यह नीति अपने समय से बहुत आगे की बात थी तथा बाद में भारतीय उद्योग जगत् में कर्मचारियों के वैधानिक अधिकार के रूप में स्वीकार की गई।

अ.ति. : आपने जे.आर.डी. के जीवन से निजी रूप में क्या सीखा?

ए.पी.जे. : उनकी कल्पना-दृष्टि और दूरदर्शिता। कुदरत ने जे.आर.डी. को अद्भुत कल्पना-दृष्टि और दूरदृष्टि से नवाजा था। वे दूसरों से काफी पहले ही रुझानों को समझ लेते थे। जब उन्होंने सन् 1968 में 'टाटा कंसल्टेंसी कंपनी' शुरू की थी, तब किसी अन्य को भावी सूचना प्रौद्योगिकी का आभास तक नहीं था। आज टी.सी.एम. भारत की अति महत्त्वपूर्ण मूल्यवान् कंपनी है। इसकी आय 10 अरब अमेरिकी डॉलर को पार कर चुकी है।

अ.ति. : उनकी दूरदर्शिता की कोई मिसाल आपको याद पड़ती है?

ए.पी.जे. : प्रधानमंत्री श्रीमती इंदिरा गांधी के मुख्य सचिव पी.एन. हक्सर (1972-73) को सन् 1984 में भेजे एक पत्र में जे.आर.डी. ने लिखा—"मैंने अपने कॅरियर की शुरुआत एक युवा के रूप में शुरू की थी, क्योंकि मैं अपने देश पर विदेशी सत्ता को नहीं बरदाश्त कर सकता था। मैं अपना कॅरियर अब एक नाराज बुजुर्ग के रूप में पूरा कर रहा हूँ। यह इसलिए नहीं कि मैं और ज्यादा धनी या ताकतवर नहीं बना; इसलिए भी नहीं कि टाटा को देश के लोगों की सेवा करने और अपनी पूरी क्षमता व इच्छा से इस देश की अर्थव्यवस्था को बढ़ाने से रोका गया, बल्कि इसलिए कि हमारे देश के अधिकतर लोगों का भाग्य अभी भी दु:खद स्थिति में है तथा इसकी एक बड़ी वजह के लिए मैं अपने देश की सरकार की 35 वर्षों की बुरी आर्थिक नीतियों को जिम्मेदार मानता हूँ।"[108]

---

108. अरविंद मेंम्ब्रो, लेटर्स जे.आर.डी. टाटा, वॉल्यूम 2 रूपा ऐंड कं. 2004

आज इस तरह के पत्र का लिखा जाना असंभव-सा लगता है, क्योंकि व्यापार और राजनीति ने आम लोगों के मसलों और हितों को दरकिनार करके एक 'तेरी जीत, मेरी जीत' का समझौता कर लिया है।

अ.ति. : होमी जहाँगीर भाभा (1909-1966) भारत के परमाणु कार्यक्रम के रचयिता माने जाते हैं।

ए.पी.जे. : होमी जहाँगीर भाभा शैक्षणिक विलक्षणता के मूर्तरूप थे। उन्होंने सन् 1934 में कैंब्रिज विश्वविद्यालय से नोबेल पुरस्कार प्राप्तकर्ता पॉल डिराक के नेतृत्व में कैवेंडिश प्रयोगशाला में भौतिकी में पी-एच.डी. की थी। द्वितीय विश्व युद्ध शुरू होने के परिणामस्वरूप जब वे भारत में छुट्टियों पर आने के बाद वापस इंग्लैंड नहीं लौट पाए तो उन्होंने नोबेल पुरस्कार प्राप्तकर्ता सी.वी. रमण के नेतृत्व में सन् 1939 में 'इंडियन इंस्टीट्यूट ऑफ साइंस', बैंगलोर में 'कॉस्मिक रे रिसर्च यूनिट' स्थापित कर अपना शोध कार्य जारी रखा।

अ.ति. : होमी जहाँगीर भाभा की कल्पना-दृष्टि में क्या खास चीज थी?

ए.पी.जे. : भाभा ने नाभिकीय शक्ति के क्षेत्र में देश की रणनीति तैयार की। उन्होंने देश के विशाल थोरियम भंडार से ऊर्जा निर्माण पर ध्यान केंद्रित किया। दुनिया भर के सभी परमाणु शक्ति-संपन्न देशों ने इस रणनीति को सम्मान से देखा। आज भारत फास्ट रिएक्टरों और थोरियम के ईंधन चक्र में अपनी क्षमता की वजह से ही नाभिकीय प्रौद्योगिकी में आगे चलकर विश्व प्रमुख बनने का हौसला रखता है।

अ.ति. : भारतीय नाभिकीय कार्यक्रम की खास विशेषता क्या है?

ए.पी.जे. : अपने देश के लिए सतत ऊर्जा संसाधन के रूप में नाभिकीय ऊर्जा का महत्त्व हमारे प्रारंभिक परमाणु ऊर्जा कार्यक्रम में स्वीकार किया गया था। तब 'त्रि-स्तरीय नाभिकीय ऊर्जा कार्यक्रम' आबद्ध नाभिकीय ईंधन चक्र के आधार पर तैयार किया गया। ये तीन अवस्थाएँ प्राकृतिक यूरेनियम ईंधन-युक्त दाबीकृत भारी जल रिएक्टर

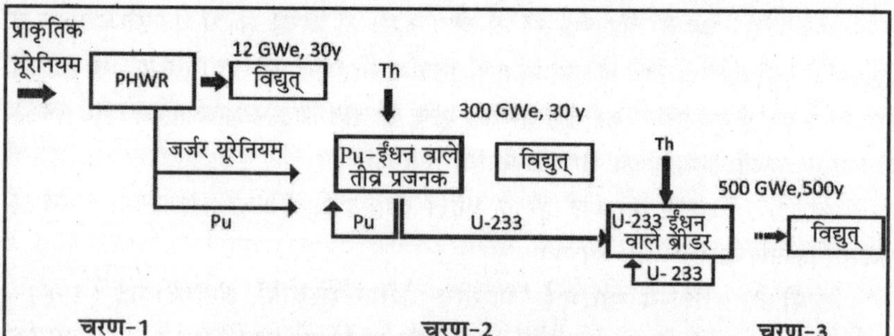

त्रि-स्तरीय परमाणु ऊर्जा कार्यक्रम।

(पी.एच.डब्ल्यू.आर.), फास्ट ब्रीडर रिएक्टर्स (एफ.बी.आर.), प्लूटोनियम आधारित ईंधन का इस्तेमाल और थोरियम के प्रयोग हेतु उन्नत नाभिकीय पॉवर सिस्टम है।

अ.ति. : विक्रम साराभाई (1919-1971) भारतीय अंतरिक्ष कार्यक्रम के स्वप्नद्रष्टा थे।

ए.पी.जे. : विक्रम साराभाई उद्यमिता की साक्षात् प्रतिमा थे। उन्होंने सन् 1947 में पारिवारिक धन से एक 'फिजिकल रिसर्च लैबोरेटरी' (PRL) बनाई थी। उन्होंने सन् 1963 में भारत के प्रथम रॉकेट प्रक्षेपास्त्र स्टेशन थुंबा से सोडियम वेपर पेलोड को अंतरिक्ष में भेजा था। विक्रम साराभाई की अपनी एक वैश्विक पहचान थी। उन्होंने नासा के साथ 'सैटेलाइट इंस्ट्रक्शनल टेलीविजन एक्सपेरीमेंट' (SITE) कार्यक्रम के अंतर्गत प्रथम भारतीय उपग्रह 'आर्यभट' सन् 1975 में रूस के अंतरिक्ष केंद्र से प्रक्षेपित कर अंतरिक्ष में भेजा था।

अ.ति. : विक्रम साराभाई के बारे में ऐसी बात बताइए, जिससे बच्चों और युवाओं को प्रेरणा मिले।

ए.पी.जे. : विक्रम साराभाई का जन्म एक धनी परिवार में हुआ था। जब भी गुजरात आते, तब महान् विद्वान् और नेता जैसे गुरुदेव रवींद्रनाथ टैगोर, जिद्दू कृष्णमूर्ति, जवाहर लाल नेहरू, मौलाना अबुल कलाम आजाद उनके घर पर ठहरा करते थे। पर इन सब चीजों ने उनके अध्ययन में कभी व्यवधान नहीं डाला था और अपने सारे इम्तिहान उन्होंने बहुत ही अच्छे नंबर से पास किए। सन् 1947 में कैंब्रिज विश्वविद्यालय से पी-एच.डी. करने से पहले उन्होंने नोबेल पुरस्कार प्राप्तकर्ता सी.वी. रमण के नेतृत्व में 'इंडियन इंस्टीट्यूट ऑफ साइंस' बैंगलोर में काम किया था।

अ.ति. : होमी भाभा एवं विक्रम साराभाई समकालीन थे और एक ही क्षेत्र में काम कर रहे थे। उन लोगों के आपसी संबंध किस तरह के थे? आमतौर पर वैज्ञानिकों में प्रतिस्पर्धा देखी जाती है।

ए.पी.जे. : वास्तव में उन दोनों के बीच बहुत ही अच्छे संबंध थे। होमी भाभा ने 'प्रथम रॉकेट प्रक्षेपण केंद्र' की स्थापना में विक्रम साराभाई की सहायता की थी। होमी भाभा की हवाई दुर्घटना में हुई आकस्मिक मृत्यु के बाद विक्रम साराभाई को मई 1966 में परमाणु ऊर्जा संस्थान का अध्यक्ष बनाया गया था।

अ.ति. : विक्रम साराभाई ही वे पहले व्यक्ति थे, जिन्होंने सर्वप्रथम भारत में प्रबंधन शिक्षण के विषय में सोचा।

ए.पी.जे. : विक्रम साराभाई 'भारतीय प्रबंधन संस्थान', अहमदाबाद (1961-64) के संस्थापक निदेशक थे। उन्होंने युवा रवि मथाई को अपनी जगह दे दी, जो कि उस वक्त सिर्फ 38 वर्ष के ही थे और ऑक्सफोर्ड से बी.ए. (ऑनर्स) की शिक्षा प्राप्त

कर लौटे थे। इसके बाद इस संस्थान का वैभवशाली इतिहास सर्वविदित है।

अ.ति. : मैंने कई बार महसूस किया है कि महान् स्वप्न विचार प्रक्रिया की बजाय काफी कुछ मन की आंतरिक स्थिति से प्रस्फुटित होते हैं। मैंने स्वयं आपको हैदराबाद शहर के दक्षिण-पूर्वी पहाड़ी क्षेत्र में एक विश्व-स्तरीय मिसाइल एकीकृत सुविधा को मूर्तरूप देते हुए देखा है। तीन सालों में यह परिसर रिसर्च सेंटर इमारत के नाम से बनकर तैयार हो गया था। मैंने आपको प्रतिदिन 16 घंटे लगातार काम करते देखा था और मुझे लगता था कि आप जैसे किसी आंतरिक आध्यात्मिक निर्देश के तहत काम कर रहे थे। मैंने आपको परेशानियों की स्थिति में भी बहुत शांत और संतुलित पाया।

ए.पी.जे. : वाकई आंतरिक शक्ति से प्रेरणा और मदद मिलती है, लेकिन यह किस तरह से होता है, इसका मुझे नहीं पता है। मैंने वर्षों तक मन को शांत रखने का अभ्यास किया है। जब मैं जोखिमवाले रॉकेट प्रक्षेपण के अंतिम पलों की मुश्किलों के बीच खड़ा था, तब इस वास्तविकता के प्रति स्थिरतापूर्वक सजग था कि मेरे साथ बहुत से दक्ष लोग और कार्य-दल शामिल हैं और वर्षों की उनकी मेहनत का परीक्षण एक सम्मिलित प्रयास के रूप में हो रहा है। ऐसी स्थितियों में नेता को अपनी समझदारी और जानकारी के मामले में स्थिर, दृढ़ और अटल रहना चाहिए। 'श्रीमद्भगवद्गीता' में दिया गया स्थितप्रज्ञ आदर्श और आयत अल कुरसी[109] ने मुझे हमेशा सही रास्ता दिखाया है।

अ.ति. : क्या यह सद्गुण आपमें स्वाभाविक रूप से है या आपने इसे हासिल किया है?

ए.पी.जे. : मुझमें यह गुण स्वाभाविक रूप से नहीं था। इसे मैंने सतीश धवन[110] से सीखा, जो कि 'इसरो' में मेरे बॉस थे। यह मैंने उन्हें देखकर सीखा था कि जानकार व्यक्ति को समझदार भी होना चाहिए और एक समझदार व्यक्ति को सजग रहना चाहिए तथा सजग को स्थिर मनवाला या स्थितप्रज्ञ होना चाहिए। सतीश धवन शैक्षणिक रूप से विलक्षण व्यक्ति थे। वे कला और विज्ञान दोनों ही विषयों में स्नातक थे। बाद में उन्होंने गणित में दोहरी पी-एच.डी. और 'कैलीफोर्निया इंस्टीट्यूट ऑफ साइंस' से एयरोस्पेस इंजीनियरिंग की पढ़ाई की थी। उन्होंने इसरो (1972-1995) प्रमुख के रूप में ग्रामीण शिक्षा और रिमोट सेंसिंग एवं सैटेलाइट कम्युनिकेशन के क्षेत्र में शुरुआती प्रयोग किए थे। उनके प्रयासों से 'भारतीय नेशनल सैटेलाइट सिस्टम' (इनसेट) का जन्म हुआ और आगे चलकर इसे ग्रामीण क्षेत्रों में शिक्षा प्रदान करने में विश्व का सर्वोत्तम प्रयास माना गया।

---

109. कुरान, द सूरा, 'अलबकर' आयत 225।

110. सतीश धवन (1920-2002) एयरो स्पेस इंजीनियर और अंतरिक्ष विज्ञानी थे तथा वे फ्लुइड डायनामिक्स के अनुसंधान के लिए दुनिया भर में जाने जाते थे। वे इंडियन स्पेस रिसर्च ऑर्गेनाइजेशन के (1972-95) 23 वर्षों तक अध्यक्ष थे।

अ.ति. : आपने 'अग्नि की उड़ान' में बताया है कि किस प्रकार सतीश धवन ने 'प्रथम प्रक्षेपण यान' (एस.एल.वी.) मिशन की असफलता को सँभाला था और आपको तथा आपके दल को एक साल से कम समय के अंदर पुनः वापस सफल होने के लिए प्रोत्साहित किया था।

ए.पी.जे. : 10 अगस्त, 1979 को श्री हरिकोटा में पहला एस.एल.वी. प्रक्षेपण किया गया था। इसे 'रोहिणी' उपग्रह को कक्षा में स्थापित करना था; किंतु यह उड़ान भरने के कुछ देर बाद बंगाल की खाड़ी में गिर गया। इसके बाद मैंने स्वयं के प्रोजेक्ट निर्देशक के पद से हट जाने का प्रस्ताव दिया; परंतु सतीश धवन ने इसे न केवल अस्वीकार कर दिया, बल्कि पूरी प्रोजेक्ट टीम को हर तरह से सहयोग प्रदान किया, तदनंतर हम 18 जुलाई, 1980 को 'रोहिणी-1बी उपग्रह' को कक्षा में स्थापित करने में सफल हो गए।

अ.ति. : इस तरह के सहयोग की भावना अब हमारे संगठनों में आमतौर पर नहीं देखी जाती है। हमारे संगठन असफलताओं को सँभालने की कला में कुछ कमजोर दिखते हैं।

ए.पी.जे. : सही बात है। यहाँ तक कि 'इसरो' में भी अब वक्त बदल गया है। दरअसल, जब सारा देश एस.एल.वी. की सफलता से खुश था, तब मुझे जो ख्याति और पहचान मिली वह मेरे कुछ सहयोगियों को रास नहीं आई। अलबत्ता मैंने जो कुछ भी मिला, चाहे वह पुरस्कार हो या तिरस्कार, दोनों को ही ईश्वर इच्छा मानकर नतमस्तक हो स्वीकार किया।

अ.ति. : मई 1981 के प्रक्षेपण में आपको प्रक्षेपण नियंत्रण कक्ष तक में नहीं बिठाया गया और आपने आगंतुक दीर्घा से ही प्रक्षेपण देखा। यह काफी अपमानजनक रहा होगा।

ए.पी.जे. : यह काम जान-बूझकर मुझे नीचा महसूस कराने के लिए किया गया था; परंतु मैंने इस अपमान को शांति से सँभाल लिया था। पीटर मैरिबर्ग रेलवे स्टेशन पर हुई महात्मा गांधी के साथ घटी घटना ने मुझे धीरज दिया। जब गांधीजी को ट्रेन से नीचे उतार दिया गया था, तब दक्षिण अफ्रीका पहुँचा एक भारतीय वकील तो गिर गया, पर जब गांधीजी उठे तब एक भारतीय दक्षिणी अफ्रीका क्रांति पुरुष उठ खड़ा हुआ। मेरा अपना अपमान बहुत ही सतही था, पर भारतीय वैज्ञानिक समुदाय में छोटेपन के गहरे रोग का यह एक लक्षण था। जिस तरह से गांधीजी की डरबन से प्रिटोरिया की वह ट्रेन यात्रा अधूरी रह गई थी और इसे उनके अन्य उल्लंघनों एवं अपने देश के पुरुषों व महिलाओं के पास पहुँचने के प्रयास के प्रतीक के रूप में देखा जाता है, ठीक वैसे ही उस दिन एक नए कलाम का जन्म हुआ था।

अ.ति. : प्रक्षेपण कार्यक्रम की सफलता के बाद एक बार दुबारा भी कुछ वैसी ही घटना हुई थी। यह खबर बाहर आई थी कि सन् 1992 में डी.आर.डी.ओ. में आपकी सेवानिवृत्ति से पहले ही आपको मद्रास विश्वविद्यालय का कुलपति बनाकर हटाया जा रहा था?

ए.पी.जे. : इस संगठन में प्रमुख के पद के कई दावेदार थे। प्रधानमंत्री नरसिम्हा राव ने इसमें व्यक्तिगत रूप से हस्तक्षेप करके यह सुनिश्चित कर दिया कि मैं इस पद पर बना रहूँ। यहाँ तक कि उन्होंने इसके लिए मेरी सेवाएँ अनिश्चितकाल तक के लिए बढ़ाने का लिखित आदेश दिया था।

अ.ति. : डी.आर.डी.ओ. में आपके कुछ सहकर्मियों ने संगठन को ही नीचा दिखाना शुरू कर दिया था।

ए.पी.जे. : किसी भी बड़े संगठन में परस्पर विरोध होना स्वाभाविक बात है, खासतौर से उन संगठनों में, जहाँ बहुत कुछ दाँव पर लगा होता है और जहाँ परिणामों में बहुत अस्पष्टता और अनिश्चितता होती है वहाँ तो ऐसा द्वंद्व अपरिहार्य है।

अ.ति. : सन् 1998 में पोखरण-2[111] के बाद स्थितियों में अप्रिय रूप से बदलाव आया।

ए.पी.जे. : मेरे सहकर्मियों ने यह दावा कर दिया था कि हाइड्रोजन बम का परीक्षण 50-60 प्रतिशत भर ही सफल रहा। नाभिकीय वैज्ञानिक आर. चिदंबरम ने ऐसे दावों को खोखला और वैज्ञानिक दृष्टि से अप्रमाणित माना।[112]

अ.ति. : ऐसी हलकी बातों का क्या परिणाम हुआ?

ए.पी.जे. : पोखरण-2 एक बहु-संगठनीय प्रयास था। शायद हम एक स्पष्ट कार्य-व्यवस्था और अधिकार-क्षेत्र नहीं निर्धारित कर पाए थे। बहुदलीय मिशनों में यह बहुत ही आम बात है कि लोग चीजों को अपने अलग नजरिए से देखते हैं। जटिल कार्यों के वातावरण में कभी-कभी कुछ ऐसे क्षेत्रों को महत्त्व और ध्यान दे दिया जाता है, जो कि उतने महत्त्वपूर्ण नहीं थे या वे मुख्य उद्देश्य की पूर्ति के लिए सीधे संबंधित नहीं थे। यह जीवन-रक्षक औषधि के साइड इफेक्ट्स पर मचनेवाली चिल्ल-पों जैसा ही था।

अ.ति. : आप डी.आर.डी.ओ. की आलोचना को किस प्रकार लेते हैं?

---

111. पोखरन-II, पाँच नाभिकीय परीक्षण से संबंधित है तीन 11 मई को और दो 13 मई, 1998 को थार रेगिस्तान में पोखरन रेंज में भारत द्वारा किए गए।
112. राजगोपाल चिदंबरम (जन्म 1936) एक नाभिकीय वैज्ञानिक हैं और भारत सरकार के वर्तमान (सन् 1913) प्रमुख वैज्ञानिक सलाहकार हैं।

ए.पी.जे. : सरकारी संगठनों की आलोचना एक आम बात है। बड़े संगठन इंद्रजाल[113] की तरह ही होते हैं, जिसमें अनगिनत पहलू होते हैं। जो आप देख रहे हैं, वह बहुत कुछ इस बात पर निर्भर करता है कि आप स्वयं क्या देखना चाहते हैं। डी.आर.डी.ओ. उच्च स्तरीय दुर्लभ प्रौद्योगिकियों का एक अभिरक्षक संगठन है। मैं इसमें किसी भी कमी या समझौते की स्थिति नहीं देखता हूँ। कुछ विशेष क्षेत्रों में डी.आर.डी.ओ. अग्रणी भी है।

अ.ति. : लेकिन इसके विरोध में भी बहुत कुछ कहा गया है?

ए.पी.जे. : बेहतर होगा कि डी.आर.डी.ओ. दुर्लभ और अति आवश्यक प्रौद्योगिकी पर अपना ध्यान केंद्रित करे। कोई भी एल.सी.ए. और अग्नि कार्यक्रमों की उपलब्धियों को कम नहीं आँक सकता है। इनके चलते हम आज एक सुरक्षित राष्ट्र हैं।

अ.ति. : आपने सन् 1993 में जन-कल्याण के लिए रक्षा तकनीक के विकास का कार्य शुरू किया था। इसमें एक स्टेंट[114] और फ्लोर रिएक्शन ऑर्थोसिस[115] विकसित किया गया तथा आशा की एक नई ज्योति जली, लेकिन यह प्रयास बहुत आगे नहीं बढ़ पाया।

ए.पी.जे. : आज की इस वैश्विक दुनिया में सफल होना आसान नहीं है। चित्रा वॉल्व[116] को एक बहुत ही उपयोगी उपकरण के रूप में सफलता मिली है, परंतु आयातित वॉल्वों की पैसे पर आधारित मार्केटिंग के सामने यह केवल गरीब मरीजों द्वारा ही इस्तेमाल होता है। रक्षा स्पिन-ऑफ प्रौद्योगिकी कार्यक्रम वाकई सी.एस.आर. की पहल थी। मुझे निजी उद्यमों से बड़ी आशा है। आज विश्व स्तर की कई भारतीय बहुराष्ट्रीय कंपनियाँ मौजूद हैं। उन्हें भारतीय लोगों के लिए सस्ते जीवन-रक्षक उपकरण बनाकर और नए समाधान ढूँढ़कर अपने लोगों की सहायता करनी चाहिए।

अ.ति. : आपने तमिलनाडु के तिरुनेलवेली जिले में कुडनकुलम न्यूक्लियर प्लांट के समर्थन में जनमत बनाया है।

ए.पी.जे. : मैं 6 नवंबर, 2011 को अपनी स्वयं की पहल पर कुडनकुलम न्यूक्लियर पावर प्रोजेक्ट परिसर में गया। मैंने नाभिकीय ऊर्जा के साथ सौर और वायु

---

113. इंद्रजाल बौद्ध दर्शन में रिक्तता के बोध व प्रतिबिंबित यथार्थ के लिए एक रूपक की तरह कहा जाता है।
114. कलाम राजू स्टेंट (के-आर स्टेंट) ने आयातित कोरोनरी स्टेंट की कीमतों पर 50 प्रतिशत से अधिक चोट दी और इस ऐतिहासिक प्रयास के लिए केयर फाउंडेशन को डिफेंस टेक्नोलॉजी स्पिन-ऑफ अवार्ड 1998 दिया गया।
115. फ्लोर रिएक्शन ऑर्थोसिस उपकरण पोलियोग्रस्त लोगों को चलने में सहायता देने के लिए बनाया गया तथा इसका निर्माण मिसाइल कोन बनानेवाले मजबूत पॉलीमर से किया गया।
116. चित्रा वॉल्व को कम कीमत पर हार्ट वॉल्व के रूप में विकसित किया गया है। यह अन्य वॉल्व की कीमतों से आधी से भी कम कीमत पर उपलब्ध है।

ऊर्जा का भी समर्थन किया है, क्योंकि यह स्वच्छ और अक्षय ऊर्जा है, जो कि आज की तेजी से बढ़ती हुई भारतीय जनसंख्या के लिए अत्यंत जरूरी है। कुडनकुलम में रूस के सहयोग से 13,171 करोड़ रुपए की लागत से दो 1,000 मेगावाट वी.वी.ई.आर. रिएक्टरों का निर्माण हो रहा है। यह एक आधुनिक प्लांट है। यह रिएक्टर 13.5 मीटर की सुरक्षित ऊँचाई पर स्थित है और सूनामी से इनके प्रभावित होने की कोई आशंका नहीं है। इन्हें भूकंप से भी कोई खतरा नहीं है, क्योंकि कुडनकुलम भूकंप क्षेत्र में नहीं आता। वैज्ञानिकों ने सभी तरह की प्राकृतिक आपदाओं की संभावनाओं को ध्यान में रखते हुए इसकी रूपरेखा तैयार करके निर्माण किया है। उन्होंने प्लांट में 154 हाइड्रोजन रिकंबाइनर्स लगाए हैं, जो कि किसी भी तरह के हाइड्रोजन के रिसाव और संरचनात्मक क्षति को सोख लेंगे। यहाँ ग्रिड में भेजने के लिए 2,000 मेगावाट ऊर्जा तैयार होगी। यह निर्माण वर्षों से चल रहा था। इस प्लांट के शुरू होने के ठीक पहले उठा इसका विरोध केवल अतार्किक ही नहीं, बल्कि राष्ट्रीय हित की इस परियोजना को विलंबित करने की एक साजिश है।

अ.ति. : महत्त्वपूर्ण विकास के मुद्दों पर हमारी राजनीति में मतभेद क्यों है?

ए.पी.जे. : वास्तव में विभाजन नहीं है। सरकार में राजनीतिक नेतृत्व परिवर्तन को छोड़कर सभी विकास के क्षेत्रों में निरंतरता बनी हुई है। भारतीय प्रशासनिक सेवा भारत राष्ट्र का मेरुदंड है और यह सम्मानपूर्वक अपनी जिम्मेदारियाँ निबाह रही है। फिर भी, हमें राजनीतिक संवाद का स्तर ऊपर उठाना है और व्यक्तिवादी राजनीति से हटकर इसे राष्ट्र–हित के आधार पर विकसित करना है।

अ.ति. : क्या ऐसा होने के कोई इमकान हैं?

ए.पी.जे. : प्रत्येक व्यक्ति ने गुजरात का विकास देखा है। अब बिहार भी बदल रहा है। दोनों ही राज्य राजनीतिक रूप से अति सक्रिय हैं, पर आगे बढ़ रहे हैं।

अ.ति. : आप प्रधानमंत्री अटल बिहारी वाजपेयी के साथ मुख्य वैज्ञानिक सलाहकार के रूप में काम कर चुके हैं। आपके बाद दूसरे विख्यात वैज्ञानिक आर. चिदंबरम ने यह जगह ली। इस व्यवस्था से कुछ भी निकलकर नहीं आया। क्या हमारे राजनीतिज्ञ वैज्ञानिक परामर्श से कतराते हैं?

ए.पी.जे. : नहीं, मुझे ऐसा नहीं लगता। वैज्ञानिकों में भी खुली सोच की समस्या है। मुझे लगता है कि हमारे वैज्ञानिक संगठन और शीर्ष वैज्ञानिक समाज की जरूरतों और आकांक्षाओं के प्रति संवेदना खोते जा रहे हैं। ऐसे बहुत से मुद्दे हैं, जैसे—ऊर्जा, कुपोषण, जनहित में सूचना प्रौद्योगिकी का प्रयोग, जिनमें अधिक उत्साह होना चाहिए।

अ.ति. : क्या राजनीतिक व्यवस्था और वैज्ञानिकों एवं तकनीकी विशेषज्ञों (टेक्नोक्रेट) के विचारों के बीच कहीं कोई खाई है, जिसे पाटना जरूरी है?

ए.पी.जे. : हाँ, यह एक वास्तविक समस्या है। हमारा राजनीतिक तंत्र सत्ता में बने रहने की जुगत में व्यस्त है। राजनीतिक समूहों और उनके सहयोगियों की सत्ता-केंद्रित व्यवस्था प्रौद्योगिकी क्षेत्र में बड़े प्रयासों को रोके खड़ी है। यह समय चुनावी राजनीति से अधिक विकास-युक्त राजनीति का है। ऐसे बहुत से मुद्दे हैं, जिन्हें दलगत राजनीति से परे जाकर संसद् द्वारा हल किया जाना चाहिए। उद्योगों के लिए ऊर्जा, बच्चों में कुपोषण, पीने के स्वच्छ पानी का अभाव, वर्षा पर आधारित कमजोर कृषि व्यवस्था, गाद भरी उथली नदियाँ, माल परिवहन आदि। इन सब में हम क्या कर रहे हैं? चर्चाएँ, बहस, वैकल्पिक विचारों की उत्पत्ति और इन समस्याओं के समाधान पर सहमति बनाना कोई विकल्प नहीं, बल्कि अनिवार्यता है। यह कार्य अति आवश्यक है। इन्हें केवल आम आदमी की तकलीफों को अनदेखा कर ही टाला जा सकता है। राष्ट्र के विकास हेतु एक दूरदृष्टि वाली कल्पना-दृष्टि के लिए संसद् को अपना ध्यान और समय इन पर लगाना ही चाहिए।

अ.ति. : इसका क्या समाधान है?

ए.पी.जे. : हमारे लोकतंत्र को अतिशीघ्र एक द्वि-ध्रुवीय राजनीतिक तंत्र स्थापित करने की जरूरत है। जब दलीय प्रतिस्पर्धा और सत्ता की लोलुपता राजनीति का स्तर गिरा देती है, तब राष्ट्र विपत्ति के मार्ग पर, अपरिहार्य आपदा और बरबादी की तरफ चल पड़ता है। हमें इस जोखिम में नहीं पड़ना चाहिए।

अ.ति. : भारत सरकार कंपनियों को अपने शुद्ध लाभ का कम-से-कम 2 प्रतिशत सी.एस.आर. पर खर्च करना जरूरी बनाने की कोशिश कर रही है। इसकी कटु आलोचना को देखकर ऐसा लगता है कि ऐसा जल्दी हो नहीं पाएगा और सी.एस.आर. पर खर्च करना मनमरजी की बात होगी। ज्यादातर कंपनियाँ समाज कल्याण के लिए आगे नहीं आ रही हैं।

ए.पी.जे. : भारत में व्यापारिक परोपकार की महान् परंपरा रही है। समस्या यह है कि कुछ समय से करुणाभाव और जिम्मेदारी स्वरूप तथा कुछ देने के बीच की रेखा धुँधली पड़ गई है। सी.एस.आर. का संबंध हमारे व्यापारिक व्यवहार के साथ होना चाहिए। आप जिस स्थानीय समूह के बीच कार्य करते हैं, उसे कुछ देने से इसे नहीं मिलाना चाहिए। इसे एक अन्य कर के रूप में भी नहीं होना चाहिए। यह आवश्यक नहीं है कि कितनी मात्रा में धन खर्च हो रहा है, बल्कि महत्त्वपूर्ण यह है कि आप इसे किस काम के लिए और किस तरह खर्च कर रहे हैं। भारत में बहुत से लोगों और कंपनियों ने कर बचाने की कला में महारत हासिल कर रखी है। यहाँ तक कि सी.एस.आर. अनिवार्य होने पर भी इससे कुछ फर्क नहीं पड़ेगा। हमें अपनी सोच बदलनी होगी।

अ.ति. : क्या आप भारतीय व्यापारिक घरानों के लिए सी.एस.आर. की कोई स्वप्न-दृष्टि रखते हैं?

टाटा ग्रुप के चेयरमैन रतन टाटा के साथ।

ए.पी.जे. : मैं बड़े व्यापारिक घरानों की सामाजिक जिम्मेदारी के महत्त्व[117] पर एक शोधपत्र पढ़ रहा था। यह बात सच है, पर अपने निवेशकों को अधिक-से-अधिक लाभ देना कंपनी की पहली जिम्मेदारी है। इसकी भूमिका अपने कर्मचारियों के साथ अच्छा व्यवहार, पर्यावरण सुरक्षा, सुदृढ़ व्यापारिक नियंत्रण, मानव-हितों का सहयोग, मानव अधिकारों की रक्षा, सांस्कृतिक विविधता का सम्मान और व्यापारिक मेले के प्रोत्साहन में सहायता तथा अन्य कामों को अंजाम देने में भी बराबर की बनती है। ये सभी कार्य उन समूहों, संस्कृतियों, समाजों और वातावरण पर सकारात्मक प्रभाव डालते हैं, जिनमें ये कंपनियाँ संचालित होती हैं। अब समय आ चुका है, जब हमारे उद्योग जगत् के नेता स्वयं को प्रकाश फैलाती मोमबत्तियाँ न समझें, बल्कि राष्ट्र-निर्माण के प्रकाश के चारों ओर मँडराते पतंगे समझें। यह वक्त का तकाजा है, जिससे समाज के हर तबके तक समृद्धि पहुँचे—वैश्विक व्यापार व्यवस्था के लाभ उठाकर, न कि उससे शोषित हो।

अ.ति. : सार यह है कि सी.एस.आर. कोई मंजिल नहीं बल्कि एक अनवरत यात्रा है?

---

117. द इंपार्टेंस ऑफ कॉरपोरेट रेसपांसबिलिटी, ए वाइट पेपर फ्रॉम द इकोनामिक इंटेलिजेंस यूनिट, ऑरैकल, 2005

अजीम प्रेमजी, चेयरमैन विप्रो लिमिटेड के साथ।

ए.पी.जे. : सी.एस.आर. एक भाव है, एक प्रेरणा है। हालाँकि भारतीय व्यापारिक क्षेत्र ने दशकों से अपने मालिकों के लिए अपार धन कमाया है, मगर देश गरीबी की समस्या, बेरोजगारी, अशिक्षा और कुपोषण की चपेट में बना रहा है। सरकार ने क्षेत्रवार कार्यक्रमों के जरिए विस्तृत विकास के कई कार्य किए हैं, पर व्यापारिक क्षेत्र को भी सामाजिक जिम्मेदारी का प्रदर्शन करना चाहिए, जिससे समाज की भलाई और समृद्धि का वितरण सुनिश्चित हो। अजीम प्रेमजी ने भारत में सबसे बड़े लोकोपकारी दान-स्वरूप ग्रामीण शिक्षा हेतु 2.3 अरब डॉलर अपने निजी कोष से दान दिए।

अ.ति. : और भारतीय अरबपतियों को भी उनका अनुसरण करना चाहिए।

ए.पी.जे. : जॉन एलकिंग्टन[118] ने इसे 'तिहरा आधार' कहा है। ये तीन आधार सामाजिक, आर्थिक और पर्यावरणीय विकास हैं। किसी भी व्यवसाय अथवा उद्योग को 'मानव-हित, पृथ्वी और धन-लाभ' संरक्षण की तीन कसौटियों पर खरा उतरना चाहिए। वक्त का तकाजा है कि व्यापार और उद्योग के लाभ जन-साधारण एवं पृथ्वी संरक्षण हेतु भी इस्तेमाल हों।

---

118. जान एलकिंग्टन (जन्म 1949) ब्रिटिश व्यापारी और लेखक। इन्हें कॉरपोरेट उत्तरदायित्व और निरंतर विकास के क्षेत्र में विश्वस्तरीय 'अथॉरिटी' माना गया है।

अ.ति. : क्या आप इसका कोई नमूना सुझाएँगे?

ए.पी.जे. : टिकाऊ विकास की मेरी सोच नई प्रौद्योगिकी को ग्रामीण विकास पर केंद्रित करने की है। नैनो टेक्नोलॉजी से पीने के सुरक्षित पानी, सिंचाई के लिए जल-संरक्षण और प्रदूषण रोकने के नए तरीके ईजाद किए जा सकते हैं। बायो टेक्नोलॉजी, जैसे एनोरेबिक डायजेशन का उपयोग स्थानीय स्तर पर अक्षय ऊर्जा का उत्पादन कर पारंपरिक ईंधनों पर निर्भरता कम करने में हो सकता है। इससे पर्यावरण एवं जैव-विविधता के संरक्षण में भी मदद मिलेगी। मैं जन-स्वास्थ्य, टिकाऊ कृषि और अक्षय ऊर्जा के क्षेत्रों में बायो-नैनो-इन्फो-ईको तकनीकों का उपयोग समाज के पिरामिड के सबसे निचले तल पर रहे लोगों के कल्याण के लिए किए जाने का हिमायती हूँ।

अ.ति. : इसे कौन करेगा?

ए.पी.जे. : यह पुनर्जागरण द्वारा किया जाएगा। अपने नेताओं का चयन करने के अर्थ में, हमारे यहाँ एक लोकतंत्र है। हम अपने प्रतिनिधियों को विधायिका में भेजते हैं और वे राष्ट्र के मामलों को बहुत ही प्रतिस्पर्धात्मक एवं संगठनात्मक सेवा तंत्र द्वारा संचालित करते हैं। हमारे यहाँ एक स्वतंत्र, योग्य तथा जागरूक न्यायपालिका है। बस, हमें एक नैतिक जिम्मेदारी के भाव की आवश्यकता है। यही समय है, जब एक सांस्कृतिक आंदोलन हमारे राष्ट्र को एक विकसित राष्ट्र बनाने के लिए शुरू हो।

अ.ति. : इसे कहाँ से शुरू करें?

ए.पी.जे. : मैं 'इंडिया 2020' की चर्चा पर वापस आऊँगा। इसे हमने सन् 1998 में प्रस्तुत किया था। हमारा सपना खाद्य सुरक्षा, ऊर्जा, सामाजिक सुरक्षा, समृद्धि अर्जित करने के लिए सूचना एवं संचार प्रौद्योगिकी का इस्तेमाल, स्वास्थ्य एवं शिक्षा, सुशासन, नाभिकीय रक्षा तथा अंतरिक्ष क्षेत्रों में आत्मनिर्भरता का था। बाद में इसमें आध्यात्मिकता भी शामिल हो गई थी। हमें इस स्वप्न-दृष्टि में विश्वास करना चाहिए और व्यक्तिगत एवं सामूहिक रूप से इसमें शामिल होना चाहिए।

अ.ति. : कोई अकेला व्यक्ति इसमें क्या कर सकता है?

ए.पी.जे. : अकेले वृक्षों से ही एक जंगल बनता है। सैकड़ों-हजारों पेड़ मिलकर एक जंगल बनाते हैं; परंतु हर पेड़ को अलग-अलग ही उगना और बढ़ना पड़ता है। प्रत्येक भारतीय बच्चे को यह विश्वास होना चाहिए कि एक विकसित राष्ट्र में जीना उसका जन्मसिद्ध अधिकार है। हर विकसित देश के इतिहास पर एक नजर डालिए। इन सभी की शुरुआत आम आदमी के विचारों में परिवर्तन की प्रक्रिया से ही हुई थी, इसलिए मैं एक पुनर्जागरण की बात कहता हूँ। हमें अपनी पराधीनता, भाव-शून्यता और उदासीनता की संस्कृति से बाहर निकलना होगा तथा अपने जीवन को बेहतर भविष्य की तरफ ले जाना होगा।

अ.ति. : वर्ष 2012 में विश्व की दस बड़ी आर्थिक शक्तियाँ—अमेरिका, जापान, जर्मनी, फ्रांस, ब्रिटेन, इटली, कनाडा, स्पेन, दक्षिण कोरिया और ऑस्ट्रेलिया हैं। आइए, इन्हें इनके इतिहास के अनुसार तीन समूहों में बाँट देते हैं। प्रथम समूह अमेरिका, कनाडा और ऑस्ट्रेलिया है। प्रवासी यूरोपवासियों ने स्थानीय लोगों पर विजय हासिल की और अपनी प्रभुसत्ता स्थापित की थी। जर्मनी, फ्रांस, ब्रिटेन, इटली, स्पेन और जापान को हम दूसरे समूह में रख सकते हैं। इनमें से हरेक की अपनी एक मजबूत पहचान है और ये अपनी विलक्षण ताकत से अपने उद्यमों को बनाए हुए हैं। तीसरे समूह में दक्षिण कोरिया आता है। एक ऐसा राष्ट्र, जिसका युद्ध और द्वंद्व का एक लंबा इतिहास रहा है। इसने हाल ही में स्वतंत्रता का सौभाग्य अर्जित किया और तेजी से एक विकसित देश बन गया।

ए.पी.जे. : जब संयुक्त राज्य अमेरिका 4 जुलाई, 1776 को स्वतंत्र राष्ट्र बना, तब अटलांटिक महासागर तट के तेरह उपनिवेशों में तकरीबन 2.5 करोड़ लोग रहते थे। इनमें ज्यादातर लोग स्वतंत्र किसान थे, जिनके पास अपनी जमीनें थीं और वे अपनी स्थानीय एवं प्रांतीय सरकार चुनते थे।

अ.ति. : बेंजामिन फ्रेंकलिन ने नए राष्ट्र के बारे में बहुत ही खूबसूरत ढंग से अपने भावों को व्यक्त किया था। उन्होंने कहा था "यह देश यूरोप की तरह नहीं है, जहाँ गरीब लोग जमीन मालिकों की वैभवशाली हवेलियों के आस-पास नारकीय झोंपड़ियों में रहते हैं। यहाँ न्यू इंग्लैंड में हर व्यक्ति जमीन का मालिक है और उसके पास अपना एक मत है तथा वह एक साफ-सुथरे घर में रहता है। उसके पास अच्छा खाना, ईंधन, सिर से पाँव तक ढँकने के लिए अच्छे कपड़े हैं, जो कि संभवतः उसके परिवार में ही बनाए जाते हैं।"[119]

ए.पी.जे. : बड़ी सुंदर अभिव्यक्ति है।

अ.ति. : यूरोप का इतिहास वाकई बहुत ही जटिल है। यूरोप ही विज्ञान की जन्मभूमि है। धर्मनिरपेक्ष नागरिक राजनीति और राष्ट्र के रूप में राज्यों का जन्म भी वहीं हुआ था। आधुनिक दुनिया की रूपरेखा दो विश्व युद्धों के बाद उभरी थी और वे दोनों ही यूरोप में शुरू हुए।

ए.पी.जे. : 24 अप्रैल, 2007 को स्ट्रासबर्ग में यूरोपीय संसद् में अपने भाषण में मैंने यूरोप को आधुनिक दुनिया का जन्म-स्थान कहा था। मैंने कहा था, "यूरोप विज्ञान में अग्रणी लोगों की कर्मभूमि है और यहीं से आधुनिक प्रौद्योगिकी का प्रादुर्भाव हुआ। यूरोप राष्ट्रों के बीच सैकड़ों सालों तक विवादों और युद्धों का क्षेत्र बना रहा, जिसमें दो विश्व युद्ध भी शामिल हैं। इस रक्तरंजित पृष्ठभूमि में आपने 'यूरोपीय संघ' की स्थापना

---

119. क्लाड एच. वान टिन, द कॉजेज ऑफ वार ऑफ इंडिपेंडेंस, हॉग्टन मिफिन कं. 1922

24 अप्रैल, 2007 को स्ट्रासबर्ग में यूरोपीय संसद् को संबोधित करते हुए।

कर संपूर्ण क्षेत्र के लिए पूर्ण और समृद्ध भविष्य सुनिश्चित किया है। यूरोपीय संघ राष्ट्रों के बीच सहयोग और शांतिपूर्ण सहअस्तित्व का एक स्वर्णिम उदाहरण बन चुका है। सारा क्षेत्र शांति और समृद्धि की तरफ अग्रसर है।''

अ.ति. : मैं आपके साथ फरवरी 2006 में दक्षिण कोरिया गया था।

ए.पी.जे. : हम डीडॉक इनोपोलिस गए थे। 20 से अधिक अनुसंधान संस्थान और करीब 40 व्यापारिक अनुसंधान केंद्रों का यहाँ उच्च स्तरीय विज्ञान परिसर है। हम सैमसंग इलेक्ट्रॉनिक्स के गिहिअंग कैंपस भी गए थे। सैमसंग दक्षिण कोरिया के कुल निर्यात का तकरीबन पाँचवाँ हिस्सा अकेले ही उत्पादित करता है, जो कि बहुत से देशों की कुल आमदनी से भी अधिक है।

अ.ति. : सभी विकसित देशों की अर्थव्यवस्था औद्योगिकीरण के बाद की है, जिसमें सेवा क्षेत्र ने औद्योगिक क्षेत्रों से भी अधिक धन अर्जित किया है। विकासशील देश औद्योगीकरण की प्रक्रिया में हैं। अविकसित देश, जो अभी भी औद्योगिकीरण से पहले की स्थिति में हैं और पूरी तरह से कृषि पर आधारित हैं, उनके विकास का मार्ग दरअसल कृषि से उद्योग और फिर सेवा क्षेत्र की तरफ जाता है।

ए.पी.जे. : इसका संबंध यहाँ से वहाँ पहुँचना ही नहीं है। ये देश के विकास के मात्र तीन पहलू हैं—कृषि का विकास, उद्योगों का विकास और सेवा क्षेत्र का विकास। सभी विकसित देशों के पास मजबूत कृषि आधार और खाद्य प्रसंस्करण उद्यम हैं। उनके पास अति उन्नत उद्योग और बड़ी ढाँचागत व्यवस्था है तथा वे दुनिया को नई खोजों की तरफ ले जा रहे हैं।

अ.ति. : 'इंडिया 2020' के लिए आप किन सुधारों का परामर्श देते हैं?

ए.पी.जे. : हमें 'द्वितीय हरित क्रांति' और हमारे उद्योगों के लिए 24×7 ऊर्जा की व्यवस्था करनी है।

अ.ति. : दूसरी हरित क्रांति के लिए आपके कौन से नीति-निर्देशक सिद्धांत हैं?

ए.पी.जे. : पहली हरित क्रांति उच्च उत्पादकता, रासायनिक खादों का प्रयोग और खेती की मशीनों पर आधारित थी। इसका उद्देश्य भारत को खाद्यान्न के क्षेत्र में आत्म-निर्भर बनाना था। दूसरी हरित क्रांति का स्वरूप वैज्ञानिक और प्रबंधकीय होगा। आनुवंशिक रूपांतरित बीजों और रोग प्रतिरोधक पौधों से उत्पादन बढ़ेगा। बीजों से लेकर फुटकर तक की आपूर्ति शृंखला में निवेश आएगा। सहकारी समितियों और संगठित खुदरा क्षेत्रों द्वारा पट्टे पर भूमि देने से छोटी जोतें बड़े फार्मों में बदली जाएँगी। बिना यह सब किए किसान बैंक के ऋणों और कारोबारी बिचौलियों के चंगुल में ही फँसे रहेंगे।

अ.ति. : उद्योगों के लिए 24×7 ऊर्जा आपूर्ति का उत्पादन किस प्रकार संभव है?

ए.पी.जे. : यह भी तकनीक और प्रबंधन प्रयास का मिश्रण है। हमें नाभिकीय ऊर्जा के अपने सभी संदेहों को दरकिनार करना होगा और अक्षय ऊर्जा की तरफ बढ़ना होगा। उद्योग समूहों को ग्रिड प्रणाली के लिए मजबूर न करते हुए उन्हें अपनी स्वयं की ऊर्जा की उत्पत्ति एवं इस्तेमाल की अनुमति प्रदान की जानी चाहिए।

अ.ति. : आपने इसके लिए क्या लक्ष्य निर्धारित किया है?

ए.पी.जे. : वर्तमान 1,99,000 मेगावाट विद्युत् उत्पादन को बढ़ाकर वर्ष 2030 तक दुगुना करते हुए 4,00,000 मेगावाट ऊर्जा उत्पन्न करना है, जिसमें नाभिकीय और पुनः इस्तेमालवाली ऊर्जा भी शामिल है।

अ.ति. : क्या अक्षय ऊर्जा मृग-मरीचिका बनकर नहीं रह गई है?

ए.पी.जे. : अब और नहीं। हाल ही में मैं उत्तर गुजरात के पाटण जिले में चरंका सौर ऊर्जा केंद्र गया था। गुजरात सरकार के सौर ऊर्जा अभियान के एक हिस्से के रूप में राज्य में बन रही 700 मेगावाट सौर ऊर्जा का 214 मेगावाट यहाँ बनता है। 2,000 हेक्टेयर के क्षेत्र में फैला यह भारत का सबसे बड़ा सौर ऊर्जा पार्क है। सरकारी-निजी साझेदारी में बने इस पार्क के 17 निजी भागीदार हैं। उन्होंने कुल 11 महीनों में करारनामे से सौर ऊर्जा उत्पादन का आश्चर्यजनक काम कर दिखाया है। सौर ऊर्जा महँगी होती है; पर सरकार ने इसकी उपयोगिता और स्वच्छता का मूल्यांकन कर ऊँची दरों पर यहाँ बनी बिजली खरीदने की गारंटी दी है। इस ऊर्जा केंद्र ने स्थानीय युवाओं के लिए रोजगार मुहैया कराए हैं। इन्हें सौर ऊर्जा उत्पादन के तकनीकी प्रबंधन एवं रख-रखाव के लिए प्रशिक्षित कर काम दिया जा रहा है।

अ.ति. : सौर ऊर्जा के महँगे होने का क्या निदान है?

ए.पी.जे. : सौर ऊर्जा को हर घर तक पहुँचाने की कुंजी अधिक क्षमतावाले कार्बन नैनो ट्यूब पर आधारित फोटो-वोल्टिक सेलों के विकास में निहित है। सही तरह से संयोजित कार्बन नैनो ट्यूब प्रकाश को बिजली में बदलने की क्षमता को वर्तमान 15 प्रतिशत से 50 प्रतिशत तक बढ़ाने की संभावनाएँ रखते हैं।

अ.ति. : तो नई प्रौद्योगिकी और सहकारी-निजी साझेदारी पर आधारित विकास योजनाओं का शुभारंभ आखिरकार हो ही गया।

ए.पी.जे. : भारतीय इतिहास में हमारे देश के सामने पहले शायद ही कोई ऐसा अवसर आया हो, जब उदीयमान आर्थिक व्यवस्था, विदेशी मुद्रा से भरे कोषागार, मुनासिब मुद्रा स्फीति, 54 करोड़ उत्साही युवा, दुनिया भर में फैले 2.5 करोड़ प्रवासी भारतीय, उन्नत देशों में भारतीय कर्मियों की धाक—सारे सितारे चमक रहे हैं। निजी और सरकारी कंपनियों में भेद और कम-बेहतर का भ्रम टूट चुका है। हमारी तकनीकी क्षमता, नैतिक मूल्यों और सभ्यता के प्रति पूरे विश्व में आदर का भाव है। विदेशी निवेशक भारतीय कंपनियों में पैसा लगाना चाहते हैं। हमारे उद्योगपति भी विदेशों में उद्योग खरीद रहे हैं और लगा रहे हैं। हमारा बेहतर अब और अच्छा होने निकल पड़ा है। 'इस देश का यारो क्या कहना, यह देश है दुनिया का गहना।'

□

11

संबंधों का पुनर्जीवन

सारे गाँव अपने हैं। हर मनुष्य बंधु-बांधव है। जीवन की स्थिति न दूसरों की कृपा, न उनकी उपेक्षा से है। मानव का दुःख और दुःख का निवारण—दोनों मन के भीतर निहित हैं।[120]

यह अध्याय ऊर्जा के मुद्दे पर आधारित है। ऊर्जा की केवल उपलब्धता ही काफी नहीं बल्कि ऊर्जा की उपलब्धि सभी की पहुँच तथा सामर्थ्य के भीतर भी होनी चाहिए। आयातित तेल पर हमारी निर्भरता भारत के विकास की नाव में एक छेद के समान है। ऊर्जा प्रबंधन की समस्या को स्थिर करने की जरूरत है। शेल गैस और कोयले की सतह के नीचे से मीथेन की उत्पत्ति पर ध्यान देने और सौर ऊर्जा की आवश्यकता पर बल देते हुए यह अध्याय नाभिकीय ऊर्जा का मार्ग प्रशस्त करता है। नाभिकीय ऊर्जा की कहानी यहाँ ब्रह्मांड की कहानी के रूप में विवेचित की गई है और थोरियम पर आधारित ऊर्जा उत्पादन में भारत की सर्वोच्च्च क्षमता पर बल दिया गया है। इसमें अपने पड़ोसी देशों के साथ संबंधों को बेहतर बनाने की आवश्यकता तथा रूस के साथ अपने ऐतिहासिक संबंधों पर बल दिया गया है। कूटनीतिक मुद्दों तथा आकस्मिक व्यवधानों को दरकिनार करते हुए हमें ऊर्जा की राष्ट्रीय परियोजनाओं को शीघ्रता से पूरा करना चाहिए। हमारे देश के सभी नागरिकों को मुनासिब दामों पर अपने उद्योग-धंधों के लिए अनवरत बिजली उपलब्ध कराना भारतीय पुनर्जागरण का पाँचवाँ चरण है।

अ.ति. : आपके घनिष्ठ मित्र हैं हर्बर्ट येफ्रीमोव, जिन्होंने रूस की मिसाइलों और अंतरिक्ष केंद्रों के विकास और निर्माण में बड़ी महत्त्वपूर्ण भूमिका अदा की है।

ए.पी.जे. : हमने साथ-साथ कई वर्षों तक काम किया था और सोवियत संघ के

---

120. संगम युग (ईसा पूर्व तीसरी या चौथी सदी) के तमिल दार्शनिक एवं कवि कणियन पुश्नानुरु।

विघटन के बाद भी हमारे आपसी काम में कोई व्यवधान नहीं आया। विश्वसनीय लोगों के साथ मित्रता और दीर्घकालीन स्थायी संबंध बनाए रखना वैज्ञानिक उन्नति के लिए वाकई बहुत आवश्यक है। आपस में एक-दूसरे से कितना कुछ सीखा जा सकता है।

अ.ति. : आप पहली बार रूसी लोगों से कब मिले थे?

ए.पी.जे. : बहुत पहले से ही मैं रूसी वैज्ञानिकों के साथ काम कर रहा हूँ। हमारा पहला उपग्रह सोवियत रॉकेट कॉसमॉस-3एम द्वारा 19 अप्रैल, 1975 को कैपुस्तिन यार टेस्ट रेंज से प्रक्षेपित हुआ था। हालाँकि रूसी लोगों के साथ काम करने में भाषा की एक बहुत बड़ी बाधा है, पर वे अपनी योजना और गणितीय अभिव्यक्ति में बहुत ही कुशल हैं। मैं भारत-रूस सहयोग के विकास के स्वर्णिम युग का साक्षी रहा हूँ। मैंने पारंपरिक आयात मॉडल को द्विपक्षीय अनुसंधान और निर्माण में विकसित होते हुए देखा है।

अ.ति. : आप प्रथम भारतीय राष्ट्रपति थे, जिन्होंने सोवियत संघ के युग के बाद के समय में मॉस्को की यात्रा की थी। राष्ट्रपति पुतिन ने गोल्डन समारोह कक्ष में आपको भेज दिया था। रूस की विज्ञान अकादमी ने आपको सम्मानार्थ प्राचार्य नियुक्त किया था।

ए.पी.जे. : मैं वर्ष 2005 में वहाँ गया था और उनके अंतरिक्ष, रक्षा अनुसंधान एवं नाभिकीय ऊर्जा प्रतिष्ठान में मौजूद अपने कई मित्रों से भी मिला था। मैंने सुखोई विमानों के डिजाइन केंद्र का दौरा किया। मैंने रक्षा संयोजन से परे जाकर रूसी वैज्ञानिकों के साथ आगामी 10 से 20 वर्षों के लिए साथ काम करने की व्यवस्था सुनिश्चित की।

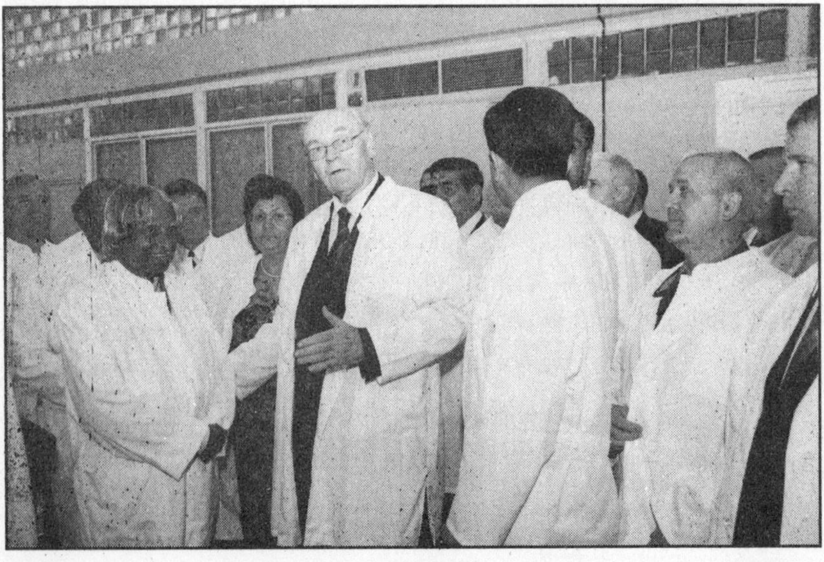

रूसी मिसाइल वैज्ञानिको के साथ।

खनिज-तेल उद्योग के लिए भारत को रूस की बड़ी जरूरत है और रूस के पास खनिज तेल की बहुतायत हमारे बड़े काम की है। भारतीय अर्थव्यवस्था को ऊर्जा सुरक्षा की जरूरत है। राष्ट्रपति पुतिन ने सुदूर पूर्व में 'ओ.एन.जी.सी. विदेश लिमिटेड' के साथ चल रहे सखालिन तेल कुओं में काम की चर्चा की। मैंने सखालिन-3 प्रोजेक्ट में भी इस साझेदारी को जारी रखने के लिए कहा।

अ.ति. : भारत के यूक्रेन के साथ बड़े पुराने संबंध रहे हैं, तब से जब यूक्रेन सोवियत संघ का हिस्सा था।

ए.पी.जे. : हाँ। सोवियत संघ के कई विख्यात मिसाइल वैज्ञानिक यूक्रेन से आए हैं। मॉस्को से हम यूक्रेन गए और वहाँ मैंने युझनोए एस.डी.ओ. मिसाइल निर्माण फैक्टरी में काफी वक्त गुजारा। यह फैक्टरी एरोस्पेस उद्योग की उन पहली कंपनियों में से एक रही है, जिन्होंने मिसाइल और रॉकेटों पर परीक्षणों के दौरान टेलीमीटरी की प्रणाली विकसित की थी। राष्ट्रपति युश्चेन्को से मेरा पहली ही नजर में सौहार्द स्थापित हो गया। उनकी एजेंट ऑरेंज टी.सी.डी.डी. के खतरनाक जहर डीऑक्सिन से हत्या करने की कोशिश हुई थी। वे बच तो गए, पर उनका चेहरा विष की मार से बुरी तरह विकृत हो गया। कीव हवाई अड्डे पर राष्ट्रपति युश्चेन्को ने मुझे छूने की इच्छा प्रकट की। मैंने उन्हें गले लगाकर उनके स्वास्थ्य और उनकी जनता के लिए शांति की कामना की।

अ.ति. : ऊर्जा सुरक्षा से आपका क्या आशय है?

ए.पी.जे. : सिडनी विश्वविद्यालय के लीन चेस्टर ने ऊर्जा सुरक्षा की विवेचना ऊर्जा की आपूर्ति में अवरोध के खतरे और मूल्य-वृद्धि प्रबंधन के रूप में की है। अल्पकालिक जोखिम में आतंकवादी हमला और तकनीकी गड़बड़ियाँ शामिल हैं। दूसरी तरफ, दीर्घकालीन जोखिम में माँग के अनुरूप यथेष्ट आपूर्ति या बाजार तक पहुँच है। तेल, गैस, नाभिकीय एवं अन्य ऊर्जा के बाजारों और उनके विपणन में महत्त्वपूर्ण अंतरों को ध्यान में रखना बहुत जरूरी है।[121]

अ.ति. : इस बारे में हमारी क्या समझ है?

ए.पी.जे. : हम तभी ऊर्जा के क्षेत्र में सुरक्षित कहे जा सकेंगे, जब भुगतान करने की क्षमता न होते हुए भी नागरिकों को आवश्यकतानुसार इसकी आपूर्ति कर सकेंगे। यह ऊर्जा उनको उचित कीमत पर हमेशा उपलब्ध हो तथा अपने उद्यम शुरू करते समय उनका विश्वास ऊर्जा की उपलब्धता पर बना रहे।[122] दूसरे शब्दों में, ऊर्जा सिर्फ उपलब्ध ही नहीं होनी चाहिए, बल्कि सभी की पहुँच तथा उनकी क्रय-शक्ति के भीतर भी होनी

121. एल. चेस्टर कंसेप्टुलाइजिंग इनर्जी सिक्युरिटी ऐंड मेकिंग एक्सप्लिक्ट इट्स पॉलिसेमिक नेचर, एनर्जी पॉलिसी 38, 2010

122. योजना आयोग, 2000 इंटिग्रेटेड एनर्जी पॉलिसी रिर्पोट

यूक्रेन के राष्ट्रपति युश्चेन्को के साथ।

चाहिए। आयातित तेल पर बढ़ती निर्भरता नाव में छेद की तरह है। हम छेद को भरे बिना समुद्र में ज्यादा बहुत दूर तक नाव नहीं ले जा सकेंगे।

अ.ति. : ऐसा किस प्रकार किया जा सकता है?

ए.पी.जे. : तेल के अतिरिक्त कोयला एवं प्राकृतिक गैस ऊर्जा के दो अन्य प्रमुख स्रोत हैं। हाल ही में शेल गैस और कोयला तल के नीचे ही मीथेन होने की संभावनाएँ उभरी हैं। विद्युत् उत्पादन के लिए सौर और वायु ऊर्जा का भी इस्तेमाल हो रहा है। इन सबसे बेहतर हमारे पास नाभिकीय ऊर्जा की क्षमता है।

अ.ति. : भारत में प्रति व्यक्ति विद्युत् उपभोग 750 कि. वाट प्रतिवर्ष है, जबकि विश्व का औसत 2,500 कि. वाट है। यहाँ तक कि चीन ने भी 1,500 कि. वाट की स्थिति प्राप्त कर ली है। हम कहाँ अटक गए हैं?

ए.पी.जे. : ऊर्जा प्रबंधन में हमारे सामने गंभीर समस्याएँ हैं। संसाधनों की कीमत निर्धारण व्यवस्था और ऊर्जा मूल्य दर पुनर्निर्धारित एवं तर्कसंगत बनाने की जरूरत है। मुझे पता चला है कि आयातित कोयले पर आधारित ऊर्जा योजनाओं का संचालन प्रायः असंभव हो गया है।[123]

123. http://blogs.timesofindia.indatimes.com. 2 जनवरी, 2012

अ.ति. : आजकल शेल गैस के बारे में काफी उत्साह है।

ए.पी.जे. : शेल गैस का आना खेल बदलनेवाला लग रहा है। सन् 2006 में अधिकतर अमेरिकी अनुमानकर्ता यह अनुमान लगा रहे थे कि अमेरिका कम-से-कम वर्ष 2030 तक तो ऊर्जा क्षेत्र में आयात पर निर्भर रहेगा ही। आज अमेरिका अपनी ऊर्जा जरूरतों का 20 प्रतिशत शेल गैस से पूरा कर रहा है तथा वर्ष 2016 तक उसके शेल गैस के निर्यातक बन जाने की संभावना बन चली है।[124]

अ.ति. : शेल गैस क्या है और भारत इस क्षेत्र में कहाँ खड़ा है?

ए.पी.जे. : पृथ्वी की सतह से तकरीबन 2 कि.मी. नीचे एक कम घनत्व की कार्बन वाली परत होती है, जो कि 40 करोड़ साल पहले बनी थी। इसे 'शेल' कहते हैं। इन परतों के बीच गैस की भारी मात्रा फैली हुई है। यह सूखी और मुख्यत: मीथेन गैस है। इसे खड़ी खुदाई और फिर हाइड्रोलिक बल द्वारा क्षैतिज रूप में कुआँ खोदकर निकाला जा सकता है। इस प्रकार से तैयार कुआँ साल-दर-साल तक प्रतिदिन 10 लाख क्यूबिक फीट प्राकृतिक गैस देता रहेगा। शेल चट्टानों की हलकी सी रेडियोधर्मिता के कारण इसका आसानी से पता भी चल जाता है। भारत में छह नदियों के बेसिन में शेल चट्टान परतों की मौजूदगी है। वे बेसिन हैं—कैंबे, असम-अराकान, कृष्णा-गोदावरी,

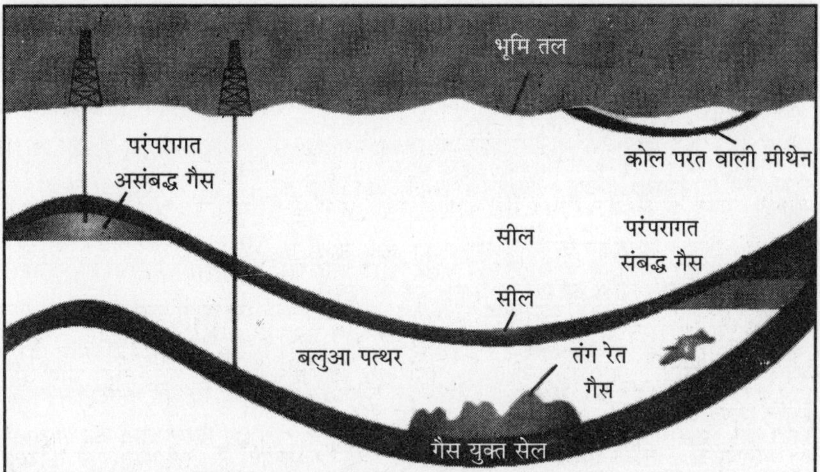

शेल गैस बेसिक।

124. डेनियल यर्गिनिस, ऊर्जा विशेषज्ञ तथा द क्वेस्ट : एनर्जी, सिक्योरिटी, एंड द रिमेकिंग ऑफ द मॉडर्न वर्ल्ड के लेखक, पेंगुइन (यूएसए), 2012।

दामोदर और कावेरी। इन बेसिनों में करीब 500 लाख करोड़ क्यूबिक फीट शेल गैस होने का अनुमान है, जिसका 50 प्रतिशत तो आसानी से निकाला जा सकता है।

अ.ति. : यह काम कब शुरू होगा?

ए.पी.जे. : जल्दी-से-जल्दी। भारतीय कंपनियाँ पहले से ही अमेरिकी शेल गैस व्यापार में शामिल हो चुकी हैं। काफी कुछ सीखा जा चुका है। हालाँकि इन गैस ब्लॉक्स को बेचने की ईमानदार प्रक्रिया को सीखना बहुत ही जरूरी है। हमें पारदर्शी तरीके से ऊर्जा के इस नए और अति लाभकारी स्रोत का इस्तेमाल करना चाहिए।

अ.ति. : कोयले की सतह के ठीक नीचे से गैस निकासी के बारे में क्या हुआ? हाल के दशकों में यह अमेरिका, कनाडा और ऑस्ट्रेलिया में महत्त्वपूर्ण ऊर्जा स्रोत के रूप में उभरा है।

ए.पी.जे. : कोयले की परत की गैस या कोयले के तल की मीथेन 100 से 1,500 मीटर नीचे ठोस कोयले की मौजूदगी की जगह इसी में घुली रहती है। एक कुआँ 10,000 क्यूबिक मीटर गैस प्रतिदिन कई सालों तक दे सकता है।

अ.ति. : क्या इस गैस पर कोल ब्लॉक के स्वामी का अधिकार होगा?

ए.पी.जे. : कोयला राष्ट्रीय संपदा है। समय आ चुका है, जब हमें इस मुद्दे को न्यायोचित रूप से तय कर लेना चाहिए।

अ.ति. : कृष्णा-गोदावरी घाटी में गैस मिलने से बड़ी उम्मीदें बनी थीं। इसे वर्ष 2002 में दुनिया की गैस की सबसे बड़ी खोज कहा गया था। सात सालों के रिकॉर्ड समय में गैस का प्रवाह शुरू हो गया और 6.1 करोड़ क्यूबिक मीटर तक पहुँच गया। पर फिर गैस का उत्पादन न सिर्फ 5 करोड़ क्यूबिक मीटर के स्तर तक गिर गया, बल्कि इसके और कम होने की भी आशंका जताई जाने लगी। ऐसा माना जा रहा है कि ज्यादा दाम पाने का दबाव बनाकर निजी हिस्सेदार जान-बूझकर गैस के उत्पादन में कमी कर रहे हैं।

ए.पी.जे. : किसी भी राष्ट्र को बड़ी राशि और बड़े जोखिम वाली परियोजनाओं का सुचारु और पारदर्शीता के साथ संचालन करने का समर्पण होना चाहिए। राजस्थान के कैर्न तेल ब्लाक में सम्भवत: 7.3 बिलियन बैरल तेल है जो कि 15 मिलियन बैरल तेल हर वर्ष उत्पादन कर सकता है। यह तेल उत्पादन भारत के किसी भी तेल उत्पादन स्रोत का सबसे अधिक है। इस प्रोजेक्ट में रोजाना 1,75,000 बैरल तेल का उत्पादन भगला और भाग्यम साईट पर हो रहा है। अत्याधिक तेल उत्पादन किसी भी राष्ट्र की अर्थव्यवस्था को मजबूत दिशा प्रदान करता है।

अ.ति. : बड़ी परियोजनाओं के राजनीतिकरण की प्रथा-सी बन गई है।

ए.पी.जे. : राष्ट्र के विकास के लिए राजनीति और व्यापार दो पैरों की तरह ही

होते हैं। उनके आपस में ऐंठ जाने की स्थिति में राष्ट्र खड़ा नहीं रह सकता। ई. श्रीधरन ने दिखा दिया है कि राजनीति और व्यापार को अलग रखना संभव है। उन्होंने बहुत सी सरकारों के समय अपनी परियोजनाओं को समय से पूरा किया। दिल्ली मेट्रो के प्रबंध निदेशक (1995-2012) के रूप में उन्होंने 190 कि.मी. लंबी विश्व स्तरीय तीव्र परिवहन व्यवस्था निर्धारित समय पर और लागत के भीतर ही पूरी कर दी। दिल्ली मेट्रो बिना किसी सरकारी आर्थिक सहायता के लाभ की स्थिति में चल रही है।

अ.ति. : भारतीय ऊर्जा उद्यम के मध्य-पूर्व देशों के साथ जटिल संबंध हैं।

ए.पी.जे. : केवल भारतीय ऊर्जा उद्यम ही नहीं, बल्कि सारी दुनिया वहाँ हो रही घटनाओं से प्रभावित है।

अ.ति. : 2,700 कि.मी. लंबी 1.4 मीटर व्यासवाली गैस पाइप लाइन की बात चल रही है। यह दक्षिण ईरान के पार्स क्षेत्र से चलकर पाकिस्तान के कराची और मुलतान जैसे शहरों से होते हुए दिल्ली तक पहुँचेगी। इसकी अनुमानित लागत 7 अरब अमेरिकी डॉलर के आसपास है। यह परियोजना संपूर्ण क्षेत्र का कायापलट कर सकती है। ईरान और पाकिस्तान इस पर काम कर रहे हैं, परंतु भारत ने अभी इस परियोजना में शामिल होने का मन नहीं बनाया है। ऐसा माना जाता है कि अमेरिका के दबाव की वजह से हम इस परियोजना में शामिल नहीं हो रहे हैं।

ए.पी.जे. : ऐतिहासिक रूप से भारत, पाकिस्तान और ईरान के बीच प्रगाढ़ संबंध हैं और सांस्कृतिक रूप से इन देशों के लोगों को अलग नहीं किया जा सकता। परिवारों के बीच व्याप्त गहरे संबंध हैं, जो अब की सरकारों में भी दिखाई देते हैं। इस स्तर के आर्थिक कार्यकलाप ही क्षेत्र में बढ़ते आतंकवाद और उग्रवाद की सही औषधि हैं। पाकिस्तान के साथ काम करना बड़ी चुनौती रही है। हमें आपस में मिलकर इन चुनौतियों का सामना करना है। केवल कूटनीतिक कारणों से ही नहीं, बल्कि यह हमारी आनेवाली पीढ़ी की बेहतरी के लिए है।

अ.ति. : इस अविश्वास से कैसे उबरें?

ए.पी.जे. : वक़्त आ गया है कि 'दक्षिण एशियाई क्षेत्रीय सहयोग संगठन' (SAARC) के सदस्य देश 'यूरोपियन यूनियन' से प्रेरणा लें। इस क्षेत्र में शांति और समृद्धि लानेवाले शक्तिशाली आधार की तरह यहाँ भी कायापलट हो। यूरोप के देशों के बीच कोई दस-पंद्रह वर्षों के नहीं, बल्कि शताब्दियों तक युद्ध चलते आए हैं। दो विश्व युद्ध यहीं से शुरू हुए। पर आर्थिक विकास से प्रेरित होकर इन देशों ने सारे मतभेद भुलाकर 'यूरोपियन यूनियन' की स्थापना की। हम अपने झगड़ों पर अनंत काल तक बहस नहीं कर सकते। उपमहाद्वीप के सारे देशों को आर्थिक रूप से और शांति की खातिर जुड़ना ही होगा। व्यापार, प्रौद्योगिकी और नेतृत्व के नए तरीकों का विकास

किया जाना इस क्षेत्र के लिए बहुत ही जरूरी है और ऐसा तुरंत किया जाना चाहिए।

अ.ति. : क्षेत्रीय सहयोग से म्याँमार और बँगलादेश से भारत गैस आपूर्ति प्राप्त कर सकता है, क्योंकि दोनों ही देशों के पास पर्याप्त मात्रा में ईंधन भंडार हैं।

ए.पी.जे. : भारत-बँगलादेश-म्याँमार पाइपलाइन इस महाद्वीप में भारत के उत्तर-पूर्वी क्षेत्र का कायापलट कर देगी। मैं यह देखकर खुश हूँ कि हमारे एन.टी.पी.सी. ने बँगलादेश में कोयले पर आधारित दो ऊर्जा परियोजनाओं (1,320 मेगावाट प्रत्येक) के ठेके हासिल किए हैं। तुर्कमेनिस्तान-अफगानिस्तान-पाकिस्तान-इंडिया (TAPI) पाइप लाइन कैस्पीयन सागर की प्राकृतिक गैस भारत तक ला सकती है। कजाकिस्तान-भारत पाइपलाइन इस पूरे क्षेत्र में शांति और समृद्धि लाएगी। इन मुद्‍दों पर गंभीरता से विचार करके मूर्तरूप में लाने की जरूरत है।

अ.ति. : नाभिकीय ऊर्जा के बारे में कुछ बताएँ?

ए.पी.जे. : नाभिकीय ऊर्जा मुझे अतिप्रिय है। एक बात बताता हूँ। डॉ. आर. चिदंबरम और मैं 10-11 मई, 1998 की चाँदनी रात में पोखरण में रेत के एक टीले के पास बैठे थे। उस समय सुबह के 4 बजे थे। थर्मो न्यूक्लियर उपकरण 200 मीटर नीचे गहराई में रख दिया गया था। उस समय बालू के कण चाँदी की तरह चमक रहे थे। हलकी हवा में चमकदार बालू के कण वैसे ही टकरा रहे थे, जैसे कि कोई माँ अपने सोते हुए बच्चे के बालों को सहला रही हो? मैंने महसूस किया कि यह ब्रह्मांड कितना खूबसूरत है। इस छोटे से बालू के कण से लेकर दूर चमकते हुए चंद्रमा और उसके पीछे असंख्य तारे अपने पीछे ईश्वर के अस्तित्व और उसकी रची इस विशाल व्यवस्था को दिखा रहे थे। मेरे मन में तभी एक विचार कौंधा। कुछ ही घंटों में हम बम विस्फोट करेंगे और धरती को कंपित करते हुए टनों मिट्टी आकाश में उड़ जाएगी। हम यूरेनियम अणुओं में बंद इस अपार शक्ति से क्यों खेल रहे हैं? क्या इस शक्ति का सदुपयोग किया जा सकता है?

अ.ति. : एक अणु के अंदर छिपी अपार ऊर्जा वाकई अद्‍भुत है!

ए.पी.जे. : नाभिकीय ऊर्जा की कहानी वाकई हमारे ब्रह्मांड की ही कहानी है।

अ.ति. : कुछ लोग, जो भौतिक विज्ञान से ज्यादा परिचित नहीं हैं, उनके लिए तो यह कहानी सचमुच बहुत ही रोचक होगी।

ए.पी.जे. : इस कहानी के मूल लेखक आइंस्टीन हैं। उन्होंने अपने सरल से सूत्र $E=mc^2$ द्वारा बताया है कि जब द्रव्यमान का अति लघु अंश आणविक स्तर पर तोड़ा जाता है तब वह अति विशाल मात्रा में ऊर्जा (E) में परिवर्तित हो जाता है। इस समीकरण में c को प्रकाश की गति 3,00,000 कि.मी. प्रति सेकंड के रूप में दरशाया गया है और जब इसे वर्ग में दरशाया जाता है तब यह एक बहुत ही बड़ी संख्या बन जाता है।

अ.ति. : अणु के भीतर प्रकाश की गति कैसे उपस्थित रहती है?

ए.पी.जे. : यहीं पर नाभिकीय ऊर्जा की कहानी ब्रह्मांड की कहानी बन जाती है।

अ.ति. : कृपया इस कहानी को बताइए।

ए.पी.जे. : ब्रह्मांड के बिग बैंग या महाविस्फोट के बाद छोटे तत्त्व, जैसे हाइड्रोजन और हीलियम, ब्रह्मांड में तैरते रहे। इन अणुओं को परस्पर नजदीक आकर जुड़ने और गैस के बादल बनने में करोड़ों वर्ष लगे। यह बादल फिर और भी करोड़ वर्षों में घनीभूत होकर तारे बन गए। हमारा सूर्य भी ऐसा ही एक तारा है।

अ.ति. : इसमें प्रकाश और ऊष्मा कहाँ से आती है?

ए.पी.जे. : अणुओं के आपस में मिलने पर ऊष्मा उत्पन्न होती है। एक ऐसे बिंदु पर पहुँचने के बाद, जहाँ दो हाइड्रोजन अणु अब नजदीक नहीं आ सकते हैं, तब यह अणु आपस में पिघलकर अगले अणु तत्त्व हीलियम का रूप ले लेते हैं।

अ.ति. : जब सभी हाइड्रोजन के अणु हीलियम में बदल जाते हैं, तब क्या होता है?

ए.पी.जे. : जब सारी हाइड्रोजन हीलियम के अणुओं में परिवर्तित हो जाती है, तब उनके आपस में मिल जाने पर कार्बन के अणु बनने लग जाते हैं। जब सारी हीलियम खत्म होकर कार्बन के अणु बन जाती है, तब कार्बन के अणु मिलकर ऑक्सीजन के अणु बनने लगते हैं। इस प्रकार कम भारी से ज्यादा भारी तत्त्व बनने की प्रक्रिया निरंतर तब तक जारी रहती है, जब तक कि तारे सिकुड़कर परम भारी ब्लैक होल न बनकर अंततः समाप्त न हो जाएँ।

अ.ति. : हमारा सूरज कहाँ है?

ए.पी.जे. : सूरज में प्रति सेकंड 60 करोड़ टन हाइड्रोजन अणु हीलियम में परिवर्तित होकर 4×10^{22} मेगावाट ऊर्जा उत्पन्न कर रहे हैं, जो हमारे ऊपर प्रकाश के रूप में गिर रही है। आज से 1.1 अरब वर्ष बाद सूरज आज से 10 प्रतिशत अधिक चमकदार होगा।

अ.ति. : तब पृथ्वी पर क्या होगा?

ए.पी.जे. : अधिक ऊर्जा की वजह से शुरू-शुरू में नमी-युक्त ग्रीन हाउस प्रभाव उत्पन्न होगा, जो कि शुक्र ग्रह की तीव्र गरमी की तरह ही होगा। पृथ्वी का वायुमंडल जल वाष्प के रूप में सूख जाएगा और कभी वापस न लौटने के लिए अंतरिक्ष में गायब हो जाएगा।[125]

अ.ति. : और फिर?

ए.पी.जे. : अब से 3.5 अरब साल बाद सूर्य 40 प्रतिशत अधिक चमकदार होगा। पृथ्वी के समुद्र वाष्प बनकर उड़ जाएँगे। धुव्रों की बर्फ पिघल जाएगी और फिर कभी

125. डॉ. कलाम के ये उत्तर http://www.universetoday.com/18847/use-of-the-sun/ पर आधारित है।

नहीं दिखेगी। धरातल पर जीवन नष्ट हो जाएगा। पृथ्वी गरम शुक्र ग्रह की तरह हो जाएगी।

अ.ति. : उसके बाद?

ए.पी.जे. : करीब 6 अरब साल बाद सूर्य के भीतर से सारी हाइड्रोजन समाप्त हो जाएगी तथा इसके भीतर अक्रिय हीलियम की राख बन जाएगी, जो अस्थिर होकर अपने स्वयं के वजन से नष्ट हो जाएगी। इसकी वजह से सूर्य का केंद्र गरम होकर और भी सघन हो जाएगा और सूर्य एक तारा बन फैलने लगेगा। फैलते-फैलते सूर्य बुध और शुक्र ग्रहों के परिपथ को समाप्त करके संभवत: पृथ्वी को भी निगल लेगा। यदि पृथ्वी बच भी गई, तब भी लाल सूर्य की गरमी इस पर सबकुछ जला डालेगी और इसमें किसी भी तरह के जीवन का बचे रहना असंभव कर देगी।

अ.ति. : फिर क्या होगा?

ए.पी.जे. : तब जलते हुए हीलियम से कार्बन उत्पन्न होगी। यह स्थिति करीब 10 करोड़ साल बनी रहेगी, जब तक कि इस ईंधन का स्रोत समाप्त नहीं हो जाएगा। अंतत: इस हीलियम का आवरण अस्थिर होकर सूर्य के स्पंदन को बहुत अधिक बढ़ा देगा। यह अपने वातावरण के बड़े हिस्से को स्पंदन से अंतरिक्ष में ही समाप्त कर देगा। सूर्य की बाहरी परतें विस्फोट से उड़ जाएँगी और केंद्र में केवल कार्बन ही बचा रहेगा। यह वास्तव में पृथ्वी के आकार का एक देदीप्यमान हीरा होगा, जिसे ठंडा होने में अरबों-खरबों वर्ष लग जाएँगे।

अ.ति. : और हम इस ऊर्जा के साथ खेल रहे हैं!

ए.पी.जे. : हाँ, सममुच। किंतु हम न्यूक्लियर फ्यूजन में जो हो रहा है, उसके विपरीत कर रहे हैं। हम नाभिकीय विखंडन कर रहे हैं। एक अणु के केंद्र को अलग-अलग बाँटकर ऊर्जा की एक बड़ी मात्रा ऊष्मा और प्रकाश के रूप में उत्पन्न कर रहे हैं। जब यह संपूर्ण ऊर्जा एक साथ मुक्त कर दी जाती है, तब इससे भयानक विस्फोट होता है। जब इसे धीमे-धीमे छोड़ा जाता है, तब इससे पानी गरम कर भाप बनाई जा सकती है, जिससे टरबाइन घुमाकर बिजली बनती है।

अ.ति. : क्या न्यूक्लियर फ्यूजन से भी ऊर्जा उत्पन्न की जा सकती है?

ए.पी.जे. : बिलकुल! जो ऊपर होता है, वही यहाँ नीचे भी हो सकता है। फ्यूजन (संयोजन) शक्ति से आगामी पीढ़ियों के लिए कभी न खत्म होनेवाली ऊर्जा के स्रोत की संभावना बनती है; परंतु यह बहुत बड़ी वैज्ञानिक एवं इंजीनियरिंग चुनौतियाँ भी प्रस्तुत करती है। न्यूक्लियर फ्यूजन क्रिया की विस्मयकारी शक्ति का इस्तेमाल करने के लिए अनुसंधानकर्ता फ्यूजन को नियंत्रित तरीके से पैदा करने की कोशिश करते आ रहे हैं। अमेरिका, रूस, यूरोप और जापान आपसी सहयोग से एक फ्यूजन रिएक्टर, 'इंटरनेशनल थर्मोन्यूक्लियर

एक्सपेरीमेंटल रिएक्टर' (I.T.E.R.) कुकराचा, फ्रांस में बनाने पर विचार कर रहे हैं।

अ.ति. : पिछले अध्याय में आपने होमी जहाँगीर भाभा की कल्पना-दृष्टि द्वारा भारत के तीन स्तरीय नाभिकीय ऊर्जा कार्यक्रम के बारे में बताया था।

ए.पी.जे. : होमी भाभा की स्वप्न-दृष्टि की सबसे विलक्षण विशेषता दक्षिण भारत के तटीय क्षेत्रों में मोनाजाइट बालू में उपस्थित थोरियम का इस्तेमाल है। यह विश्व के कुल थोरियम भंडार का 30 प्रतिशत है।

अ.ति. : क्या थोरियम के रिएक्टर अलग तरह के होंगे?

ए.पी.जे. : रिएक्टर की रूपरेखा नाभिकीय ईंधन के इस्तेमाल पर आधारित होती है। प्राकृतिक यूरेनियम के लिए 'दाबित हैवी वाटर रिएक्टर' (P.H.W.R.) बनाए गए हैं। पी.एच.डब्ल्यू.आर. के इस्तेमाल किए गए ईंधन की पुनः प्रक्रिया से प्लूटोनियम-239 प्राप्त किया जाता है।

अ.ति. : भारत में कितने पी.एच.डब्ल्यू.आर. रिएक्टर हैं?

ए.पी.जे. : हमारे देश में 20 रिएक्टर 4.78 गीगावाट बिजली बना रहे हैं और 6 रिएक्टर निर्माणाधीन हैं, जिनसे 4.8 गीगावाट और बिजली बन सकेगी।

अ.ति. : हमारा फास्ट ब्रीडर रिएक्टर कब तक बन पाएगा?

ए.पी.जे. : जब प्राकृतिक यूरेनियम के साथ प्लूटोनियम-239 को मिलाते हैं, तब यह ऊर्जा उत्पन्न करने के लिए विघटित हो जाता है। इस प्रक्रिया में यूरेनियम-238 प्लूटोनियम-239 में रूपांतरित होकर जितना ईंधन रिएक्टर में इस्तेमाल हुआ था, उससे अधिक ईंधन उत्पन्न हो जाता है। इसलिए ऐसे 'रिएक्टर फास्ट ब्रीडिंग रिएक्टर' कहे जाते हैं। प्लूटोनियम-239 के निर्माण के लिए केवल थोरियम का एक आवरण तत्त्व के रूप में प्रयोग किया जा सकता है और इसे तीसरे स्तर पर इस्तेमाल के लिए यूरेनियम-233 में रूपांतरित कर सकते हैं।

अ.ति. : इसीलिए यह त्रि-स्तरीय कार्यक्रम है।

ए.पी.जे. : थोरियम को ईंधन के रूप में इस्तेमाल करनेवाले रिएक्टर केवल तभी संचालित हो सकेंगे, जब नाभिकीय ऊर्जा की क्षमता 50 मेगावाट तक पहुँच चुकी हो। कलपक्कम में प्रथम फास्ट ब्रीडर रिएक्टर किसी भी समय तैयार होने की स्थिति में है। इस संयंत्र के परीक्षण के एक साल बाद रिएक्टर से विद्युत् के व्यावसायिक उत्पादन की उम्मीद वर्ष 2015 तक की जा सकती है। बारहवीं पंचवर्षीय योजना 2012-17 में भारत का विद्युत् उत्पादन का लक्ष्य ऐसे पाँचों रिएक्टरों से 2,500 मेगावाट का है।

अ.ति. : थोरियम का इस्तेमाल कब होगा?

ए.पी.जे. : ब्रीडर रिएक्टरों में समय को दूना करने पर एक पैमाने का इस्तेमाल होता है। इसमें रिएक्टर से इस्तेमाल विखंडित ईंधन की मात्रा को दूना करने के लिए

समय की जरूरत पड़ती है, इसलिए पाँच 'फास्ट ब्रीडिंग रिएक्टर' चालू करने से परे जाकर हमें कम-से-कम दस सालों तक इंतजार करना पड़ेगा।

अ.ति. : इस थोरियम भंडार की तब तक सुरक्षा कौन करेगा? यह समुद्र तट पर बालू के रूप में है और यह भी सूचना है कि प्रचुर थोरियम-युक्त बालू को गैर-कानूनी ढंग से निर्यात किया जा रहा है।

ए.पी.जे. : मैं इससे सहमत हूँ। बालू क्षेत्र जैसे उड़ीसा सैंड कॉम्प्लेक्स, तमिलनाडु मनावालकुरिचि और केरल में आलुआ, चाबेरा को राष्ट्रीय संपत्ति घोषित कर आणविक ऊर्जा नियमन बोर्ड को सौंप देना चाहिए।

अ.ति. : कुछ लोग नाभिकीय ऊर्जा से विद्युत् उत्पादन का विरोध कर रहे हैं।

ए.पी.जे. : हर व्यक्ति का अपना एक नजरिया है; परंतु जो लोग नेतृत्व की भूमिका में हैं और देश को आगे ले जाने की जिनकी जिम्मेदारी है, उन्हें सही निर्णय लेने होंगे। हमारी योजना अपने आर्थिक विकास को 10 प्रतिशत वार्षिक दर से बढ़ाने की है। हम इसके लिए ऊर्जा की बढ़ती माँग को किस प्रकार पूरा कर पाएँगे? यदि हम स्वयं विकास न करने का भी तय कर लें तो भी हमारा पड़ोसी देश, जो दिनोदिन मजबूत होता जा रहा है, क्या वह हमें स्वतंत्र रूप से जीवन जीने देगा?

अ.ति. : नाभिकीय दायित्व कानून के बारे में आपका क्या दृष्टिकोण है?

ए.पी.जे. : यह मेरे या आपके दृष्टिकोण का विषय नहीं है। नाभिकीय ऊर्जा विकसित उद्योग बन चुका है। इस समय दुनिया के 30 देशों में 400 से अधिक न्यूक्लियर रिएक्टर काम कर रहे हैं और इनसे दुनिया की विद्युत् का 16 प्रतिशत उत्पादन हो रहा है। नाभिकीय दायित्व कानून संसद् में पास हो चुका है। हमें अंतरराष्ट्रीय मानकों के अनुरूप अपने काम को आगे बढ़ाते जाना है। हमें अपने पाँव पीछे नहीं खींचने हैं और नाभिकीय ऊर्जा के विकास को विश्वासपूर्वक सुरक्षात्मक उपायों को अपनाते हुए लोगों के उठाए मुद्दों पर ध्यान देते हुए जारी रखना चाहिए।

अ.ति. : आजकल सरकार के प्रत्येक महत्त्वपूर्ण निर्णय पर सवाल उठाने का नया रिवाज चल निकला है।

ए.पी.जे. : परिपक्व लोकतंत्र के लिए यह वाकई अच्छा संकेत नहीं है। सामाजिक परिवर्तन के लिए पर्याप्त मात्रा में विद्युत् उत्पादन एक मूलभूत आवश्यकता है। इस समय देश की विद्युत् उत्पादन शक्ति में 8 प्रतिशत की कमी है। पीक लोड के समय यह बढ़कर 14 प्रतिशत हो जाती है। हम इस आपूर्ति के लिए बिना अतिरिक्त बिजली बनाए राष्ट्रीय ग्रिड से लगातार ऊर्जा किस प्रकार लेते रह सकते हैं? ध्यान रहे कि बिजली के बिना सबसे अधिक तकलीफ पानेवाले लोगों में आम आदमी, लघु उद्योगों के मालिक और किसान हैं।

अ.ति. : रूस की क्रांति के बाद लेनिन ने कहा था, ''जब हमारे देश में वैद्युतीकरण हो जाएगा, तभी हमारे उद्योग, हमारी कृषि और हमारी परिवहन व्यवस्था आधुनिक बड़े आकार के उद्यम के तकनीकी आधार के अनुरूप बन पाएगी, तभी हम अंतिम विजय प्राप्त करेंगे।''[126]

ए.पी.जे. : देश के विकास के लिए बिजली की अनिवार्यता के बारे में कोई शक-शुबहा किसी को नहीं होना चाहिए। बढ़ती अर्थव्यवस्था के लिए बिजली उत्पादन का सही दर पर बढ़ाना लाजमी है। हमारे देश में इसके उलटा हुआ है। बिजली उत्पादन की दर आर्थिक विकास की दर के साथ बढ़ने की बजाय और कम हो गई है। भारत की तरक्की की राह में अपर्याप्त बिजली सबसे बड़ा रोड़ा है। बिजली की कमी से छोटे उद्योग बेहाल हैं और बंद होने के कगार पर आ गए हैं। इससे चीजों के निर्यात पर भी प्रभाव पड़ा है।

अ.ति. : हमारी केंद्रीय योजना प्रणाली, जो कि हमने रूस से ली है, क्या इस समस्या का कारण है?

ए.पी.जे. : समय एक महत्त्वपूर्ण कारक है। रूस, अमेरिका और बाद में चीन ने भी अपनी बिजली की समस्या को बड़ी जल विद्युत् परियोजनाओं से सुलझा लिया था। चीन ने अपने विशाल कोयले के भंडार का भी भरपूर इस्तेमाल किया था। मगर हम ऐसा अभी तक नहीं कर सके। हमें अपनी सोच को विशाल ऊर्जा संयंत्रों के निर्माण से हटाकर उद्योगों और घरेलू समूहों के लिए ऊर्जा उत्पादन के विकेंद्रीयकरण पर लाना चाहिए तथा इसे जिम्मेदारी-युक्त उपयोग और ईमानदारी से भुगतान करनेवाला होना चाहिए।

अ.ति. : विद्युत् के उत्पादन के विकेंद्रीयकरण से आपका क्या आशय है?

ए.पी.जे. : हमारी विद्युत् शक्ति की बड़ी समस्या इसके उत्पादन से अधिक वितरण की है। इसमें अस्वीकार्य स्थितिवाली वितरण हानियाँ, विद्युत् चोरी और लोलुप उपभोग है। जब विद्युत् उपलब्ध रहती है, तब हर कोई इसे खींचना चाहता है। करीब-करीब हर घर में एक इन्वर्टर है, जो कि जब विद्युत् रहती है, तब उससे चार्ज होता है। इसमें खास बात यह है कि इसकी बैटरी प्रणाली 75 प्रतिशत से अधिक ऊर्जा को परिवर्तित नहीं कर पाती है तथा बची हुई ऊर्जा ऊष्मा के रूप में व्यर्थ चली जाती है। क्षमता से ज्यादा विद्युत् खींचने से उसकी गुणवत्ता कम होती है, जिसका इलेक्ट्रॉनिक उपकरणों पर खराब असर पड़ता है।

अ.ति. : इसका क्या समाधान है?

---

126. द इंगलिश ऑल रशियन कांग्रेस ऑफ सोवियत्स, दिसंबर 22-29, 1920

ए.पी.जे. : इसमें घरेलू और औद्योगिक इस्तेमाल को अलग कर देना चाहिए। बड़े उद्योगों को विद्युत् मौजूदा ग्रिड से मिलनी चाहिए और घरों, टेलीफोन एक्सचेंज, स्ट्रीट लाइट, पंप एवं लघु उद्योगों को अपनी स्वयं की अक्षय ऊर्जा उत्पन्न करके उसे ऊर्जा उत्पादन और उपयोग के लिए संचय रूप में 'माइक्रो ग्रिड' द्वारा वितरित किया जाना चाहिए।

अ.ति. : ऊर्जा के लिए अपनी स्वप्न-दृष्टि के बारे में बताइए?

ए.पी.जे. : मैं भारत को स्वच्छ ऊर्जा नीतियों, तकनीकों, निर्माण, सेवा और अपने पड़ोसियों के साथ ऊर्जा तकनीक, उत्पादन एवं समृद्धि बाँटते हुए विश्व का नेतृत्व करते हुए देखना चाहता हूँ। ऊर्जा राजनीतिक सीमाओं से होकर बहनी चाहिए। हमें अपने पड़ोसी देशों के साथ ऊर्जा का व्यापार करना चाहिए और समृद्धि की राह पर मिलकर चलना चाहिए। यूरोप में ऐसा हो रहा है। हमारे देशवासियों के लिए उनकी भुगतान क्षमता को दरकिनार करते हुए उनकी जीवन-रेखा के रूप में ऊर्जा की उपलब्धता भारतीय पुनर्जागरण का पाँचवाँ चरण है। सौर, पवन, नाभिकीय और जैव ईंधन को अभियान के रूप में अंगीकृत करके भारत वर्ष 2030 तक ऊर्जा के क्षेत्र में आत्मनिर्भर हो सकता है।

□

12

चलो शेरों के संग

> **हर देश यह जान ले, चाहे वह हमारा हितैषी हो या शत्रुभाव रखनेवाला, कि अपनी स्वतंत्रता की रक्षा के लिए हम हर कीमत चुकाएँगे, हर बोझ उठाएँगे, हर मुसीबत का सामना करेंगे, हर दोस्त की मदद लेंगे और हर शत्रु से युद्ध करेंगे।**[127]

यह अध्याय राष्ट्रीय सुरक्षा बढ़ाने पर जोर देता है। भारत सदियों से विदेशी आक्रमण झेलता आया है। शासन कला राजनीति-विज्ञान नहीं है और न ही यह सैन्य विज्ञान है। यह तो एक सूक्ष्म या ललित कला है। एक राष्ट्र की सैन्य शक्ति 'कठोर शक्ति' होती है। इसे कूटनीति, संस्कृति, विचारधारा और नीतियों द्वारा अन्य देशों को प्रभावित करने के लिए क्षमता की 'मृदुल शक्ति' से सहारा दिया जाता है। इस समय कई मोरचों पर सम्मिलित रूप से सुरक्षा खतरों का मुकाबला करने की जरूरत है। इस वैश्विक दुनिया में युद्ध कला अब एक नेटवर्क संचालन के रूप में विकसित हो चुकी है। तकनीकों का बढ़ता मेल लड़ाई के नए तरीकों को ईजाद कर रहा है। आज का आतंकवादी समूह अधिक कुशल, अधिक प्राणघातक और हर पल सीमाओं के आर-पार जुड़ा हुआ है। हमारे देश की दूरसंचार, सूचना प्रौद्योगिकी और इलेक्ट्रॉनिक निर्माण का विश्वसनीय एवं प्रामाणिक स्वदेशीकरण ही पुनर्जागरण का छठा चरण है।

अ.ति. : भारत के ग्यारहवें राष्ट्रपति के रूप में आप भारतीय राजनीति के समग्र स्पेक्ट्रम के संपर्क में आए थे। आपका हमारी राजनीतिक व्यवस्था की बुनियाद के बारे में क्या विचार है?

---

127. केनेडी सिद्धांत जिसे अमेरिका के 35वें राष्ट्रपति जॉन एफ. केनेडी ने अपनी विदेश नीति के आधार के रूप में प्रतिपादित किया था।

ए.पी.जे. : भारत अपनी संसद् और शासकों में योग्यता व स्वप्न-दृष्टिवाले नेताओं की दृष्टि से बहुत भाग्यशाली रहा है; पर ज्यादा युवा नेता नहीं उभर पाए। वर्तमान लोकसभा के 545 सांसदों में कुल 71 सांसद 25 से 40 वर्ष की आयु वर्ग में हैं। भारतीय प्रजातंत्र में हर नेता को, चाहे वह कितना भी बड़ा क्यों न हो, लोगों के पास हाथ जोड़कर वोट माँगने जाना पड़ता है। तो अगर हमारे नेता ठीक काम नहीं कर रहे तो इसकी जिम्मेदारी उन्हें चुनकर संसद् में भेजनेवाले मतदाता की बनती है कि उन्होंने नालायक नेता चुना। कई लोग तो वोट डालने ही नहीं जाते। वोट देना केवल गरीब और आम आदमियों की जिम्मेदारी है, यह धारणा एक गलत सोच है। अधिक संख्या में युवाओं को राजनीति में आना चाहिए। राजनीति विज्ञान को माध्यमिक स्कूल और कॉलेज स्तर पर पाठ्यक्रम का अनिवार्य विषय बनाकर विकास की राजनीति का माहौल तैयार होना चाहिए। लोगों को उत्साह से काबिल और ईमानदार उम्मीदवारों के लिए वोट डालने चाहिए। कानूनविदों, विशेषज्ञों और प्रोफेशनल लोगों को आम लोगों में राजनीतिक प्रक्रिया, संविधान, कायदे-कानून, नागरिक अधिकार एवं कर्तव्यों के बारे में जागरूकता लानी चाहिए।

अ.ति. : जनसंख्या के मामले में भारत दुनिया के सबसे युवा राष्ट्र के रूप में जाना जाता है। इस समय हमारे देश में 55 करोड़ युवा हैं, जिनमें 22 करोड़ पंजीकृत मतदाता हैं। भविष्य में युवा मतदाताओं और उनकी आनुपातिक संख्या में और इजाफा हो जाएगा।

ए.पी.जे. : युवा मतदाता पुरानी पहचानवाली राजनीति के चंगुल में नहीं फँसते हैं। वे लोकतांत्रिक प्रक्रिया का सशक्त हिस्सा बनने वाले हैं। वे लोकतंत्र की ताकत को वापस प्राप्त कर लेंगे, जो कि चुनावों में वोट डालने की क्रिया भर बनकर रह गई है। मैं युवाओं की निर्णय प्रक्रिया में भागीदारी देखना चाहता हूँ, और इसी विचार के साथ मैंने 'लीड इंडिया मूवमेंट' शुरू किया है। इसमें सामाजिक कार्यकर्ता एवं शिक्षाविद् एन.बी. सुदर्शन आचार्य मेरा सहयोग कर रहे हैं।

अ.ति. : मैं इसके कुछ कार्यक्रमों में उपस्थित रहा हूँ। बच्चे इसमें बहुत अधिक संख्या में आए थे।

ए.पी.जे. : एक स्पष्ट संदेश, जो मुझे बच्चों से सुनने को मिला है कि उन्हें इस बात की अपेक्षा है कि चुने गए प्रतिनिधि यह सुनिश्चित करें कि संसद् और राज्य विधानसभाएँ अवरुद्ध नहीं हों। हमारी संसद् की काररवाई का दूरदर्शन पर सीधा प्रसारण होता है। बच्चे वहाँ अपने नेताओं का व्यवहार देखते हैं। कभी-कभी नेता लोग अभद्रता से चिल्लाते और आपस में हाथा-पाई भी करते हैं। कभी-कभी वे यह भी देखते हैं कि जब एक सदस्य अपनी बारी आने पर बोल रहा है, तब उसके चारों तरफ अधिकांश सीटें खाली पड़ी रहती हैं। भारत की प्रभुसत्ता संसद् में निहित है तथा संसदीय व्यवहार

युवाओं के बीच।

में गंभीरता होनी ही चाहिए।

अ.ति. : 'लीड इंडिया 2020' आंदोलन कैसे काम करता है?

ए.पी.जे. : इसमें राजनीतिक जागरूकता पर बल दिया जाता है। युवाओं को एक विकसित राष्ट्र जैसे 'इंडिया 2020' की एक बड़ी छवि दिखाई जाती है और यह विचार करने में उनकी सहायता की जाती है कि वे इस बड़े चित्र में स्वयं को कहाँ रखना चाहते हैं। उन्हें इस चीज के लिए प्रेरित किया जाता है कि ''मैं यह कर सकता हूँ। हम यह कर सकते हैं। और राष्ट्र यह कर सकता है।''

अ.ति. : आजकल बहुत से छोटे-बड़े, स्थानीय-प्रादेशिक-राष्ट्रीय राजनीतिक दल हैं। एक युवा यह किस प्रकार से तय कर सकता है कि उसके लिए कौन सा राजनीतिक दल अच्छा है? बहुत सारे निर्दलीय उम्मीदवार भी चुनाव लड़ते हैं?

ए.पी.जे. : स्वाभाविक रूप से हम भारतीयों में राजनीतिक उदारता है। यहाँ आने वाले लोगों में से हर बेहतर व्यवहार व विचार अपनाते हुए और अपनी संस्कृति में उन्हें आत्मसात् कर लेना हमारा गुण है। प्रत्येक 18 वर्ष का युवा भारतीय मताधिकार प्राप्त होने के साथ हमारे लोकतंत्र का हिस्सा बन जाता है। मेरे लिए सबसे महत्त्वपूर्ण विषय है कि यह किस प्रकार सुनिश्चित किया जाए कि हमारे युवा मूल्यों पर आधारित मतदान करें, न कि व्यक्तियों के लिए। भारत देश का विचार वास्तव में बहुलतावाद, उदारतावाद, धर्मनिरपेक्षता, समाजवाद और आर्थिक समानता का विचार है।

अ.ति. : जहाँ भारत राष्ट्र बहुलतावाद, उदारतावाद और धर्मनिरपेक्षता की कसौटी पर खरा उतरकर विश्व की एक बड़ी अर्थव्यवस्था बन गया है, आर्थिक असमानता की वृद्धि ने इस शानदार सफलता को धूमिल कर दिया है। हालाँकि सभी नागरिकों को मत देने का और चुनाव लड़ने का अधिकार प्राप्त है, परंतु केवल धनी लोगों के ही चुनाव में जीतने की संभावना रहती है। गरीब अकसर अपनी मौलिक जरूरतों, जैसे—भोजन, कपड़े और आवास हेतु अपने मतों को बेचने के लिए मजबूर कर दिए जाते हैं। विधायिका में चुने गए धनी प्रतिनिधि अपने हितों के लिए कानून और नीतियाँ बनाते हैं।

ए.पी.जे. : शिक्षा का बहुत अधिक महत्त्व है। मत का अधिकार और अन्य राजनीतिक अधिकार शिक्षा के साथ ही आते हैं। हम अपनी शिक्षा-प्रणाली में सुधार की चर्चा पहले ही कर चुके हैं। शिक्षा को ईमानदार, निस्स्वार्थी और योग्य प्रत्याशी चुनने की राजनीतिक जागरूकता प्रदान करनी चाहिए। राजनीतिक नेताओं और अकुशल सरकारी अधिकारियों द्वारा भ्रष्टाचार हमारे लोकतंत्र का सबसे बड़ा खतरा है। लोगों को अपनी उम्मीद और चुनावों में रुचि लेना नहीं छोड़ना चाहिए। रामचंद्र गुहा ने अपनी पुस्तक 'इंडिया आफ्टर गांधी' में हमारे लोकतंत्र की पीड़ा और संघर्ष तथा दारिद्र्य और वैभव को बेहतरीन ढंग से व्यक्त करते हुए कहा है— "आधुनिक भारत की वास्तविक सफलता की कहानी आर्थिक क्षेत्र से नहीं, बल्कि राजनीति के प्रभाव-क्षेत्र से निकलती है।"[128]

अ.ति. : आप वर्तमान राजनीतिक स्थिति को किस ढंग से देखते हैं?

ए.पी.जे. : हमारे यहाँ कांग्रेस और भाजपा दो बड़े राष्ट्रीय दल हैं। विचारधारा के रूप में कांग्रेस केंद्रीय और भाजपा दक्षिणमार्गी है। इन दोनों दलों में कोई भी अपने दम पर शासन करने की स्थिति में नहीं है। उन्हें इसके लिए क्षेत्रीय राजनीतिक दलों और छोटे दलों के साथ गठबंधन करना पड़ता है। यू.पी.ए. और एन.डी.ए. दोनों गठबंधनों ने धनी लोगों के हितों को पूरा करते हुए गरीबों के लिए कल्याणकारी योजनाओं का एक संतुलन बनाया हुआ है। हमारे यहाँ वामपंथी दलों की भी ऐतिहासिक मौजूदगी है। नए उभरे क्षेत्रीय राजनीतिक दलों ने केंद्रीय दलों की नीतियों का अनुसरण करने से हटकर कुछ खास नहीं किया है। जवाहरलाल नेहरू विश्वविद्यालय के एक प्राचार्य के अनुसार, "हालाँकि किसान और जातिगत आंदोलनों ने उच्च जाति/वर्ग के प्रभुत्व को कम किया है, परंतु राजनीतिक रूप से अभी भी गरीबों के लाभ के लिए सार्वजनिक व्यय की नीतियों में कोई बड़ा परिवर्तन न तो हुआ है और विकास कार्यक्रम द्वारा न ही उनकी बुनियादी जरूरतें पूरी हुई हैं।"[129]

128. रामचंद्र गुहा, इंडिया आफ्टर गांधी—द हिस्टरी ऑफ द वर्ल्ड्स लार्जेस्ट डेमोक्रेसी, पैन मैकमिलन, पिकाडोर भारत 2007।

129. http;www.epw.in/special-articles/transfer-power-politics-mass-mobilisation. html

अ.ति. : क्या वामपंथी और दक्षिणपंथी राजनीतिक सोच भारतीय राजनीतिक व्यवस्था में उपयुक्त हैं?

ए.पी.जे. : कोई खास नहीं। भारत स्वाभाविक रूप से समाजवादी राष्ट्र है, परंतु इसके अधिकतर संसाधन पारंपरिक रूप से बड़े व्यापारिक घरानों और ताकतवर परिवारों के पास रहे हैं। हमारी राजनीति की जड़ें मूल पहचानों जैसे धर्म, जातियों और सांस्कृतिक पहचानों से जुड़ी हुई हैं। जनजातियों के प्राकृतिक संसाधनों पर स्वामित्व हेतु कुछ खास नहीं किया गया है। पिछले तीन दशकों में हालाँकि समाज के कुछ दबे-कुचले वर्गों ने राजनीतिक ताकत हासिल की है और लोकतांत्रिक प्रणाली में नया उत्साह फूँका है, परंतु जमीनी हकीकत में कोई आधारभूत परिवर्तन अभी तक नहीं आया है।

अ.ति. : क्या आपको लगता है कि विभिन्न राजनीतिक विचारधाराओं को मिलाकर विकसित भारत की स्वप्न-दृष्टि प्रवाहमयी बन सकेगी?

ए.पी.जे. : विकसित राष्ट्र की कल्पना-दृष्टि राजनीति को संप्रदायवाद के वर्ग से उठकर एक उन्नत विचारधारा की तरफ ले जाएगी। मैं एक ऐसी स्थिति की कल्पना करता हूँ, जिसमें हमारे देश के राजनीतिक दल अपनी राजनीतिक रणनीति के आधार पर विकसित भारत की स्वप्न-दृष्टि साकार करने के लिए एक-दूसरे से प्रतिस्पर्धा करेंगे, जैसे—ऊर्जा सुरक्षा किस प्रकार प्राप्त की जाए? प्रत्येक व्यक्ति की भोजन और पोषकता किस प्रकार सुनिश्चित हो? प्रत्येक भारतवासी के लिए सकल घरेलू उत्पाद रुपए 1,00,000 किस प्रकार हो? मुझे नहीं लगता है कि हमारे मतदाताओं को आज इस तरह की स्वतंत्रता मिली हुई है। वे सत्ता की राजनीति की भूल-भुलैया में उलझ गए हैं और उनके विकल्प 'क्या चयन करें' के बजाय 'किसका चुनाव करें' तक सीमित हो चुके हैं।

अ.ति. : इस भूल-भुलैया से किस तरह से बाहर निकला जा सकता है?

ए.पी.जे. : देशभक्ति की ज्योति के प्रकाश में हम इस अँधेरी भूल-भुलैया से बाहर निकल सकते हैं। यह एक ऐसी पवित्र भावना है, जिसे सभी राष्ट्रों के लोग सराहते हैं। भारत सदियों से विदेशी आक्रमणकारियों की नजर में रहा है। यह न तो संयोग और न ही चमत्कार था कि भारत देश ने अनगिनत आक्रमणों को और संसाधनों की लूटमार को सहते हुए अपनी लोकतांत्रिक परंपरा और बहुलतावादी संस्कृति को बनाए रखा। सुब्रमण्यम भारती[130] ने भारतीय राष्ट्रवाद को बहुत ही खूबसूरती से व्यक्त किया है—

---

130. सुब्रमण्यम भारती (1882-1921) एक तमिल कवि एवं समाज सुधारक थे। इनकी गणना भारत के महान् कवियों में की जाती है।

भारत भूमि पर
हजारों जातियाँ बसी हैं,
तो क्या इसी बात पर
तुम्हारा हमला करना ठीक था?

अ.ति. : भारत की छवि एक नरम देश की बनाई गई है। वर्ष 1993 के मुंबई बम कांड के अपराधी और 26/11 आक्रमण के प्रायोजक, आक्रमणकर्ता अभी तक पकड़े नहीं गए हैं और उनमें से किसी के पकड़े जाने की या सजा पाने की उम्मीद भी नहीं है। जो लोग पकड़े भी गए हैं, वे हमारे देश की न्यायिक परंपरा की दरियादिली के चलते बिना सजा मिले वक्त बिता रहे हैं।

ए.पी.जे. : आज की वैश्विक दुनिया में युद्ध एक नेटवर्क संचालन में तब्दील हो चुके हैं। तकनीकों के बढ़ते मेल-जोल से लड़ाई के संदर्भों और भिड़ंत के नियमों में परिवर्तन हो रहा है। आज का आतंकवादी समूह अधिक कुशल, अधिक प्राणघातक और सीमाओं से बाहर से जुड़ा हुआ है। इस समय हमें वाकई कई मोरचों पर सुरक्षा के कई गंभीर खतरों से मिलकर लड़ने की जरूरत है। हम एक कमजोर राष्ट्र नहीं हैं। पर हमें एक अति सजग, चौकन्ने और आक्रमणकारियों का सफाया करनेवाला शक्तिशाली राष्ट्र बनना है।

अ.ति. : ऐसा माना जाता है कि हमारी सुरक्षा आयात हो रहे इलेक्ट्रॉनिक संचार उपकरणों के चलते प्रभावित हो रही है। चीन में बने राउटर्स हमारे नेटवर्कों पर, जो सूचनाएँ आ-जा रही हैं, उन सब की जानकारी चीन को दे रहे हैं।

ए.पी.जे. : दुर्भाग्य से भारत माइक्रो-इलेक्ट्रॉनिक उपकरण निर्माण के मामले में चूक गया था। 1960 के दशक के दौरान भारत इलेक्ट्रॉनिक क्षेत्र में विकसित देशों की बराबरी पर था; पर अब वह स्थिति नहीं है। नाभिकीय ऊर्जा और रक्षा के क्षेत्रों में कुछ स्वदेशी विकास हुआ है, क्योंकि हम पर कई प्रतिबंध लगा दिए गए थे; पर इलेक्ट्रॉनिक क्षेत्र में काफी गिरावट आई है। देश में उपकरण निर्माण क्षमता के न होने से उनका आयात बढ़ता गया। इसी तरह चिकित्सा जाँच एवं परीक्षण उपकरणों का भी धड़ल्ले से आयात हो रहा है। जब मोबाइल फोनों की बाढ़ आई, तब हमारे यहाँ कोई स्वदेशी उत्पाद था ही नहीं। राउटर्स जैसे उपकरणों में मैलवेयर की मौजूदगी की संभावना तो होती ही है, पर उसको पहचानना आसान नहीं होता।

अ.ति. : इलेक्ट्रॉनिक क्षेत्र का कैसे पुनः उद्धार किया जा सकता है?

ए.पी.जे. : इलेक्ट्रॉनिक क्षेत्र को सुदृढ़ करने का काम संवेदनशील क्षेत्रों की सुरक्षा से शुरू होना चाहिए। इलेक्ट्रॉनिक मनोरंजन के क्षेत्र में प्रतिस्पर्धा व्यर्थ है, क्योंकि इसमें विदेशी कंपनियाँ हमसे काफी आगे हैं। भारतीय उद्यमों को कंप्यूटर संबंधी क्षेत्रों,

चिकित्सकीय उपकरणों, जलवायु परिवर्तन, सिम्युलेटरों, सुरक्षा प्रणालियों और सॉफ्टवेयर पर ध्यान केंद्रित करना चाहिए। उच्च शक्ति के लेजर अस्त्रों, रडार, चिप प्रणालियाँ और सीकर्स इत्यादि देश की सुरक्षा के लिए भविष्य की जरूरत हैं। इनको बनाने के लिए अति क्षमता-युक्त तकनीक एवं निर्माण के आधार की जरूरत होगी। इसे अभी तैयार करना होगा।

अ.ति. : भारत में इलेक्ट्रॉनिक पुरजों के निर्माण का नाममात्र का ढाँचा ही उपलब्ध है। क्या हमें अंतरराष्ट्रीय कंपनियों को उनके निर्माण संयंत्रों को यहाँ लगाने के लिए आमंत्रित नहीं करना चाहिए, ताकि उनके चारों तरफ छोटी-छोटी देशी फैक्टरियाँ विकसित हो सकें? अंतरराष्ट्रीय कार कंपनियों की फैक्टरियों ने चेन्नई के उद्योग की काया ही पलट दी।

ए.पी.जे. : सरकार ने अनुसंधान एवं विकास के सहयोग, आई.पी.आर. विकास, आई.टी. तकनीक हस्तांतरण और नैनो प्रौद्योगिकी को बढ़ावा देने के लिए 10,000 करोड़ रुपए के इलेक्ट्रॉनिक विकास कोष की योजना बनाई है। स्वायत्तशासी नेशनल इलेक्ट्रॉनिक्स मिशन (एन.ई.एम.) की स्थापना की बात भी चल रही है। हमारे देश में वैश्विक स्तर की निर्माण क्षमता का हर क्षेत्र में होना अत्यंत आवश्यक है।

अ.ति. : नेशनल इन्वेस्टिगेटिव एजेंसी (एन.आई.ए.) के पूर्व प्रमुख राधाविनोद राजू ने दो टूक लिखा है—"राष्ट्रीय सुरक्षा एक गंभीर चुनौती है। इसके कार्यान्वयन को राजनीतिक एवं नौकरशाही के काम करने के मौजूदा तरीकों और अनवरत बहस-मुबाहसों पर नहीं छोड़ा जा सकता है।"[131]

ए.पी.जे. : विलंब हो सकता है, पर ढुलमुल प्रवृत्ति के चलते काम करने से कुछ भी भला नहीं होता है। टेलीकॉम, आई.टी. और इलेक्ट्रॉनिक निर्माण के लिए मिल-जुलकर कार्य करने की नीति की आवश्यकता है। इससे राष्ट्र को आई.सी.टी. के क्षेत्र में आगे और आगे तथा स्वास्थ्य, ग्रामीण विकास, ई-शासन पद्धति एवं बैंकिंग सेवाओं को आम आदमी तक ले जाया जा सकेगा।

अ.ति. : साइबर सुरक्षा महत्त्वपूर्ण चुनौती है, क्योंकि हमारी शासन, बैंकिंग, व्यापार व्यवस्था नेटवर्क पर आधारित है और यह सूचना एवं संचार तकनीकी पर निर्भर है।

ए.पी.जे. : सुरक्षा के नित नए खतरे उभर रहे हैं। पारंपरिक खतरों, जैसे—जमीन, आकाश और समुद्र से आगे बढ़कर अब आर्थिक और साइबर हमलों के नए खतरे हैं, जिनके लिए हमें और अधिक सजग रहना है। अपने नेटवर्क आधारित वित्तीय तंत्र की सुरक्षा एक बड़ी समस्या होगी। हमें एक मजबूत व्यवस्था और स्वामित्ववाले सॉफ्टवेयर के साथ ऐसा मंच बनाना होगा, जो कि नेटवर्क को दुर्भेद्य एवं अजेय बना सके।

---

131. द हिंदू, 4 मई, 2012।

अ.ति. : भारत के पास सेमीकंडक्टर फाउंडरी क्यों नहीं है?

ए.पी.जे. : विश्व इतिहास के हर दौर में कम विकसित देशों ने अपनी आर्थिक दशा सुधारने के लिए बड़ी चुनौतियों का सामना किया है। विकसित देशों के साथ दौड़कर जीतना कभी आसान नहीं रहा। सौभाग्यवश, सफलता के कई प्रेरक उदाहरण हैं। उन्नीसवीं सदी में विकसित अमेरिका का उदय, 1960 और 70 के दशकों में जापान का उदय, 1970 के दशक में दक्षिण कोरिया और ताईवान के उदय ने उस वक्त आधुनिक प्रौद्योगिकी का विश्वासपूर्वक प्रयोग कर समृद्धि पाई। इनमें से हर देश नई तकनीक लेकर आगे बढ़ा—19वीं सदी में कपड़ा उद्योग, 20वीं सदी में कार उद्योग और 1980 के बाद इलेक्ट्रॉनिक्स व आई.टी. उद्योग विकास के केंद्र रहे हैं। सेमीकंडक्टर उद्योग कई अलग-अलग क्षेत्रों जैसे संचार, डाटा प्रोसेसिंग, उपभोक्ता इलेक्ट्रॉनिक्स और अन्य उद्योगों की माँग पर आधारित है। किसी भी क्षेत्र के उत्पादन में कमी का सीधा असर इस पर पड़ता है। घरेलू बाजार की माँग पूरी करने के लिए चीन की कंपनी एस.एम.आई.सी. अमेरिकी और जापानी सेमीकंडक्टरों से एक पायदान नीचे के चिप धड़ल्ले से बना रही है। दो पायदानों के बीच का फर्क, जो 1990 के दशक में 5 से 6 वर्षों का रहा करता था, अब केवल 10 से 12 महीनों का रह गया है।

अ.ति. : किंतु हमें अपने देश में चिप निर्माण करने की जरूरत है। कंप्यूटर चिप किसी भी उद्योग की रणनीतिक संपत्ति होती हैं। हम अपने मिसाइल, फाइटर एयरक्राफ्ट और इंजिन के डिजाइनों को बाहर के देशों में बनाए जाने के लिए कैसे भेज सकते हैं? क्योंकि हम इन्हें बाहर नहीं बनवा सकते, इसलिए हम पुरानी पड़ चुकी प्रौद्योगिकी के साथ अटके हुए हैं। दुनिया की सबसे बड़ी चिप फाउंडरी ताइवान सेमीकंडक्टर मैन्यूफैक्चरिंग कंपनी को पूरी तरह से ताइवान सरकार की तरफ से वित्तीय सहायता प्राप्त है। इसी प्रकार सैमसंग और हुंदई को भी दक्षिण कोरिया की सरकार भरपूर वित्तीय सहायता देती है।

ए.पी.जे. : एक बात तय है कि यदि हम अगले कुछ वर्षों में अपनी खुद की चिप फाउंडरी नहीं स्थापित करते हैं, तब हम इसे फिर कभी नहीं लगा पाएँगे। इसे राष्ट्रीय प्राथमिकता के रूप में देखा जाना चाहिए। यह सिर्फ चिप निर्माण की बात नहीं है। इससे देश में उच्च प्रौद्योगिकी के निर्माण को बढ़ाने का रास्ता खुलेगा और बेशकीमती बौद्धिक संपदा सृजित होगी। उत्पाद की रूपरेखा तैयार करनेवाली सैकड़ों कंपनियाँ बनेंगी और इलेक्ट्रॉनिक निर्माण का कारोबार फैलेगा। इस निर्णय को दलगत राजनीति का हिस्सा नहीं बनने देना चाहिए और अगले पाँच वर्षों में आधुनिक तकनीक-युक्त चिप फाउंडरी भारत में स्थापित होनी ही चाहिए। इस बीच जरूरी मानव संसाधन को अंतरराष्ट्रीय तकनीकी साझेदारों के पास लोगों को काम सीखने के लिए भेजकर काबिलियत

हासिल की जा सकती है और भारत में चिप निर्माण की शुरुआत हो सकती है।

अ.ति. : ऐसा हो, इसके लिए क्या किया जा सकता है?

ए.पी.जे. : सेमीकंडक्टर इलेक्ट्रॉनिक को हमारी राष्ट्रीय कल्पना-दृष्टि या विजन का एक हिस्सा बनाया जाना चाहिए। इसके लिए भारतीय कंपनियों को वैश्विक सेमीकंडक्टर फाउंडरियों से निकट संपर्क बनाकर काम शुरू करना चाहिए। जब मैं वर्ष 2006 में डाजेऑन में सैमसंग सेमीकंडक्टर संस्थान गया था, तब मुझे बताया गया था कि वहाँ सेमीकंडक्टर फाउंडरी के आस-पास बहुत से व्यापारिक संस्थान हैं, जैसे एकीकृत उपकरण निर्माण, फैबलेस निर्माण, संयोजन, परीक्षण तथा यंत्र-चालित उपकरण आदि। मैं भारत में इस तरह के बौद्धिक एवं रचनात्मक उद्योग के केंद्र को देखना चाहता हूँ।

अ.ति. : साइबर हमले का खतरा कितना गंभीर है?

ए.पी.जे. : यह बहुत ही गंभीर खतरा है। हमारे नेटवर्क आयातित राउटर्स पर चल रहे हैं, जिनमें मैलवेयर की मौजूदगी का हमारे पास कोई तोड़ नहीं है। वस्तुतः हम साइबर के लिए दरवाजा खोले खड़े हैं।

अ.ति. : इस बारे में क्या कुछ किया जा रहा है?

ए.पी.जे. : भारत में आई.टी. से संबंधित नीतियों के लिए आई.टी. कानून 2000 और इसका 2008 का संशोधन मुख्य आधार है। व्यापारिक आँकड़ों की सुरक्षा की जिम्मेदारी इस कानून के अंतर्गत प्रदान की गई है। परंतु खतरा गुमनाम अँधेरे से आता है। हमारे पब्लिक-की-इन्फ्रास्ट्रक्चर (पी.के.आई.) को एक उच्च स्तरीय काबिल सुरक्षा की जरूरत है। मैं हैदराबाद के 'अंतरराष्ट्रीय सूचना प्रौद्योगिकी संस्थान' (आई.आई.आई.टी.) में पढ़ाने जाता हूँ। वहाँ मुझे पता चला कि गणित पर आधारित नए तरीके, जैसे सूचना की अस्मिता पर आधारित कोडीकरण, खोजपरक कोडीकरण और सुरक्षित संगणन उभरकर आ रहे हैं। साइबर सुरक्षा से जुड़े संस्थानों को इस महत्त्वपूर्ण क्षेत्र में शैक्षणिक संस्थानों के साथ मिलकर काम करना चाहिए।

अ.ति. : डी.आर.डी.ओ. के पास दो लैब हैं—'सेंटर फॉर आर्टीफिशियल इंटेलीजेंस ऐंड रोबोटिक्स' (केयर) और 'एडवांस न्यूमेरिकल रिसर्च ऐंड एनालिसिस ग्रुप' (अनुराग)। इन दोनों में आवश्यक काबिलियत है।

ए.पी.जे. : भारत में काबिलियत की कहीं कोई कमी नहीं है। हमें सिर्फ तकनीकों के इस्तेमाल करने की जरूरत है। यहाँ कठोर आरंभिक पंजीयन एवं मान्यकरण प्रक्रिया, संपूर्ण नेटवर्क पर हो सकनेवाली धोखेबाजी पर निगाह, सुदृढ़ प्रामाणिकता व सुलभता नियंत्रण तथा प्रसारित आँकड़ों की कूट रचना की आवश्यकता है। सरकार में हाल ही में एक संयुक्त कार्यदल बनाया गया है। मैं 1,00,000 युवा इंजीनियरों को साइबर सुरक्षा के क्षेत्र में शीघ्रतापूर्वक तैयार होकर काम करते देखना चाहता हूँ।

अ.ति. : अभी तक भारतीय मोबाइल फोन या टैबलेट कंप्यूटर नहीं बन सका है।

ए.पी.जे. : यह वाकई शर्म की बात है। ऐसा होना ही चाहिए। बिना स्वदेशी प्रोसेसर और संचालन तंत्र के इस तरह के सभी उपकरण टैप किए जाते रहेंगे। 'भारत इलेक्ट्रॉनिक्स लिमिटेड' (BEL) ने पहला भारतीय टैबलेट कंप्यूटर बनाया है। इसके चेयरमैन अनिल कुमार ने एक मुझे भी दिया है। हम अपने नेटवर्क में अवरोध नहीं सह सकेंगे। हमें अपनी रक्षा, प्रशासन, वित्त, उड्डयन और रेलवे के आयातित इलेक्ट्रॉनिक उपकरणों को प्राथमिकता के आधार पर इस खतरे से मुक्त करना होगा। मैं पुनर्जागरण के छठे चरण के रूप में अपनी दूरसंचार, आई.टी., इलेक्ट्रॉनिक निर्माण का प्रामाणिक स्वदेशीकरण चाहता हूँ।

अ.ति. : ऐसी चर्चा है कि हमारी रक्षा तैयारियों में काफी कुछ कमियाँ आ गई हैं।

ए.पी.जे. : रक्षा तैयारियों के तीन महत्त्वपूर्ण हिस्से हैं, जो एक-दूसरे पर निर्भर होते हैं—योजना, बजट और उपलब्धि। भारतीय रक्षा तंत्र एक विराट् संगठन है। इसका ढाँचा बहुत ही अच्छा है तथा इसमें पर्याप्त जाँच-परख की व्यवस्था है। हर खरीद-फरोख्त भलीभाँति, योजनाबद्ध और संरक्षित परंपराओं तथा सुदृढ़ प्रक्रिया के तहत प्रबंधित है। सरकार किसी भी हालत में इसे नीचा नहीं होने देगी; किंतु दुनिया के प्रत्येक संगठन को समय के साथ कदम मिलाकर चलना पड़ता है। आधुनिक युद्ध अतिकुशल प्रौद्योगिकी पर आधारित है और इस संदर्भ में बहुत से दृष्टिकोण और चर्चाएँ भी हैं। इसमें कोई शक नहीं है कि भारतीय सशस्त्र बल को निरंतर आधुनिक बनाने और अपने विरोधियों से बेहतर हथियारों से सुसज्जित होने की जरूरत है। यदि हमारा मीडिया इस क्षेत्र से दूर ही रहे तो बेहतर होगा। प्राचीन चीन में रणनीतिज्ञ सन त्ज़ू ने कहा है, "यदि तुम अपने दुश्मनों को और स्वयं को जानते हो, तब तुम सैकड़ों लड़ाइयों में भी सलामत रहोगे; यदि तुम अपने दुश्मनों से परिचित नहीं हो, पर स्वयं को अच्छी तरह जानते हो, तब तुम जीत भी सकते हो और हार भी सकते हो; पर यदि तुम न तो अपने दुश्मनों को जानते हो और न ही खुद के बारे में तुम्हें पूरा पता है, तब तो हर लड़ाई में तुम्हारी जान जोखिम में है।"

अ.ति. : क्या यह दु:खद नहीं है कि दुनिया के चौथे बड़े वैज्ञानिक मानव संसाधन समूह के होते हुए भी भारत को अपनी 70 प्रतिशत रक्षा जरूरतों के लिए आयात पर निर्भर रहना पड़ता है?

ए.पी.जे. : यह एक हकीकत है, पर इस पर काम चल रहा है। वर्तमान रक्षा खरीद प्रबंध नीति दरशाती है कि विदेशी हथियारों की कंपनी, जो कि 300 करोड़ रुपए से ज्यादा का कोई भी हथियारों का सौदा (डील) करती है तो उसे अपने अनुबंध मूल्य का 30 प्रतिशत भारत में निवेश करना ही होगा। एम.एम.आर.सी.ए. (मीडियम मल्टी-रोल

कॉम्बैट एयरक्राफ्ट) योजना में 126 फाइटर्स को हासिल करने पर 50 प्रतिशत निवेश की बाध्यता बताई गई है। आगामी वर्षों में आयात-निर्यात के अनुपात को उलटकर 30 प्रतिशत आयात और 70 प्रतिशत स्वदेशी निर्माण में बदलना होगा। सुनिश्चित करें कि इसमें कोई कोताही न हो।

अ.ति : 'ब्रह्मोस' मिसाइल के जरिए देश में स्टील्थ सुपरसोनिक क्रूज मिसाइल की अत्याधुनिक प्रौद्योगिकी लाने का नया तरीका ढूँढ़ा गया है।

ए.पी.जे. : सन् 1998 में रक्षा अनुसंधान एवं विकास संगठन (डी.आर.डी.ओ.) और रूसी फेडरेशन एन.पी.ओ. माशीनस्त्रोएनिया ने साथ मिलकर 25 करोड़ डॉलर की पूँजी से ब्रह्मोस एयरोस्पेस प्राइवेट लिमिटेड बनाई। भारत ने इसमें 50.5 प्रतिशत पूँजी लगाई थी और बाकी रूस ने लगाई। आज 'ब्रह्मोस' मिसाइलें हमारी सेना के पास तैनात हैं। भारत में बनी ब्रह्मोस मिसाइलों के निर्यात की भी संभावना है।

अ.ति. : क्या रूस के साथ संयुक्त उपक्रम के रूप में फिफ्थ जेनरेशन फाइटर एयरक्राफ्ट (एफ.जी.एफ.ए.) की सफलता की भी ऐसी ही सफल कहानी होगी?

ए.पी.जे. : क्यों नहीं होगी! ब्रह्मोस प्रोजेक्ट के तहत अब एक अच्छा साझा व्यापार मॉडल है। इसमें केवल धन का ही नहीं, बल्कि इंजीनियरिंग और बौद्धिक सहयोग भी बराबर-बराबर के अनुपात में लगाया गया है। यह संयुक्त उपक्रम आगामी चार दशकों में 1,000 एयरक्राफ्ट बनाएगा, जिसमें भारत और रूस के लिए 200-200 एवं अन्य देशों के लिए 600 एयरक्राफ्ट बनेंगे। एफ.जी.एफ.ए. का उत्पादन वर्ष 2020 में शुरू होने की आशा है।

अ.ति. : परमाणु-वाहक 'अग्नि' मिसाइल का आगमन सुदृढ़ भारत का संकेत है।

ए.पी.जे. : शक्तिशाली केवल शक्ति का ही सम्मान करता है। 'महाभारत' में जब भीष्म बाणों की शय्या पर पड़े अपनी मृत्यु के इच्छित पल का इंतजार कर रहे थे, तब पाँचों पांडव उनके पास परामर्श लेने के लिए पहुँचे। तब भीष्म ने कहा, ''कोई किसी का मित्र नहीं है, कोई किसी का शत्रु नहीं है। यह तो परिस्थितियाँ हैं, जो कि मित्र और शत्रु बनाती हैं।'' दुनिया आज जैसी है, वह कुछ दशकों बाद वैसी नहीं होगी। भारत को इस बदलते विश्व में बड़ा और मजबूत रहने के लिए मुस्तैद रहना होगा।

अ.ति. : 5,000 कि.मी. तक की दूरी और अंतरिक्ष में 600 कि.मी. तक जानेवाली अग्नि 'V' मिसाइल ने हमारी रक्षा रणनीति क्षमता को एक नए दौर में पहुँचा दिया है।

ए.पी.जे. : एंटी सैटेलाइट (ASAT) हथियारों का निर्माण, संचार, मार्ग-निर्देशन तथा युद्ध के मैदान में जी.पी.एस. के लिए लघु उपग्रहों का प्रक्षेपण हमारी विलक्षण उपलब्धियाँ रही हैं। अधिक ऊँचाई पर ही दुश्मन मिसाइल को नष्ट करने की दोहरी सुरक्षा प्रणाली बनाने की जरूरत है। ऐसी मिसाइल सुरक्षा-व्यवस्था समयबद्ध ढंग से

पोखरण-II स्थल पर तत्कालीन प्रधानमंत्री अटल बिहारी वाजपेयी और रक्षामंत्री जॉर्ज फर्नांडीज के साथ।

तैनात की जानी चाहिए।

अ.ति. : स्वतंत्रता के बाद से ही भारत क्षेत्रीय सशस्त्र आंदोलनों का सामना कर रहा है, जो कि मुख्य रूप से सुरक्षा बलों और सरकारी संस्थानों को निशाना बनाते हैं। इसके पीछे क्षेत्रीय नियंत्रण की मंशा होती है। पर कुछ दिनों से नागरिकों पर भी ऐसे सुनियोजित हमले किए गए हैं। आपके विचार में कौन सी ताकतें ऐसा कर रही हैं?

ए.पी.जे. : इन सभी की जड़ राजनीतिक समस्याएँ हैं। सभी सशस्त्र आंदोलन और आतंकवादी संगठन हमेशा किसी-न-किसी राजनीतिक लक्ष्य और उद्देश्य से शुरू होते हैं, इसलिए अनसुलझे राजनीतिक द्वंद्व ही इसके मूल कारण हैं। हमारे राष्ट्र-निर्माण की प्रक्रिया अभी तक अधूरी है। हमें ऐसी कल्पना-दृष्टि रखनेवाले ईमानदार राजनेताओं की जरूरत है, जो कि अनसुलझे राजनीतिक मुद्दों को सुलझाएँ और सबकी भलाई

सुनिश्चित करें। पंजाब और मिजोरम ऐसी सफलता की दो शानदार कहानियाँ हैं।

अ.ति. : आतंकवाद इतनी भयानक समस्या क्यों है?

ए.पी.जे. : आतंकवाद अपने आंतरिक स्वरूप के चलते खतरनाक होता है। सामाजिक ताने-बाने को बरबाद करने और इस पर कब्जा करने के लिए पहले से मौजूद कमजोर जगहों पर आतंकवादी हमले करते हैं। यह एक कीड़े या साँप के जहरीले डंक की तरह होता है, जिसका दुष्प्रभाव सारे शरीर पर पड़ता है। इसके अपराधी छायाओं में छिपे रहते हैं और छद्म पहचान द्वारा लोगों के बीच कार्य करते हैं।

अ.ति. : आतंकवादियों का वास्तविक लक्ष्य क्या है?

ए.पी.जे. : समाज में डर पैदा करने के लिए आतंकवादपूर्ण हिंसा का प्रयोग किया गया है। हिंसा की ऐसी घटनाएँ हमेशा बड़ी साजिश का हिस्सा होती हैं। आतंकवाद दो देशों के बीच युद्ध की जगह लेता जा रहा है। लोगों में डर फैलाकर उनकी सरकारों को निकम्मा दिखाने की कोशिश की जाती है। आतंकवादी हमले अधिक-से-अधिक प्रचार-प्रसार पाने के लक्ष्य से होते हैं। इन्हें दर्शकों की भारी संख्या के सामने किसी तमाशे की तरह अंजाम दिया जाता है। आतंकवादी हमला हमेशा एक बड़े खेल का हिस्सा होता है। आतंकवादी हमलों का उद्देश्य लोगों में भय और बेचैनी पैदा करके सरकार को अस्थिर करना होता है। इस प्रकार के हमले अधिक प्रचार पाने के लिए किए जाते हैं। यह एक बहुत बड़े दर्शक समूह के सामने कार्यक्रम करने जैसा है।

अ.ति : ऐसा कहा जाता है कि वर्ष 2008 के मुंबई हमलों के दौरान हमारा मीडिया भोलेपन से आतंकवादियों के हाथों में खेलता रहा और उनके हमले के मनोवैज्ञानिक प्रभाव को बढ़ाता रहा।

ए.पी.जे. : जब किसी राष्ट्र पर आतंकवाद का हमला होता है तो पुलिस, नागरिकों तथा मीडिया सहित हम सभी के लिए यह जरूरी हो जाता है कि हम मिलकर यह सुनिश्चित करें कि कम-से-कम नुकसान हो। आतंक-रोधी ऑपरेशन में मदद मिल रही है और बचाव के लिए सुविधाएँ मुहैया कराई गई हैं। मीडिया लगातार आतंकवादी कुकृत्य के विभिन्न आयाम प्रस्तुत करने में बखूबी अपनी भूमिका रहा है। इसमें घटित होने का तरीका, आतंकवाद के बाद की घटनाएँ, बहु दृष्टिकोण, देश भर में आतंक की भर्त्सना करते हुए जनता की सौहार्दता तथा पीड़ित के परिजन का साथ देना भी शामिल है। मीडिया की भूमिका विशेष तौर पर महत्त्वपूर्ण है, क्योंकि यह एकमात्र माध्यम है, जिसके द्वारा राष्ट्र आतंकवाद की घटना से सीधे जुड़ता है। मीडिया के लिए जरूरी है कि वह न्यायसंगत रूप से रिपोर्टिंग दे तथा अफवाहें रोके और क्षेत्र तथा राष्ट्र में भय न फैलने दे। जब राष्ट्र आतंकवाद के

कारण हताशा में होता है तो मीडिया को यह दरशाना चाहिए कि कैसे निर्दोष पीड़ितों के दुःख को कम किया जा सकता है और निरंतर आतंक से लड़ते बहादुर सुरक्षाकर्मियों की मदद करना है तथा आतंकवादी गतिविधियों के बीच जोड़-तोड़ को खत्म करना है।

अ.ति. : प्रत्येक आतंकवादी हमले के बाद बहुत कुछ कहा, किया जाता है; लेकिन वास्तव में अभी तक कोई बदलाव नजर नहीं आ रहा?

ए.पी.जे. : यह जानना चाहिए कि आतंकवादी नियोजित रूप में सक्रिय होते हैं। योजना बनाने में महीने-साल लग जाते हैं। ये जल, थल और वायु तीनों मार्गों से घुसपैठ करते हैं, परंतु बीच में पड़नेवाले कुछ देशों को ट्रांजिट स्थलों के रूप में लेते हैं और प्रायः अपनी अलग-अलग पहचान बताते हैं। देश में आने के बाद आतंकवादी ग्रुप होटलों में मेहमानों, किराए के मकानों में किराएदार के रूप में समाज के बीच रहते हैं या पेइंग गेस्ट या स्थानीय लोगों के मित्र अथवा रिश्तेदार बनकर रहते हैं। ये भाड़े की टैक्सियों, ऑटो रिक्शा, मेट्रो ट्रेन, सिटी बस या साइकिलों पर अलग-अलग स्थानों की यात्रा करते हैं। ये कुछ भोले-भाले नागरिकों का साथ प्राप्त करते हैं, पैसे या धमकी देकर लोगों को फँसाते हैं या मजबूत कट्टर धर्मांधता का सहारा लेकर लोगों को गुमराह करते हैं। महीनों व वर्षों तक समाज का हिस्सा बनकर आतंकवादी रहते हैं, फिर भी सुरक्षा अधिकारियों को तभी पता चलता है, जब भीड़ भरे स्थानों पर विस्फोट होता है या कोई आतंकवादी घटना घट जाती है।

अ.ति. : इस प्रकार निरंतर चौकस एवं सतर्क रहने की जरूरत है?

ए.पी.जे. : हाँ, बिलकुल। मैं पिछले दो दशकों से विश्व के अलग-अलग हिस्सों में हो रहे आतंकी हमलों के पैटर्न का अध्ययन कर रहा हूँ। ये लोग अपहरण, टाइमर्स और रिमोट के साथ बम विस्फोट, आत्मघाती बम, वाहन बम, रेल बम, महत्त्वपूर्ण आतंकवादी हथियार के रूप में विमान का इस्तेमाल कर रहे हैं और अब सुरक्षा बलों से बचाव के लिए सार्वजनिक स्थलों पर बंधकों का ढाल के रूप में इस्तेमाल कर रहे हैं। कुछ अध्ययनों से पता चला है कि आतंकवादी ऑपरेशन के लिए लागत एवं मानव संसाधनों की दृष्टि से क्रमिक ह्रास हुआ है; क्योंकि आतंकवादी हर अगली घटना काफी सोच-विचारकर अंजाम देते हैं। प्रत्येक आतंकी हमले ने आश्चर्यचकित किया हैं। नागरिकों के बीच जागरूकता और मिलकर प्रयास करने से आतंकवादी समस्या को सुलझाने में मदद मिलेगी। उदाहरण के लिए, आतंकवादी समूहों द्वारा 9/11 के पायलट के प्रशिक्षण की रिपोर्ट से पता चलता है कि आतंकवादी केवल हवाई करतब सीखना चाहते हैं तथा उनकी लैंडिंग या 'टेक ऑफ' से उनका कोई सरोकार नहीं था। प्रशिक्षु पायलट की असामान्य घटना से पूरा सिस्टम प्रशिक्षण की

प्रक्रिया के पीछे निहित मकसद जान गया। इसी प्रकार यह सूचना दी गई कि मुंबई समुद्र-तट के साथ-साथ रहनेवाले मछुआरे 26/11 की घटना से पूर्व उस माह तस्करी से आए पर्याप्त विस्फोटक पदार्थ की असामान्य लैंडिंग के प्रत्यक्ष गवाह थे। लेकिन उनके पास जिम्मेदार एजेंसी को मामले की सूचना देने का कोई जरिया नहीं था।

अ.ति. : हाल ही के वर्षों में हमने विश्व भर में विभिन्न आतंकवादी ऑपरेशन में आधुनिक प्रौद्योगिकी का इस्तेमाल होते देखा है। यह उन्नत विस्फोटक पदार्थ तथा शस्त्रों, बेहतर डिटोनेशन मेकैनिज्म तथा उन्नत संचार प्रणाली के रूप में परिलक्षित हो रहा है। आतंकवाद की समस्या के समाधान की रणनीति तैयार करते समय क्या हमें सुरक्षा प्रणाली में प्रौद्योगिकी की समझ और अनुप्रयोग को समुन्नत नहीं करना चाहिए?

ए.पी.जे. : हाल ही के कुछ घटनाक्रमों का अध्ययन करते समय मुझे कम लागत के 'डिस्ट्रेस अलार्म ट्रांसमीटर' (डी.ए.टी.) का पता चला। उसे स्पेस एप्लीकेशन लैबोरेटरी, इसरो, अहमदाबाद ने तैयार किया है। यह छोटा सा 'ग्लोबल पोजीशनिंग सिस्टम' (जी.पी.एस.) है, जो मत्स्य एलर्ट सिस्टम पर आधारित है। जब यह सिस्टम चालू किया जाता है, तब आपदा की स्थितियों में तटरक्षक या अन्य संबंधित विभागों को नाव का जी.पी.एस. कोऑर्डिनेट बताता है। ऐसी कम कीमत की युक्ति तटरेखा की सुरक्षा में लाभकारी होगी तथा इससे आतंकियों और शस्त्रों को ढोने के लिए नावों का अपहरण रोका जा सकेगा।

अ.ति. : हाल ही के हमलों में हमने देखा है कि किस तरह से आतंकवादी ऑपरेशन कमांड दी गई और मोबाइल संचार का प्रयोग करके नियंत्रण रखा गया।

ए.पी.जे. : आजकल आतंकवाद के विरुद्ध संघर्ष, संचार डिवाइस को ब्लॉक करने के लिए स्थानीय जैमर्स का इस्तेमाल आतंकियों को रोकने के अनिवार्य साधन होंगे। हमें अपनी संचार व्यवस्था के लिए स्वतंत्र सुरक्षित चैनल तैयार करने होंगे।

अ.ति. : कुछ उदाहरणों में आतंकियों से मुठभेड़ में हमारी पुलिस के पास पर्याप्त शस्त्र ही नहीं थे?

ए.पी.जे. : यह अनिवार्य है कि आतंकवादियों से निबटने के लिए हमारे पास आधुनिकतम शस्त्र प्रणाली हो। इसलिए आधुनिक शस्त्र प्रणाली के शोध एवं विकास की महत्ता पर बल दिया जाना चाहिए। पुलिस बल को ऐसे खतरों का सामना करने के लिए जागरूक बनाना होगा। आतंकी समूह आज रासायनिक व जैव हथियारों का प्रयोग करने लगे हैं। उनके हथियार पेन ड्राइव के आकार के होने लगे हैं।

अ.ति. : आतंकवाद से निबटने के लिए आपके दृष्टिकोण से क्या अभियान चलाया जाना चाहिए?

ए.पी.जे. : आतंकवाद की अनेक घटनाओं के अध्ययन से मैं इस निष्कर्ष पर पहुँचा हूँ कि ऐसी घटनाओं को रोकने के लिए फौरी तौर पर 'आतंकवाद उन्मूलन राष्ट्रीय अभियान' चलाना होगा और साथ ही हमारे नागरिकों को इसके प्रति चौकस करना होगा।

अ.ति. : 'आतंकवाद उन्मूलन राष्ट्रीय अभियान' की रूपरेखा के तौर पर आप क्या सामने रखना चाहेंगे?

ए.पी.जे. : पहली और महती प्राथमिकता देश की एक केंद्रीय जाँच एजेंसी बनाने की होनी चाहिए, जो सभी आधुनिक सुविधाओं से सज्जित हो और राज्य तथा केंद्र की सभी एजेंसियों से मिलकर काम कर सके। मुझे खुशी है कि एक 'नेशनल इन्वेस्टिगेशन एजेंसी' बनाई गई है। प्रौद्योगिकी का समुचित उपयोग करते हुए हमें तेज और सटीक जाँच की दिशा में आगे बढ़ना होगा। इसका न्यायोचित ढंग से एक निश्चित समय के भीतर जाँच पूरी करके अपराधियों को दंड दिलाना होगा। लोगों को इन घटनाओं के प्रति सतर्क व जागरूक रहना होगा और ऐसी घटनाओं को रोकने के लिए सुरक्षा एजेंसियों की मदद करनी चाहिए। इस प्रक्रिया में सरकार, नागरिक मंचों, छात्रों, व्यवसायियों, राजतंत्र और कचहरियों को मिल-जुलकर काम करना होगा। सबसे जरूरी है कि हम इस बात पर ध्यान दें कि आतंकवादियों को स्थानीय स्तर पर सहयोग कैसे मिल जाता है, हमें उन कारणों का उन्मूलन करना होगा।

अ.ति. : दीर्घकालिक उपायों के रूप में समाज को किस तरह से जागरूक किया जा सकता है?

ए.पी.जे. : इस पुस्तक में समाज को जागरूक करने के कई उपायों पर चर्चा की गई है। इस विशिष्ट संदर्भ के क्रम में मैं कहना चाहूँगा कि समाज को जागरूक करने के तीन घटक हैं—मूल्य आधारित शिक्षा, अध्यात्म से जुड़ा धर्म और सामाजिक रूपांतरण से जुड़ा आर्थिक विकास। दसअसल यह शासन कला से जुड़ा विषय है, कोई सीधा-सादा राजनीति विज्ञान नहीं है; न ही यह सैन्य विज्ञान से जुड़ा मामला है। वस्तुतः यह एक बहुत ही उत्कृष्ट कला है। हमारा इतिहास बड़ा समृद्ध है, जो यह बताता है कि क्या करने योग्य है और क्या निषेध। हमारे राजनेताओं को अपनी क्षणभंगुर सत्ता से अधिक ध्यान अत्यावश्यक शासन कला पर देना होगा।

अ.ति. : शासन कला में आपका आदर्श कौन है?

ए.पी.जे. : मैंने अपनी पुस्तक 'गाइडिंग सॉल्स' में उमर अल-खिताब का जिक्र किया है, वे इसलामिक इतिहास के दूसरे खलीफा थे। उनके शासन काल में इसलाम का पर्शिया साम्राज्य पूर्वी रोम के साम्राज्य से दो-तिहाई बड़ा था। उन्होंने शासन कला को एक वाक्य में परिभाषित किया था।

"मैं तब तक शांत नहीं बैठूँगा जब तक कि एक भी तानाशाह का एक गाल जमीन पर और दूसरा अपने पाँव के नीचे न रख दूँ तथा गरीब और कमजोर लोगों के लिए अपना गाल जमीन पर रखूँगा।"[132]

अ.ति. : आप भारत में इस दर्जे का कौन सा नेता आज देखते हैं?

ए.पी.जे. : देश में तीन नेता हुए, जिन्होंने भारत देश को आधुनिक रूप दिया। महात्मा गांधी ने अहिंसा आंदोलन द्वारा आजादी के आंदोलन का नेतृत्व किया। सरदार वल्लभ भाई पटेल ने 500 से अधिक भारतीय राजशाही शासकों को अपने व्यावहारिक और कल्पना-दृष्टियुक्त शासन कला से मिलाकर भारत को एक गणतंत्र रूप दिया था। पं. जवाहरलाल नेहरू ने भारत को औद्योगिक विकास और धर्मनिरपेक्षता का दर्शन सौंपा।

अ.ति. : आप आज की शासन कला की दो प्रमुख प्राथमिकताओं में किसे मानते हैं?

ए.पी.जे. : सबसे पहली चीज विश्वसनीय शिकायत जाँच तंत्र और स्थानीय राजनीतिज्ञों एवं अधिकारियों की जवाबदेही सुनिश्चित करना है। दूसरा, भारतीय प्रवास को राष्ट्र-निर्माण में शामिल करना। एक विमुख प्रवास में अपनी देशभक्ति को सँकरी उपराष्ट्रीयता के रूप में खो देने का जोखिम रहता है।

अ.ति. : विश्वसनीय विरोध जाँच तंत्र क्या हो सकता है? विरोध मुख्य रूप से एक शिकायत है। इसे असंतुष्टि की भावना व्यक्त करने के रूप में भी परिभाषित किया जा सकता है, जिसे एक प्रत्युत्तर की आवश्यकता होती है। प्रत्येक सरकारी कार्यालय में सतर्कता अधिकारी का नाम और टेलीफोन नंबर स्पष्ट रूप से लिखा रहता है, फिर भी कोई शिकायत दर्ज नहीं होती है। एक तरह का डर है कि यदि शिकायत की गई, तब भी माँगी गई सेवाएँ प्रदान नहीं की जाएँगी।

ए.पी.जे. : यही डर ज्यादातर मानव समस्याओं की जड़ है। हम आई.टी. को सरल प्रभावशाली माध्यम के रूप में इस्तेमाल कर सकते हैं। सारी शिकायतें इस पर की गई प्रतिक्रियाओं के साथ किसी को देखने के लिए दी जानी चाहिए। अधिकतर लोग शिकायत नहीं करते हैं, क्योंकि उन्हें लगता है कि यह बेकार है और इस शिकायत पर कोई भी परिवर्तन नहीं किया जाएगा। एक बार जब वे शिकायतों पर असर होता देखेंगे तब अपनी शिकायतों के लिए उत्साहित होंगे।

अ.ति. : आपका भारतीय प्रवासियों को राष्ट्र-निर्माण में शामिल करने से क्या आशय है?

ए.पी.जे. : प्रवासी भारतीयों में अनुमानतः 2.5 करोड़ लोग भारतीय मूल के और

---

132. http://islam.wikia.com/wiki/Umar

आप्रवासी भारतीय हैं, जो कि 110 देशों में फैले हुए हैं तथा ये भारत की एक बड़ी संपदा है। अन्य देशों में बसे हुए भारतीय लोगों का देश के विकास में निवेश, विदेशी व्यापार, तकनीक व कुशलता का हस्तांतरण और विदेशों के साथ सांस्कृतिक संपर्क में महत्त्वपूर्ण योगदान है। इसके अतिरिक्त वे विदेशों में भारत के हितों की सुरक्षा के लिए संघर्षरत रहते हैं। मेरी हाल की ही कनाडा यात्रा के दौरान मुझे बताया गया था कि विदेश मंत्रालय और प्रवासी भारतीय मामलों के मंत्रालय के बीच प्रवासी भारतीयों के मुद्दे पर पूर्ण सहमति नहीं बन सकी थी। मीडिया की विदेशी पहुँच और संचार के जमीनी परिवर्तन ने प्रवासियों के सूत्रजाल और उनकी मातृभूमि से उनका संपर्क बनाने में सहायता की। इसलिए प्रवासी भारतीयों को शामिल करके और अनुकूल नीतियों को बनाना चाहिए।

अ.ति. : अमेरिका के राजनीति वैज्ञानिक जोसफ नेयी ने इस जटिल पारस्परिक निर्भरता पर आधुनिक अंतरराष्ट्रीय संबंधों द्वारा रोचक सिद्धांत बनाया है। वे कहते हैं—"एक राष्ट्र की सैन्य शक्ति एक 'कठोर शक्ति' है और कूटनीति-संस्कृति विचारधारा और नीतियों से अन्य राष्ट्रों को प्रभावित करने की क्षमता 'नरम शक्ति' है।"

ए.पी.जे. : नरम शक्ति वास्वत में बहुत महत्त्वपूर्ण है। आज दुनिया परस्पर घनिष्ठता से जुड़ी हुई है। भूमंडलीय ऊष्मा (ग्लोबल वार्मिंग) और जलवायु परिवर्तन आज किसी की निजी समस्याएँ नहीं, बल्कि वैश्विक समस्याएँ हैं। कोई एक उत्पाद दुनिया के विभिन्न हिस्सों में बने हुए-पुरजों से मिलकर बना हो सकता है। एक जगह उठा आर्थिक विक्षोभ दुनिया भर की अर्थव्यवस्था को हिला सकता है। परिवहन की सुविधाओं ने एक से दूसरे देश में आना-जाना आसान कर दिया है। इससे राष्ट्रों की सीमाएँ दरक गई हैं और बुद्धि का परस्पर वेशीय प्रवाह बढ़ गया है। इस प्रवृत्ति ने फ्लू जैसी बीमारियों को वैश्विक बना दिया है। सूचना और संचार प्रौद्योगिकी ने दुनिया के किसी भी हिस्से में बैठकर किसी भी स्थान की समस्याओं का हल आसान कर दिया है। इससे एक स्थानीय मुद्दे को वैश्विक बनने में देर नहीं लगती। यंत्र विशेष की गरीबी तेजी से वैश्विक आतंकवाद में बदल सकती है।

अ.ति. : आपने वर्ष 2004 में दक्षिण अफ्रीका की राजधानी जोहानिसबर्ग में अफ्रीकी संसद् को संबोधित किया था। आपने भारत और 53 अफ्रीकी राष्ट्रों के बीच उपग्रह, फाइबर ऑप्टिक और वायरलेस नेटवर्क उपलब्ध कराने के लिए अफ्रीकी ई-नेटवर्क स्थापित करने का प्रस्ताव किया था।

ए.पी.जे. : आप अफ्रीकी ई-नेटवर्क, टेली-एजुकेशन, टेली-मेडिसिन, इंटरनेट, वीडियो कॉन्फ्रेंसिंग तथा वी.ओ.आई.पी. सेवाओं के साथ-साथ ई-गवर्नेंस, ई-कॉमर्स, सूचना-मनोरंजन, संसाधन मानचित्रण तथा मौसमी सेवाएँ भी उपलब्ध करा रहा है।

अफ्रीकी ई-नेटवर्क भारत की न केवल नरम शक्ति का प्रमाण है, बल्कि क्षेत्रीय सहयोग की अंतरराष्ट्रीय-सामाजिक जिम्मेदारी की मिसाल भी है, जो विकासशील राष्ट्रों के प्रति अपनी सामाजिक-आर्थिक विकास की जिम्मेदारियों को समझता है। हमें विश्व भर में ऐसे अंतरराष्ट्रीय सामाजिक जिम्मेदारियों भरे कार्यक्रम चलाने चाहिए, ताकि इससे क्षेत्रीय विकास में समृद्धि हो।

□

13

सभी के लिए काम, रोटी, पानी और नमक

हमें लाखों की आबादीवाले देश की तरह नहीं, बल्कि अरब की आबादीवाले देश की तरह सोचना है, कार्य करना है।

पिछले बीस वर्षों से हम आर्थिक सुधारों की पद्धति का अनुसरण इस उम्मीद के साथ करते आ रहे हैं कि समृद्धि रिसकर नीचे की तरफ आएगी; पर ऐसा हुआ नहीं। कुछ क्षेत्रों में स्वतंत्र रूप से बड़ी आर्थिक वृद्धि हुई है। हमने धर्मनिरपेक्ष और सामाजिक तौर पर जागरूक मानव की आवश्यक प्रक्रिया से गुजरे बिना ही सामाजिक व धर्मनिरपेक्ष राष्ट्र होने की पहचान की कल्पना कर ली। पारंपरिक भारतीय समाज व्यक्तिगत अधिकारों की मान्यता पर आधारित है, जिसमें संपत्ति का अधिकार और आजीविका के अधिकार शामिल हैं। हमें किसी बाहरी धन को इस क्षेत्र को हमसे दूर नहीं करने देना चाहिए।

अ.ति. : अमेरिका के साथ आपकी मुलाकात थोड़ी रहस्यमय एवं जिज्ञासा-युक्त रही है। अमेरिका मीडिया ने अकसर आपकी छवि को खराब दिखाने की कोशिश की है, जिसमें वर्ष 1960 के दशक में आपने अमेरिका में एक शोधार्थी के रूप में समय बिताया और इसका लाभ भारत के अंतरिक्ष कार्यक्रम को आधुनिक बनाने में उठाया।

ए.पी.जे. : मैंने वर्ष 1963-64 में अमेरिका में 4 महीने प्रशिक्षण में बिताए थे। मैं नासा के लैंजले रिसर्च सेंटर, वर्जीनिया गया था, जहाँ अमेरिका स्काउट रॉकेट तैयार हो रहा था और वालोत्स आइलैंड फ्लाइट सेंटर में मैं वर्जीनिया समुद्र तट पर गया, जहाँ स्काउट उड़ाया जा रहा था।

अ.ति. : एस.एल.वी. की रूपरेखा किस तरह से विकसित हुई है?

ए.पी.जे. : प्रत्येक रूपरेखा का आकार उसके राष्ट्र की इसे विकसित और प्रस्तुत करने की क्षमता पर ही निर्भर करता है। एस.एल.वी.-3 में हमने दुनिया में पहली बार मजबूत फाइबर प्लास्टिक मोटर आवरण और तीसरे तथा चौथे स्तर की मोटर के लिए हाई एनर्जी प्रोपेलेंट (HEF 20) का इस्तेमाल किया था। यह प्रोपेलेंट और आवरण, दोनों ही स्वदेश में निर्मित थे। तीसरी स्थिति के लिए मोनो प्रोपेलेंट ऑन-ऑफ नियंत्रण प्रणाली विकसित की गई थी। तीसरे स्तर का व्यास 650 मि.मी. था और इसकी 262 कि.ग्रा. प्रोपेलेंट ले जाने की क्षमता थी। इसे 2.4 टन का बल भी प्रदान किया था। इसका इस्तेमाल बाद में एपल (APPLE) संचार उपग्रह के प्रक्षेपण के लिए यूरोप स्पेस एजेंसी के 'एरियन लॉञ्च व्हिकल' में भी किया गया था।

अ.ति. : एस.एल.वी. की 30 फीट की प्रथम स्थिति बाद में 'अग्नि' की प्रथम स्थिति बनी थी।

ए.पी.जे. : हाँ, यह सच है। रॉकेट प्रक्षेपण और मिसाइल प्रक्रिया में काफी अंतर होता है। मिसाइल के पे-लोड को वायुमंडल में पुनः प्रवेश करना पड़ता है। पश्चिमी देशों के हमारे सहकर्मियों को यह पूरा यकीन था कि हम पुनः प्रवेश वाले पे-लोड नहीं बना पाएँगे। हमें इसके लिए सुपर सोनिक विंड टनल या कंप्युटेशनल फ्लुइड डायनेमिक्स (सी.एफ.डी.) का इस्तेमाल करना था, जिसके लिए सुपर कंप्यूटर की आवश्यकता थी और यह हमारे पास था नहीं।

अ.ति. : आप अमेरिका सन् 1986 में गए थे?

ए.पी.जे. : हमें पुनः प्रवेश पे-लोड वाले 'अग्नि' के लिए एक सुपर कंप्यूटर की जरूरत थी। पेंटागन में CRAY-XMP सुपर कंप्यूटर में 55 मेगाफ्लॉप्स की क्षमता है। पेंटागन ने इस कंप्यूटर को डी.आर.डी.ओ. को ही नहीं, बल्कि 'इंडियन इंस्टीट्यूट ऑफ साइंस', बैंगलोर को भी बेचने से मना कर दिया था।

अ.ति. : तत्कालीन रक्षा मंत्री के वैज्ञानिक सलाहकार वी.एस. अरुणाचलम ने दृढ़तापूर्वक तेज कंप्यूटर विकसित करने के लिए विशेष सुविधा स्थल क्री स्थापना की और तीन साल के भीतर ही CRAY-XMP की तुलना में एक बेहतरीन सुपर कंप्यूटर विकसित कर लिया था।

ए.पी.जे. : प्रो. जी. वेंकटरमन[133] की सहायता से डी.आर.डी.ओ. ने 'एडवांस न्यूमेरिकल रिसर्च ऐंड एनालिसिस ग्रुप' (ANURAG) की स्थापना सन् 1988 में खासतौर से समय सीमा के भीतर प्रोजेक्ट पूरे करने के लिए की थी, जिसमें गणितीय

---

133. जी. वेंकटरमन (जन्म 1932) भौतिकी में ठोस पदार्थ में विशेषज्ञता प्राप्त। निदेशक, फिजिक्स, इलेक्ट्रॉनिक्स ऐंड इंस्ट्रूमेंटेशन ग्रुप, इंदिरा गांधी सेंटर फॉर एटॉमिक रिसर्च, कलपक्कम, संस्थापक ए.एन.यू.आर.ए.जी. तथा लेखक 'जर्नी इनटू लाइट : लाइफ ऐंड साइंस ऑफ सी.वी. रमन'।

आकलन, डाटा प्रणाली, सॉफ्टवेयर पैकेज तथा अन्य कार्य भी शामिल थे।

अ.ति. : अपने राष्ट्रपतित्व काल में आपने एक दर्जन से अधिक देशों की यात्राएँ की थीं, परंतु अमेरिका जाना नकारते रहे?

ए.पी.जे. : राष्ट्रपति का कहीं जाना एक जटिल द्विपक्षीय समझौतों के तहत निर्धारित होता है। मैंने किसी देश में न तो जाना चाहा और न ही जाने से मना किया है।

अ.ति. : आप अक्तूबर 2007 में अमेरिका गए और मैं भी आपके साथ ही था।

ए.पी.जे. : मेरा मुख्य उद्देश्य भारतीय शिक्षण संस्थाओं और यूनिवर्सिटी ऑफ कैलीफोर्निया के बीच शैक्षणिक साझेदारी को, खासतौर से बायो, नैनो और सूचना प्रौद्योगिकी के क्षेत्र में बढ़ाना था।

अ.ति. : मैं स्टैनफोर्ड यूनिवर्सिटी में आपके और राष्ट्रपति जॉन हेनसे के साथ ही था। आपातकालीन चिकित्सक एस.वी. महादेवन, जिन्होंने आंध्र प्रदेश में 108 आपातकालीन चिकित्सा सेवाओं की रूपरेखा बनाई थी, वे भी हमारे साथ ही थे।

ए.पी.जे. : यह एक बेहतरीन अनुभव था। प्रत्येक व्यक्ति जानता है कि विश्वविद्यालय के स्नातक नौकरी ढूँढ़नेवाले लोग होते हैं; परंतु स्टैनफोर्ड विश्वविद्यालय यह कोशिश करता है कि वे किस तरह से नौकरी देनेवाले या नियोक्ता के रूप में बदल सकते हैं, यानी किस तरह से उद्यमी बन सकते हैं। मैं अपने स्नातकों को उद्यमी बनता हुआ देखना चाहता हूँ, ताकि वे रोजगार देनेवाले बन सकें। वाकई ऊपर उठने में ताकत लगती है, चाहे वह माउंट एवरेस्ट हो या आपके कॅरियर की ऊँचाई हो।

अ.ति. : आप CISCO सिस्टम भी देखने गए थे?

ए.पी.जे. : CISCO सिस्टम के अध्यक्ष जॉन चैंबर्स ने मुझे बताया था कि किस तरह से उन्होंने अपने नवोन्मेष नेतृत्व से 1 अरब डॉलर की कंपनी को 40 अरब डॉलर की कंपनी बना दिया था। आपको अपने युवा सहकर्मियों को क्रियाशीलता का मौका देना चाहिए और उन्हें संगठनात्मक सीमाओं के भीतर ही रहना चाहिए। इन सीमाओं का अतिक्रमण न होकर इनका विस्तार हो सकता है। चैंबर्स ने 480 अरब डॉलर तक की स्टॉक वैल्यू का विस्तार किया और इसे नेटवर्किंग उद्योग का हिस्सा बना दिया।

अ.ति. : आपको हूवर मेडल का सम्मान प्राप्त होने के बाद संयुक्त राज्य अमेरिका ने आपके काम को पहचाना। आप एशिया के पहले व्यक्ति हैं, जिन्हें मानवता की सेवा के लिए वर्ष 2008 में 'हूवर मेडल' दिया गया था।

ए.पी.जे. : हूवर मेडल की स्थापना सन् 1929 में इंजीनियरों द्वारा मानवता के लिए महान् सेवाएँ प्रदान करने के लिए पहचान-स्वरूप दी गई थीं। मैं इंजीनियरिंग भाइचारे का हमेशा से एक हिस्सा रहा हूँ। मुझे खुशी है कि इस वर्ष एन.आर. नारायण मूर्ति को यह मेडल दिया गया।

माइक्रोसॉफ्ट के संस्थापक बिल गेट्स के साथ राष्ट्रपति भवन के मुगल गार्डन में चर्चा करते हुए।

अ.ति. : संयुक्त राज्य अमेरिका में विलक्षण क्या है?

ए.पी.जे. : संयुक्त राज्य अमेरिका एक महान् राष्ट्र है। दुनिया भर की बेहतरीन बौद्धिक शक्ति वहाँ वैज्ञानिक प्रयासों की उद्देश्यपूर्ण व्यवस्था के अंतर्गत विद्यमान है। मैं विज्ञान और प्रौद्योगिकी में संयुक्त राज्य अमेरिका के नेतृत्व का सानी नहीं देखता हूँ। यह सच है कि वहाँ के राजनीतिक मुद्दे बहस के लायक हैं।

अ.ति. : आपने माइक्रोसॉफ्ट के सी.ई.ओ. बिल गेट्स को राष्ट्रपति भवन आमंत्रित किया था और उनके साथ मुगल गार्डन में भी टहले थे।

ए.पी.जे. : बिल गेट्स एक बहुत ही शानदार व्यक्ति हैं। वे मानवीय बुद्धिमत्ता और सक्रियता के मूर्त रूप हैं। मेरे अनुसार, हमें ओपन कोड के स्रोत पर ध्यान देना चाहिए, ताकि हम उपभोक्ता निर्मित सिक्यूरिटी एल्गोरिथ्म पेश कर सकें। चूँकि हमारे दृष्टिकोण भिन्न हैं, इसलिए हमारी चर्चा भी कठिन हो जाती है।

अ.ति. : गूगल के जन्मदाता लैरी पेज और सरगे ब्रिन ने भी आपसे मुलाकात की है।[134]

ए.पी.जे. : उन्होंने मुझे बताया कि छात्रों और अनुसंधानकर्ताओं के लिए गूगल किस तरह से उपयोगी है। गूगल ने इंटरनेट के प्रतिमान के रूप में आशातीत सफलता

134. लैरी पेज और सरगे ब्रिन 11 अक्तूबर, 2004 को राष्ट्रपति डॉ. कलाम से मिलने राष्ट्रपति भवन गए थे।

अर्जित की है और यह इंटरनेट के सर्च इंजन का पर्याय बन गया है। मैं सरगे ब्रिन और लैरी पेज को उनकी इस क्रियाशीलता और गूगल सर्च इंजन की कल्पना-दृष्टि के लिए धन्यवाद देता हूँ।

अ.ति. : वैज्ञानिक रूप में गूगल का सबसे बड़ा सहयोग क्या है?

ए.पी.जे. : गूगल ने इंटरनेट की सीमा क्षेत्र में बौद्धिक संपदाओं को एक साथ शामिल करने में एक बड़ा सहयोग प्रदान किया है, जिसके परिणामस्वरूप रोजगार-उत्पादकता वृद्धि, कार्य-उपलब्धता वृद्धि, व्यापारिक निरंतरता में सुधार और लागत में कमी आई है। विकीपीडिया ने तो घर में एक लाइब्रेरी ही पहुँचा दी है। इस समय सर्च इंजन हमारे जीवन का एक अपरिहार्य हिस्सा बन चुका है।

अ.ति. : आपके राष्ट्रपतित्व काल में भारत-अमेरिका नाभिकीय समझौते पर हस्ताक्षर हुए थे। आप राष्ट्रपति भवन में अमेरिका के राष्ट्रपति जॉर्ज बुश से भी मुलाकात कर चुके हैं।

ए.पी.जे. : राष्ट्रपति बुश ने अमेरिका नीति को दशकों पीछे पलट दिया और भारत को दुनिया के खास नाभिकीय समूह में पहुँचा दिया था। इस समझौते ने भारत को नाभिकीय यायावरी के एक लंबे अकेलेपन से मुक्त कर दिया था। हम नाभिकीय उद्योग में शामिल होने पर सहमत हो गए, जिसमें 14 रिएक्टरों को व्यापारिक सुविधाओं के लिए और 8 रिएक्टरों को सैन्य सुविधाओं के लिए घोषित किया गया तथा इनकी

राष्ट्रपति भवन में अमेरिकी राष्ट्रपति जॉर्ज बुश और प्रधानमंत्री डॉ. मनमोहन सिंह के साथ।

व्यापारिक सुविधाओं को अंतरराष्ट्रीय छानबीन के लिए खोल दिया। राष्ट्रपति प्रणव मुखर्जी, जो उस समय विदेश मंत्री थे, उन्होंने इस समझौते को अंजाम तक पहुँचाने में एक महत्त्वपूर्ण भूमिका अदा की थी।

अ.ति. : अमेरिका के साथ हुए नाभिकीय समझौते के बारे में आपका क्या विचार है?

ए.पी.जे. : हमारे देश की ऊर्जा जरूरतों को पूरा करने के लिए यह समझौता बहुत ही महत्त्वपूर्ण है। हमें भारत में विपुल मात्रा में मौजूद थोरियम के भंडार से ईंधन चक्र द्वारा ऊर्जा उत्पन्न करने के लिए एक खास मात्रा में यूरेनियम की आवश्यकता पड़ेगी। यही इस समझौते का मूल है। मेरे मित्र अनिल काकोदकर[135] ने कहा है, "भारत अब तकनीक में सीमित नहीं है, बल्कि कच्चे माल की कमी है।"

अ.ति. : यह आपकी दी सूक्ति 'शक्ति ही शक्ति का सम्मान करती है' का एक तरह से समर्थन है?

ए.पी.जे. : हाँ ! हमारे अग्नि मिसाइल कार्यक्रम और पोखरण-II ने ही हमारा कद बढ़ाया है।

अ.ति. : यू.एस.ए. में वैज्ञानिकों और इंजीनियरों की एक बहुत बड़ी संख्या काम कर रही है। क्या आपको ऐसा लगता है कि हमारे यहाँ की बेहतर व्यवस्था ने उन्हें उनके देश में काम करने दिया है? मुझे यकीन है कि आई.आई.टी. का हर दूसरा स्नातक अमेरिका जा रहा है।

ए.पी.जे. : हम वाकई एक स्वतंत्र राष्ट्र हैं। यहाँ लोग अपना कॅरियर चुनने के लिए स्वतंत्र हैं। यह सच है कि आई.आई.टी. स्नातकों का एक बड़ा हिस्सा अपने देश में काम करने के बजाय विदेश जाकर काम करने का इच्छुक है। मुझे नहीं लगता है कि यह एक ऐसा प्रवाह है, जिसे रोका जाना चाहिए। इस बिंदु से परे विज्ञान मानवता के लिए ही है। जब सुनीता विलियम्स ने स्वतंत्रता दिवस[136] पर अंतरिक्ष के परिक्रमा पथ में हमारा राष्ट्रीय ध्वज फहराया था, तब क्या हर भारतीय खुश नहीं हुआ था?

अ.ति. : 29 सितंबर, 2011 को आपको न्यूयॉर्क के जे.एफ.के. एयरपोर्ट पर बमों की जाँच के लिए दो बार तलाशी देनी पड़ी और जिसमें वहाँ के सुरक्षाकर्मियों ने आपको कोट और जूते उतारने के लिए कहा था।

ए.पी.जे. : वहाँ के सुरक्षा अधिकारी अपना काम कर रहे थे। 11 सितंबर, 2001 को अमेरिका में जो कुछ हुआ था, उसने उनके लिए जटिल परिस्थिति पैदा कर दी थी

135. अनिल काकोदकर (जन्म 1943) भारतीय आणविक संस्थान के अध्यक्ष और 1996-2000 तक भाभा आणविक अनुसंधान केंद्र, ट्रांबे के निदेशक भी रहे।

136. 15 अगस्त, 2012

और दुनिया भर के सभी धर्मों के लोगों को वहाँ जाने की उनकी अनुमति का मजाक उड़ाया था। अमेरिका को उन लोगों से धोखा हुआ था, जो वहाँ अच्छे विश्वास के साथ रहते थे। मैंने उनकी इस बात का बुरा नहीं माना था। जब आप किसी प्रक्रिया के तहत चलाए जाते हैं, तब व्यक्तिगत तौर पर यह बहुत मायने नहीं रखता है। मैं चाहता हूँ कि हमारी सुरक्षा एजेंसियों को अपने अमेरिका सहकर्मियों से यह सीखना चाहिए।

अ.ति. : पिछले 20 वर्षों से हम अमेरिका आधारित पूँजीवाद का समृद्धि के रिस कर नीचे आने की उम्मीद से अनुसरण कर रहे हैं, पर ऐसा हुआ नहीं?

ए.पी.जे. : पश्चिमी देशों की अर्थव्यवस्था की तुलना में भारतीय अर्थव्यवस्था अमेरिकी और यूरोपीय मूल के संकटों में बेहतर स्थिति में है। हमें विदेशी सामानों और तकनीकों पर अपनी निर्भरता कम करनी होगी। ग्रामीण और शहरी क्षेत्रों में भारतीय क्षमता के निर्माण के लिए PURA एक विलक्षण उपकरण है और यह ध्वस्त होती अर्थव्यवस्थाओं के लिए एक नमूना है। मेरे अनुसार, विकास=आय+सामाजिक परिवर्तन+ पर्यावरणीय संपोषण।

अ.ति. : क्या हम घाटे पर आधारित अर्थव्यवस्था के अभ्यस्त नहीं हो रहे हैं? भारतीय प्रभुसत्ता के स्तर पर उच्च राजकोषीय घाटा और भारी ऋण बोझ एक बड़ा दबाव है। क्या ग्रीस की ही स्थिति हमारे देश में आनेवाली है?

ए.पी.जे. : ईश्वर करे, ऐसा न हो! ग्रीस के या अन्य कहीं के भी संकट की तलहटी में वित्त का वैश्वीकरण ही है। हमें धन उधार लेने के बजाय इसे उत्पन्न करने पर केंद्रित करना चाहिए। 7,000 PURA के साथ हमें ग्रामीण अर्थव्यवस्था को बढ़ावा देते हुए लघु उद्योगों को प्राथमिकता देनी चाहिए और यह किया भी जा सकता है।

अ.ति. : केंद्र सरकार अपनी आय से अधिक व्यय करती है और अपने खर्च को उधार की सहायता से वित्त प्रदान करती है। वर्ष 2011-12 में कर से होनेवाली आय रु. 77 खरब थी और व्यय 132 खरब रुपए था। इस 52 खरब रुपए के अंतर को 44 खरब रुपए के उधार से पूरा किया गया था। इस प्रकार सरकार जो कमाती है, उसका दो-तिहाई और जो खर्च करती है, उसका एक-तिहाई उधार प्राप्त करती है। अतः राजकोषीय घाटा राजस्व आय का करीब 68 प्रतिशत है।[137]

ए.पी.जे. : सरकार के खर्च का एक बड़ा हिस्सा काफी हद तक पूर्व निर्धारित है; जैसे—ब्याज भुगतान (28 अरब रुपए), रक्षा खर्च (18 खरब रुपए), वित्तीय सहायता (22 अरब रुपए)। हम वाकई एक सीमा तक नीचे जा चुके हैं। अब अर्थव्यवस्था के अंतर्गत कुछ नई खोज और धन उत्पादन होना चाहिए। अर्थव्यवस्था के लाभ के लिए निर्माण की आवश्यकता है।

अ.ति. : सकल घरेलू उत्पाद दर 9 प्रतिशत और 6 प्रतिशत में क्या अंतर है? हम

---

137. पॉल बेकेट, 'द वॉल स्ट्रीट जर्नल', 4 जून, 2012

इस समय कहाँ हैं? 3 प्रतिशत की गिरावट के साथ करीब लाखों रोजगारों का सृजन नहीं हो सकता है। प्रत्येक वर्ष करीब 1.25 करोड़ लोग रोजगार की आयु में पहुँच रहे हैं और ऐसा लगता है कि हम एक खतरे की तरफ बढ़ रहे हैं।

ए.पी.जे. : यह स्थिति धुँधली है, परंतु असंभव नहीं है। युवाओं के लिए रोजगार की संख्या कुशलता के विकास और पेशेवर प्रशिक्षण से ही बढ़ाई जा सकती है। मैंने भारत में वैश्विक मानव संसाधन की रचना के लिए एक प्रस्ताव दिया है, जिसमें देश में निर्माण और सेवा क्षेत्र को शक्ति प्रदान की जाए और इसके साथ ही यह विश्व की जरूरतों को भी पूरा करे।

विश्वविद्यालयों और स्कूली शिक्षा-प्रणाली को दो तरह के कार्यकर्ताओं के वर्ग तैयार करने होंगे। एक वे, जिनमें वैश्विक स्तर की विशेष जानकारी के साथ विशेष कुशलता के युवाओं को तैयार करना और दूसरा वैश्विक स्तर के ही उच्च शिक्षा के लिए युवाओं का वर्ग बनाना। ये दोनों वर्ग भारत के निर्माण और सेवा क्षेत्र को ताकत ही नहीं देंगे, बल्कि विश्व स्तर पर कुशल मानव संसाधनों की आवश्यकताओं को भी पूरा करेंगे।

अ.ति. : यह किस तरह से हो सकता है?

ए.पी.जे. : विश्वविद्यालय और माध्यमिक विद्यालयों की शिक्षा-प्रणाली को वर्ष 2015 तक मौजूदा 10 से 15 प्रतिशत की रफ्तार से बढ़ती विश्वविद्यालयी शिक्षा प्रणाली की निकासी के लिए काम करना होगा और यह 2030 तक 1 प्रतिशत प्रतिवर्ष की रफ्तार से बढ़ती हुई 30 प्रतिशत हो जाएगी। विश्वविद्यालयों से निकलनेवाले स्नातकों में रोजगारपरक विशेषज्ञता होनी चाहिए। यह रोजगार-उन्मुख शिक्षा वर्ष 2030 तक कुल जनसंख्या का 30 प्रतिशत होनी चाहिए और जिसमें खाद्य प्रसंस्करण, भवन-निर्माण, बढ़ई गिरी, बिजली मिस्त्री, कल-पुरजे के मेकैनिक, फैशन डिजाइनर, कानूनी सहायक, चिकित्सा सहायक, एकाउंटेंट, सेल्स, मार्केटिंग, सॉफ्टवेयर, हार्डवेयर मेंटेनेंस एवं सेवा क्षेत्र में विश्व स्तरीय कुशलता होनी चाहिए। हमारी शिक्षा-प्रणाली का यह भी उद्देश्य होना चाहिए कि बचे हुए लोगों को भी कम-से-कम माध्यमिक स्तर तक की शिक्षा कृषि और सेवा क्षेत्र के साथ मिलनी ही चाहिए।

अ.ति. : हमारे युवाओं की रुचि कृषि में नहीं है। इस समय शहरों की तरफ प्रवास की रुझान बनी हुई है। वास्तव में भारतीय अर्थव्यवस्था के साथ कृषि क्षेत्र में विस्तार नहीं हो रहा है। यह सर्वविदित है कि ग्रामीण निर्धनता को कम करने में कृषि क्षेत्र से जी.डी.पी. में होनेवाला प्रत्येक रुपए का सहयोग अन्य उपायों की तुलना में दूना प्रभाव रखता है। कृषि एक अप्रत्यक्ष विकास उपकरण है, क्योंकि कृषि में 4 प्रतिशत की विकास दर अन्य क्षेत्रों की बड़ी माँग में परिवर्तित हो जाती है। सैमुअल जॉनसन[138] के

138. सैमुअल जॉनसन (1709-1784) अंग्रेज आलोचक एवं लेखक।

अनुसार, ''एक राष्ट्र को कृषि क्षेत्र केवल धन ही प्रदान नहीं करता है, बल्कि ऐसे ही धन को वह अपना कहता है।''

ए.पी.जे. : बहुत खूब कहा है। हमारी अर्थव्यवस्था की वास्तविक वृद्धि का केंद्र कृषि क्षेत्र का विस्तार ही है। भारत का करीब आधे से अधिक भू-क्षेत्र कृषि कार्यों में इस्तेमाल होता है और करीब 60 प्रतिशत देश का श्रमिक वर्ग खेतों में काम करता है। फिर भी, कृषि और इसके सहयोगी क्षेत्र, जैसे—वानिकी और मछली-पालन कुल सकल घरेलू उत्पाद का पाँचवाँ हिस्सा भी नहीं हैं। यह जी.डी.पी. 8 प्रतिशत से अधिक तभी बढ़ेगी, जब देश का कृषि उत्पादन जी.डी.पी. हिस्से का 25 प्रतिशत पैदा करेगा। भारत में खाद्यान्न, फलों और सब्जियों की प्रति हेक्टेयर पैदावार वैश्विक औसत से काफी नीचे है। चावल की हमारी पैदावार चीन से एक-तिहाई और वियतनाम तथा इंडोनेशिया की आधी है। यहाँ तक कि भारत के अति उत्पादक राज्य भी विश्व स्तर के मामले में काफी पीछे हैं। उदाहरणस्वरूप सन् 2010 में पंजाब की चावल की पैदावार विश्व की 4.3 टन की तुलना में 3.8 टन प्रति हेक्टेयर ही है। जम्मू और कश्मीर में सेब की पैदावार 11 टन प्रति एकड़ है। अमेरिका न्यूजीलैंड, इजराइल या चीन की पैदावार 30 से 70 टन प्रति एकड़ है। भारत को इस समय दूसरी कृषि क्रांति की आवश्यकता है।

अ.ति. : यह प्रथम कृषि आंदोलन से किस प्रकार भिन्न है?

ए.पी.जे. : यह किसानों को पूँजी और तकनीकी रूप से सुदृढ़ बनाने पर निर्भर होना चाहिए। वैश्विक रूप से मूल अनाज की कीमत कम रखी गई है और छोटे किसान अपनी उत्पादकता के लिए पर्याप्त पूँजी का निवेश नहीं कर पाते हैं। इस प्रकार वे अपनी संकटकालीन स्थिति से प्रभावशाली ढंग से नहीं बच पाते हैं।[139] हम इसे अलग ढंग से कर सकते थे, पर हमने वैश्विक रुझान का ही अनुसरण किया है। इस प्रक्रिया में हमने अपनी आधी जनसंख्या के श्रम को व्यर्थ कर दिया है। हमने एक ऐसी व्यवस्था बना दी है, जिसमें 1 लीटर पीने का पानी 15 रुपए प्रति बोतल बेचा जाता है और 1 कि.ग्रा. चावल 2 रुपए में वितरित होता है। इसे कौन और किस आधार पर वितरित कर रहा है? इस 1 कि.ग्रा. चावल की उत्पादन लागत भी होगी और यह निश्चित रूप से 2 रुपए नहीं है। इस कमी को किस प्रकार पूरा किया जाएगा? इस तरह के राजनीतिक जनप्रिय कार्यों का क्या आर्थिक आधार है?

अ.ति. : इसका क्या समाधान है?

ए.पी.जे. : भारत की सबसे बड़ी कृषि समस्या जनसंख्या दबाव, छोटी जोत,

---

139. जलवायु परिवर्तन और वर्तमान आर्थिक अस्थिरता से निबटने के उपायों पर यू.एन.सी.सी.डी. में उद्बोधन, 2009

स्तरहीन मिट्टी, आधुनिक तकनीक का अभाव और भंडारण की खराब सुविधाएँ हैं। यहाँ की छोटी-छोटी जोत को सहकारी समूह की सहायता से सहयोग करते हुए, एक बड़े खेत का रूप देकर आधुनिक तकनीक का इस्तेमाल करते हुए प्रभावशाली प्रबंधन प्रणाली का उपयोग करना चाहिए।

अ.ति. : इन सभी चीजों के लिए राजनीतिक इच्छा-शक्ति और अधिक निवेश की भी जरूरत होती है।

ए.पी.जे. : यही तो मुद्दा है। भारत का निजी क्षेत्र कृषि में पूँजी व्यय करने से बाहर रहता है। आपूर्ति शृंखला के ढाँचे हेतु यानी गोदाम, कोल्ड स्टोरेज और ग्रामीण सड़कों के लिए निजी वित्त की आवश्यकता होती है। निजी क्षेत्र बड़े स्तर की तकनीक को लागू करने में भी सक्षम होते हैं। नए युग की खेती की पद्धति उत्पादन और पैदावार को परिवर्तित कर सकती है।

अ.ति. : हम यह किस तरह से कर सकते हैं? निजी विनिवेश कॉरपोरेट के पर्याय हैं।

ए.पी.जे. : किसानों के संपत्ति अधिकारों को नहीं तोड़ा-मरोड़ा जाना चाहिए। निवेशकों को इसमें पैसा लगाना चाहिए और उससे लाभ प्राप्त करना चाहिए, परंतु किसानों को इससे बाहर नहीं करना होगा। जमीनें बेची नहीं जानी चाहिए। इन्हें, यदि औद्योगिक आवश्यकता हो तो, केवल पट्टे पर ही देना चाहिए। हमें किसानों को एक विकास करनेवाले साझेदार के रूप में समझना होगा। हमें पट्टे पर भूमि की एक पारदर्शी एवं ईमानदार व्यवस्था बनानी चाहिए। हमारे राजनीतिक दलों को इस काम को अपने हाथों में लेना चाहिए। एक बार जब भूमि के स्वामित्व की सुरक्षा होगी, तब किसान निजी क्षेत्रों एवं व्यावसायिक घरानों के साथ स्वयं ही मिलकर कार्य करेंगे।

अ.ति. : जलवायु परिवर्तन की समस्या को आप किस तरह से देखते हैं?

ए.पी.जे. : ओजोन की परत में परिवर्तन के कारण समतापमंडल ठंडा हो रहा है और 'ग्रीन हाउस गैसों' के बढ़ने से क्षोभमंडल गरम हो रहा है। भारत में अधिक तापमान बढ़ने के रूप में जलवायु परिवर्तन का प्रभाव देखा जाता है। कुछ राज्यों जैसे—उत्तर प्रदेश, पंजाब, हरियाणा में 1 डिग्री सेल्सियस तापमान की वृद्धि प्रतिवर्ष 60 लाख टन गेहूँ की पैदावार की हानि का कारण बन जाती है। मेरे मित्र विलियम डार[140] के अनुसार, यह तापमान सिर्फ अनाज की पैदावार को ही प्रभावित नहीं करता है बल्कि अनाज के दाने पड़ने और कीड़ों के आक्रमण पर भी असर डालता है।

अ.ति. : क्या इसका कोई समाधान है?

---

140. विलियम डालेंट डार (जन्म 1953) कृषि वैज्ञानिक एवं अंतरराष्ट्रीय प्रबंध, निदेशक आई.सी.आर.आई.एस.ए.टी., भारत, (गैर सरकारी संगठन)।

ए.पी.जे. : हमें अपनी फसलों का वर्गीकरण वातावरण के प्रति लोचदार और संवेदनशील रूप में करना चाहिए। उदाहरण के लिए, गेहूँ वातावरण के प्रति संवेदनशील फसल है और चावल की फसल भिन्न स्थितियों में अपनी अनुकूलता बना लेती है। हमें ऐसी फसलें पैदा करनी चाहिए, जो सूखे में और अति जल में तथा कीड़ों और बीमारियों में भी पैदा हो सकें। हमें प्रतिकूल मौसम और कम जल में अधिक पैदावारवाली फसल विकसित करनी चाहिए। चावल की पैदावार के लिए राष्ट्रीय एकमत बनाने की जरूरत है, जिसमें संसाधनों का प्रभावशाली ढंग से इस्तेमाल हो; जैसे—पानी और कार्बनिक खाद बहुत ही महत्त्वपूर्ण हैं। इस समय 20 लाख से अधिक किसान अपने खेतों में बिना अधिक पानी भरे ही चावल की खेती की पद्धति अपना रहे हैं।

अ.ति. : वातावरण को अस्थिर करने में भारत की भूमिका मुश्किल से ही आती है। भारतीय किसानों को तब क्यों कष्ट सहना चाहिए? वैश्वीकरण और उदारीकरण के नाम पर अंतरराष्ट्रीय संगठनों का बहुत दबाव पड़ता है। हम अपने गरीब लोगों के लिए खाद्य सुरक्षा किस प्रकार सुनिश्चित कर सकते हैं?

ए.पी.जे. : इस काम में यह साम्राज्यवाद का ही एक रूप है। वैश्वीकरण और उदारीकरण साम्राज्यवाद के ही छद्म रूप हैं। मैं इस मान्यता से असहमत हूँ कि उदारीकरण कृषि क्षेत्र की सभी बीमारियों की रामबाण औषधि है। भारत में जनसंख्या का एक बड़ा हिस्सा आजीविका के लिए कृषि पर केवल निर्भर ही नहीं है, बल्कि वह गरीबी रेखा के पास भी है। भारत में विशुद्ध बाजारी दृष्टिकोण ही उचित नहीं हो सकता है। हमने शिक्षा और स्वास्थ्य के क्षेत्र में इससे हो चुके नुकसान को देख लिया है।

अ.ति. : इसका मतलब आप कह रहे हैं कि खाद्य आपूर्ति की स्थिरता और उपलब्धता का महत्त्व तब तक नहीं है जब तक कि लोगों तक इसकी आपूर्ति नहीं पहुँचती है!

ए.पी.जे. : बिलकुल सही। भारत ने विश्व व्यापार संगठन की कृषि समिति के सामने यही रुख अपनाया था; किंतु हमने इसका आंतरिक रूप से अनुसरण नहीं किया। व्यापारी वर्ग स्वयं को काम करनेवाले लोगों से अलग समझता है और जब यह दूर-दराज के गाँवों में काम करनेवाले चेहरा-विहीन किसानों के संदर्भ में आता है, तब तो और भी ऐसा ही महसूस करता है।

अ.ति. : इसमें उनकी किस प्रकार सहायता की जा सकती है?

ए.पी.जे. : इसका केवल एक ही तरीका है, जिसमें हम कृषि विकास को स्थिर रख सकते हैं और सहकारी सहयोग से खाद्य सुरक्षा को प्राप्त कर सकते हैं। इसमें सरकारी सहयोग, निवेश के इस्तेमाल, सिंचाई की सुविधा, बिजली, खाद, कीटनाशक, तकनीक, अधिक उत्पादकता वाली किस्में, संरचनात्मक ढाँचा, बाजार सहयोग आदि बिना बाहरी

सहायता के नहीं प्राप्त किए जा सकते हैं। बिचौलियों से बचने के लिए किसानों को खेती के लिए सहकारी आंदोलनों का सहारा लेकर बड़े स्तर के बाजार का लाभ प्राप्त करना चाहिए।

अ.ति. : क्या आप और अधिक वित्तीय सहायता को प्रोत्साहित नहीं कर रहे हैं? हर कोई इससे छुटकारा पाना चाहता है।

ए.पी.जे. : यह हर कोई कौन है? कृषि क्षेत्र में अंतरराष्ट्रीय व्यापार की विकृति का मूल कारण औद्योगिक देशों द्वारा अपने कृषि क्षेत्रों को कई वर्षों से दी जानेवाली घरेलू वित्तीय सहायता ही है, जिसकी वजह से अति उत्पादन और अंतरराष्ट्रीय बाजार में माल का रुकना भी है। साथ-ही-साथ आयात के प्रतिबंध से विदेशी कृषि उत्पाद उनके घरेलू बाजारों में नहीं जा पाते हैं। हम इसका ठीक उलटा कर रहे हैं। हम अपने किसानों को ईंधन, बिजली, परिवहन का मूल्य स्थिर करके उन्हें व्यापारियों की दया के भरोसे छोड़ रहे हैं।

अ.ति. : भारत में दुनिया के 1,000 में से 7 प्रतिशत अरबपति हैं, जबकि दुनिया के सकल घरेलू उत्पाद का यहाँ केवल 2 प्रतिशत ही है। भारत की कुल सकल घरेलू उत्पादकता के 20 प्रतिशत से अधिक की संपत्ति यहाँ के कुल अरबपतियों के पास है।

ए.पी.जे. : भारत ने आश्चर्यजनक रूप से आर्थिक प्रगति की है, लेकिन इस प्रगति का लाभ यहाँ के कुछ लाख लोगों तक ही पहुँचा है। भारत के 30 करोड़ से अधिक लोगों के पास न तो पर्याप्त भोजन और न ही स्वच्छ पानी तथा न ही उनके घरों में शौचालय, मौलिक शिक्षा और स्वास्थ्य सेवाएँ ही हैं। ब्रांडेड दुकानों का खुलना ही प्रगति नहीं है, बल्कि यह एक तरह की नकल है। भारतीय किसानों को सशक्त बनाना और यहाँ के उद्यमियों का विश्व स्तर तक पहुँचना ही वास्तविक विकास है।

अ.ति. : आपका क्या मानना है?

ए.पी.जे. : हमें गरीबों के बारे में सोचने की जरूरत है। उन्हें खैरात या वित्तीय सहायता की जरूरत नहीं है, जिसका अधिकतर हिस्सा चोरी हो जाता है और उन तक कभी नहीं पहुँच पाता है। उनकी क्षमता बढ़ाने की आवश्यकता है। उन्हें भारत में पैदा होने का एक ईमानदार लाभ मिलना ही चाहिए। हमारे घरेलू उपभोग और माँग के लिए हमारी अर्थव्यवस्था में एक लचीलापन मौजूद है। यहाँ अर्थव्यवस्था बढ़ेगी तथा पारंपरिक भारतीय समाज व्यक्तिगत अधिकारों की पहचान पर आधारित है, जिसमें संपत्ति का अधिकार और आजीविका का अधिकार भी शामिल है। हमें इस क्षेत्र को बाहरी लोगों को नहीं ले जाने देना चाहिए।

अ.ति. : आपने इस पुस्तक में पूर्व राष्ट्रपति लूला डासिल्वा और राष्ट्रपति वाकलेव हैवेल का पहले भी जिक्र किया है। इन दोनों ने अपनी अर्थव्यवस्था को दो भिन्न मार्गों

पर चलाकर परिवर्तित किया है। राष्ट्रपति लूला डासिल्वा ने समाजवादी मार्ग और राष्ट्रपति हैवेल ने मुक्त बाजारवाली अर्थव्यवस्था का मार्ग अपनाया था। हमारे लिए बेहतर रास्ता कौन सा है?

ए.पी.जे. : आपका सवाल मुझे रॉबर्ट फ्रॉस्ट की अमर पंक्तियों की याद दिला रहा है—

दो रास्ते जंगल में से निकले, अलग-अलग गए—
मैंने कम चले रास्ते को अपनाया,
और इसी से यह परिवर्तन पाया[141]

ये दोनों रास्ते पूँजीवाद और समाजवाद के हैं। पूँजीवाद के रास्ते पर बहुत अधिक आकर्षण है। इसमें निवेश को आकर्षित करना, अधिक व्यापार, अधिक खरीदारी, अधिक उपभोग और अधिक खर्च भी होता है। जब देश के 30 करोड़ लोगों के पास खाने के लिए पर्याप्त भोजन नहीं है और 30 करोड़ लोगों के पास अपनी जरूरतों के लिए पर्याप्त धन नहीं है, तब यह रास्ता हमें कहीं नहीं ले जाएगा। दूसरे रास्ते के साथ समस्या है कि इस पर रुकावटें और बोल्डर भरे पड़े हैं। हमें राष्ट्र को इस रास्ते पर साहस, दृढ़ता और विश्वास के साथ ले चलनेवाला एक महान् नेता चाहिए।

अ.ति. : इस आधुनिक दुनिया में क्या हमारे पास कोई रोल मॉडल है?

ए.पी.जे. : प्रत्येक राष्ट्र को अपना स्वयं का नेता चुनना पड़ता है और यह वहाँ के लोगों पर निर्भर होता है, जिसे वे अपने स्वयं के लिए चुनते हैं। मैंने अपने तीन सपनों जैसे कल्पना, मिशन, पूर्ति को आकार लेते देखा है। इसरो का अंतरिक्ष कार्यक्रम, डी.आर.डी.ओ. का अग्नि कार्यक्रम और मेरे स्वयं के प्रयास के रूप में 'पुरा' (P.URA) है। मैंने इन तीनों क्षेत्रों में काम किया है। इन तीनों कार्यक्रमों के दौरान मैंने जाना है कि एक नेता में कल्पना-दृष्टि एवं इसे कार्य में परिणत करने की दीवानगी, बिना पहले से जानकारीवाले रास्तों पर चलने की योग्यता, सफलता और असफलता को सँभालने की शक्ति, निर्णय लेने का साहस और प्रबंधन में नवीनता होनी चाहिए। एक नेता के प्रत्येक कार्य में पारदर्शिता और ईमानदारी होना जरूरी है।

अ.ति. : ईमानदारी से कार्य और सत्यनिष्ठा से सफलता वाकई एक महत्त्वपूर्ण चीज है।

ए.पी.जे. : एक सत्यनिष्ठ व्यक्ति के रूप में व्यक्ति की सबसे बड़ी जिम्मेदारी सत्य का उद्घाटन होती है, फिर चाहे उसका जो भी प्रभाव हो। नैतिकता बहुरूपीय नहीं

141. रॉबर्ट ली फ्रॉस्ट (1874-1963) अमेरिकी कवि थे। उन्होंने ग्रामीण जीवन का यथार्थपरक चित्रण किया है। ये पंक्तियाँ सन् 1920 में लिखी उनकी कविता 'माउंटेन इंटरवल' से ली गई हैं।

होती। व्यापार और निजी जीवन में नैतिकता अलग-अलग नहीं होती। इसमें सिर्फ नैतिकता, सत्यनिष्ठा, ईमानदारी, विश्वसनीयता, नेकनीयती एवं तथ्यों की सुनिश्चितता होती है। सत्यनिष्ठा एक अटल ईमानदारी है, जिसमें हम जो कहते हैं वही करते हैं। सत्यनिष्ठा का अर्थ है—हम लोगों और परिस्थितियों में स्पष्ट व्यवहार रखते हैं, और हम जो सही समझते हैं, उसके साथ समझौता नहीं करते। सत्यनिष्ठा अपनी बात पर टिकना, वायदों को पूरा करना और व्यक्ति का उसके कार्यों और विश्वासों में एक मेल होना है। वे नेता, जिन्होंने हमारी स्वतंत्रता दिलाई, हमारे लिए लड़े, हमें एक स्वप्न-दृष्टि प्रदान की, उन्होंने वाकई हमारे सामने नेतृत्व का ऊँचा मानदंड स्थापित किया है। हमारी नई पीढ़ी के नेताओं को उनका अनुसरण करने की इच्छा-शक्ति दिखानी चाहिए। □

14

जीवन के अनुकूल ग्रह

स्वनदृष्टि एक रचनात्मक शक्ति है। स्वप्नदृष्टि एक अंतर्दृष्टि एवं तार्किकता व अंतर्संबंध की सजगता पैदा करती है तथा लेने के बजाय प्रदान करने की योग्यता व मनोवृत्ति उत्पन्न करती है। यही दबी हुई प्रतिभा को जगाती है और प्रेरणा, बल, ऊर्जा एवं जीवंतता का प्रवाह बनती है। स्वप्न-दृष्टि मस्तिष्क को उन्नत करती है तथा राष्ट्र प्रगति करता है।

पुनर्जागरण के सातवें और अंतिम चरण की रूपरेखा हम प्रथम अध्याय में जान चुके हैं। इस अध्याय में हम इसी पर चर्चा करेंगे। इस आधुनिक वैश्विक दुनिया में कोई भी राष्ट्र अकेला नहीं रह सकता है। हमारे ग्रह पर रहनेवाले 7 अरब लोगों का भाग्य आपस में गुँथा हुआ है। डॉ. कलाम ने इस पुस्तक में कई विचारों को प्रस्तुत किया है और रहने लायक ग्रह के समाधान हेतु वास्तविक और संभव समाधान प्रस्तुत किए हैं। उनकी कल्पना-दृष्टि एक नई चेतना और आत्म में एक नई अनुभूति के स्रोत का आगमन है। उन्होंने इस ग्रह पर रहनेवाले सभी जीवों की भलाई के लिए संपूर्ण विश्व की भौतिक प्रगति के साथ आध्यात्मिक शक्ति के अद्‍भुत मिश्रण का आह्वान किया है।

अ.ति. : अप्रैल 2010 में जॉर्ज वाशिंगटन यूनिवर्सिटी से वापस लौटते समय आपने मुझे एक पुस्तक, 'इल फेयर्स द लैंड'[142] दी थी, जो कि टोनी जड्ट की नई छपी हुई पुस्तक थी। मैं अपने समय के जाने-माने बुद्धिजीवियों में से एक के द्वारा इस्तेमाल इन रूखे शब्दों से भौंचक्का था कि ''हम आज जिस तरह से जीते हैं, उसमें कुछ गंभीर रूप से गलत है।''

142. टोनी जड्ट, पेइंगुइन प्रेस, 2010 संस्करण।

ए.पी.जे. : टोनी जड्ट हमारे समय के सुकरात थे। उन्होंने आधुनिक विश्व के बारे में सवाल किए थे। इस पुस्तक का शीर्षक मेरी पसंदीदा कविताओं 'द डेजर्टेड विलेज' की तरह था, जो सन् 1770 में आयरिश लेखक और चिकित्सक ओलिवर गोल्डस्मिथ द्वारा रचित थी। मैंने यह कविता आज से तकरीबन 60 साल पहले पढ़ी थी। तब मैं श्वाट्र्ज हाई स्कूल में पढ़ रहा था। जब मैंने वह पुस्तक देखी, तब मेरे भीतर कुछ गूँज-सा गया, जिसकी वजह से मैंने वह पुस्तक आपके लिए ले ली थी।

दुनिया में बुराई फैली है और
बुराई की जल्दबाजी एक विचार है
जहाँ संपत्ति इकट्ठी है और
आदमी नष्ट हो रहा है,
साहसी किसान अपने
देश का गर्व हैं,
जब एक बार नष्ट हो जाते हैं
तब कभी भी बन नहीं पाते।

अ.ति. : टोनी जड्ट की स्थिति जानकर मैं बहुत ही बेचैन था कि उन्होंने इस पुस्तक को अपनी बहुत ही खराब स्थिति में बोलकर लिखवाया था। वे 'एम्योट्रॉफिक लैटरल स्क्लेरोसिस' की अंतिम स्थिति में थे और उनके मुँह पर ऑक्सीजन का मास्क लगा था। उनकी बीमारी न्यूरॉन से संबंधित थी तथा वे गले से नीचे के अंगों तक लकवाग्रस्त भी थे। उनकी केवल वाणी और मस्तिष्क काम कर रहा था। इतना होने पर भी उन्होंने अपनी हालत के बारे में कुछ भी नहीं कहा था। जिन लोगों ने उनकी सहायता की थी, उन्होंने केवल उनको धन्यवाद दिया था।

ए.पी.जे. : टोनी जड्ट एक सच्चे और बहादुर शख्स थे। उनके आग्रह का स्वर, साथ-ही-साथ उनकी तार्किक क्षमता तथा मृत्युशय्या पर उनकी याददाश्त वाकई कहानी की दुनिया से बाहर मुश्किल से ही देखने को मिलती है। कुछ ही महीनों बाद 6 अगस्त, 2010 को उनकी मौत हो गई थी। तब उनकी आयु 62 वर्ष की थी। दरअसल यह 'इल फेयर्स द लैंड' ही थी, जिसने इस पुस्तक की भावना का बीजारोपण किया।

अ.ति. : आपको इस पुस्तक से क्या मिला?

ए.पी.जे. : मैंने इस पुस्तक को पढ़ने के बाद महसूस किया कि मानवता पर तीन खतरे मँडरा रहे हैं। टोनी जड्ट ने उन्हें नाटकीय पर्यावरणीय परिवर्तन और इसका समाज और पर्यावरण पर प्रभाव, साम्राज्यवाद का पतन और स्थानीय द्वंद्वोंवाली बिना राज्य की ताकतों का उदय, विघटनकारी स्थानीय प्रभाव-युक्त दूरस्थ वैश्विक स्थितियों के परिणामस्वरूप सामूहिक राजनीतिक बेबसी में देखा है।

अ.ति. : यह सामूहिक राजनीतिक बेबसी क्या है?

ए.पी.जे. : युवा वर्ग बेचैन है। उसे लग रहा है कि चीजें ठीक नहीं हैं और इनका समाधान भी नहीं नजर आ रहा है। अमेरिका में वॉल स्ट्रीट आंदोलन और मिस्र के प्रदर्शन से रुझान स्पष्ट नजर आ रहा है। भारत में भी लोगों की भीड़ भ्रष्टाचार के खिलाफ और एक युवा महिला के साथ हुई हिंसा के खिलाफ सड़कों पर उतर आई थी।

अ.ति. : भारत में युवा वर्ग का नेतृत्व यह मानकर किया जा रहा है कि उन्हें अपने राजनीतिक प्रतिनिधियों के नेतृत्व और अपने भविष्य के लिए अपने नियोक्ताओं के धन पर निर्भर रहना पड़ेगा। उद्यमिता का रास्ता बहुत ही उतार-चढ़ाव वाला है। इस पर चलने की कुछ ही लोगों ने हिम्मत की और इसमें कुछ ही बच भी सके।

ए.पी.जे. : इसका समाधान न तो स्थानीय है और न ही कुछ नेताओं और व्यापारी लोगों के हाथों में है। मैं अपने पुनर्जागरण के विचार के सार को इस ग्रह को रहने लायक बनाने के रूप में व्यक्त करता हूँ। जब दुनिया प्रगति करेगी, तब भारत प्रगति करेगा। जब भारत प्रगति करेगा, तब राज्य प्रगति करेंगे। जब राज्य प्रगति करेंगे, तब समाज प्रगति करेगा। जब समाज प्रगति करेगा, तब परिवार और व्यक्ति प्रगति करेंगे। इन सभी चीजों का आपस में एक संबंध है और ये सब एक ही स्रोत से आती हैं।

अ.ति. : सभ्यताओं का समन्वय और सभी की समृद्धि एक स्थायी मूल्य का विषय तथा अनादिकाल से मानवता का सपना है। यह उनके लिए भी है, जो भारत की मिट्टी से जुड़े हुए हैं।

ए.पी.जे. : सर्वे भवन्तु सुखिनः
सर्वे सन्तु निरामयाः।
सर्वे भद्राणि पश्यन्तु
मा कश्चित् दुःखभाग्भवेत्

सभी सुखी हों, सब स्वस्थ हों, सभी सुरक्षित हों, जीवन में दुःख न आए।

नई वास्तविकता को नए विचारों की जरूरत होती है। इस ग्रह के 7 अरब लोग अपने को कायम रखने एवं अपने जीवन को सुधारने के लिए बहुत सी चुनौतियों का सामना कर रहे हैं, और खासतौर से ऐसा तब हो रहा है जब मानवता प्रकृति को जो कुछ दे रही है, उससे अधिक ले रही है। हमें इस ग्रह को समझना चाहिए और अपनी जीवन-पद्धति में मौलिक रूप से इसकी पारस्परिक क्रिया और गतिशीलता को अपनाते हुए इस पृथ्वी को समृद्धि के साथ लोगों के रहने लायक सुरक्षित बनाना होगा। भारतीय पुनर्जागरण का इसे मूल सूत्र बनने दें। भारत को एक विकसित राष्ट्र के रूप में ही नहीं, बल्कि बाकी विकासशील विश्व के लिए उदाहरण और नेता बनना होगा।

अ.ति. : विश्व को कौन सी चीज जोड़ती है?

ए.पी.जे. : व्यापार दुनिया को जोड़ता है। हाल ही में जब मैं अपनी विदेश यात्रा की उड़ान पर था, तब जहाज का कैप्टन मुझसे बातचीत करने मेरे पास आया। उसने मुझे बताया कि इस एयरक्राफ्ट का अधिकतर नियंत्रण सॉफ्टवेयर द्वारा ही हो रहा है और इसे भारतीय इंजीनियरों ने ही तैयार किया है। जब मैंने अपना क्रेडिट कार्ड दिखाया, तब मुझे बताया गया कि इसे मनीला में स्थित बैक ऐंड सरवर से ही तैयार किया गया था। जब मैं बैंगलोर की एक बहुराष्ट्रीय सॉफ्टवेयर कंपनी में गया तब वहाँ मुझे चीन के एक सॉफ्टवेयर डेवलपर को देखकर आश्चर्य हुआ, जो कोरिया के एक प्रोजेक्ट लीडर के अंतर्गत काम कर रहा था। उसकी टीम के सदस्यों में जापान का हार्डवेयर बनानेवाला और जर्मनी का संचार विशेषज्ञ तथा भारतीय सॉफ्टवेयर डेवलपर शामिल थे। वे सभी ऑस्ट्रेलिया के बैंक के लिए साथ मिलकर काम कर रहे थे। जब मैंने अलग-अलग देश के लोगों को अपनी भाषा और संस्कृति को दरकिनार करके एक परिवार के रूप में काम करते देखा, तब मैंने एक सीमा पर अंतर्संबंध को महसूस किया और सभी मानवों की क्रियाशीलता में एक ग्रह की आत्मा देखी।

अ.ति. : हम इसे कैसे संभव बना सकते हैं?

ए.पी.जे. : इसमें कोई संदेह नहीं है कि एक नई दुनिया बन रही है, जिसमें समस्याएँ सभी सीमाओं को प्रभावित कर रही हैं। ये समस्याएँ कई सिरों वाली हैं और इनका समाधान बहुत से राष्ट्रों और बहुत से समूहों की कुशलताओं के ज्ञान के एकीकरण द्वारा ही संभव है। इस बोध के साथ मैं अपने ग्रह को अधिक अनुकूल, वैश्विक वातावरण में लोगों की कुशलता के साथ उन्हें अधिक शक्तिशाली बनने की कल्पना-दृष्टि रखता हूँ।

अ.ति. : इसका क्या आशय है?

ए.पी.जे. : इस स्वप्न-दृष्टि का अर्थ है—हम एक ऐसी दुनिया छोड़ रहे हैं, जिसमें हमने प्रकृति को जो कुछ दिया है, उससे कम ले रहे हैं। जब तक शहरी व ग्रामीण क्षेत्रों व पड़ोसियों के बीच विकास की और मूल्यवान् संसाधनों के इस्तेमाल की असामान्यता रहेगी, शांति हमारे पास नहीं रहेगी। तकनीक ने दुनिया को एक वैश्विक गाँव के रूप में परिवर्तित कर दिया है और इसीलिए असमानता की सहन शक्ति कम हो गई है।

अ.ति. : 'द डेजर्टेड विलेज' की पंक्तियाँ ठीक यही कहती हैं—"जहाँ संपत्ति एकत्रित होती है और लोग नष्ट होते हैं।"

ए.पी.जे. : हमें कार्यक्रम की निरंतरता एवं मिशन को हासिल करने की स्वप्न-दृष्टि के साथ समान तकनीक वैश्विक प्रगति को लाने के लिए इस्तेमाल करनी होगी। इसीलिए संपत्ति पैदा करते समय हमें समाज की जानकारी-युक्त सेवा करने के अवसर तलाशने होंगे।

अ.ति. : इसका क्या समाधान है? इसे कौन करेगा?

ए.पी.जे. : इसका समाधान दुनिया के 7 अरब लोगों के लिए उत्पाद प्राप्त करने से हो सकता है, ताकि दुनिया इस व्यापार की स्वामी बने। हमें इस सहयोग के लिए नए तरीके तलाशने होंगे, ताकि प्रतिस्पर्धी उत्पादों के लिए दूरस्थ गाँवों में भी मूल कुशलता को बढ़ाया जा सके।

अ.ति. : आप इस कल्पना-दृष्टि को कार्य के क्षेत्रों में किस प्रकार व्यक्त करते हैं?

ए.पी.जे. : पर्यावरण, व्यापार एवं अर्थव्यवस्था, सुरक्षा तथा स्वास्थ्य व शिक्षा ही मानवता के चार पैमाने हैं, जो वाकई राजनीतिक सीमाओं से परे एक सकारात्मक प्रभाव रखते हैं। इन मानकों के साथ एक राष्ट्र की प्रगति अन्य राष्ट्रों के लोगों के भले के लिए भी होगी।

अ.ति. : आइए, पर्यावरण से शुरुआत करें।

ए.पी.जे. : तीव्र औद्योगिकीकरण की वजह से पर्यावरण में कार्बन डाइऑक्साइड की स्थिति 395 पी.पी.एम. से भी अधिक है। औद्योगिकीकरण के युग की शुरुआत से पहले यह 280 पी.पी.एम. हुआ करता था। यह मानव स्वास्थ्य, निवास और फसल की पद्धति पर भी प्रभाव डाल रहा है।

अ.ति. : अर्थव्यवस्था और व्यापार दुनिया को किस प्रकार जोड़ रहा है?

ए.पी.जे. : आज विश्व का कुल व्यापार 190 खरब डॉलर प्रति वर्ष है और बढ़ते हुए सेवा व्यापार की कुल कीमत 42 खरब डॉलर प्रति वर्ष है। इस समय विश्व की जनसंख्या का एक-तिहाई भारत और चीन में रहता है। डब्ल्यू.टी.ओ. के अनुसार, यही दोनों देश तेजी से बढ़ते हुए आयातक (चीन 9.7 प्रतिशत, भारत 6.6 प्रतिशत) और निर्यातक (भारत 16.1 प्रतिशत, चीन 9.2 प्रतिशत) हैं। दरअसल, तेजी से बढ़ते हुए निर्माता भी बढ़ते हुए बाजार हैं। अर्थव्यवस्था का यही संपर्क दुनिया को कई अर्थों में दृश्य और अदृश्य दोनों ही रूपों में बाँधे हुए है।

अ.ति. : इस अदृश्य बंधन का कृपया एक उदाहरण बताइए?

ए.पी.जे. : दीर्घकालीन शांति ही आर्थिक विकास की पहली शर्त है। कुछ ऐसे आर्थिक कारण थे, जिन्होंने 'यूरोपीय संघ' को कुछ ऐसे राष्ट्रों के साथ मिलाया और वे सदियों तक लड़े तथा उन्होंने मानवता को दो विश्व युद्ध भी दिए। सन् 1945 में द्वितीय विश्व युद्ध के बाद अपने अंतर्राज्यीय द्वंद्वों से बचने के लिए संयुक्त राष्ट्र संघ की स्थापना की गई थी।

अ.ति. : इस समय द्वंद्व, खतरे और नुकसान की स्थिति बनी हुई है।

ए.पी.जे. : इस समय युद्ध का तरीका बदल चुका है। सारी दुनिया में अंतरराज्यीय

झगड़े, संगठित आतंकवाद और छद्म युद्ध अपने चरम पर हैं। दुनिया में इंटरनेट के रूप में सूचना के विस्तार में साइबर अपराध और साइबर आतंकवाद का एक बढ़ता हुआ मुद्दा है, जिसका उद्देश्य संकटकालीन सेवाओं को क्षति पहुँचाना है। इन मुद्दों का सामना करने के लिए राष्ट्र मिलकर साथ आ रहे हैं। यही एक नया घटनाक्रम है।

अ.ति. : शिक्षा और कुशलता का विकास किस तरह से दुनिया को साथ मिला रहा है?

ए.पी.जे. : बीसवीं सदी की शुरुआत में स्वास्थ्य-रक्षा के क्षेत्र में पोलियो एक बड़ी बीमारी के रूप में उभरकर आया था और विश्व के कई संस्थानों ने इसके टीके के लिए इस बड़ी दौड़ में भाग लिया। सन् 1950 में इसका टीका आया और इसने इस समस्या का समाधान भी किया। अब समय मलेरिया, एच.आई.वी./एड्स और डायबिटीज की समस्या का समाधान ढूँढ़ने का है।

अ.ति. : लोगों को आपस में जोड़ने के समान सरोकार क्या हैं?

ए.पी.जे : दुनिया के इतिहास में ऐसी कई घटनाएँ हैं, जिनमें यह प्रदर्शित हुआ है कि राष्ट्रों की जब एक ही जरूरत और उन पर एक ही खतरा रहा है, तब वे एक हुए हैं। भारतीय स्वतंत्रता आंदोलन, चीन की क्रांति और यूरोपीय संघ का निर्माण ऐसे तीन महत्त्वपूर्ण उदाहरण हैं। अब मानवता के लिए ऐसी ही समान आवश्यकता और खतरे को ढूँढ़ने की जरूरत है, जिससे वैश्विक समुदाय शांति और समृद्धि में रह सके।

अ.ति. : आर्थिक श्रेष्ठता द्वारा राष्ट्र की समृद्धि और शांति की सुनिश्चितता किस प्रकार लाई जा सकती है? ऐसी कौन सी विलक्षण स्वप्न-दृष्टि है, जो राष्ट्रों के बीच सैन्य श्रेष्ठता को बदलेगी?

ए.पी.जे. : विश्व के सभी नागरिकों की समृद्धि और शांति के लिए सभी द्वंद्वों को भूलकर मानवता के एक समान लक्ष्य के लिए महान् स्वप्न-दृष्टि होनी चाहिए। हम दुनिया का जन्म निवास के लिए अनुकूल ग्रह के रूप में देख रहे हैं। मानवता के लिए यह किसी भी अन्य स्वप्न-दृष्टि से बड़ी स्वप्न-दृष्टि है।

अ.ति. : आप वर्ष 2030 में दुनिया के राष्ट्रों के लिए विकास की कैसी रूपरेखा देंगे?

ए.पी.जे. : मैं जीवन के अनुकूल ग्रह में एक विकसित राष्ट्र के लिए 10 विशेष कारकों का प्रस्ताव दे रहा हूँ—

1. राष्ट्रों की एक ऐसी दुनिया, जहाँ शहरी और ग्रामीण, गरीब और अमीर, विकसित और विकासशील के विभाजन ने गरीबी की बेड़ियाँ काट दी हैं।
2. राष्ट्रों की एक दुनिया, जहाँ प्रत्येक मानव को पर्याप्त मात्रा में गुणवत्ता-युक्त जल और ऊर्जा की उपलब्धता तथा इनका समान वितरण होना चाहिए।

3. एक ऐसी दुनिया, जहाँ प्रत्येक राष्ट्र की मौलिक क्षमताओं की पहचान हो तथा विभिन्न राष्ट्रों की मूल क्षमताओं की सह-क्रियाओं के मिशन से आर्थिक लाभ और सभी सामाजिक समूहों का तीव्र विकास हो।
4. राष्ट्रों की दुनिया, जहाँ समाज के सभी विद्यार्थियों को उनकी भाषा, लिंग, भूभाग या आर्थिक संसाधनों से परे एक मूल्य-आधारित शिक्षा प्राप्त हो।
5. राष्ट्रों की एक ऐसी दुनिया, जहाँ सभी के लिए उनकी क्षमता के भीतर गुणवत्ता-युक्त स्वास्थ्य की देखभाल उपलब्ध हो, जिसमें बचाव, जन-स्वास्थ्य, समाकलित प्राथमिक व माध्यमिक तथा विविध दर्जे की भी स्वास्थ्य सेवाओं पर बल दिया जाए।
6. राष्ट्रों की एक ऐसी दुनिया, जहाँ प्रशासन प्रतिक्रियाशील, पारदर्शी और भ्रष्टाचार मुक्त हो तथा सभी नागरिकों के साथ करुणा व सम्मान का व्यवहार हो।
7. राष्ट्रों की एक दुनिया, जहाँ महिलाओं व बच्चों के साथ अपराध न हो और वरिष्ठ नागरिकों की बेहतर देखभाल हो तथा विकलांगों के साथ सम्मानपूर्ण व्यवहार हो और समाज में कोई भी अपने को पराया न महसूस करे।
8. एक ऐसी दुनिया, जहाँ प्रत्येक राष्ट्र अपने नागरिकों को स्वच्छ पर्यावरण दे सके तथा नागरिकों के अधिकारों का न तो दुरुपयोग हो और न ही उनके साथ समझौता हो।
9. एक ऐसी दुनिया, जो कि समृद्ध, स्वस्थ, सुरक्षित, आतंकवाद-रहित, शांतिप्रिय, खुशहाल और विकास के पथ पर निरंतर चलती रहे।
10. राष्ट्रों की ऐसी दुनिया, जिसमें सक्रिय नेतृत्व हो, जो राष्ट्रों और समाजों के बीच समय के भीतर सभी की शांति व समृद्धि के लिए उनके द्वंद्वों को सुलझाए तथा यही उसका लक्ष्य भी हो।

अ.ति. : मुझे भय है कि यह एक कल्पनालोक की तरह लग रहा है? वह कौन सी कल्पना-दृष्टि होगी, जो क्षेत्रों, राष्ट्रों एवं दुनिया को संगठित करेगी तथा उत्पादक होने के अलावा खुशहाली और संपन्नता बढ़ाएगी।

ए.पी.जे. : मैं वैश्विक सहयोग के लिए विश्व ज्ञान मंच की रचना की स्वप्न-दृष्टि रखता हूँ, जिससे क्षेत्रीय समृद्धि के लाभ के साथ-साथ राष्ट्रीय समृद्धि में भी वृद्धि होगी।

अ.ति. : विश्व ज्ञान मंच का रूप क्या होगा?

ए.पी.जे. : विश्व ज्ञान मंच एक ऐसा नेटवर्क होगा, जिसमें विश्वविद्यालय, सरकारी एजेंसियाँ व निजी क्षेत्र होंगे और इनमें नीति-निर्माताओं, विद्यार्थियों, शिक्षाविदों तथा उद्यमियों का भी स्थान होगा। यह वैश्विक समस्याओं को इंगित करते हुए समाधान के

मार्ग पर केंद्रित करेंगी, जिसमें बहुराष्ट्रीय पद्धतियों में अनुसंधान करते हुए समाधान, स्थानीय सहयोग और उद्यम-आधारित दृष्टिकोण के साथ एक दीर्घकालीन निरंतरता प्रदान होगी।

अ.ति. : इसकी लागत क्या होगी?

ए.पी.जे. : इसमें अंतरराष्ट्रीय सहयोग के कार्य के रूप में धन की लागत पाँच वर्षों के लिए करीबी अरब अमेरिकी डॉलर आएगी, जो उपभोग अनुकूलता एवं मानदंडों के विकास के लिए समाधान-स्वरूप खर्च के लिए होगी।

अ.ति. : यह आसन्न खतरों का किस तरह से सामना करेगा?

ए.पी.जे. : सबसे गंभीर वैश्विक खतरा वैश्विक पर्यावरण की स्तरहीनता और परिवर्तन है। क्षेत्रीय सहयोग के साथ वैश्विक ऊर्जा-निर्भरता को प्राप्त करके ही इस खतरे का पूर्ण समाधान हो सकता है।

अ.ति. : वैश्विक स्तर पर किस तरह से ऊर्जा-निर्भरता प्राप्त की जा सकती है?

ए.पी.जे. : ऊर्जा-निर्भरता प्राप्त करने का मूल आधार पर्यावरण पर प्रभाव को कम करने के सिद्धांत पर निर्मित होना चाहिए तथा लोकतांत्रिक आयामों पर ध्यान देते हुए उचित ऊर्जा मिश्रण का चयन निरंतर आर्थिक विकास से सीधे संबंधित हो। इस क्षेत्र में व्यवहार्य व्यावसायिक समाधान और सक्षम विकास हेतु पाँच वर्षों के लिए 1 अरब डॉलर की जरूरत होगी।

अ.ति. : वैश्विक आर्थिक मंदी और राष्ट्रों के बीच व्यापारिक घाटे की खतरनाक स्थिति को किस तरह से सँभाला जा सकता है?

ए.पी.जे. : पिछले दशक से भारत, चीन, रूस और ब्राजील की अर्थव्यवस्था में एक तीव्र विकास हुआ है और ऐसा महसूस होता है कि यह अति आशावादी भविष्यवाणियों को भी पीछे छोड़ देगी तथा इन्हें आगे भी मजबूत करने की जरूरत है। इस परिदृश्य में मैं सहयोगी राष्ट्रों की मूल क्षमताओं पर आधारित क्षेत्रीय सहयोग को विकसित करने की कल्पना-दृष्टि रखता हूँ, जिसमें इनका मिशन ऊर्जा, जल, स्वास्थ्य-रक्षा, संरचनात्मक एवं रोजगार-उत्पत्ति का होना चाहिए। इस क्षेत्र में वैश्विक राष्ट्रों के लिए न्यायसंगत, उचित एवं सुदृढ़ आर्थिक व्यवस्था के विकास के लिए पाँच वर्षों के लिए करीब 75 करोड़ डॉलर की आवश्यकता होगी।

अ.ति. : गरीबी की स्थिति वाकई बहुत विकट है।

ए.पी.जे. : सभी तरह के विकास के बावजूद 3 अरब लोगों का जीवन-स्तर अभी भी सुधरना बाकी है तथा इन्हें उचित रोजगार और निर्धनता से ऊपर उठाना है; जबकि विकास उन तक सीधे पहुँच रहा है। मैं यहाँ ऑलिवर गोल्डस्मिथ की पंक्तियों से इस समझदारी का आशय प्रस्तुत कर रहा हूँ—"सुदृढ़ किसान उनके देश का गर्व हैं।" हर

समाज के ग्रामीण लोग शरीर में स्टेम सेल की तरह होते हैं। वे अपने कठोर परिश्रम और साधारण जीवन से हमारे पारंपरिक मूल्यों एवं अर्थव्यवस्था की नींव को बनाए रखते हैं। एक सुदृढ़ किसान एक देश का सिर्फ गर्व ही नहीं, बल्कि उसकी वास्तविक ताकत भी होती है। हमें एक निरंतर विकास प्रक्रिया को विकसित करना होगा, जो रोजगार क्षमता को बढ़ाए और ग्रामीण अर्थव्यवस्था के सभी क्षेत्रों को सुदृढ़ करे। भारत में भलीभाँति जाँचे-परखे इस मॉडल को PURA (प्रोवाइडिंग अर्बन एमेनिटीज इन रूरल एरियाज) के नाम से भी जाना जाता है। वैश्विक ग्रामीण समुदाय के करीब 3 अरब लोगों के लिए एक उद्यम रूपी नमूने 'पुरा' के लिए पाँच सालों के लिए 1 अरब डॉलर जरूरत होगी।

अ.ति. : आतंकवाद के खतरे से कैसे निपटेंगे?

ए.पी.जे. : आतंकवाद दूसरों को बरदाश्त न करने की जड़ में मौजूद रहता है। एक विकसित समाज एकांत में शांति से नहीं रह सकता है। हमें एक ऐसी, विश्व-व्यवस्था बनानी होगी, जो विभिन्नताओं का सम्मान और उनका आनंद मनाए, न कि उन पर विवाद करे। इसमें भिन्न मतों, भिन्न संस्कृतियों, भिन्न विश्वास प्रणालियों और भिन्न तरीकों से जीवन जीने के बीच एक सहन-शक्ति होनी चाहिए। वास्तव में, यही दृष्टिकोण, चाहे वह व्यक्ति का, समाज का या राष्ट्र का हो, यही एक परिपक्व सभ्यता का प्रमाण चिह्न भी है। मेरे दृष्टिकोण से, एक विकसित और शांतिप्रिय समाज की नींव सहनशक्ति ही है।

अ.ति. : क्या यह बहुत आशावादी नहीं लग रहा है?

ए.पी.जे. : यहाँ यह वाकई बहुत ही समझदारी भरा है। यदि वैश्विक पर्यावरण के गिरते स्तर, जलवायु परिवर्तन, व्यापार घाटा और वैश्विक अर्थव्यवस्था की मंदी एवं गरीबी को उचित समाधान के साथ सँभाला जाए तथा मतभेद बरदाश्त किए जाएँ, तब आतंकवाद की जड़ों को हम जरूर उखाड़ फेंकेंगे।

अ.ति. : आपका मतलब है, एक मुक्त और समाकलित दुनिया में आतंकवाद की कोई जगह नहीं है।

ए.पी.जे. : आतंकवाद छाया में संचालित होता है। यह गरीबी और लोगों की अज्ञानता में फलता-फूलता है। वैश्विक समझदारी, वैश्विक निगरानी, वैश्विक संचार को शांति व संपन्नता के साथ एक लक्ष्य के रूप में वैश्विक सहयोग द्वारा प्राप्त किया जा सकता है। पाँच सालों के लिए करीब 75 करोड़ डॉलर की जरूरत इन नई खोजों और विचारों के लिए होगी। वैश्विक समस्या के इस मुद्दे को, जो कि सहन-शक्ति की कमी, भू-राजनीतिक स्थिति, प्राकृतिक संसाधनों की विषमता और धार्मिक एवं सांस्कृतिक विभिन्नता की वजह से उत्पन्न हुआ है, पूरी तरह से हल कर देगी।

अ.ति. : इसे कौन करेगा?

ए.पी.जे. : यह अवश्य होगा, क्योंकि समय-समय पर ईश्वर ने निरंकुशता और अशांति के लिए अपनी तयशुदा व्यवस्था को बनाया है। दब्बू लोग तो यह मान लेंगे कि पृथ्वी वाकई ईश्वर की देन है, किंतु गतिशील युवा वर्ग राष्ट्रों के लिए एक महान् अवसर की तरह है और युवाओं का तेजस्वी मस्तिष्क पृथ्वी के ऊपर और नीचे दोनों ही जगहों में एक अति शक्तिशाली संसाधन हैं। इसे वैश्विक मानव संसाधन वर्ग तथा वैश्विक युवा उद्यमी वर्ग बनना होगा, जो कि दुनिया के लिए वर्ष 2030 की स्वप्न-दृष्टि के साथ काम करेगा। करीब 50 करोड़ डॉलर पाँच वर्षों के लिए वैश्विक युवाओं को अनुसंधान, विश्व-शांति और सहयोग के संपर्क के लिए आवश्यक होंगे।

अ.ति. : क्या इसकी शुरुआत हो चुकी है?

ए.पी.जे. : स्थानीय स्तर पर तो हो चुकी है। नानाजी देशमुख (1916-2010) ने अपने सामाजिक कार्य का केंद्र चित्रकूट को बनाया था। उन्होंने गरीबी के खिलाफ और कम-से-कम जरूरतोंवाले कार्यक्रम की शुरुआत भी की थी। मैं नानाजी से कई बार मिल चुका हूँ और पं. दीन दयाल उपाध्याय (1916-1968) द्वारा विकसित 'एकात्म मानव' के दर्शन को भी मैंने समझा है। इस समय इसे क्षेत्रीय, राष्ट्रीय और वैश्विक स्तर

प्रसिद्ध समाजसेवी नानाजी देशमुख के साथ।

पर कार्यरूप देने की जरूरत है।

अ.ति. : आपकी स्वप्न-दृष्टि एकात्म मानव दर्शन को पर्यावरण का ध्यान रखते हुए संपूर्ण ग्रह में फैला रही है।

ए.पी.जे. : प्रत्येक राष्ट्र अपने निवासियों की जरूरतों को पूरा करने के लिए आवश्यक संस्थानों की रचना करता है। यह कार्य इस ढंग से होना चाहिए कि इसमें समाज के सभी वर्ग शामिल हों और उनके हितों का ध्यान रखा जाए। समन्वयता और सामाजिक एकात्मता ही उपाध्यायजी की स्वप्न-दृष्टि का प्रमाण चिह्न है। एक राष्ट्र का विकास इसके लोगों के विकास द्वारा ही संभव है। परिवारों और समुदायों के विकसित होने के साथ लोगों का विकास होता है। परिवार और समुदाय व्यक्तियों के विकसित होने पर ही विकसित होते हैं। व्यक्तियों का विकास उनके शरीर की जरूरतों (भूख, आवास), मन (परंपराओं), बुद्धि (सुधारों) और आत्मा (लोगों की आम आकांक्षाएँ और उनकी विलक्षण संस्कृति का आधार) की संतुष्टि द्वारा होता है। मैं पर्यावरण और स्थायित्व को इस विचारधारा में शामिल कर रहा हूँ।

अ.ति. : हम इसे कैसे जारी रख सकते हैं?

ए.पी.जे. : पुनर्जागरण एक सांस्कृतिक घटनाक्रम है। इसे संपर्कों, स्वप्न-दृष्टि की साझेदारियों, विचारों के आदान-प्रदान और बेहतर भविष्य में यकीन रखकर प्राप्त किया जा सकता है।

अ.ति. : मैं देखता हूँ कि आप इस पर काम कर रहे हैं। आपने काफी यात्राएँ की हैं और मैं भी कई बार आपके साथ रहा हूँ। मैं इस बात का साक्षी हूँ कि आपसे मुलाकात करने स्थानीय राजनेता, अधिकारी और आम लोग अपने परिवारों के साथ आते हैं। आधी रात तक लोगों का आना-जाना लगा रहता था। लोगों को आप में क्या चीज आकर्षित करती है?

ए.पी.जे. : लोग मेरे साथ अपनी भावनाओं को बिना किसी आशंका या भावनात्मक रुकावट के अभिव्यक्त कर सकते हैं। इसने एक ऐसा विश्वास पैदा कर दिया था कि लोग मेरे सामने खुल जाते थे। यह किसी के साथ कहीं भी हो सकता है। लोग विश्वसनीयता चाहते हैं। वे एक विश्वसनीय व्यक्ति के साथ खुश रहते हैं और विश्वास की कमी में असहज महसूस करते हैं।

अ.ति. : यह आपने कैसे सीखा?

ए.पी.जे. : यह सब मेरे पिता से मुझे मिला है। वे प्रत्येक शुक्रवार को स्थानीय लोगों से मिला करते थे और उनके आपसी विवादों को सुलझाते थे। उसमें जब महिलाएँ शामिल होती थीं और उनके वैवाहिक झगड़ों का मामला होता था, तब मेरी माँ भी मेरे पिता के साथ शामिल हो जाती थीं। वे दोनों पक्षों को बिना दखल दिए बहुत ही

तत्कालीन प्रधानमंत्री अटल बिहारी वाजपेयी के साथ।

ध्यानपूर्वक सुनते थे। फिर वे अपनी आँखें बंद करके कुछ देर के लिए शांत हो जाते थे। वे अपना परामर्श देने में बहुत ही कम शब्दों का इस्तेमाल करते थे और अपनी बात पर जोर नहीं देते थे। वे इस निर्णय पर पहुँचते थे कि इसे मान लो या छोड़ दो। मैंने अपनी बहुत सी उच्च स्तरीय समस्याओं में, जिसमें बहुत कुछ जोखिमवाला विकल्प मौजूद रहा है, अपने पिता का ही तरीका अपनाया था। मैंने ध्यानपूर्वक सुना, बिना किसी लगाव या दुराव के सिर्फ गुणवत्ता के आधार पर इसे तौला और तब बिना डरे निर्णय लिया। इसे मानने और न मानने के लिए दूसरों पर छोड़ दिया।

अ.ति. : आप किन बातों के लिए याद किया जाना चाहेंगे?

ए.पी.जे. : अपने माता-पिता के लिए दोषी न होने और एक ऐसे कर्तव्यपरायण बच्चे के रूप में, जिसने हमेशा उनके लिए प्रार्थना की। जब भी मैंने अपनी हथेली में गंभीरता से देखा, तब मुझे उसमें अपने माता-पिता ही नजर आए। वे इस पल भी जीवित हैं और मेरे शरीर में मौजूद हैं। मैं अपने माता-पिता की निरंतरता ही हूँ।

अ.ति. : आपके जवाब ने मुझे आश्चर्यचकित कर दिया है। आपको सर्वोच्च नागरिक पुरस्कार 'भारत रत्न' प्राप्त हो चुका है। आपकी आत्मकथा 'अग्नि की उड़ान'

लाखों लोगों द्वारा पढ़ी जा चुकी है और बहुत से विश्वविद्यालयों के पाठ्यक्रम में भी शामिल है। फिर भी आप अपने माता-पिता के लिए किसी दोष में न पड़ने को ही अपनी सबसे बड़ी उपलब्धि मानते हैं।

ए.पी.जे. : इस शाश्वतता में यह जीवन एक बहुत ही छोटी सी खिड़की और एक सँकरी सी पट्टी है। मैं यहाँ अपने माता-पिता द्वारा आया हूँ और इस दुनिया में कार्य के लिए उनके ही द्वारा तैयार किया गया हूँ। मेरे शिक्षकों और वरिष्ठों ने मेरा मार्गदर्शन किया, मेरे साथियों ने मेरा सहयोग किया और आपकी तरह के लोगों ने मेरा अनुसरण किया। मेरी राष्ट्रपति बनने की इच्छा कभी नहीं थी। जब मैं अन्ना विश्वविद्यालय में अपनी सरकारी सेवानिवृत्ति के बाद प्रोफेसर के रूप में कार्य कर रहा था, तब प्रधानमंत्री अटल बिहारी वाजपेयी ने मुझसे कहा कि राष्ट्र को आपकी राष्ट्रपति के रूप में जरूरत है। उन्होंने मुझसे कहा कि उन्हें केवल 'हाँ' में ही जवाब चाहिए। वाजपेयीजी ने मुझे सम्मान और एक अलग तरह के राष्ट्रपति के रूप में स्थान भी दिया। मैं भारत के इस महान् व्यक्ति और स्तरीय राजनेता को धन्यवाद देता हूँ।

अ.ति. : वापस नजर डालते हुए आपको कैसा महसूस हो रहा है?

ए.पी.जे. : मैंने एक बेहतरीन जीवन बिताया है। मैंने इस मंडल, जो कि यह दुनिया है, इसे समझने का भरपूर प्रयास किया है। गणितीय रूप से आप वृत्त को वर्गों में नहीं बाँट सकते हैं, क्योंकि पाई जो कि वृत्त की परिधि और उसके व्यास का अनुपात है और यह एक अपरिमित संख्या है; इसका अर्थ यह हुआ कि इसे पूरी तरह से व्यक्त नहीं किया जा सकता है। शायद कोई भी मानव जीवन की शाश्वतता को नहीं समझ सकता। सबसे बेहतर यही है कि व्यक्ति सद्‌गुणी बने और अपने माता-पिता तथा कुछ अन्य खास लोगों के प्रति अपनी जिम्मेदारी को पूरा करे। जीवन सुंदरता से भरा हुआ है और मैं इसे फूलों, गौरैयों, मधुमक्खियों, समुद्री पक्षियों, छोटे बच्चों, कृतज्ञ आँखों एवं मुसकराते चेहरों में देखता हूँ। मैं चाँदनी रात की रोशनी में नहाता, बारिश की सुगंध लेता और हवा को महसूस करता हुआ सभी में खूबसूरती देखता हूँ। मैंने अपना जीवन पूरी क्षमता के साथ जिया है। मैंने जहाँ तक संभव हो, शांति बनाई है; परंतु अपने सपनों के लिए लड़ना कभी नहीं छोड़ा है।

अ.ति. : एक नेक मानव का आपका आदर्श क्या है?

ए.पी.जे. : एक आदर्श मानव वह है, जिसके लिए निजता एक बाहरी रूप है, परंतु उसकी आंतरिक वास्तविकता ब्रह्मांड में यकीन रखती है। एक आदर्श व्यक्ति एक आईने की तरह होता है, जिसमें ईश्वरीय लक्षण बिना विकृति के नजर आते हैं। एक आदर्श व्यक्ति एक ऐसा माध्यम होता है, जिससे ईश्वर व्यक्त होता है।

अ.ति. : मानव वाकई 'प्रयोक्ता' के हाथों का एक उपकरण है, जो अनंत है। हम यहीं अपनी वार्त्ता संपन्न करते हैं। शायद किसी अन्य अंतरिक्ष काल में हमारी मुलाकात

ईश्वर आप सभी का भला करे।

दुबारा हो या नहीं भी हो सकती है। इस पुस्तक के जरिए हम अपने पाठकों को अपनी खोज में शामिल होने के लिए आमंत्रित करते हैं और उन्हें उनके आस-पास के लोगों के साथ चर्चा करने का अनुरोध करते हैं।

ए.पी.जे. : यह प्रोजेक्ट खत्म हुआ। हालाँकि अब मैं इस विचार पर थोड़ा दुःखी हूँ कि जिस विचार-प्रक्रिया पर मैंने अपने कई साल लगाए और जिसकी प्रतिक्रिया ने मुझे जो मानसिक संतुष्टि एवं मेरे हृदय को प्रसन्नता प्रदान की, वह इस पुस्तक के रूप

में मेरा हाथ छोड़ रही है; फिर भी, ये विचार मेरे मस्तिष्क में सिर्फ एक ही उद्देश्य से आए थे कि ये आगामी पीढ़ी के सुधार के लिए उन्हें सौंपे जा रहे हैं। मैं यह पुस्तक अपने होनहार पाठकों के हाथों में निम्न प्रार्थना के साथ सौंप रहा हूँ—

हे सर्वशक्तिमान !
हमें शांति की तरफ ले चलो।
शांति हो मिशन के साथ,
मिशन हो ताकत के साथ।
ताकत हो धैर्य के साथ,
धैर्य हो कृतज्ञता के साथ।
वे सभी जो मुझसे मिलें,
चाहे सहायता के लिए या युद्ध के लिए
आप उन दोनों की तरफ ही थे।

जब हम यह स्वीकार कर लेते हैं कि प्रत्येक वस्तु एक ही है, आपस में जुड़ी हुई है, तब हम इसे अपने अनुभवों से महसूस करते हैं कि परदा उठता है और जो कुछ जैसा है, हम उसे उसी रूप में उद्देश्य के साथ प्रकट होता हुआ समझते हैं। हम अनुभव के एक ऐसे पुल को पार करते हैं, जिसमें हम सबकुछ निरंतर रूप में प्राप्त करते हैं और जिसकी हमें जरूरत भी होती है। ब्रह्मांड मेरा ध्यान रखता है, और यदि तुम सचेत हो, तब यह तुम्हारा भी रखेगा। ईश्वर तुम्हें और तुम्हारे बच्चों को एक विकसित भारत में रखे! आमीन!

□

उपसंहार

भारत के पुनर्जागरण के लिए सात चरण प्रस्तावित किए गए हैं—

1. सभी व्यवहारों और मामलों में कारण और प्रभाव के अकाट्य नियम को समझना। गलत नेता को मतदान न केवल दुःख और पीड़ा को ही जन्म देता है, बल्कि एक लोकतांत्रिक राष्ट्र की नियति को भी बदल देता है।
2. सामाजिक-आर्थिक असमानता और बँटवारे के इतिहास को समझना तथा विशेष प्रयासों एवं सहृदय मानसिकता के साथ गरीब व हाशिए पर आ चुके लोगों एवं अल्पसंख्यकों के विकास द्वारा आपसी समन्वय को बढ़ाना है।
3. अपने भटके हुए दृष्टिकोण को शिक्षा-प्रणाली में क्रियाशील मस्तिष्क के विकास, समाकलित आत्म और समाज का उपयोगी हिस्सा बनने के लिए परिवर्तन से सुधारना है।
4. सामाजिक उद्यम को विकसित और पोषित करना, ताकि सामाजिक समस्याओं का समाधान हो और समाज के निचले हिस्से में तकनीकों के उपयोग से समुदायों और पर्यावरण का सुधार हो।
5. 2030 तक नाभिकीय, सौर, वायु और पुनः उपयोगवाली ऊर्जा द्वारा ऊर्जा आत्मनिर्भरता हासिल करना। सभी नागरिकों को उनके भुगतान करने की क्षमता को दरकिनार करते हुए जीवन रेखा के रूप में ऊर्जा उपलब्ध हो।
6. दूरसंचार, आई.टी., इलेक्ट्रॉनिक्स निर्माण के क्षेत्र में स्वदेशी प्रामाणिकता प्राप्त करना और साइबर आतंकी हमलों के खिलाफ राष्ट्रीय हित में सुरक्षा प्रदान करना।
7. सामाजिक लोकतंत्र के मार्ग का अनुसरण करते हुए विश्व अर्थव्यवस्था के साथ समाकलन और पृथ्वी ग्रह को जीवन के लिए अधिक अनुकूल बनाने में दुनिया के नेतृत्व का सपना रखना।

हमारे युवा नेताओं और महिलाओं के पर्याप्त प्रतिनिधित्व द्वारा भारतीय संसद् आर्थिक रूप से विकसित और सामाजिक सामंजस्य भारत की स्वप्न-दृष्टि को साकार करेगा तथा भारत दुनिया के नेतृत्व का उदाहरण प्रस्तुत करेगा। अब समय आ चुका है, जब हमें अपने पुराने जटिल कानूनों और प्रशासकीय प्रक्रियाओं से छुटकारा पाना है, जो

विकासोन्मुखी अर्थव्यवस्था में बाधा हैं। हमें गाँवों का 'पुरा' (PURA) मिशन द्वारा परिवर्तन करना है तथा हाशिए पर और अलाभकारी स्थिति में आ चुके लोगों के एक बड़े हिस्से को उम्मीद और अवसर प्रदान करना अति आवश्यक है। भारत को यहाँ के सभी लोगों को अपने गले से लगाना है और एक विश्वास-आधारित व्यवस्था को संचालित करना है।

□□□